KB020809

# 미래전, 국방개혁 그리고 획득전략

Future Warfare, Defense Reform, and Acquisition Strategy

## 저자 소개

김종하(金鍾夏) 박사는 영국 브리스톨대학교 정책대학원(School for Policy Studies, University of Bristol, U.K.)에서 국방획득 및 방위산업, 그리고 군사력 건설 분야를 공부했으며, 현재 한남대 국방전략대학원 국방획득관리학과 주임교수로 재직 중이다.

대학원 석·박사과정에서 「소요기획론」, 「획득관리론」, 「방위산업진흥론」, 「군사의사결정지원체계론」, 「미래전」, 「군사혁신론」, 「전쟁과 평화론」 등을 강의하면서, 우리 군의 소요기획 인력들 및 방위사업청 획득인력들에 대한 '전문군사교육'(PME) 강화를 위해 많은 노력을 기울이고 있다.

현재 국방부 방위사업추진위원회 전문위원, 방위사업청 산하 국방기술품질원(DTaQ) 임명직 이사, 방위사업청 개방형·공모직위 운영심의위원회 민간위원, 국방과학연구소(ADD) 연구개발 자문위원, 공군본부 정책발전 자문위원, 한국군사학회·한국방위산업학회 이사, 그리고 국방일보 객원논설위원으로, 교육 이외의 전공분야와 관련된 정부 및 유관기관의 업무를 지원·자문하고 있다. 그리고 국방 및 군사분야에 관한 국민인식을 긍정적인 방향으로 유도하기 위한 일환으로 TV, 라디오, 중앙 일간지, 각종 시사 및 군사잡지 등의 각종 언론매체에 활발한 기고 및 인터뷰도 적극적으로 행하고 있다.

주요 저서(단독)로는 『무기획득 의사결정: 원칙, 문제, 그리고 대안』 수정증보판(2001), 『Know-why』 (2001), 『미래전쟁과 국방획득』(2002), 『획득전략: 이론과 실제』(2006) 등이 있다.

● ● ● ●● ● ● ● ● ● ● ● ●● ●● ● ●

2008년 4월 10일 초판 1쇄발행
2008년 8월 20일 초판 2쇄발행

지은이 ● 김 종 하
펴낸이 ● 이 찬 규
펴낸곳 ● 북코리아
등록번호 ● 제03-01157호
주소 ● 121-801 서울시 마포구 공덕동 115-13 201호
전화 ● (02) 704-7840
팩스 ● (02) 704-7848
이메일 ● sunhaksa@korea.com
홈페이지 ● www.sunhaksa.com

값 20,000원

ISBN 89-89316-75-8 93100

# 미래전,
## 국방개혁 그리고 획득전략

김종하 | 지음

북코리아

우리 군이 미래의 안보적 위협에 탄력적으로 대처하기 위해서는 적어도 다음의 세 가지 능력은 반드시 갖출 수 있도록 노력하는 것이 절대적으로 필요하다.

첫째, 대칭 및 비대칭적인 일련의 위협들에 대처하기 위한 새로운 안보전략, 군사전략, 작전전략, 전장전략(전술) 수립능력이 요구된다. 이것은 우리 군이 전략적·작전적·전술적 임무를 성공적으로 수행할 수 있도록 하는데 필수적이다.

둘째, 군사력을 개발·운용·건설·배비하는 개별적인 능력들, 그리고 이것들을 통합·조정할 수 있는 능력이 요구된다. 이것은 국내 방위산업 육성과 합참의 합동작전 기능을 강화하는 것으로서 오직 한 가지 목표, 즉 전투원들의 무기체계 획득에 대한 요구를 효과적으로 충족시키는데 필수적이다.

셋째, 미래전에 대비한 전략수립 및 군사력 건설 능력을 가질 수 있도록 국방예산을 보장해 줄 수 있는 경제력이 요구된다. "돈이 정책이다"Money is a policy라는 말이 강조하는 것처럼, 요구되는 능력을 구비하기 위해서는 예산의 안정적인 뒷받침이 필수적이다.

이런 능력을 갖추기 위해서는, 위협분석, 전쟁양상 및 작전환경 분석, 합동군사전략, 군 구조, 그리고 국방획득에 대한 포괄적인 검토가 주기적으로 있어야만 한다. 이런 포괄적인 검토를 합리적으로 수행하기 위해 필요한 네 가지 핵심적 질문은 다음과 같다.

첫째, 우리가 직면한 단기적, 장기적 위협들은 무엇인가?

둘째, 그러한 위협을 억제하고, 대응하는 데 있어 어떤 전략이 필요하고, 그것을 뒷받침하는 데에는 어떤 능력이 필요한가?

셋째, 그러한 능력을 달성하기 위한 군의 역할과 기능, 군 구조, 첨단기술의 연구개발, 그리고 획득체계는 어떻게 변화되어야 하는가?

넷째, 필요한 재원은 어떻게 마련해야 하는가?

이러한 질문들에 대한 포괄적인 검토를 토대로 우리를 둘러싸고 점차적으로 부상할 수 있는 안보적 위협들, 그리고 현재 우리 군의 '준비태세'의 취약점들 및 잠재적인 취약점들을 찾아내고, 그러한 결함들을 빠른 시일 내에 보완할 수 있는 실질적인 노력을 기울여 나가야 하는 것이다. 한마디로 이런 검토를 통해 우리 군의 총체적인 준비태세의 결함을 찾아내어 우선순위에 따른 군사력 건설을 하는 것이 예산의 효율적 사용을 위한 토대가 되는 것이다. 그러나 군 최고통수권자인 대통령을 비롯한 고위 정치 지도자들은 이런 검토가 단지 국방예산을 절약하는 데 있다고 가정하는 함정에 빠져서는 안 될 것이다. 검토의 일차적인 목적은 돈을 절약하는 데 있는 것이 아니라, 국가의 안보적 이익을 수호하는 데 있어 군의 준비태세의 효과성을 극대화시키는 데 있다는 점을 반드시 인식하고 있어야 할 것이다.

본서에 소개되는 글들은 필자가 2002년에 출간한 「미래전쟁과 국방획득: 한국군 무엇을 준비해야 하나」에 수록된 세 편의 논문들, 2003~2008년 기간 동안 다양한 학술지에 발표하였던 논문들, 그리고 미발표 논문을 묶어 다시 책으로 편집한 것으로서, 위에서 제기한 네 가지 질문들에 대해 나름의 답을 찾기 위해 노력한 고뇌의 산물이다. 사실 필자처럼 민간인 신분(육군 병장 출신)으로 국방·군사에 관련된 전문적인 공부를 하는 것이 그리 쉬운 일은 아니다. 특히 필자의 주 전공인 '국방획득'defense acquisition분야는 무기체계 및 방산 연구개발에 관련된 기본적인 분석 자료조차 대부분 기밀로 분류되어 있어 연구활동을 수행하기가 대단히 어렵다. 이 때문에 본서의 각 장에서 제시되는 대안들 가운데 몇 가지는 다소 '정책 적실성'policy relevance이 떨어질 수도 있을 것이다.

그러나 국방 및 군사관련 전문가, 그리고 군 장교들의 두뇌세포를 자극하는 데 필요한 토론의 자료로 활용하는 데는 많은 도움이 될 것이다. 예를 들어, 이 생각을 다른 정책 사안에 사용할 수 있겠는가?, 있는 그대로 사용할 것인가? 아니면 조금의 변화를 주어 사용할 것인가? 만약 우리가 그 생각을 조금 변화시킨다면 그것을 적용할 수 있는 곳이 어디에 있겠는가? 그것과 유사한 어떤 것이 있는가? 이와 관련한 이슈들로는 어떤 것들이 있는가? 만약 질문을 더 확대한다면 무엇을 더해야 하는가? 만약 질문을 축소한다면 무엇을 빼야 하는가? 질문을 대체한다면 어떤 식으로 하는 것이 좋은가? 그리고 질문 자체를 완전히 바꾸어 버린다면 어떨까? 등이다.

따라서 본서의 내용은 우리 군의 장교들에게 새롭고 익숙하지 않은 문제에 직면했을 때, 그것을 깊이 생각하고, 축적된 경험과 판단에 비추어 보고, 또 문제를 재구성하여 새로운 대안을 창조해 내는 능력, 소위 '문제해결'problem-solving 능력을 발전시키는 데는 많은 도움을 줄 것으로 생각한다.

마지막으로 본서의 출판을 기꺼이 맡아주신 북코리아 이찬규 대표에게 진심으로 감사를 드린다.

2008년 3월 1일
김종하 Ph.D.

# :: 차 례

# 미래전

제 **1** 장

# 미래전쟁을 둘러싼 논쟁

걸프전Gulf War 이후, 미래전쟁의 본질 및 모습에 대한 활발한 논쟁이 벌어지고 있다.[1] 이러한 논쟁은 통상적으로 과거로부터 물려받은 재래식-기계화군의 이미지image를 배경으로 출발하여, 주로 네 가지 발생 가능한 미래전쟁의 이미지를 묘사하고 있다.

우리 군은 미래전쟁이 단 한 가지의 방향(예: 첨단기술전쟁)으로 흘러가게 될 것이라는 성급한 판단을 내려서는 절대로 안 된다. 왜냐하면 그것은 군사교리 개발자나 국방·군사정책 결정자들이 취할 수 있는 대안 선택의 범위를 좁혀버리는 결과를 초래할 수 있기 때문이다. 특히 미래전쟁이 특정의 단일 이미지로 흘러갈 것이라는 성급한 추측, 혹은 판단만으로 구체적인 군 구조, 교리, 그리고 무기체계 획득에 관한 설계도를

---

1 Thomas G. Manhken and Barry D. Watts, "What the War Can(and Cannot) Tell us About the Future of Warfare", *International Security*, Vol. 22, No. 2 (Fall 1997); Steven Metz, *Armed Conflict in the 21st Century: The Information Revolution and Post-Modern Warfare* (Carlisle, PA: Strategic Studies Institutes, US Army War College, 2000); Stephen Biddle, "The Past as Prologue: Assessing Theories of Future War", *Security Studies* (Autumn 1998)(internet edition); J. Mohan Malik, ed., *The Future Battlefield*(Melbourne: Deakin University Press in Association with the Directorate of Army Research and Analysis, 1997); Alvin Toeffler and Heidi Toeffler, *War and Anti-War* (Boston, MA: Little, Brown and Company, 1993); James Adams, *The Next World War: Computers are the Weapons and the Front line is Everywhere* (New York: Simon and Schuster, 1998); George Friedman and Meredith Friedman, *The Future of War: Power, Technology and American World Dominance in the Twenty-first Century* (New York: St. Martin's Griffin Press, 1996): David Shukman, *Tomorrow`s War: The Threat of High Technology Weapons* (New York: Harcourt Brace, 1996); Stephen Rosen, *Winning the Next War: Innovation and the Modern Military* (Ithaca, NY: 1991).

그리는 것은 국가안보적 측면에서 볼 때 사실 매우 위험하다고 할 수 있다. 오히려 다양한 미래가 가능하고, 또한 동시에 발생할 수 있다는 사실, 즉 미래는 '일차원적'인 것이 아니라 오히려 '다차원적'이 될 것이라는 가정을 해야만 하는 것이다. 그렇다면 다차원적으로 전개될 미래전쟁을 우리 군은 어떻게 준비해야 하는가?

현재 활발하게 논의되고 있는 미래전쟁에 관한 네 가지 시각들은 주로 '첨단기술전쟁'high-tech war, '사이버전쟁'cyber war, '평화유지전쟁'peacemaking war, 그리고 '더러운 전쟁'dirty war 등이다. 이러한 각각의 전쟁 개념들은 전쟁의 미래를 다소 인위적으로 과장하고 있는 측면이 없는 것이 아니다. 하지만 전쟁의 본질 및 모습에 관한 토론을 하는 데 있어 매우 중요한 개념들임에 틀림이 없다. 물론 이러한 네 가지 가능한 미래전쟁과 이에 부합할 수 있는 미래군의 모습에 '재래식—기계화전쟁'conventionalmechanical war의 이미지에 적절히 부합하고 있는 우리 군의 현재 모습이 더해져야 할 것이다.

재래식—기계화 전쟁의 모습은 우리가 익히 잘 알고 있는 유형의 전쟁 이미지이다. 주로 대규모 기갑부대 및 전술공군이 적의 전략적 '종심'(縱深)을 타격하고,[2] 폭탄을 투하하고 그리고 지상군이 공격을 하는 그런

---

2 참고로 전통적인 의미의 종심타격작전의 우선순위를 간략히 정리해 보면, 첫째, 전장에서 적의 움직임 및 정보의 정상적인 기능수행을 감소시키기 위해 적의 C4I체계를 파괴하고, 둘째, 적의 야전군을 공격하고, 셋째, 정유, 전기, 방위산업 특히 대량파괴무기를 생산하는 시설을 파괴하고, 넷째, 적의 지상군이 전방으로 배치되는 것을 무력화하거나 지연시키기 위해 철도, 도로, 교량과 같은 수송 하부구조를 파괴하고, 다섯째, 민간인들에 대한 심리전을 수행하는 것이다. Albert R. Hochevar, James A. RoBards, John M. Schafer and James M. Zepka, "Deep Strike: The Evolving Faces of War", *Joint Force Quarterly*, No. 9 (Autumn 1995), p. 84. 전쟁목표를 신속하게 달성하기 위해 적의 주요 종심을 공격한다는 원칙은 아마도 전쟁 그 자체만큼이나 오랜 역사를 가진 것이며, 전문 군사교육분야(육·해·공군대학/참모대학/국방대학원) 등의 각 수준에서 가르치는 핵심적인 교과내용 중의 하나이다. 하지만 불행하게도 우리가 알고 있는 전통적인 의미의 종심타격(deep strike) 개념은 미래전쟁의 결과에 거의 영향을 끼치지 못할 것이라는 사실이다. 왜냐하면 글로벌 경제 및 정보의 상호의존은 군사 전략가들이 고려해야 할 새로운 종심을 제시하기 때문이다. 이러한 주요 종심들은 군이

유형의 전쟁이다. 20세기 말에 일어났던 수많은 전쟁들 가운데, 특히 제2차 세계대전 및 걸프전쟁의 모습 등이 재래식－기계화전의 대표적인 이미지라 할 수 있다.

현재 우리 군에서 실시하고 있는 군사 훈련들(예: '독수리연습'FOAL Eagle, '연합전시증원연습'RSOI, '을 지포커스렌즈'UFL)은 이러한 재래식－기계화 전쟁의 이미지에 따른 것이라 할 수 있다. 물론 우리 군의 입장에서는 이 시각에 기초하여 가능한 미래전쟁의 규범적인 전략, 전술 시나리오를 채택하고, 거기에 맞추어 훈련하는 것이 매우 만족스러울 것이다. 왜냐하면 그렇게 하는 것이 1990년대 초반에 일어났던 걸프전의 이미지에도 잘 부합되고, 또한 군 구조 개혁도 시간적으로 여유를 가지고 점진적이며 단계적으로 할 수 있기 때문이다. 비단 우리 군뿐만 아니라 전 세계의 대부분의 군은 이처럼 과거로부터 물려받은 재래식－기계화 전쟁의 이미지에 따라 훈련하는 경향을 보이고 있는 것이 사실이다. 왜냐하면 이 이미지는 20세기 전쟁의 역사 속에 깊이 뿌리 박혀 있기 때문이다. 따라서 여기에 익숙한 군 구조를 불확실한 미래위협에 대비하기 위해 급작스럽게 변화시킨다는 것은 사실 군의 입장에서 볼 때, 받아들이기가 매우 어려운 것이다. 예컨대, 최근 미국에서 럼스펠드 국방장관이 냉전시절에 짜인 미군 구조를 새 시대의 위협에 부응할 수 있도록 뜯어고쳐야 한다고 주장하면서, 군 인사에서부터 병력구조, 무기체계, 방위전략 전반에 이르기까지 기존 국방정책을 재검토하도록 민간전문가들에게 의뢰, 그 검토결과를 내놓았다가 군부와 의회의 강한 저항을 받은 적이 있다.[3] 또

---

주요 지점을 공격하기 위해 새로운 방법을 개발하고 이용하도록 요구한다. 예를 들어, 적의 컴퓨터 네트워크망에 침입하여, 적의 경제적 하부구조를 파괴시키는 것은 과거 및 현재의 공군의 전략폭격만큼이나 중요한 미래전쟁을 수행하는 접근방식 가운데 하나가 될 것이다.

3 「시사저널」(2001년 8월 2일); 「조선일보」, 2001년 8월 10일; 미군의 구조변형에 관한 분석적인 글들에 대해서는, Paul K. Davis, James H. Bigelow, and Jimmie McEver, *Analytical Methods for Studies and Experiments on "Transforming the Force"*, DB-278-OSD (Santa Monica: Rand, 1999); Paul K. Davis, David C. Gompert, Richard J. Hillestad, and Stuart Johnson, *Transforming*

한 우리 국방부도 최근에 "미래의 정보·과학전에 효과적으로 대처할 수 있는 첨단 정예군, '작지만 강한 군대'를 건설하기 위해서는 전력증강 재원 마련이 시급한 과제"라면서 앞으로 5년간 유사 및 공통 업무 일원화, 중복기능의 축소·통폐합, 업무정보화 등을 바탕으로 인력감축을 추진, 인건비를 10% 정도 절감시켜 재원을 마련할 방침을 밝혔지만, 각 군의 거센 반발에 부딪혀[4] 그것이 철회되기도 하였다.[5]

이처럼 어느 나라 할 것 없이 군 내부에는 항상 재래식―기계화 전쟁의 이미지 개념을 계속 반복적으로 고수하기 위한 강력한 조직적 압력이 있게 마련인 것이다. 물론 이렇게 반발하는 가장 큰 이유는 이 이미지에서 탈피하는 것은 각 군 간의 상대적 중요성을 적잖이 변경시킬 수 있기 때문이다. 예컨대 재래식―기계화 전쟁에서는 전쟁수행의 주체로서 육군의 이미지가 해·공군에 비해 강력하게 부각된다. 하지만 뒤에서 논의되는 가능한 미래전쟁의 네 가지 이미지들 가운데는 육군보다 오히려 해·공군이 강력하게 부각되는 것(예: 첨단기술전쟁)이 있다.

아무튼 이러한 재래식―기계화 전쟁의 이미지를 출발점으로 하여 가능한 미래전쟁의 네 가지 모습을 한번 그려보기로 하자.

## :: 미래전쟁의 네 가지 이미지

사실 미래전쟁의 2008년 1월 23일 다양하고 복잡한 '비전'vision을 완전하게 묘사하는 것은 불가능하다. 왜냐하면 미래전쟁이 어떤 모습으로 우리들 앞에 나타나게 될지 그 누구도 모르기 때문이다. 그럼에도 불구하

---

*the Force: Suggestions for DoD Strategy*, IP-179 (Santa Monica: Rand, 1998)을 참조.
4 「문화일보」, 2001년 2월 7일.
5 「대한일보」, 2001년 2월 26일.

고, 머릿속의 모든 상상력을 최대한으로 발휘하여 그 모습을 한번 그려
보면 다음과 같다.

## 1. 첨단기술전쟁

이 시각은 미사일missiles, 정밀유도무기precision-guided munitions 그리고 우
주기반자산space-based assets과 같은 첨단무기체계의 기술력으로 싸우는 매
우 '하드파워'hard-power적인 전쟁의 모습을 그리고 있다. 각종 학술지나
서적들에 등장하는 개념들인 '체계통합'system of systems,[6] '네트워크중심
전'network-centric warfare,[7] '디지털 전장'digital battlefield,[8] '병행전쟁'parallel war[9]
등이 첨단기술전쟁의 이미지를 축약하는 용어들이라 할 수 있다. 이러한
시각은 미국의 'Joint Vision 2020'과 같은 보고서에 뚜렷하게 나타나고 있

---

[6] William A. Owens, "The Emerging System of Systems", *Military Review*, Vol. 75, No. 3 (May-June 1995); -----, "The Emerging System of System", *Proceedings*, Vol. 121, No. 5 (May 1995).

[7] J. R. Wilson. "Network-Centric Warfare 21st Century", *Military and Aerospace Electronics Magazine* (January 2000) (internet edition); Thomas P. M. Barnett, "The Seven Deadly Sins of Network-Centric Warfare", *Proceedings* (January 1999), Vol. 125; Edward A. Smith, Jr., "Network-Centric Warfare: What's the Point?", *NWC Review* (Winter 2001) (internet edition); Peter Rayton, *Network-Centric Warfare: A Place in Our Future*, Aerospace Centre Paper Number 74 (Commonwealth of Australia, 1995); Vice Adm. Arthur K. Cebrowski and John J. Garstka, "Network-Centric Warfare-Its Origin and Future", *Proceedings*, Vol. 124, No. 1 (January 1998); Richard J. Harknett, "The Risks of a Networked Military", *Orbis* (Winter 2000) (internet edition).

[8] Leland Joe and Phillip M. Feldman, *Fundamental Research Policy for the Digital Battlefield*, DB-245-A (Santa Monica: Rand, 1998); James F. Dunnigan, *Digital Soldiers: The Evolution of High-Tech Weaponry and Tomorrow's Brave New Battlefield* (New York; St. Martin Press, 1996); Robert L. Bateman III, ed., *Digital War: A View From the Front Lines* (Novato CA: Presidio Press, 1999), 이 책의 번역서는 윤주학, 「디지털전쟁: 야전으로부터의 의견」(대전: 문경출판사, 2000)을 참조.

[9] Richard Szafranski, "Parallel War: Promise and Problems", *Proceedings*, Vol. 121, No. 8 (August 1995).

다.[10]

하지만 어떤 무기체계 및 플랫폼platform이 첨단기술전쟁을 지배하게 될 것인지에 대해서는 아직까지 분명하게 드러나지 않고 있다. 예컨대 일부 분석가들이 다소 소형화된 무기체계를 강조하거나, 아니면 비교적 규모가 큰 무기체계에 대한 지속적인 욕구를 강조하는 반면, 또 다른 분석가들이 센서sensors, 슈터shooters 그리고 의사결정자들을 연결하기 위한 정보네트워크information networks의 역할을 강조하기도 한다. 그러나 이들 분석가들의 주장을 세밀히 살펴보면, 이들은 전장에서 사용하는 무기체계 및 플랫폼platform에만 다른 주장을 펼칠 뿐, 실제 내용은 각종 정보체계와 C4I(전술지휘통제자동화)체계를 이용하여 전차, 헬기 등 가용한 제반 플랫폼을 상호연결해 모든 전투원들이 정보를 공유한 상태에서 전투를 수행한다는 사실을 공통적으로 강조하고 있다.

최근 로스앤젤레스 타임스는 미 육군이 로스앤젤레스 북동부 바스토 외곽의 한 훈련장에서 디지털군의 미래를 가늠할 모의전을 성공적으로 실시하였다고 보도하였는데, 한겨레신문이 로스앤젤레스 타임스의 기사를 번역하여 묘사한 모의훈련의 결과는 다음과 같다.

모의전에서 950명의 육군전차, 기갑병들은 자신의 위치와 목적지, 적군의 예상 위치 등을 알려주는 대각선 길이 25.4cm의 컴퓨터를 휴대하고 전투를 치렀다. 컴퓨터는 위성과 무선으로 연결돼 전선의 각 층 지형지물과 적군의 움직임을 한눈에 파악하도록 해줬다. 전선에서 수 km 떨어진 작전본부의 지휘관은 모든 전차와 장갑차의 움직임을 모니터함으로써 정확한 현재 위치를 파악하고 탄약의 추가 공급여부를 결정하는 한편, 그때 그때 신속하게 작전계획을 다시 수립해 부하들의 컴퓨터를 통해 명령을 하달했다. 육군관계자들은 이번 모의전에서 디지털화한 아군전차 1대가

---

10 Department of Defence, *Joint Vision 2020* (Washington D. C.: US Government Printing Office, 2000).

전통적인 탱크전에 숙달된 모의적군 전차 15대를 파괴할 수 있었다고 밝혔다.[11]

Gompert와 Lachow는 미래전쟁에서는 정보기술에 토대를 둔 "네크워크화된 군이 더 생산적일 수 있다"[12]는 주장을 펼치고 있다. 비단 군사전문가들의 이러한 주장이 아니더라도 상식적인 수준에서 볼 때 정보기술을 네크워크한 상태에서 작전을 하는 군이 적보다 우월한 정보를 가지고 전투행위를 할 것임은 자명한 것이다. 실제로 비록 분산된 소수병력이라 할지라도 네크워크를 통해 정보를 공유하면서 작전을 하게 되면, 대량으로 밀집된 병력이 하는 것 이상으로 작전을 할 수 있게 되는 것이다. 이처럼 첨단기술전쟁에서는 정보기술을 적용한 첨단무기체계의 활용정도가 전장에서의 승리여부를 결정적으로 좌우하게 되는 것이다. 하지만 이 시각은 매우 비싼 첨단 무기체계의 획득을 통한 '하이테크'high-tech 군대의 비전이다. 따라서 상당한 노력과 시간, 그리고 예산지출을 요구한다. 또한 지나친 정보체계information system에 대한 의존은 전장에서 병사들의 독자적인 상황 판단력을 약하게 만드는 주된 요인이 될지도 모른다.

## 2. 사이버전쟁

위에서 묘사된 첨단기술전쟁과 동등한 기술지향적인 전쟁의 이미지는 사이버전쟁이다. 이것은 분쟁이란 것이 컴퓨터 터미널computer terminals에서의 전투원에 의해 시작된다는 매우 '소프트 파워'soft power적인 이미지이다.[13] 예를 들어, 이 시각은 민간인들을 포함한 정보전투원들이 적의

---

11 「한겨레신문」, 2001년 4월 30일.

12 David C. Gompert and Irving Lachow, "Transforming U. S. Forces: Lessons from the Wider Revolution", *Issue Paper*, 01-03-30, p. 2; http://www.rand.org/publications/IP/IP193/.

13 John Arquilla and David Ronfeldt, "Cyberwar is Coming", *Comparative Strategy*, Vol. 12,

컴퓨터 체계 속으로 '해킹'hacking해서 들어가 금융흐름, 커뮤니케이션 communication, 그리고 공공시설들을 붕괴시키는 전쟁의 모습을 그리고 있다.

순수한 형태에서 볼 때, 이 시각은 적이 탄환이나 폭탄으로 공격하거나, 혹은 당하는 것으로 보지 않는다. 오히려 컴퓨터 정보조작만으로도 전쟁의 바람직한 목표(결과)를 유도하는 데 있어 적에게 충분한 손실을 가할 수 있다고 본다. 예컨대 2000년 7월 발간된 미 의회의 보고서에는 다음과 같은 내용이 있다.

사이버 테러리즘은 빛의 속도로 전개되며 단 몇 분이면 모두 다 끝난다. 전기와 통신이 완전히 두절되고 월스트리트의 모든 금융거래 기록은 일순간에 사라진다. 미국의 막강한 군사력은 고철덩어리에 지나지 않을 뿐이다.[14]

사실 위의 보고서 내용처럼, 정보화 사회의 가장 큰 사회간접자본인 통신망에 해커들hackers이 침입하여 적의 컴퓨터 운용시설들을 파괴해 버린다면, 아마 그것은 미사일과 폭격기를 동원해 적의 산업기반시설들 및 전쟁수행시설들을 박살내는 것과 같은 효과를 얻게 될 것이다. 특히 컴퓨터와 정보기술이 우리의 일상생활에서 수행하는 큰 역할을 감안해 볼

---

No. 2(April-June 1993); Daniel G. Dupont, "Cyberview: Out of Site", *Scientific American* (January 1999) (internet edition); George Smith, "An Electronic Pearl Harbor? Not Likely", *Issues in Science and Technology* (Fall 1998) (internet edition); Dorothy E. Denning, "Cyberterrorism", Testimony before the Special Oversight Panel on Terrorism Committee on Armed Services U.S. House of Representatives, May 23, 2000: Charles Bickers, "Cyberwar: Cracking the Codes to Cripple a Country", "Combat on the Web", *Far Eastern Economic Review* (August 16, 2001); Shekhar Gupta, "And the War is led by the Mouse", *The indian Express* (November 18, 1998) (internet edition).

14 「주간동아」(2001), 제295호; http://www.donga.com/docs/magazine/weekly-donga/news295/wd295aa0에서 재인용.

때, 중요한 정보하부구조의 붕괴와 파괴는 나라 전체를 마비시킬 수 있을 것이다. 따라서 컴퓨터 공격과 방어는 '정보우위'[15] − 정보의 계속적인 흐름을 수집, 처리, 전파하고 적이 그렇게 하는 것을 이용하거나 거부하는 능력 − 를 유지하기 위한 노력의 일환인 것이다. 다소 덜 극단적인 형태에서 볼 때, 사이버전쟁은 다른 전투기술들을 결합하는 더 큰 작전(예: 재래식 군사작전)의 일환으로서 또한 구상되어진다.[16] 현재 전 세계에서 미국이 사이버전쟁에 대비하는 데 가장 적극적이고 활동적이다. 특히 미국은 '사이버 공간에서의 정보전에 대한 내용은 극비로 분류'하였고, 방어의 개념에서 한 걸음 더 발전하여 외국전산망을 파괴하기 위한 컴퓨터 바이러스, 폭탄 프로그램 등의 공격무기도 이미 개발한 것으로 드러났다.[17] 또한 북한은 미림대학이 사이버부대 역할을 수행하고 있으며, 중국은 바이러스 부대를 최근에 창설하기도 하였다.

얼마 전 미 해군 정찰기와 중국전투기 충돌사건이 발생한 후, 거의 한 달 동안 "미국인 또는 친미 해커들이 최소 350개에 달하는 중국 웹사이트에 침입하였고, 중국인 또는 친중 해커들의 목표가 된 미국 웹사이트는 37개에 달하였다"[18]는 사실만 보더라도 사이버전쟁은 이미 새로운 전쟁 유형으로 떠올랐다고 할 수 있다. 그럼에도 불구하고 현재 우리 군의 사

---

15 Lt Gen Paul K. Van Riper, "Information Superiority", *Marine Corps Association*, June 1997, http://www.comw.org/rma/fulltext/infosup/html.

16 Bruce Berkowitz, "information Warfare: Time to Prepare", *Issues in Science and Technology* (Winter 2000) (internet edition), p. 1; http://www.nap.edu/issues/17.2/berkowitz.htm. 이에 대한 좀 더 구체적인 내용에 대해서는, Bruce D. Berkowitz, "War Logs on", *Foreign Affairs* (May/June 2000) (internet edition); Dorothy E. Denning, *Information Warfare and Security* (Reading, Mass.: Addison Wesley, 1999); Rodger C. Molauder, Andrew S. Riddle, and Peter A. Wilson, *Strategic Information Warfare: A New Face of War* (Santa Monica, Calif: Rand, 1996); The White House, *National Plan for Information Systems Protection, Version 1.0: An Invitation to Dialogue* (Washington, D.C.: U.S. Government Printing Office, January 2000)을 참조.

17 박상서, "미군은 지금 디지털 군대로 변신 중", 「주간동아」(2001년 8월 2일), 제295호, p. 15.

18 「조선일보」, 2001년 5월 2일.

이버 전쟁수행 능력은 아직까지 걸음마 단계에도 접근하지 못하고 있는 실정에 있다.[19]

첨단기술전쟁과 사이버전쟁 이미지 둘 다는 첨단기술을 강조해서 소위 요즘 전 세계의 군에서 유행하고 있는 거대 담론인 '군사혁신'Revolution in Military Affairs[20] - 최첨단의 하드웨어, 컴퓨터 그리고 전자능력의 예기치 못한 변화가 전쟁의 본질 및 전쟁수행 그 자체의 역동성을 변화시킬 수 있다는 것 - 의 개념과 양립할 수 있다. 바로 이러한 이유 때문에 많은 학자들이 첨단기술전쟁과 사이버전쟁을 함께 묶어 '정보전쟁'information warfare,[21] 혹은 '지식기반전쟁'knowledge-based warfare[22]으로 부르기도 한다. 하지만 두 개념은 분명히 차이가 있다. 가장 큰 차이점은 아마도 전쟁에서 사용되어지는 무기체계의 유형일 것이다. 첨단기술전쟁은 공격목표에 폭탄을 투하하고, 정보를 수집하고, 군을 지휘·통제하고, 정밀유도무기로 공격하기 위해 첨단기술을 사용하는 매우 하드파워적인 이미지이다. 목표는 물리적 수단을 사용하여 적을 죽이고, 파괴하고, 조직기반을

---

19 이에 대해서는, 노훈 · 이재욱, "사이버전의 출현과 영향 그리고 대응 방향", 「국방정책연구」 (2001년 가을호)를 참조.

20 군사혁신에 대해 일목요연하게 간략히 잘 정리한 글에 대해서는, James R. Blacker, *Understanding the Revolution in Military Affairs: A Guide to America's 21st Century Defense*, Defense Working Paper No. 3 (Washington, D.C.: Progressive Policy Institute, 1997)을 참조.

21 Will Schwartau, *Information Warfare: Chaos on the Information Superhighway* (New York: Thunder's Mouth Press, 1994); Thomas G. Mahnken, "War and Culture in the Information Age", *Strategic Review*, Vol. XXVIII, No. 1 (Winter 2000); _____, "War in the Information Age", *Joint Forces Quarterly*, No, 10 (Winter 1995-96); John T. Correll, "Warfare in the Information Age", *Air Force Magazine* (December 1996) (internet edition); Martin C. Libicki, *What is Information Warfare?* (Washington D.C.; National Defense University Press, 1995).

22 Lawrence E. Casper, Irving L. Halter, Earl W. Powers, Paul J. Selva, Thomas W. Steffers, and T. Lamar Willis, "Knowledge-Based Warfare: A Security Strategy for the Next Century", *Joint Forces Quarterly*, No. 13 (Autumn 1996); Lt Gen Paul K. Van Riper and Lt Col F. G. Hoffman, "Pursuing the Real Revolution in Military Affairs: Exploiting Knowledge-Based Warfare", *NSSQ* (Summer 1998) (internet edition)을 참조.

와해시키고, 꼼짝달싹 못 하게 만드는 데 있다. 반면에 사이버전쟁은 전자 커뮤니케이션 electronic communication체계로 '간섭'interference을 통해 적을 공격한다는 매우 소프트파워적인 이미지이다. 예를 들어, 컴퓨터 터미널 computer terminals에 앉아 있는 누군가가 적의 금융체계, 전산망체계를 해킹 hacking하고, 그렇게 함으로써 혼란을 조성하고자 하는데 있는 것이다.

요약하자면, 첨단기술전쟁과 사이버전쟁 모두는 첨단기술 기반에 그 토대를 두고 있다. 하지만 전자가 폭탄과 탄환을 사용하는 전쟁이라면, 후자는 그것을 사용하지 않는 전쟁이라는 데 있다. 게다가 사이버전쟁은 첨단기술전쟁의 하위요소가 분명히 아니다. 왜냐하면 앞에서도 지적하였듯이 그것은 분쟁을 시작하는 뚜렷한 한 가지 방법이 충분히 될 수가 있기 때문이다.

## 3. 평화유지전쟁

이 시각은 첨단무기체계의 기술보다는 군인(병사)들의 중요성을 강조한다. 이 시각에 있어 압도적인 이미지는 군인이며, 오늘날과 같이 다소 무장된 저강도low-intensity 경찰업무의 범위에 종사하는 군의 모습을 그리고 있다. 따라서 기술적 진보들은 다소 부분적인 수준에 머문다. 이 시각은 평화와 전쟁 사이를 정확히 구별하는 문제를 지적하고 있다.

첨단기술전쟁에서 논의되는 '우주기반정보'space-based intelligence, '감시'surveillance 및 '정찰'reconnaissance 그리고 공군력 등이 평화유지전쟁에 종사하는 경찰군을 지원하는 정도를 둘러싸고 분명 논쟁이 있을 수 있을 것이다. 하지만 이 시각의 기본 이미지는 땅 위에 발을 딛고 서 있는 병사들, 즉 인력 집약적인 전쟁개념이다. 따라서 첨단무기체계가 고도로 발전하고, 최신의 정밀유도무기가 앞으로의 전장을 지배할 것임이 틀림이 없다고 할지라도 재래식 무기에 의한 소규모 분쟁의 가능성이 완전히 소멸

되지는 않을 것이며, 이러한 위협에 대응하기 위한 능력을 전혀 무시할 수는 없을 것이다.

'전쟁 이외의 군사작전'MOOTW: Military Operations other than War[23]으로 불리는 평화유지전쟁을 쉽게 이해하기 위해서는 현재 코소보 지역에 파견되어 있는 우리 군의 모습을 상상해 보면 될 것이다.

평화유지전쟁은 주로 냉전 이후 세계화가 진행되면서 상대적으로 경제적 지위가 상승한 국가들보다 아프리카, 중동, 동남아시아에서 벌어지는 자원, 인종, 지역갈등과 크고 작은 분쟁을 겪고 있는 국가들에서 주로 수행되어질 가능성이 높다. 특히 앞으로 소외되고 낙후된 지역과 국가에 대한 지원이 이어지지 않는 한, 언제, 어디에서 어떻게 상황이 벌어질지 모르는 불안감은 더욱 증대될 것이다. 이러한 평화유지전쟁에서 가장 문제가 되는 것은 난민들이다. 예를 들어, "1991년부터 진행된 보스니아 내전에서는 모두 220여만 명의 난민이 발생하였고, 한국군이 파견되어 있는 코소보의 경우에는 대략 100여만 명에 이른다."[24] 따라서 앞으로는 전쟁으로 인한 난민문제, 그리고 국가재건과 같은 이슈들issues이 평화유지작전의 핵심이 될 것이다.

23 이에 대해서는, Kevin Avruch, James L. Narel and Pascale Combelles Siegal, *Information Campaigns for Peace Operations*, C4ISR Cooperative Research Program (March 2000) (internet edition); John A. Gentry, "Complex Civil-Military Operations: A U.S. Military-Centric Perspective", *NWC Review* (Autumn 2000) (internet edition); Richard J. Rinaldo, "Warfighting and Peace Ops: Do Real Soldiers do MOOTW?", *Joint Force Quarterly*, No. 14 (Winter 1996-97); Eugene V. Rostow, "Is UN Peacekeeping a Growth Industry?", *Joint Force Quarterly*, No. 4 (Spring 1994); Timothy L. Thomas, "Kosovo and the Current Myth of Information Superiority", *Parameters* (Spring 2000) (internet edition)를 참조.
24 「문화일보」, 2001년 10월 11일.

## 4. 더러운 전쟁

미래전쟁의 마지막 이미지는 더러운 전쟁이다. 이 시각은 미래분쟁을 비국가행위자들non-state actors의 잡동사니들에 대처하는 전쟁으로 그리고 있으며, 특히 '문명 대 문명', '문명 대 야만' 간의 분쟁이 될 것이라고 생각한다. 더러운 전쟁은 소위 비대칭 전쟁, 즉 규범으로부터 일탈한 분쟁으로 상대방의 무력에 대한 역대응을 하기 위해 직접적인 접근보다는 간접적인 접근 - 비대칭전략(예: 테러행위) - 을 취하는 모습을 보여주는 전쟁이라 할 수 있다.[25] 특히 "테러리즘은 그 본질상 비대칭적인 성격이 강하고 유혈충돌을 피할 수 있기 때문에 자국의 피해를 최소화하면서 강대국을 상대로 군사작전에 상응하는 결과를 달성할 수 있는 효과적인 선택대안이 될 수가 있다."[26] 최근에 아프가니스탄에서 벌어지고 있는 미국에 의한 대테러 보복전쟁, 그리고 연이은 미국에 대한 보복 탄저테러 행위 등을 더러운 전쟁의 대표적인 사례로 지적할 수 있을 것이다.

이스라엘의 부총리 겸 외무장관인 시몬 페레스Shimon Peres는 다음과 같이 주장하고 있다.

> 국가방어의 한 형태로서, 기존의 정규전은 점차 사라지고 있지만, 그렇다고 분쟁들이 다 끝난 것은 아니다. 무엇보다 지금의 분쟁은 첨단기수위에 번성하고 있는 상호 연계된 세계와, 가난과 농업과 민족주의 속에 빠져 있는 단절된 세계와의 사이에 벌어지고 있다. 적대국들의 군대끼리의 전투가 아니라, 전 지구적 위협들과의 싸움으로 바뀌고 있는 것이다. 전 지구적 위협에 국경이 없다. 언제든, 무엇이든 공격대상이 될 수 있다.[27]

---

25 David L. Grange, "Asymmetric Warfare: Old Method, New Concern", *NSF Review* (Winter 2000) (internet edition); Robert David Steele, "The Asymmetric Threat: Listening to the Debate", *Joint Force Quarterly*, No. 20 (Autumn/Winter 1998-99).

26 김진우, "비대칭 위협의 양상과 전망", 「주간국방논단」(2001년 2월 19일), 제835호(01-5), p. 9.

이처럼 상호 연계된 세계와 단절된 세계와의 투쟁을 미래전쟁의 한 가지 모습 - 더러운 전쟁 - 으로 그리는 것은 어떻게 보면 증오와 폭력으로 치닫는 인간본성의 염세적인 관점을 제시하는 것이라 볼 수 있다. 이런 더러운 전쟁에서는 군사적 목표가 적을 전멸시키는 것이 아니라 오히려 적의 사회내부에 있는 대중들의 전쟁지지를 완전히 붕괴시키는 데에 있는 것이다.

더러운 전쟁에서는 첨단무기체계가 군사적 승리를 결코 보장하지 못한다. 왜냐하면 사이버전쟁처럼, 적이 누구인지 파악하기가 매우 어렵고, 설사 파악한다 하더라도 적의 전투원들이 민간인들 내부에 숨어 있거나, 아니면 민간인들이기 때문에 쉽사리 공격하기가 어렵기 때문이다. 한마디로 더러운 전쟁에서는 보이지 않는 적과 싸우기 때문에 작전을 수행하기가 매우 어렵다. 특히 보이지 않는 적들이 보유한 몽둥이, 돌멩이, 그리고 TV 뉴스를 통한 홍보효과가 첨단무기체계로 무장된 기계화사단보다 오히려 더 강력한 작전무기가 될지도 모른다.[28] 사실 더러운 전쟁에서는 군사적 힘이 아무리 막강하다더라도 무력사용만으로는 정치적 목표를 달성하기가 어려운 아이러니irony를 산출할 수도 있게 된다. 예를 들어, 최근 미국의 일간 크리스천 사이언스 모니터csm가 보도한 내용을 보게 되면 이러한 주장을 경험적으로 뒷받침한다.

미국의 공습이 탈레반의 사기를 꺾는데 실패했을 뿐 아니라, 북부동맹군에도 믿음을 주지 못하고 있다. 미국이 초기 공습에서 공항 및 군사기지 등의 파괴에 주력했으나 탈레반군의 주력은 북부동맹과 대치 중인 전선에 배치되거나 다른 곳에 은신해 있어 거의 타격을 주지 못했다. 특히 미군이 최근 탈레반 진지에 대한 공습을 강화했으나 지나치게 높은 고도에서, 길

---

27 시몬 페레스, "테러, 전 세계가 대응을", 「조선일보」, 2001년 10월 12일.

28 Stan Crock, "Sticks and Stones can Break an Army", *Businessweek* (October 27, 2000) (online); http://www.businessweek.com/bwdaily/dnflash/oct2000/.

어야 20분 가량 지속되는 부정확한 폭격이 북부동맹군의 포격에도 미치지 못한다며 아프간인들의 비웃음을 사고 있다. 더욱 큰 문제는 아프간 공습이 빈 라덴 조직과 탈레반 집권층에 대한 주민들의 충성심만 키웠을 뿐 곧 와해될 것이란 예상을 보기 좋게 깨뜨리고 있다. 공습의 무력함을 보고 오히려 사기가 높아진 탈레반군은 미국과의 전쟁이 장기화될 경우 자신이 유리하다는 희망 아래 신병을 모집하는 한편, 예비병력 및 무기를 분산하고 은닉하는 등 지구전 전략을 펴고 있다.[29]

이러한 측면에서 볼 때, 더러운 전쟁에서 승리하기 위해서는 일방주의가 아닌 다자주의적 접근방식 - 반테러동맹형성을 위한 전 방위 외교전략 및 정보·선전전에서의 우위를 유지하는 것이 필수적이다. 예컨대 2001년 11월 7일, 러시아의 블라디미르 푸틴 대통령은 미국 ABC 방송과의 인터뷰에서, 미국의 아프가니스탄에 대한 대테러작전 시 오사마 빈 라덴과 같은 "테러리스트들은 정보·선전분야에서 훨씬 더 의욕적이고 공격적으로 행동했고, 결국 감정적인 차원에서의 반발을 만들어 내었다"[30]고 주장한 적이 있다. 이것은 더러운 전쟁에서 승리하기 위해서는 정보·선전전에서의 우위를 차지하는 것이 매우 중요하다는 사실을 지적하는 것이라 할 수 있다.

앞으로 남북한 간에 벌어질 수 있는 전쟁의 유형은 바로 이러한 더러운 전쟁이 될 가능성이 매우 높다. 특히 북한이 세계화된 국제사회의 새로운 규범에 발맞추어 나가지 못할 경우, 국제적인 문제국가로 남아 부득이 더러운 전쟁을 수행할 수밖에 없는 많은 문제를 발생시킬 수도 있을 것이다.

아무튼 전쟁의 현존하는 방법 -재래식-기계화전- 을 유지하려는 강한 압력에도 불구하고, 우리 군의 변화의 주창자들은 변화를 '단일선

---

29 「문화일보」, 2001년 10월 25일.
30 「문화일보」, 2001년 11월 8일.

형'unilinear — 군사혁신에 토대를 둔 정보전쟁(첨단기술전쟁+사이버전쟁) — 으로 몰아가고 있는 것이 보편적이다. 2001년 5월 30일, 국방부에서는 전반기 전군 주요지휘관 회의 시, "변화에 대처하고 미래를 준비하는 21세기 新국방"에 대해서 보고 및 토의를 하였는데, 미래전쟁에 대처하는 방향에 관해 다음과 같이 언급한 바 있다.

정보화 사회에서는 지식과 창의력이 부를 창출하고 국가경쟁력을 좌우하는 핵심요소이자 전쟁의 승패를 결정하는 관건이다. 걸프전 이후 미국을 포함한 선진국들은 디지털·네트워크전, 정보·사이버전 등 '정보와 지식에 기반을 둔 군사력'을 창출하기 위한 군사혁신에 제반노력을 경주하여 미래전에 적극 대비하고 있다. 우리 군도 이러한 추세에 부응하여 '21세기형 첨단정보 기술군'을 건설함으로써 미래의 위협에 효율적으로 대비하고 민족의 생존과 번영을 보장해야 할 것이다.[31]

이처럼 단일선형으로만 달려가려고 하는 우리 군의 이러한 태도가 옳은 것이라고 그 누구도 확신할 수 없을 것이다. 특히 주어진 예산자원의 한계에서 볼 때 더욱더 그렇다. 69만여 명이나 되는 인력을 어떻게 제한된 예산으로 하나의 미래, 즉 첨단기술전쟁에만 국한시켜 발전시켜 나갈 수 있겠는가? 한마디로 이것은 불가능한 것이다.

확실히 이러한 가정 속에 연관된 많은 사람들이 미래에 대한 수많은 뚜렷한 길을 인식하고 있다. 단지 하나의 방향만이 옳다고, 그리고 사실이라고 가정할 수가 없는 것이다. 왜냐하면 미래전쟁은 분명히 다차원적인 방향 속으로 동시에 진행될 것임이 분명하기 때문이다. 이것은 오늘날 명확하다.

---

31 국방부, "변화에 대처하고 미래를 준비하는 「21세기 新국방」", 「국방소식」(2001년 5월호), 통권 제127호, p. 6. 이와 동일한 내용에 대해서 「국방일보」, 2001년 6월 29일자를 참조.

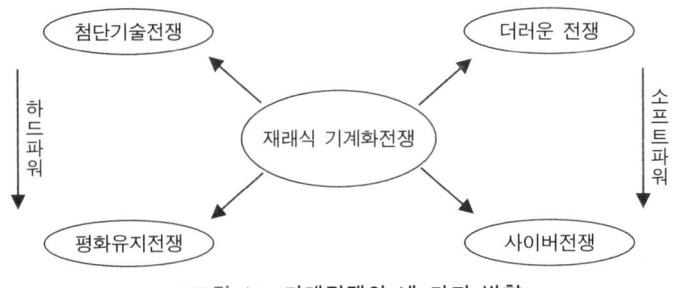

<그림 1> 미래전쟁의 네 가지 방향

　따라서 핵심은 과거로부터 물려받은 재래식－기계화군을 위한 가장 좋은 변형전략transformation strategy[32]을 발전시키는 것과 더불어, 네 가지 미래전쟁의 시각들을 통합할 수 있는 미래의 군 구조를 설계하는 데 있는 것이다. 간단히 말해 "모든 위협에 대처할 수 있는 군"을 설계해야만 하는 것이다. 그러한 변형전략이 없이는 현재의 군 구조 그리고 준비태세의 수준은 지속될 수 없을 것이다.

---

[32] 변형전략은 전쟁수행에 있어 혁명적인 변화를 유도, 지속 그리고 이용하는 목표를 가진 계획고가 행동을 포괄한다. 그것의 도구들은 미래전쟁의 대안적인 비전들, 국방투자 옵션들, 실험, 제도적인 개혁 그리고 군의 준비태세 등이다. 어떤 포괄적인 변형전략은 몇 가지 요소들을 병합해야만 하다. 첫째, 잠재적인 군사문제들, 주요한 추세들 그리고 잠재적인 불연속성을 표명하는 미래전쟁 환경의 비전을 개발(발전)시키는 것, 둘째, 불연속적인 변화를 위한 제도적 그리고 정치적 힘을 구축하는 것, 셋째, 보다 장기적인 도전들에 대한 재정적인 재원을 재배분하는 것, 넷째, 조직적 공간을 창출하는 것, 다섯째, 다차원적인 옵션을 창출하는 것, 여섯째, 중요한 불확실성 그리고 재난적인 실패에 대처하는 보호막을 만드는 것, 일곱째, 기술적, 산업적 기반을 변형하는 것 그리고 마지막으로 국제안보환경을 형성하기 위한 전략을 집행하는 것을 들 수 있다. CSBA, "Transformation Strategy", p. 1; http://www.csbaonline.org/2strategic_studies/3Transformation_Strategy/T.r.

## :: 군 구조

군사적 초강대국인 미국과 상이하게 다른 지정학적 안보환경에도 불구하고, 미국의 국방체제만을 지금껏 모방해온 우리 군은 현재 군사혁신에 대한 폭발적인 요청에도 불구하고, 군 구조 및 국방현대화에 대한 지금과 같은 점진적이고 단계적인 접근법을 취하는 것을 쉽게 포기하지는 않을 것이다. 이러한 관점에서 볼 때 군 구조 개혁에 대한 목표는 단순히 군사혁신에 토대를 둔 차세대군next-generation army을 창출하는 것이 아닌 것이다. 오히려, 네 가지 가능한 미래전쟁에 효과적으로 대처할 수 있는 네 가지 군 구조를 설계하는 데 있는 것이다. 이러한 조직들은 현재 우리 군의 군 구조와 많은 차이가 있을 것이다.

다차원적인 미래상황 속에서 특정의 단일 전쟁이미지가 지배하거나, 혹은 다른 전쟁이미지를 인위적으로 배제시키면서까지, 한 가지 미래전쟁의 이미지에만 부합되는 군 구조만을 최적화하기 위해 노력하는 것은 우리 군의 미래 발전에 엄청난 악영향을 끼치게 될 것이다.

핵심적인 질문은 구체적인(특별한) 미래전쟁의 시나리오를 위해 군 구조를 최적화하기보다는 유연성을 위해 최적화할 수 있는 군을 어떻게 설계해야 하는가? 즉, 적재적소에 적절한 전투력을 할당할 수 있는 '전략적 기동성'strategic mobility을 가진 군을 어떻게 만들 수 있을 것인가인 것이다. 이러한 질문은 현재 우리 군의 군 구조 전반을 살펴볼 수 있는 기회를 제공할 것이다. 검토과정에서 가장 핵심적인 요소는 하나의 가능성은 처음부터 배제되어져야만 한다는 것이다. 절대로 한 가지 시나리오(예: 첨단기술전쟁)에 따라 군 구조 및 교리를 최적화해서는 절대로 안 되는 것이다. 왜냐하면 최적화란 것은 단지 문제가 무엇인지 구성원들에게 정확히 알려져 있는 경우에만 적용할 수 있는 해결책이기 때문이다. 따라서 지금처럼 안보문제가 빈약하게 규정되어져 있을 경우에는 유연하고 탄력적으로 대응할 수 있는 능력을 갖추게 하는 것이 더 중요하다. 왜냐하면 적자생존이 자연계의 법칙이듯이 전략환경 변화에 탄력적으로 대응하지 못하는 군은 어떤 전쟁에서도 패할 수밖에 없기 때문이다.

만약 우리가 하나의 미래 이상이 일어날 것을 받아들인다면, 그때 설계이슈는 '상충'trade-off을 인정하게 될 것이며, 소요 사이의 균형과 이동에 대한 능력 또한 유지할 수 있게 될 것이다. 현재 우리 군의 구조를 더 유연하게 만들면 안 되는가? 물론 이것도 한 가지 방법이 될 수도 있겠지만 그것만으로는 분명히 한계가 있을 수밖에 없을 것이다. 왜냐하면 원래 유연성이란 것은 조직구조, 그 자체를 완전히 송두리째 변화시킴으로써만이 가장 잘 달성되어질 수 있기 때문이다. 네 가지의 동시적인 미래전장 환경에 직면할 경우, 어떤 국가든지 국가안보를 위해 아마도 네 가지 조직이 반드시 필요할 것이다.

이러한 주장은 현재 우리의 육군, 해군, 공군 그리고 해병대의 급진적인 변형을 의미하는 것이다. 미래에는 지상, 해상, 공중, 그리고 더 나아가 우주공간에 이르기까지 동시적으로 전쟁이 수행되어지기 때문에, 육·해·공군식의 전통적인 군 구분의 의미가 퇴색되어질 것이다. 이것은 소위 육·해·공군의 '합동성'jointness[33]의 현 개념을 훨씬 넘어서는 사고를 요구하는 것이다.

새로운 군 구조는 새롭게 부상하고 있는 위협, 그리고 서서히 밝혀지고 있는 안보상황에 탄력적으로 대처할 수 있는 능력을 증가시킬 수 있도록 설계되어져야 한다. 해결책은 자원배분, 승진, 전쟁에 관한 우리 군의 전통적인 사고행태를 완전히 붕괴시켜버리는 데 있다. 물론 이렇게 하는 것이 결코 쉬운 일은 아닐 것이다. 그렇지만 한 가지 분명한 것은 조직의 재편성이란 것은 새로운 시작을 위한 명백한 출발점이라는 사실

---

33 합동성의 원칙에 관해 잘 정리된 글에 대해서는, Robert C. Rubel, "Principles of Jointness", *Joint Force Quarterly*, No. 27 (Winter 2000~2001)을 참조.

이다.

현재 우리 군의 군 구조, 특히 합참의 조직구조가 미래전쟁에서 싸우는 데 가장 적합한 조직이라고 가정하는 우를 범해서는 절대로 안 된다. 우리 군은 미래전쟁의 각 시나리오를 위한 헌신적인 조직을 만들기 위한 감각이 있어야만 한다. 그렇다면 그러한 헌신적인 조직은 어떠한 모습인가? 고도의 능력을 가진 첨단기술전쟁을 위한 정밀 타격군, 사이버전쟁을 위한 사이버군, 평화유지전쟁을 위한 경찰군, 그리고 더러운 전쟁을 위한 비재래식, 혹은 특수 작전군이 우리 군의 미래를 위해 절실히 필요한 조직들이다.

첨단기술전쟁을 수행할 강력한 정밀타격군은 잠재적인 적들(예: 북한)을 억제하도록 요구되어질 것이며, 평화유지전쟁 또는 더러운 전쟁 어느 한쪽에 관련돼 군 뒤에서 밀고 나가도록 요구한다. 그것은 분리된 영구적인 사령부로 운용되어져야 하며, 어떤 전구에서도 작전적 사용을 위한 준비태세, 즉 신속한 무력투사능력이 갖추어져야만 할 것이다. 특히 대부분의 국방예산은 첨단기술전쟁에 대비하기 위해 필요한 무기체계의 실험과 군사혁신을 위한 연구비로 비축되어져야 할 것이다. 이러한 이유 때문에 정밀타격군은 군 전체에서 예산을 가장 많이 사용하는 군이 될 것이며, 전문 직업군인들로만 구성되어져야 할 것이다.

반면에 사이버군은 비교적 규모가 작고, 적은 예산을 사용할 것이며, 군과 민간인의 혼성, 즉 컴퓨터공학자, 문화인류학자, 정치학자, 그리고 심리학자들로 구성되어질 것이다. 바로 이러한 혼성적인 조직구조상의 특성 때문에 사이버군은 전통적인 군 조직으로부터 운용되기보다는 오히려 '두뇌집단'think tanks과 같은 성격의 조직에 의해 운영되는 것이 더 효과적일 수도 있을 것이다. 또한 구체적인 작전임무를 수행하기 위해 즉흥적으로 조직이 만들어질 수도 있을 것이다. 그러나 필요에 따라 즉흥적으로 조직을 만들었다가 해체하는 것보다는 안정적으로 장기간에 걸쳐 봉사할 수 있는 조직을 유지하는 것이 더 바람직할 것이다.

대규모 경찰군은 평화유지전쟁을 위해 꼭 필요한 조직이다. 코소보에 현재 파견된 우리 군과는 달리, 앞으로 경보병, 전투경찰, 구조인력들(예: 공병 및 의료 인력들) 그리고 특별히 내무 및 정치군사 전문가들로 구성된 혼성팀이 될 것이다. 이들은 평화유지 활동과정에서 위험에 직면할 경우, 정밀 타격군으로부터 얼마간의 무력을 요청할 수도 있을 것이다.

우리 군은 더러운 전쟁에서 싸우기 위한 엘리트 경보병군을 반드시 필요로 할 것이다. 그들은 현재 우리 군이 보유한 특수부대들보다 규모가 훨씬 더 커야 하고, 아마 위기뿐만 아니라 장기적인 군사 임무를 수행하기 위해 안정적으로 배비되어져야 할 것이다. 특공부대들은 C4ISR과 병참능력에 접근 가능한 더러운 전쟁여단에 배속되어져야 할 것이다. 물론 이들은 또한 정밀 타격군으로부터 정밀타격능력을 필요에 따라 요청할 수도 있을 것이다. 더러운 전쟁군은 특수 작전군을 결합, 현재 해병대에 의해 커브되는 몇 가지 기능 및 정보군을 보강한다. 그들은 민간의 법무부 및 국가정보원과 긴밀한 유대관계를 가져야 할 것이며, 민간위기 대응군(예: 전투경찰)과 반드시 연계되어져야 할 것이다. 한마디로 국가 안보에 관련된 국내의 모든 조직들과 긴밀한 연계를 맺는 것이 그 핵심이 된다.

기갑형성의 필요성 － 폐기되어져야 할 과거의 유산 － 은 새로운 군구조를 설계하는 데 있어서 아마 사소한 것으로 변할 것이다. 현재 우리 군의 기갑사단은 점차적으로 동원예비군에게 그 역할이 넘겨져야 할 것이다. 현역의 경우에는 단지 2~3개 정도의 기갑사단과 중무장한 기계화 보병사단만 보유하고 있으면 될 것이다. 물론 이러한 2~3개의 사단들은 해병대와 함께 결합되어져야 하고, 나머지 인력들은 더러운 전쟁군이나 평화유지군으로 가야 할 것이다.

## :: 문화적 도전

위에서 언급한 네 가지 종류의 군 구조를 설계하는 데 반대하는 사람들은 아마도 첨단기술전쟁에 대비하는 정밀 타격군만이 진짜 전투원일 것이라는 생각을 가지고 있을지도 모른다. 솔직히 남자다운 세계에서 정밀타격군의 유일한 경쟁자는 더러운 전쟁의 비재래식 전사들일 것이다. 물론 이런 생각을 한다는 것, 그 자체는 사실 유치한 것이지만 군 구조를 설계하는 데 있어 이것은 사실 매우 심각한 논쟁을 초래할 수도 있다.

역사적으로 물려받은 유산으로서 현재 우리 군의 문화는 정밀타격군을 새로운 군 구조에서 가장 저명하고 인기 있는 군으로 만들 것임이 분명하다. 결국 이것은 앞으로의 전쟁이 무엇인가에 관한 것이며, 적어도 미래를 생각하는 자들은 최근의 과거(예: 걸프전쟁)를 추론하는 것이다. 이러한 문화적 시차를 다루는 것은 앞으로 우리 군의 주요한 도전이 될 것임에 틀림이 없다.

한편, 현재 우리 군의 군 구조는 미래전쟁의 네 가지 이미지를 결코 충족시킬 수 없다. 현재 군의 역할과 임무에 대한 토론의 대부분은 군과 미래전쟁의 이미지 사이의 참으로 불만족스러운 결과만을 보여주고 있다. 예를 들어, 지상군은 더욱 더 평화유지 작전, 국가건설 그리고 인도적 지원활동으로 움직이도록 하는 보이지 않는 압력이 있다. 그러나 현재 지상군, 즉 육군이 평화유지군이 된다면 그것은 반드시 새로운 정체성을 세워야만 한다. 그리고 평화유지 작전에 적합한 조직적인 이해를 규정해야만 한다. 역사적으로 볼 때, 육군의 정체성은 전투행위 그 자체에 직접적으로 연계되어왔다. 특히 대규모 기갑부대에 의한 지상전투 행위가 육군의 정체성을 규정해 왔다. 솔직히 평화유지작전에 관련된 다소 사소하게 보이는 경찰역할이 아닌 것이다. 평화유지작전과 전투를 융합시키는 데 관련된 관심은 다양한 방법으로 생겨난다. 작전속도로부터 군 보호에 이르기까지 다양하며, 특히 가장 뛰어난 평화유지군은 중무장한 기갑부대라는 주장까지 다양할 것이다.

평화유지전쟁을 포괄하는 예산자극제가 있다. 그리고 군은 과거로부터 물려받은 전쟁 이미지에 대한 최소한의 붕괴 없이 그것을 하도록 추구해 왔다. 초점은 재래식ー기계화 전쟁을 위한 군 소요에서 평화유지 작전을 융합시키는 것이다. 즉, 평화유지 작전은 다른 작전이라는 것이다. 그들은 정확한 목표가 주어질 수 있고, 결정적인 승리의 개념이 사용되어질 수 있고, 중무장한 기계화군이 그 임무에 적합하게 설계되어질 수도 있다. 그러나 이러한 수사학에도 불구하고, 두 이미지 사이에는 심각한 긴장이 있고 그러한 긴장은 계속되어질 것임이 분명하다.

육군처럼, 해병대도 가능한 미래전쟁의 범위에 적절히 대처할 수 있도록 설계되어져야 할 것이다. 하지만 여전히 해병대는 다양한 역할과 임무에 양발을 걸치고 있을 것이며, 상이한 방향으로 가는 다양한 미래를 다루어야 할 것이다. 김명환 해병대사령관은 최근 국방대학교에서 "미래를 준비하는 해병대"란 주제의 특별강연에서 다음과 같이 주장하였다.

> 한반도는 지형적 특성상 해양세력과 대륙세력이 교차하는 전략적 요충지로 자국의 실리추구를 위한 이해관계에 따라 저강도 분쟁가능성과 국제공동전쟁 양상이 증가될 것이다… 이러한 전략환경과 분쟁양상 하에서 미래의 해병대 역할은 상륙작전을 주 임무로 하는 '다목적신속대응군'으로서 국가보위를 위한 국가정책과 군사전략 수행의 주요전력으로 발전시켜 나가야 한다. 이러한 임무수행을 위해서는 공중전력과 해상·육상에서의 기동성이 뛰어난 차기상륙돌격장갑차를 포함한 해상전력과 경장갑차 등의 지상전력을 보유한 강력한 '공지기동부대형 해병대'를 건설해야 한다.[34]

---

34 「국방일보」, 2001년 6월 26일.

이러한 주장이 내포하고 있는 함의는 해병대가 과거로부터 물려받은 재래식－기계화군의 이미지를 고수하는 성향을 가지고 있고, 또 그렇게 하려고 노력하고 있는 것이 사실이지만, 그럼에도 불구하고, 첨단기술전쟁, 평화유지전쟁 그리고 더러운 전쟁으로 동시에 향해가고 있음을 또한 보여주고 있다.

현재 우리 군의 해군과 공군은 정밀타격군의 방향으로 진지하게 움직이고 있다. 왜냐하면 둘 다는 첨단기술전쟁을 그들이 미래에 수행하게 될 전쟁의 이미지로 받아들이고 있기 때문이다. 또한 그들은 어떻게 정밀타격을 가하는 첨단무기체계의 기술이 평화유지전쟁 및 더러운 전쟁의 복잡성에 대처하는 데 적합한지를 보여주기 위해서 노력하고 있다.

지금까지의 논의를 종합해 보면, 해군과 공군은 정밀타격군의 모습으로, 그리고 육군의 일부는 정밀타격군으로, 그리고 나머지는 경찰군(평화유지군)의 모습으로 움직인다. 반면 해병대는 주로 특수작전군 및 경찰군의 방향으로 움직인다. 만약에 이러한 경향이 지속하게 된다면, 각 군 사이의 문화적 격차는 크게 확대될 것임이 분명하다.

물론 각 군은 그들의 제도적 정체성을 보존할 임무를 추구하는 데 있어 지배적인 교리의 미래, 즉 첨단기술전쟁에 박자를 맞추면서 머물려고 노력하고 있는 것이 사실이다. 따라서 서로가 정밀타격군에 머물기 위해 치열한 경쟁을 할 수밖에 없을 것이다. 이러한 경쟁은 사실 당연한 것이며 또한 건전한 행위라고 할 수 있다.[35] 그러나 이러한 경우에 문제가

---

[35] 각 군 간의 경쟁은 민간의 정치지도자들이 군을 통제하는 데 있어 몇 가지 이점을 제공한다. 첫째, 그것은 각 군이 가진 중요한 정보를 발생시키는 데 도움이 된다. 예컨대 해군은 준비태세의 취약점을 민간의 정치지도자들에게 노출시키는 것을 꺼린다. 물론 공군, 육군도 마찬가지이다. 그러나 해군의 문제는 공군이나 육군에 물어보면 잘 알 수 있게 된다. 둘째, 그것은 민간의 정치지도자들이 국방정책을 통제하기 위한 노력에 영향을 제공한다. 육·해·공군이 단합하게 되면, 똑같은 이슈나 입장에 관해 합의를 한 장군과 제독들의 집단은 국방정책 논쟁, 혹은 토론에서 강력한 힘이 된다. 각 군 간의 경쟁은 민간의 정치지도자들에게 국방전략과 예산 토론에 있어 강력한 군사적 동맹의 가능성을 제공한다. 그것은 그들에게 특별한

되는 것은 각 군 간의 경쟁이 단지 그들 각자의 자율성을 보존하기 위한 노력에 의해 탄생되는 군 구조로 이끌어 버릴 수 있는 위험을 내포하고 있다는 사실이다.

따라서 고위국방정책결정자들(예: 대통령, 국방장관, 합참의장)은 각 군이 각각의 미래를 위해 설계되어질 수 있도록 보장해야 하며, 즉흥적인 묶음으로 함께 재단해서는 안 될 것이다. 하나의 미래전쟁에 대처하기 위해 개발된 군은 다른 미래전쟁을 위한 선택 요소가 되어서는 절대로 안 되도록 하는 것이 주요한 원칙이 되어야 한다. 이것은 주어진 예산자원의 한계 때문에 그런 것이다. 최근 국방부가 발간한 '미래를 대비하는 한국의 국방비 2001'에는 다음과 같은 내용이 있다.

GNP대비 국방비는 지난 1998년 3.1%에서 해마다 감소, 올해는 2.7%로 세계 평균수준인 4.1%에 훨씬 못 미치는 것으로 나타났다. 이와 함께 지난 5년간 국방비 증가율(4.8%)도 정부재정증가율(9.6%)의 절반 수준인데다 정부 재정대비 국방비 비중은 1997년 20.7%에서 올해는 16.3%로 낮아졌다. 이 밖에 국민 1인당 국방비 부담액은 우리나라가 미화 256달러인 반면 이스라엘 1465달러, 대만 687달러, 러시아 380달러, 미국 136달러, 프랑스 640달러, 스웨덴 588달러, 일본 353달러 등과 비교할 때 상대적으로 열악한 수준이다. 첨단무기 연구개발비는 국방비의 4.5% 수준으로 미국의 11.7%, 프랑스 11.5%, 독일 5.7% 등 선진국들에 크게 못 미치고, 국내수요의 제한으로 방산업체 가동률은 1997년 56.9%에서 1998년 52.8%, 1999년 50.8% 등으로 급속히 저하되고 있다.[36]

정책들이 선호될 때, 타군에 대해 한 서비스가 주도권을 잡는 것을 허용하는 것이다. 예를 들어, 육군이 평화유지 작전에 관해 불평을 시작하면, 아마 해병대가 그 임무를 수행하기 위해 사인을 할 것이다. 셋째, 경쟁은 혁신을 조장한다. 중요한 보상과 손실의 기대감이 있을 때, 각 군은 그들의 관료적 라이벌들에 관한 정보뿐만 아니라 그들의 군사적 능력을 개선시키고 그 역할과 임무를 보호하는 것 둘 다에 관한 새로운 생각과 방법을 제공한다. Harvey M. Sapolsky, "Interservice Competition: The Solution, Not the Problem" *Joint Force Quarterly*, No, 15 (Spring 1997), p. 51.

이처럼 점차적으로 축소되어져가는 제한된 예산자원의 맥락에서 볼 때 어떤 유일한 단일 군 구조, 또는 무기체계는 보편적으로 적용될 수가 없는 것이다. 조직들 사이의 재원이동은 국가가 변화하는 안보상황에 탄력적으로 대응하는 것을 가능케 한다. 그러나 재원을 효율적으로 관리하는 것은 분명히 고위정책결정자들에게는 중요한 도전이 될 것이다.

## :: 지휘 및 통제

지휘 및 통제(〈그림 2〉참조)를 위한 미래전쟁의 이미지 함의는 뚜렷하고 논쟁적이다. 첨단기술전쟁을 위한 지휘 및 통제 이슈는 지금까지 광범위하게 논의되어져 왔다. 전쟁의 완전한 조감도를 획득한 개별부대가 의사결정의 위계질서를 어떻게 만들어야 하는가? 예를 들어, 지휘결정이 대폭 아래로 양도되어져야 하는가? 아니면 최고의 군사지도자들이 모든 결정들을 내려야 하는가? 네트워크화된 컴퓨터는 모든 사람들이 전체의 전장상황을 보는 것을 가능케 한다. 그러나 현실적으로 지휘 및 통제를 위한 의사결정의 세분화는 아직까지 명확하지 않은 것이 사실이다.

물론 완전한 정보를 가지고 최고의 군사지도자가 모든 중요한 결정들을 만들어야 하는 어떤 사례가 만들어질 수 있을 것이다. 이러한 경우에는 밑에 있는 사람들, 즉 하위수준의 지휘관들에게는 거의 재량권이 주어지지 않을 것이다. 다른 한편으로 만약 하위수준의 지휘관들이 전장상황에 관해 더 큰 그림을 볼 수가 있다면, 그들은 작전목표를 달성하기 위해 신속히 독자적으로 행동할 수 있을 것이다. 이러한 두 가지 유형의 지휘 및 통제 사이의 선택은 아직까지 명확하지 않다. 예컨대 앞서 언급

---

36 「문화일보」, 2001년 8월 11일.

한 디지털 전장의 경우, 전차 한 대에 탑승한 위관급장교가 통상 고위지 휘관에게 맡겨진 어려운 결정을 내려야 하는 등 기존의 하향식top-down의 전통적인 지휘체계가 급격히 무너질 수도 있을 것이다.

지휘
초점 :
인식의 시작 및 관리

통제
초점 :
활동의 시작 및 관리

〈그림 2〉 지휘 및 통제 작전우산

출처: Thomas B. Baines, *Military Information Operations: A Unifying Paradigm* (Center for Defense Information, 2001), p. 17.

평화유지 작전을 수행하기 위한 지휘 및 통제 또한 문제가 있다. 예를 들어, 평화유지 작전에서 지상군의 초급장교 및 부사관들이 국가들 사이의 외교적 결과를 초래할 수도 있는 어떤 중요한 결정을 내려야 될지도 모른다고 주장할 수 있을 것이다. 하지만 이러한 주장은 사실 부적절하다. 만약 순찰하는 군인이 정치적 세분화를 가질 수 있는 외교적 행동을 취해야만 한다면, 어떤 정치적 군사전문가, 즉 전문성을 가진 선임 장교들이 이런 상황에서 작은 부대를 지휘해야만 할 것이다. 이것은 너무나 당연한 주장이다.

물론 이러한 변화는 현존하는 군 계층구조를 급격하게 변화시키게 될 것이다. 대부분의 지휘관들은 이러한 변화를 몹시 두려워할 것이다. 그러나 조직은 그 본질상 새로운 역할을 충족시키기 위해 변화해야만 한다. 이와 동시에 합동 민간-군사환경 하에서 의사결정의 복잡성과 불확실성은 크게 증가하게 마련이다. 게다가 많은 평화유지작전은 다양한 정치적 의제사항이 논의되는 다국적인 특질을 가지고 있다. 이로 인해 군사령관이 민간인들의 밑에서 지휘 및 통제를 받는 상황이 될지도 모르는 것이다.

따라서 평화유지 작전의 경우에는 결정이 만들어지는 방법, 그리고 결정을 누가 하는가에 대한 질문들에 대해 전통적인 재래식-기계화 전쟁의 군사모델을 상정하게 되면 결코 대답을 할 수 없게 될 것이다. 사려 깊은 기획으로부터 즉흥적인 결정에 이르기까지 폭넓게 그리고 유연하게 움직일 필요가 있으며, 지휘로부터 협상과 조정을 할 필요도 분명히 있을 것이다. 이것은 한마디로 평화유지군의 구성원들에게 외교적 자질 및 협상능력 그리고 뛰어난 외국어 실력까지 요구하는 것이다.

평화유지전쟁과 더불어 더러운 전쟁 및 사이버전쟁 또한 지휘 및 통제를 둘러싸고 지휘관들에게 독특한 도전을 부과할 것이다. 우리 군의 역사를 보게 되면 군은 정치·전략적, 그리고 작전적 결정들 사이의 인위적인 구별을 사용하는 작전을 수행해 왔다. 이러한 절차 하에서 야전지휘관은 민간지도자들로부터의 불편부당한 간섭을 받지 않고 작전적 결정을 내렸다. 물론 그 구별은 인위적인 것이었다. 재래식 군사작전에서는 부분적으로 거리나 시차 때문에 그러한 지휘 및 통제가 다소 잘 작동했다. 하지만 미래 군사작전에서, 특히 더러운 전쟁이나 사이버전쟁에서 순수하게 작전적 결정과 정치-전략적 결정 사이를 명확하게 분리시키는 것은 사실상 매우 어렵다. 예를 들어, 2001년 11월 5일, 정부는 테러관계 차관회의를 열고 테러방지 시안을 마련하여 6일 관계 장관회의에 올렸는데 언론에 보도된 내용은 다음과 같다.

정부는 테러가 발생할 경우 신속한 초기대응을 위해 군 병력을 현장에 투입할 수 있도록 하며, 이들 군 병력에 질서유지 등 제한된 경찰권까지 부여할 수 있도록 할 방침이다. 또 테러현장에 투입된 관계기관 요원들에 대한 종합통제권한을 국가정보원에 부여하기로 합의한 것으로 알려졌다. 지금까지 군은 계엄령선포 등 국가비상사태에서만 질서유지 등 경찰권을 제한적으로 행사할 수 있었으며, 테러진압 업무는 대통령 훈령인 '국가 대테러활동지침'에 따라 경찰중심으로 이뤄져 이 법안이 확정될 경우 군의 민간인 통제를 정당화할 우려가 있다는 논란이 일 것으로 예상된다. 정부는 또 대테러작전을 총괄조정, 지원하기 위해 국방부, 행자부, 국정원 등 관련기관이 참여하는 '대테러센터'를 국가안전보장회의 산하에 설치하고, 국정원이 종합지휘하도록 할 방침인 것으로 알려졌다.[37]

이러한 경우 군 지휘관에게는 부차적인 정치교육이 필요하든지, 혹은 지휘 및 통제체계 가운데 하나가 급속하게 재편되어야 할 것이다. 더러운 전쟁에서 엘리트군은 빈번하게 작은 군에서 운용할 것이다. 그들이 개선된 커뮤니케이션communication을 통해 그들의 상관에 연결될 것인가? 혹은 상당한 양의 자율성을 행사할 것인가? 이 경우에도 평화유지전쟁에서처럼, 민군관계의 문제가 부상하게 될 것이다. 어떻게 군부대가 법 시행 및 정보기관과 연계될 것인가? 만약 지휘·통제 이슈가 미래전쟁에 대한 고상한 문제들을 제시한다면 사이버 문제는 더 복잡하다. 어떤 공격이 실제로 발생할 것인지, 그리고 누가 그 뒤에 있는지 불명확하다. 민간인들은 과거로부터 물려받은 전쟁이미지, 즉 재래식-기계화 전쟁의 경우와는 달리 단순한 방관자적인 자세로 있지는 않는다. 오히려 사이버전쟁에서는 이들이 활동적인 전사들인 것이다. 특히 사이버전쟁은 전통적인 군사기술을 거의 필요로 하지 않는다. 요구되는 거의 모든 기술들은 민간 인력에서 이용 가능하다. 만약 이러한 민간 인력들이 군 운영자들보다 전문적인 능력이 더 뛰어나서 선호된다고 가정해 보라. 특히

37 「조선일보」, 2001년 11월 6일.

컴퓨터 터미널에 앉아 있는 민간 인력들에 대한 지휘 및 통제를 누가, 어떻게 행사할 것인가를 한번 생각해 본 적이 있는가? 지휘·통제시스템의 미래에 관해 상당한 불확실성이 존재한다고 할 수 있는 것이다. 그리고 그것은 과거로부터 물려받은 재래식ー기계화 전쟁의 이미지와 관련된 전통적인 양식과는 차이가 있는 방법으로 진화될 것이다. 마치 전쟁이 네 가지 심오하게 다른 방향으로 움직이는 것처럼 지휘 및 통제방식도 분명히 그럴 것이다.

## :: 결 론

지금까지 우리 군의 미래전쟁에 관한 많은 토론들은 사실 잘못 이끌려진 것이다. 각 군 및 민간의 대부분의 군사전문가들은 그들이 상정하는 특별한 전쟁의 이미지(예: 정보전쟁)가 미래에 실현될 것으로 가정하면서 다른 입장에 서 있는 주창자들의 생각이 틀렸다고 가정해 왔다. 미래를 올바르게 예측하고 그 결과를 얻는 것은 대단히 중요하다. 왜냐하면 그것을 토대로 군 구조, 교리 그리고 무기체계 획득에 대한 결정들이 뒤따르기 때문이다.

만약 문제가 명쾌하게 규명되고, 그리고 조직적인 업무가 규정된다면 올바른 대답을 위한 탐색은 실행 가능할 것이다. 우리는 불확실한 세계를 준비해야만 한다는 사실을 끊임없이 기억해야만 한다. 가장 좋은 방법은 군사작전의 미래를 토론하는 데 있어 모든 입장, 혹은 시각에 대해 장점이 있다는 것을 인정하는 것이다. 왜냐하면 "미래 예측이란 것은 정확하게 옳을 필요는 없는 것이다. 그냥 그럴듯하고 대략적으로 옳은 것이면 되기 때문이다."[38] 또한 임무가 무엇이든지 간에 모든 조직들은 그들의 운영환경에 있어서의 변화에 적응해야만 한다. 이러한 변화에 조직이 어떻게 대응하는가가 조직의 효과성, 적절성 그리고 미래를 결정하게 되는 것이다.

이와 더불어 우리 군은 다음과 같은 질문들을 끊임없이 제기할 줄 알아야 한다. 우리가 직면한 단기적, 장기적 위협은 무엇인가? 그러한 위협들을 억제하고 대응하는 데 필요한 능력은 무엇인가? 그러한 능력들을 위한 올바른 군 구조는 무엇인가? 군 구조를 만들고 유지하는 데 필요한 재원은 어떻게 마련해야 하는가? 등이다. 물론 이러한 질문들은 우리가 가진 상상력을 발휘하여, 미래의 안보적 불확실성을 예측하는 능력의 부족에서 오는 결함을 보완하기 위해서 제기하는 것이다. 만약 우리가 미래를 내다보는 데 실패한다면 그것은 곧바로 국가의 영토적 주권을 잃어버리는 근본적인 원인이 될 것이다.

현재 우리 군은 교차로에 정차해 있는 자동차와 같다. 따라서 우리 군은 다양한 미래에 직면하고 있고, 모든 미래에 대처할 준비가 되어 있어야 한다. 그러나 산업화시대의 산물이라 할 수 있는 현재 우리 군의 군 구조는 미래의 전쟁위협에 대처하는 데 그렇게 효율적, 효과적인 구조라할 수 없다. 따라서 전반적인 군 구조의 문제점들을 세밀하게 살펴볼 때이다. 일단 각 군의 역할과 임무에 대한 토론과 합의를 통해 주요한 임무를 위한 어떤 새로운 조직이 창출되어지면, 그 다음에는 소위 육·해·공군 간의 '합동작전'joint operation 및 '합동소요'joint requirement의 날카로운 이슈issue가 구체적으로 그리고 체계적으로 표명되어질 수 있을 것이다.

---

38 Lt Gen. Jay W. Kelley, "Brilliant Warriors", *Joint Force Quarterly*, No. 11 (Spring 1996), p. 105.

# 제 2 장
# 생화학무기의 적대적 사용

"벽돌 한 장 깨뜨리지 않고 그리고 피 한 방울 흘리지 않고도 도시 전체를 파괴해 버릴 수 있는"[1] 너무나 치명적인 살상력을 가진 대량파괴 무기Weapons of Mass Destruction: WMD인 생화학무기가 현재 제3세계 국가들 사이에 급속하게 확산되고 있다. 현재 "25개국 이상이 핵 및 생화학무기를 가졌거나 개발하고 있으며"[2] 또한 실제 분쟁시에도 자주 그것이 사용되고 있다.

1995년에 UN 특별위원회UN Special Committee는 이라크의 사찰을 통해, 이라크가 첨단화된 VX 신경제를 생산했을 뿐만 아니라, 농축된 보툴리누스균독소botulinum toxin 10,000리터liters를 무기화했고, 농축된 탄저열(anthrax: 탄저) 6,500리터, 그리고 농축된 발암성독소aflatoxin 1,580리터 가량을 무기화한 것으로 밝혀냈다.[3] 그리고 북한은 대략 5,000톤 이상의 생화학무기를 비축하고 있는 것으로 이미 알려져 있다.[4]

또한 분쟁시에 생화학무기의 적대적 사용은 너무나 빈번하게 일어나고 있다. 예를 들어, 소련Soviet Union의 아프카니스탄Afghanistan 침공, 이란Iran-이라크Iraq 전쟁, 리비아Libya의 차드Chad[5]공격에서 이미 사용되어졌다.

---

1 New Scientist Electromagnetic Weapon Article, "Weapons of Mass Destruction", http://www.newscientist.com/nl/0701/end.html.

2 William Cohen, *Remarks at a Department of Defense News Briefing* (November 25, 1997).

3 Rolf Ekens, "Beware Iraq's Biowar Legacy", *Jane's International Defense Review*, Vol. 29, No. 6 (June 1996), p. 104.

4 「한국일보」, 1997년 5월 7일.

1993년에는 이라크가 바스락Basrah 근처 습지에 거주하고 있는 시트Shiites[6]에 대해 화학무기 공격을 감행하기도 하였다. 또한 수단Sudan정권은 누바Nuba산에 거주하고 있는 사람들에게 화학무기 공격을 감행하기도 하였다. 1995년 3월에는 일본의 오움진리교도Aum Shinrikyo Cult가 도쿄Tokyo 지하철에서 사린Sarin 가스gas를 방출하여, 5,000여 명이 중독되어 병원에 입원했으며, 그 가운데 12명이 죽기도 하였다. 이 사이비 종교집단은 도쿄 시청꼭대기에서 '옥상분무기'rooftop sprayer를 통해 탄저열anthrax을 살포하는 것을 포함한 여러 다른 공격들(예: 에어로졸 살포aerosol dissemination: 압축가스를 이용하는 분무기)을 시도했던 것으로 나중에 밝혀져 충격을 주기도 하였다.[7] 이러한 사건들은 생화학무기의 적대적 사용이란 것이 언제, 어디에서나 발생가능한 것이라는 사실을 경험적으로 뚜렷하게 보여주는 사례들인 것이다.

공격적인 생화학무기 프로그램을 가진 국가들의 숫자는 지난 10여 년에 걸쳐 두 배로 증가되었고, 지난 20년간에 걸쳐서는 세 배로 증가되었다. 이것은 1972년에 생물무기협정Biological & Toxin Weapons Convention: BWC이 체결되어진 이후 세 배 이상 증가된 수치이다. 이렇게 된 이유는 생물전제의 개발, 생산, 비축 및 획득에 대한 포괄적인 금지를 감시할 수 있는 수단이 없었기 때문이었다.[8] 특히 생화학무기와 같은 대량파괴무기는 몇몇 조약을 통해 국제사회에서 금지된 지 오래되었지만 더욱 예측하기 어려워진 세계에서 이것은 과거보다 더욱 큰 위협이 될 가능성이 있는 것이다.

이러한 맥락에서 본 장의 목적은 왜 제3세계 국가들이 생화학무기를 보유하려고 하는가? 실제 전쟁시에 그들은 과연 어떤 목적으로 그것을

---

5 차드(Chad): 아프리카 중북부의 공화국으로 1960년대 독립하였다.
6 시아파(Shiah: 이슬람 교파의 한 교파)의 신도를 말한다.
7 Seth Carus, "The Threat of Bioterrorism", *Strategic Forum* (September 1997), No. 127, p. 3.
8 *The Economist* (June 16, 2001), p. 11.

사용할 것인가? 그리고 생화학무기의 적대적 사용에 대처하기 위한 적절한 방안은 무엇인가에 관한 질문들에 답을 찾고자 하는 데 있다.


## :: 생화학무기: 값싸고, 언제나 이용가능한 강력한 무기

현재 제3세계 국가들 사이에 생화학무기가 급속하게 확산되고 있다. 그렇다면 왜 이들 제3세계 국가들은 생화학무기를 보유하려고 하는 것일까? 적어도 세 가지 이유가 있다.

첫째, 생화학무기를 개발하는 데 필요한 전문가들이 세계도처에 산재해 있기 때문에 누구든지 개발하려고 마음만 먹으면, 언제, 어디에서나 그들을 이용할 수 있다는 점을 들 수 있다. 솔직히 어떤 국가, 혹은 개인이라도 충분한 현금을 보유하고 있다면, 과거 소련에서 핵, 생물 그리고 화학NBC 병기를 구축했던 과학자 집단을 살 수 있다. 실제로 냉전종식 이후 러시아의 생물학무기 프로그램programme 전문가들이 이란, 이라크, 시리아 그리고 리비아로 대량 유입되기도 하였다. 예컨대 1995년 후반, 유엔사찰단UN inspectors은 러시아의 생물장비와 재료가 이라크에 판매되었던 결정적인 증거들을 찾아내기도 하였다.[9] 또한 1996년 이래 러시아는 부세르Bushehr에 있는 이란 핵발전소를 만드는 데 결정적인 노하우 know-how를 제공하기도 하였다.

둘째, 비단 군사용 차원뿐만 아니라 상업용 차원의 생화학제 제조기술 또한 확보하기가 매우 쉽다는 점을 들 수 있다. 만약 수단Sudan과 같은 저개발국가가 겨자가스mustard gas를 생산할 수 있는 기술적 능력을 가지고 있다면, 어떤 다른 국가 또는 단체들도 그것을 개발, 생산할 수 있을

---

9 Debora Mackenzie, "Naked into Battle", *New Scientist*, Vol. 157, No. 2123 (February 1998), p. 4.

것이다. 특히 생화학무기는 세속적인 상업용 제품을 개발하기 위해 의도된 비교적 작은 시설에서도 원료와 기술을 이용하여 쉽게 그리고 값싸게 생산할 수 있다.[10] 또한 수많은 생화학제 제조기술은 그 본질상 민군겸용 기술dual-use technology의 특질을 가지고 있기 때문에, 그것에 대한 수출통제를 적용하기가 사실상 어렵다. 이로 인해 많은 국가들이 생화학제의 제조기술을 쉽게 확보할 수 있게 되는 것이다. 예컨대 인도는 화학무기 생산시설을 두 배로 확장시키기 위해 노력하고 있었던 이란에 살충제 공장pesticide plant을 건설해주기로 합의하기도 하였다.[11]

셋째, 생화학무기의 경우에는, 기술을 도입하는 데 들어가는 비용이 매우 저렴한 점을 들 수 있다. 이란의 라프산자니Hashemi Rafsanjani는 테헤란Tehran 라디오 방송에 출연해서 "생화학무기는 가난한 국가들의 핵무기이다"라고 설파한 적이 있다. 사실 효과적인 재래식-기계화군conventional-mechanical forces을 건설하는 데에는 수조원의 비용이 들어가게 되고, 또한 시간도 오래 걸리는 반면에, 핵무기는 수백만 달러의 비용이면 충분히 만들 수 있다. 또한 신경제nerve agent를 개발, 생산하기 위한 다소 세련된 생산시설은 단지 $30~50million 정도의 비용이면 충분히 건설할 수 있다. 만약 이러한 시설을 건설하는 데 국제적으로 통용되는 안전시설 기준들을 무시해 버린다면, 그 비용은 절반 이하로 축소될 수도 있을 것이다. 생물제biological agents를 생산하는 것으로 전환할 수 있는 산업발효시설 industrial fermentation plant은 대략 $10 million 정도만 투자하면 즉시 만들 수 있다. 이러한 무기들은 엄청나게 치명적인 살상력을 가지고 있다. 예를 들어, 도시지역에 사린sarin 신경제를 대략 300킬로그램kilogram 정도 살포하면 60~100여 명을 죽일 수 있다. 똑같은 지역에 탄저열antrax을 100킬로

---

10 Ivan Eland, "Protecting the Homeland: The Best Defense is to Give No Offense", *Cato Policy Analysis* (May 5, 1998), No. 306, p. 20.

11 Con Coughlin, "Iran in Secret Chemical Weapons Deal with India", *Electronic Telegraph* (June 24, 1996).

그램 정도 살포하면, 대략 420,000~1,400,000명을 죽일 수가 있다.[12]

　바로 이러한 이유 때문에, 재래식－기계화군을 건설, 유지하는 데 많은 비용을 지불할 수가 없는 가난한 제3세계 국가들의 경우에는 생화학무기를 보유하는 것, 그 자체는 너무나 매력적인 선택이 될 수밖에 없는 것이다. 예를 들어, 이란－이라크 전쟁이 끝나갈 무렵, 이란의 기갑 및 포병부대의 경우, 대략 40% 정도가 파괴되었고, 공군의 경우에는 단지 몇 대의 항공기만 남아 있는 상태였다. 따라서 이란이 군을 조속한 시일 내에 재건하기란 사실상 불가능하였다. 설상가상으로 유류수입은 예상치에 훨씬 못 미치는 수준이었고, 또한 경제제재조치economic santions는 무기체계 및 장비들의 부속품조차 획득하는 것을 어렵게 만들었다. 따라서 이란은 재래식－기계화군의 준비태세의 결함을 메우기 위한 중요한 수단의 하나로 생화학무기를 선택하였던 것이다. 현재 이란은 제3세계에서 비교적 큰 규모라 할 수 있는 2,000톤ton 이상의 화학무기를 비축하고 있다.

　제3세계 국가들이 생화학무기를 보유하기 위해 필사적으로 노력하고 있는 것과, 선진 군사강국들이 요즘 유행하는 군사혁신Revolution in Military Affairs에 쏟아 붓고 있는 노력은 사실 크게 다를 바 없다. 미국을 비롯한 선진 군사강국들이 점차적으로 고비용이 들어가는 최첨단의 정밀유도무기를 획득하기 위해 노력함에 따라, 돈이 없는 이들 가난한 제3세계 국가들은 비대칭전략으로 생화학무기체계를 구축하기 위해 필사적으로 노력하는 것이라 볼 수 있는 것이다.

　만약 우리를 둘러싼 잠재적인 적들이 실제 전쟁시에 생화학무기를 반드시 사용할 것이라고 우리가 가정하고 있다면, 다음과 같은 질문이 자연스럽게 도출될 것이다.

---

12 U.S. Congress, Office of Technology Assessment, *Proliferation of Weapons of Mass Destruction: Assessing the Risks* (Washington: Government Printing Office, August 1993).

## :: 생화학무기의 전략적·군사적 사용

우리의 잠재적인 적들은 실제 전쟁시 과연 어떤 목적으로 생화학무기를 사용할 것인가? 혹은 어떻게 그것을 사용할 것인가? 솔직히 이 질문에 답을 하기란 매우 어렵다. 왜냐하면 생화학무기의 위협에 관해 우리가 아는 것이 거의 없기 때문이다. 그럼에도 불구하고, 사실 어떤 국가가 생화학무기를 보유하기 위해 노력하고 있다는 사실은 그것의 의도에 관해 많은 것을 말해준다. 특히 생화학제의 무기화를 추구하는 국가들의 경우, 어떻게 그것을 사용할 것인지에 관해 많은 것을 말해 주고 있다.

소위 국제사회에서 깡패국가로 불리우는 국가들 가운데, 북한 및 이라크 등은 이미 122mm 로켓rockets, 포병포탄artillery shells 그리고 공중전달폭탄air-delieved bombs에 장착하는 생화학제를 이미 무기화했다. 물론 이것은 전장전략, 즉 전술적인 사용을 함축하는 것이다. 그러나 이보다 더 큰 문제는 생화학제의 탄두장착이 가능한 미사일의 무기화이며, 이것이 사실 가장 큰 우려를 불러일으키는 것이다.

1996년 4월 11일, 미국의 윌리엄 페리William Perry 국방장관은 "북한의 위협 가운데 하나는 원거리의 적을 향해 대량살상무기들을 실어 보낼 수 있는 미사일을 활용할 수 있는 능력이 있다는 점"이라고 말한 적이 있다.[13] 이것은 생화학제의 탄두장착이 가능한 북한의 미사일 능력이 우리나라를 비롯한 일본 및 미국의 안보에도 얼마나 직접적인 위협이 되고 있는지를 잘 보여주는 발언이다.[14] 이러한 미국의 우려는 1999년 11월, 북한자문단North Korea Advisory Group이 미하원에 보고한 보고서에서도 뚜렷

---

13 「동아일보」, 1996년 4월 13일.
14 현재 전 세계적으로 대략 20개국 이상이 탄도미사일을 개발하고 있는 것으로 추정하고 있다. U.S. Department of Defense, *Annual Report to the President and Congress* (Washington: U.S. Department of Defense, April 1997), pp. 213~215.

하게 표명되고 있다.[15] 실제로 북한의 노동미사일은 일본까지, 그리고 3단계 추진 대포동 2 미사일은 미국까지도 강타할 수 있다.[16]

걸프전쟁 이후, 유엔사찰단은 이라크에서 생화학제로 가득 찬 미사일 탄두를 찾아냈으며, 특히 알류산Al-Husayn 미사일은 화학탄두로 이미 비행시험까지도 했다는 사실도 알아냈다.

오늘날 생화학무기를 개발, 생산하는 능력을 갖추기 위해 노력하고 있는 제3세계 국가들의 경우, 미사일과 같은 장거리 전달수단을 이미 마련했거나, 혹은 그것을 마련하기 위해 지대한 노력을 기울이고 있다.

이러한 맥락에서 잠재적인 적들이 그들이 보유한 생화학무기를 전략적·군사적 차원에서 어떻게 적대적으로 사용할 것인가에 관해서 아래에서 심도 깊게 고찰해 보도록 하자.

## 1. 전략적 수준

전략적 수준strategic level에서 적들은 아군의 동맹, 혹은 연합coalitions세력들을 붕괴시키기 위해 생화학무기를 사용할 것으로 추정할 수 있다. 걸프전 기간 동안 미국 및 연합군은 이라크가 생화학무기를 탄도장착한 미사일을 사용하지 않을까 매우 노심초사하였다. 다행스럽게도 이라크는 그렇게 하지 않았다.

이라크는 이스라엘의 민간인 밀집지역에 대해 90여 회에 가까운 미사일 공격을 단행하였다. 그렇게 한 이유는 이스라엘이 군사적으로 즉각 이 같은 공격에 대응하도록 유도하기 위해서였다. 이를 통해 궁극적으로

---

15 이에 대해서는, North Korea Advisory Group, Report to the Speaker U.S. House of Representatives (November 1992); http://www.house.gov/international_relations/nkag/reposrt.htm 을 참조.

16 U.S. National Intelligence Council, "Foreign Missile Developments and the Ballistic Missile Threat to the United States through 2015", September 1999, p. 9.

미국과 이스라엘 간의 동맹관계를 와해시키기 위해서였다. 물론 미국이 이를 간파하고 이스라엘을 설득함으로써 이라크의 전략은 실패하였다. 하지만 이라크의 이러한 전략이 원래의 목적을 달성하는 데는 실패하였지만, 미국 및 연합군 공군의 25~30%가 이라크의 스커드scud 미사일을 찾는데 많은 시간을 허비하도록 유도하였다는 점에서 볼 때, 그것은 결코 실패한 전략이라 볼 수도 없는 것이다. 만일 이라크가 이스라엘에 대해 생화학무기를 탄도장착한 미사일로 공격하였다면 전략적 성공을 거둘 수도 있었을 것이다.

북한은 이라크가 실행한 것과 유사한 전략을 실제 한반도의 전쟁시에 이용할 수 있을 것이다. 북한이 현재 보유하고 있는 생화학무기체계는 미국과 한국, 미국 및 일본 사이의 동맹관계를 와해, 혹은 이간시키려는, 그리고 더 나아가 동북아의 안보체계를 와해시키려는 북한의 장기적인 안보목표를 달성하는 데 있어 가장 효과적인 수단이 되고 있음은 부인할 수 없다. 1997년 10월 21일, 최주활 대령(전 북한인민군)은 미의회 청문회에서 "만약 한반도에서 전쟁이 발발한다면, 북한의 주요 공격목표는 남한과 일본에 주둔하고 있는 미군이 될 것이다"라고 명백히 진술하였다.[17] 이러한 그의 발언은 왜 북한이 생화학무기의 탄도장착이 가능한 노동 및 대포동 미사일 프로그램programme을 광신적으로 추진하고 있는지에 대한 주된 이유가 될 수 있을 것이다.

한반도에서 전쟁이 발발할 경우, 북한이 생화학무기의 탄도장착이 가능한 미사일로 일본 및 남한전역을 공격할 경우, 그것은 일본정부가 미군에게 공군 및 해병대 기지를 제공하는 것을 거부케 하는 주된 요인이 될 수 있을 것이다. 또한 전쟁을 수행하려고 하는 우리 군의 총체적인 의지에도 큰 영향을 끼칠 수 있게 될 것이다. 이러한 필자의 주장은 결코 과장이 아니며, 실제 한반도에서 전쟁이 일어날 경우, 언제든지 발생가능

---

17 http://www.senate.gov/-gov_affairs/hearings 1997.htm.

한 시나리오인 것이다.

이란의 경우에도 이와 유사한 가능성이 존재한다. 이란은 자주 다른 걸프국가들에게 미국에 군사기지를 제공하거나, 우호적으로 행동하지 말도록 경고해 왔다. 따라서 실제전쟁이 일어날 경우, 이란은 중동의 이웃국가들에게 미국이 주도하는 군사동맹, 혹은 연합에 참가하여 지역의 군사시설을 미국에게 제공하는 것을 방지하기 위해 생화학무기를 충분히 사용할 수 있는 것이다. 실제로 이란의 쿼섬Qeshm에 배치되어 있는 생화학무기의 탄도장착이 가능한 스커드scud-C 미사일은 카타르Qatar, 아랍에미리트United Arab Emirates 그리고 오만Oman을 직접적으로 위협할 수 있다. 또한 북한제 노동미사일을 획득하게 되면 아랍반도까지 공격범위를 확장시킬 수 있게 된다. 특히 리야드Riyadh, 다란Dhahran, 바레인Bahrain, 메시락Masirah 및 사우디아라비아의 정유시설물들까지 공격이 가능하게 된다.

이와 더불어 실제 전쟁시 생화학무기는 인구밀집지역에 대한 테러공격을 위해 사용되어질 수도 있을 것이다. 물론 이러한 주장은 이란-이라크 전쟁의 교훈에서 얻은 경험을 토대로 한 것이다. 이란-이라크 전쟁기간 동안, 양측의 도시들은 서로의 주된 공격목표가 되었다. 1988년 2월~4월 사이에 이라크는 이란의 수도인 테헤란에 160여 기의 미사일 폭격을 감행했다. 이 폭격으로 인해 대략 2,000여 명의 사람들이 죽었고, 테헤란 인구의 절반 이상이 다른 지역으로 피난을 갔다. 그 공격은 1988년 여름, 이란이 붕괴하는 직접적인 원인이 되었다.

이란-이라크 전쟁은 전쟁 당사자인 이란과 이라크뿐만 아니라, 북한의 군사적 사고에도 심대한 영향을 끼쳤음에 틀림이 없다. 이 전쟁 이후, 북한이 생화학무기를 더욱더 광범위하게 연구해오고 있다는 사실이 이러한 추측을 가능케 하고 있다. 북한이 핵-화학-생물학 무기NBC와 같은 대량파괴무기를 군사적 목적으로 개발하고 있다는 실상이 언론에 보도되어, 우리 국민들이 다소나마 그것에 대한 실상을 알게 된 것은 아마 러시아 대외정보기관인 해외정보처가 1993년 1월 27일 발표한 '대량 파괴무기 확산이 냉전 이후 새로운 도전으로 되고 있다'는 제하의 정보평가보고서를 통해서일 것이다. 이 보고서에서 러시아 해외정보처는 "북한이 핵무기를 위시한 화학, 생물학 무기 등 대량파괴무기를 동시 개발하기 위해 다년간 노력해오고 있다고 밝히고, 그 개발목적은 군사적 응용에 있다"고 주장하였다.[18]

북한이 보유한 생화학 무기의 탄도장착이 가능한 노동미사일은 일본에 대한 테러무기로써, 그리고 휴전선 인근에 배치된 장사정포는 남한에 대한 테러무기로써 충분히 사용되어질 수 있다. 또한 북한의 특수부대는 동북아시아 국가들의 도시(인구밀집지역)에 대해서 과감한 테러공격을 시도할 수 있을 만큼 잘 훈련되어 있다. 따라서 북한이 실제로 전쟁시 이러한 미사일, 장사정포 그리고 특수부대를 결합한 생화학 테러공격을 구상하고 있다면, 북한과 직면하고 있는 우리나라를 비롯한 일본 그리고 미국은 이러한 공격위협에 대처하는 데 필요한 방안을 공동으로 마련해야 하는 것이다.

## 2. 작전적 수준

작전적 수준operational level에서, 잠재적인 적들은 그들의 각 지역에서 상대국의 무력투사power projection능력을 좌초시키기 위해 생화학무기를 사용할 것이라고 추정할 수 있다. 걸프전 이후, 인도의 한 장군은 "핵무기 없이는 어떤 국가도 미국과의 전쟁에 나서지 말아야 한다"라고 말하기도 하였다. 이것은 달리 표현하면, 만약 어떤 국가가 핵무기에 버금가는 대량파괴무기인 생화학무기를 보유하고 있다면, 미국과의 전쟁에 나설 수

---

18 「동아일보」, 1993년 1월 29일.

도 있다는 의미로 해석될 수도 있을 것이다.[19]

미국처럼 세계각지의 분쟁에 참여하는 경찰국가, 즉 원정군expeditionary forces의 경우에는 무력을 어떤 분쟁지역에 투사할 때, 가장 우려가 되는 것이 바로 원정군이 이용하는 분쟁지역 및 인근지역에 있는 항구 및 항공시설물들이다. 왜냐하면 적들은 원정군의 신속한 군사적 배비, 그리고 증원병력의 배비를 저지시키기 위해 항구, 또는 항공시설들에 대해 무차별 공격을 감행할 것이 자명하기 때문이다. 이 과정에서 생화학무기는 원정군의 군사적 배비를 심각하게 저지시키거나 방해할 수가 있는 것이다.

예를 들어, 걸프전 당시 만약 이라크가 미군 및 연합군의 병력이 이용하리라 예상하고 있었던 다란Dhahran, 타이프Taif 그리고 리야드Riyadh와 같은 항공시설물들과 더불어 애드 담만Ad Damman, 알 쥬발Al Jubayl과 같은 사우디아라비아의 항구시설들에 대해 VX 신경제 및 다른 화학제를 살포했더라면, 어떤 일이 일어났겠는가? 미군 및 연합군의 군사적 배비는 아마도 오염된 환경 속에서 일어났을 수도 있을 것이며, 또는 오염된 지역을 피하기 위해 다른 지역, 특히 홍해항구Red Sea Ports로 배비지역이 바뀌어졌을 수도 있을 것이다. 어떤 배비전략을 취하든지 간에 미군 및 연합군의 군사적 배비는 상당히 지연되었을 것이며, 이로 인해 사막의 폭풍 작전의 결과는 완전히 달라졌을 수도 있었을 것이다. 좀 더 극단적으로 표현한다면 미군 및 연합군이 걸프전에서 패배했을지도 모르는 것이다. 노만 슈워츠코프Norman Schwarzkopf 사령관이 지적한 것처럼, 사담 후세인처럼 전략이 무엇인지에 대해 전혀 모르는 멍청한 지도자와 싸웠기 때문에 미군 및 연합군이 승리한 것이라 볼 수도 있는 것이다.[20] 즉 작전적

---

19 참고로 인도의 화학무기 능력에 대해서는, Baker Spring, "India's Admission on Chemical Weapons Casts Doubts on Treaty", *Backgrounder* (July 31, 1997), No. 990; U.S. Department of Defense, *Proliferation: Threat and Response* (April 1996)을 참조.

20 이러한 주장에 대해서는, General H. Norman Schwarzkopf, *It Doesn't Take a Hero* (Bantam

수준의 통찰력이 결핍된 사담 후세인의 실책 때문에, 미군 및 연합군이 최소한의 인명손실만으로도 걸프전에서 승리할 수 있었던 것으로 볼 수 있는 것이다.

이란의 생화학무기 프로그램은 아직까지 이라크만큼 세련되고 첨단화되지는 못했다. 하지만 이란이 보유한 스커드미사일은 카타르Qatar와 오만Oman에 사전 배치된 미군기지들을 직접적으로 타격할 수 있을 만큼 강력하다. 물론 재래식 무기체계는 이러한 군사기지들을 결코 완전하게 파괴시킬 수는 없다. 하지만 생화학무기를 탄도장착한 미사일 공격은 분쟁지역의 군사기지들을 완전히 오염시킴으로써 미군의 군사력 배비전략, 특히 증원군 배비전략 그 자체를 심각하게 위협할 수 있을 것이다. 일찍이 이란은 잠재적인 위협세력들이 군사적 공격을 가해올 경우, 호르무즈Hormuz 해협이란과 아리비아 반도 사이: 페르시아만의 출입구을 완전히 봉쇄해 버릴 것이라고 경고해 왔다. 특히 이란이 보유하고 있는 해상 및 공중 플랫폼platform과 더불어 그 해협을 지휘/통제하기 위해 캐섬Qeshm 섬에 배비시켜 놓은 중국산 C-802 대함미사일antiship missile은 이란의 이러한 경고를 뒷받침하기 위해 사용할 가능성이 매우 높은 무기체계이다.[21]

잠재적인 위협세력들의 무력투사력을 저지시키기 위한 이러한 노력은 생화학무기의 전술적 배비를 포함할 것이다. 이란은 오래전부터 수륙양용 화학작전 훈련을 해 오고 있다. 물론 이것은 특수한 의미의 방어훈련이 아니라 보통의 방어훈련이다. 따라서 생화학무기를 작전적 차원에서 사용하고자 하는 능력은 아직까지 다소 결함이 있는 것으로 알려져 있다. 그럼에도 불구하고 이란과 같은 나라가 이런 류의 군사훈련을 하고 있다는 점을 주목하는 것은 작전적 측면에서 매우 중요하다고 할 수

Press, 1992).

21 Harold Hough, "Iran Targets the Arabian Peninsula", *Jane's Intelligence Review*. Vol. 8, No. 10 (October 1996), p. 458.

있다.

중동의 이란 및 이라크와 더불어 언제든지 분쟁이 일어날 경우, 생화학무기를 사용할 가능성이 가장 높은 국가는 바로 북한이다. 만약 한반도에서 전쟁이 일어난다면 북한 인민해방군은 틀림없이 미군 증원군의 배비전략을 저지시키기 위해 남한 및 일본 내의 항구나 항공시설들에 대해 생화학무기 공격을 감행할 것이 틀림이 없다.

## :: 북한의 생화학무기 보유실태

북한은 1950년대 중반, 혹은 1960년대 초반부터 토착 생화학무기 개발 능력을 추구해 왔다. 또한 생화학작전을 효과적으로 수행하기 위해 비교적 잘 규정된 연구, 전투교리 및 훈련을 지금까지 해 오고 있다.[22]

북한은 인민무력부 총참모부에 '핵-화학방위국'을 설치, 핵 및 화생방전에 관한 업무를 총괄토록 했으며, 각 군단별로는 화학부를, 해군과 공군 사령부에는 '반핵-반원자분석소'를 설치, 핵 및 화생방전에 대비하고 있다. 각 군단별로 설치된 화학부는 산하에 반핵-반원자분석소와 화학대대를 두고 주로 화생무기 공격훈련을 집중 실시하며, 연대급에까지 조직돼 있는 화학소대를 지도, 통제하고 있다. 북한의 핵 및 화생방전 업무를 총괄하는 인민무력부 총참모부의 핵-화학방위국은 지난 1991년 3월 설치됐다. 김정일이 걸프전을 계기로 이 기구설치를 지시해 이곳저곳에 흩어져 있던 전문인력과 시설들을 모으고, 업무 분야도 세분, 강화한 것으로 알려졌다. 핵-화학방위국은 인민무력부 8호청사에 본부가 있고, 1부(작

---

22 참고로 북한의 생화학전 능력에 대해서는, Joseph S. Bermudez, Jr., *Democratic People's Republic of Korea: Chemical and Biological Warfare Capabilities: Case Studies on CBW Proliferations* (Alexandria, VA: Chemical and Biological Arms Control Institute, 1997)을 참조.

전부) 2부(훈련부) 3부(기술부) 4부(기재부) 5부(정찰부) 32부 抗道관리부 화생방연구소 등 모두 8개 부서로 구성돼 있으며, 핵심부서로는 화생방연구소가 꼽히고 있다. 이 연구소는 평양시 서성구역 장산동에 본부가 있고, 평남 평원군에 2개의 분원이 있다. 핵—화학방위국은 8개 부서 외에도 직속 전투부대도 거느리고 있다. 이 전투부대는 핵 및 화생방전에 관한 한 북한의 최정예부대로 일컬어지고 있는데 규모는 8개 대대이다. 이 8개의 직속 전투부대는 현역 2개 대대, 예비역 6개 대대로 나누어져 있고 1년에 대규모 훈련만 적어도 두 차례이상 받고 있다. 이 대규모 핵 및 화생방 훈련에는 핵—화학방위국 소속의 직할 전투부대뿐 아니라, 각 군단 산하의 화학대대까지 의무적으로 참가토록 되어 있다.[23]

현재 북한은 "준비태세를 위해 화학무기들은 포병 및 박격포 부대, 그리고 군사분계선 상의 4개 군단(1, 2, 4, 5군단)에 배포시켜 놓고 있다."[24] 특히 여단규모의 스커드scud C 미사일 부대는 한반도 남쪽 전역에 있는 목표물들을 공격할 수 있도록 배비되어 있다.[25] 1997년 8월 17일, 우리나라의 합동참모본부가 북한의 화학무기 보유실태를 분석·추정한 자료에 따르면, 북한은 연구소 4곳, 생산공장 8곳, 저장소 6곳 등의 화학무기 시설을 운영하고 있으며, 하루 15.2톤(전시 40톤)의 생산능력을 갖추고 있으며, 개전 초기 화학무기를 무차별로 사용하여 막대한 인명피해는 물론 건물·장비 등을 무용지물화할 것으로 예상된다고 밝혔다[26](북한의 화학무기 생산공장 및 비축현황에 관한 세부적인 사항에 대해서는 〈도표 1〉과 〈도표 2〉를 참조).

---

23 『조선일보』, 1994년 6월 13일.

24 Joseph S. Bermudez, Jr., "Inside North Korea's CW Infrastructure", *Jane's Intelligence Review*, Vol. 8, No. 8 (August 1996), pp. 378~81.

25 Wyn Bowen and Stanley Shepard, "Living under the Red Missile Threat", *Jane's Intelligence Review*, Vol. 8, No. 12 (December 1996), p. 561.

26 『한국일보』, 1997년 8월 18일.

한편 북한의 생물학 무기 프로그램은 1960년대 초반부터 시작된 것으로 추정하고 있다. 그러나 북한의 생물학 무기는 1980년대까지 크게 주목을 받지 못했다. 왜냐하면 화학무기와는 달리 생물학 무기는 북한 내부의 생물기술 능력이 아주 취약하다고 판단했기 때문이었다. 하지만 일본은 북한과학자들이 최근에 새로운 Hepatitis-B Vaccine(간염-B 백신) 개발에 국제적인 명성을 얻고 있음을 지적하고 있다. 이것은 지금까지 우리가 생각하고 있었던 것보다 훨씬 세련된 생물기술개발 능력을 북한이 가지고 있다는 것을 보여주는 것이라 할 수 있다.

〈도표 1〉 북한 내 화학작용제 생산공장 현황

(단위: 톤)

| 공장명 | 주요 생산품 | 생산능력 | 생산가능 화학작용제 |
|---|---|---|---|
| 아오지화학 (함북) | 질산, 메탄올, 암모니아 | 비료 13만 화공품 2만 | 혈액, 구토 작용제 |
| 清律화학 (함북) | 황산, 페놀, 포르말린 | 살충제 300 화공품 1만 | 혈액, 최루 작용제 |
| 咸興 2.8 비날론 (함남) | 암모니아, 염소, 농약 | 비료, 농약, 살초제 등 총54만 | 수포, 질식, 최루 신경작용제 |
| 咸興화학 (함남) | 황산, 질산, 암모니아 | 비료, 화학물질 총 135만 | 최루, 질식작용제 |
| 化成화학 (함남) | 농약 | 페놀 2,500 요소 2,000 | 질식, 신경 작용제 |
| 新義州화학 (평북) | 황산, 염소, 가성소다 | 화학제품 총 10만 7천 | 최루, 질식 작용제 |
| 安州화학 (평남) | 암모니아, 에틸렌 | 비료, 섬유 등 총 55만 | 혈액 작용제 |
| 順天화학 (평남) | 카바이드, 석회질소 | 비료 화공품 3만 | 수포, 혈액, 질식, 최루 작용제 |
| 滿浦화학 (자강) | 황산, 가성소다, 암모니아 | 질소, 황산, 암모니아 등 생산량 미상 | 수포, 혈액, 최루 작용제 |

출처: 「중앙일보」, 1992년 10월 23일.

<도표 2> 북한의 화학무기 비축현황

| 위 치 | 시 설 | 비 고 |
|---|---|---|
| 평양 황촌 | 지하 저장고, 저장 탱크 25개, 화학장비 기재 창고 30동, 화학차량 | 인민무력부 화학국 직속 |
| 황해북도 산음리 (북) | 지상·지하 저장소, 저장 탱크, 화학물질 가공공장 | 화학물질 가공·저장 |
| 황배북도 산음리 (북) | 지상·지하 저장소, 저장 탱크, 화학차량 조립·정비 공장 | 소요부대 분배 |
| 황해북도 삼산동 | 반지하 저장고 2동, 지하저장 탱크 2개, 저장 건물 2동 | 평양방어사 소속 |
| 황배북도 사리원 | 저장 건물, 지하 저장고, 저장탱크 30개(실작용제 훈련부대 공급시설) | 815기계화 군단 소속 |
| 강원 왕재봉 | 저장고, 장비고, 지원시설(전방 전투부대 지원시설) | 5군단 소속 |

출처: 「중앙일보」, 1992년 10월 23일.

현재 북한의 생물무기 능력은 전통적인 생물학제biological agents에 초점을 맞추어 개발하고 있는 것으로 알려지고 있다. 예를들어 전염병plague, 장티푸스typhoid, 콜레라cholera, 탄저열anthrax, 천연두smallpox, 황열병yellow fever, 보툴리누스균독소botulinum toxin, 그리고 출혈성 열병hemorrhagic fever 등이다.[27] 북한이 유전적으로 가공처리한 생물제의 개발을 착수했다는 증거는 아직까지 발견되지 않고 있다. 하지만 미국방부가 수년 전부터 공개적으로 북한의 생물학제에 관해 심대한 토론을 해왔다는 점을 감안해 볼 때, 북한은 이미 유전적으로 가공처리한 생물제를 보유하고 있다고 가정하는 것이 타당할 것이다.[28] 사실 유전공학genetic engineering은 조그마한 기계설비를 갖춘 작은 빌딩 내에서 몇몇 전문적인 훈련을 받은 연구

---

27 Center for Nonproliferation Studies, Monterey Institute of International Studies, http:// cns.miis.edu./research/cbt/possess.htm.

28 Hearing before U.S. House Committee on Appropriations, "Department of Defense Appropriations for 1970, part 6", 9 June 1969 (Washington, D.C.: U.S. Government Printing Office, 1969), p. 129.

자만으로도 충분히 수행할 수 있는 분야이다. 예컨대 "우편을 통해 주문할 수 있는 42달러짜리 장비를 사용하여 항생물질에 저항하는 박테리아 bacteria를 배양하는 방법을 미국의 고등학생들이 수업시간에 배우고 있다"[29]는 점을 감안해 볼 때 더욱더 그렇다.

북한은 화학무기와 마찬가지로 이러한 생물학 무기도 포병 포탄 및 미사일 등에 장착해서 이미 실전 배치시켜 놓았을 것으로 추정된다. 특히 북한이 보유한 노동 및 대포동 장거리 미사일은 생물전을 수행하는 데 있어서 특히 매력적인 수단이 될 수가 있다. 왜냐하면 이런 장거리 미사일은 멀리 날아가기 때문에 북한 인민군이나 자국의 인민들에게 피해를 끼치지 않기 때문이다. 지금까지 드러난 여러 정황 증거들을 종합해 볼 때, 현재 북한은 미사일에 생화학무기를 배비하는 능력을 포함하여, 생물무기 생산과 처리 기술을 완벽하게 보유하고 있다고 보아야 할 것이다.[30]

이러한 맥락에서, 현재 우리가 처한 한반도의 안보환경은 북한의 생화학무기 위협에 관해 심각하게 생각할 것을 우리들에게 요구하고 있다. 하지만 우리는 생화학무기가 어떻게 사용되어질 것이라는 일반적인 의미밖에 가지고 있지 못하며, 특히 북한의 생화학무기 프로그램에 관련된 구체적인 교리, 작전개념, 그리고 전술에 관해 거의 알고 있지 못하고 있다는 데 문제의 심각성이 있는 것이다.

그럼에도 불구하고, 생화학무기의 적대적 사용에 관해 고찰하는 것은 분명히 그러한 위협의 본질을 이해하는 데 핵심이 될 뿐만 아니라, 어떻게 그것에 대응해야 하는지에 대한 어느 정도의 통찰력은 제시해 준다.

---

29 Richard Preston, "Annals of Warfare: The Bioweaponeers", *New Yorker* (March 9, 1998), p. 62.
30 Report of Commission to Assess the Ballistic Missile Threat to the United States, Executive Summary, 15 July 1999, p. 12.

## :: 대응력의 강화

　미국의 경우에는 생화학무기의 국제적 확산을 저지시키기 위해 전통적으로 수출통제와 국제적 협약에 의존하는 방식을 취해오고 있다. 그러나 이러한 수출통제 및 국제협약은 생화학무기 기술이 확산되는 속도를 완화시키는 정도의 효과만 발휘하고 있다고 보아야 한다.[31] 오히려 제3세계 국가들 사이에서 점증하는 생화학무기의 확산은 우리들에게 반확산 counterproliferation능력을 갖추도록 하는데 더 많은 강조를 두도록 요구하고 있다. 왜냐하면 그것이 현재 우리 시대의 가장 압도적인 안보적 이해이기 때문이다.

　현재 미국의 몇몇 생화학무기 획득 프로그램은 1993년의 국방반확산 주도Defense Counterproliferation Initiative를 실현하기 위해 시작되어져 왔다. 이러한 미국의 노력이 효과가 있는가, 없는가 하는 것은 잠재적인 적들이 '어떻게 생화학무기를 사용하려고 하는가'에 대해 미국 스스로 얼마나 이해를 하고 있는가에 달려 있을 것이다. 그렇지 않을 경우, 미국은 분명 잘못된 장비에 잘못된 교리 및 계획, 그리고 훈련을 발전시키는데 막대한 돈을 낭비할지도 모른다. 현재 미국조차도 잠재적인 적들의 생화학무기 사용 능력에 관해 제대로 된 정보를 가지고 있지 않은 것으로 보인다. 왜냐하면 현재 미군에게 투여된 MDPH 백신은 어떤 특정 종류의 생물제인 탄저열antrax제에 대해서는 사실 면역력이 없는 것으로 알려져 있기 때문이다. MDPH 백신은 탄저열제의 자연적인 변종에 대해서만 단지 시험되어 만들어진 것이며, 현재 이라크가 보유하고 있는 유전적으로 가공 처리된 탄저열제의 변종에 대해서는 아니다.

---

31 Senate Committee on Governmental Affairs, *Proliferation Primer: A Majority Report of the Subcommittee on International Security, Proliferation, and Federal Services* (Washington: Government Printing Office, January 1998), p. 69.

2001년 9월 4일, 미국 국방정보국DIA는 치명적인 기존의 탄저균보다 더 강력한 새로운 형태의 변종 탄저균을 개발할 계획이라고 언론에 밝혔다. 클라크 국방부 대변인은 다음과 같이 주장하고 있다.

지난 1997년에 러시아가 탄저병균 변종을 개발 중일 가능성이 있는 것으로 알려져 백신 테스트를 위해 샘플을 요청했으나 받지 못했다. DIA는 위협이 될 수 있는 사태에 대비하기 위해 금년 초 백신 실험을 위한 변종 탄저병균을 개발하는 방안을 검토하기 시작했다. 이 계획은 생물학 무기 공격에 대한 방어목적을 띠고 있다.[32]

미국의 이러한 생물학 무기에 관한 연구가 국제적인 조약, 즉 1972년에 체결된 생물무기협정에 위배되는지, 안 되는지는 논란거리가 될 수도 있겠지만, 한 가지 분명한 것은 질병을 확산시키는 생물학 무기의 위협에 대처하기 위한 백신을 개발하기 위해 미국뿐만 아니라, 많은 군사 선진국들이 지대한 노력을 기울이고 있다는 사실이다.

미국을 비롯한 군사 선진국들의 이러한 노력을 마치 남의 일인 것처럼 우리가 방관만 하고 있어서는 안 될 것이다. 왜냐하면 생화학무기의 적대적 사용을 규정하는 것은 광범위한 책임감을 넘어서는 것이기 때문이다. 따라서 우리 군의 정보당국, 특히 정보사령부는 생화학무기의 적대적 사용과 관련된 북한의 의도, 프로그램, 지원 하부구조, 그리고 작전훈련 등에 관한 정보를 광범위하게 수집하여 그것을 분석·평가하는 노력을 기울여야 한다. 특히 지난 몇 년간에 걸쳐 발생한 생화학제, 그리고 그러한 무기의 효과를 발견하기 위한 연구·개발을 요구하는 중요한 기술적 이슈들issues을 다룰 수 있는 능력을 갖추기 위해 노력을 기울여야 한다. 특히 국가안보정책결정자들은 생화학무기 위협에 대처하기 위한 무

---

32 「조선일보」, 2001년 9월 6일.

기체계, 장비, 그리고 백신에 대한 소요를 명확히 규정하기 위해서, 북한의 생화학무기 사용능력을 정확히 분석·평가해야만 할 것이다. 실제로 우리 군은 생화학무기 사용을 현실적으로 묘사하는 작전개념을 갖고 있지 못하다. 따라서 작전기획에 북한의 생화학무기 공격에 대처하는 방법을 병합시키고, 또한 그런 시나리오에 토대를 둔 워게임war game을 지속적으로 할 수 있도록 노력해야 할 것이다.

적대적 사용을 이해한다는 것은 억제력에 귀중한 통찰력을 제공한다. 냉전기간 동안, 서방세계는 무엇이 소련을 억제하는지에 대해 잘 알고 있었다. 그것은 바로 '응징'punishment이었다. 게다가 미·소 양국은 서로의 핵교리와 준비태세를 충분히 이해하고 있었다. 그래서 위험신호가 보내졌을 때, 언제든지 양측은 그러한 위협신호를 받을 수 있었고, 또한 그것을 충분히 이해할 수 있었던 것이다.

하지만 오늘날은 그것이 불가능하다. 왜냐하면 생화학무기와 같은 대량파괴무기를 보유한 국가들의 숫자가 너무나 많기 때문이다. 따라서 과연 무엇이 생화학무기의 위협을 억제할 수 있는가에 관해 솔직히 확신이 없는 상태에 있다. 물론 '거부'denial는 억제에 핵심이 될 수도 있을 것이다. 하지만 억제는 북한에 대한 고도의 강압적인 사찰 요구와 더불어 강력한 대처능력에 토대를 두어야만 성공할 수 있는 것이다. 간단히 말해서 북한이 생화학무기를 배비하여 공격을 감행하기 이전에 그들이 보유한 생화학무기 자산을 완전히 파괴시킬 수 있는 능력이 있어야만 하는 것이다.

과거의 걸프전은 공격목표를 찾는 것이 실제로 행하는 것보다 말하기가 훨씬 더 쉽다는 것을 확신시켜 주었다. 현재 생화학무기를 보유한 대부분의 제3세계 국가들의 경우에는 사막의 폭풍작전 이후부터 더 깊은 지하에 그것들을 숨겨두고 있다. 북한도 예외는 아니다. "북한의 화학무기 저장소는 통상 10~20동의 저장건물과 저장탱크 및 지하갱도 등으로 이루어져 있다"[33]는 언론의 보도가 이를 증명하고 있다.

따라서 거부의 핵심은 미국이 추진하고 있는 전역미사일 방어체계에 동참하는 노력과 더불어 강력한 응징보복수단을 마련하는 데 있다. 왜냐하면 거부에 토대를 둔 억제전략이라는 것은 그 본질상 북한의 생화학무기 위협에 대한 지금까지의 수동적인 방어노력에 대한 심각한 태도변화를 요구하기 때문이다. 이를 위해서 우리 군은 화생방 환경하에서 작전하는 성가신 업무를 이제는 적극적으로 다루는 전략으로 나아가야 한다. 또한 미국의 핵이 북한의 생화학무기에 대한 억제력으로 작용하고 있기 때문에 크게 걱정할 필요가 없다고 생각하는 우를 범해서는 절대로 안 될 것이다. 왜냐하면 북한이 보유하고 있는 생화학무기의 탄도장착이 가능한 미사일 한방의 공격이 가져올 수 있는 참상을 생각한다면, 우리 스스로 생화학무기 위협에 대처할 수 있는 수단을 빠른 시일 내에 마련할 수 있도록 노력해야 하기 때문이다.

단지 예산상의 이유 때문에 공중조기경보통제기, 프라울러 전자전기, 그리고 F-X 획득사업이 지금처럼 연기되어져서는 안 될 것이다. 왜냐하면 우리의 안보에 필수적인 이런 전략자산들을 도입하는 사업을 계속 지연시키는 것은 우리의 안보에 치명적인 위험을 초래할 수 있기 때문이다.

## :: 결 론

1997년 5월 22일자 조선일보는 "가공할 北 화학무기"라는 제목 하의 사설에서 다음과 같이 주장하고 있다.

---

[33] 「중앙일보」, 1992년 10월 23일.

생화학무기는 수천만 명의 인명뿐만 아니라 자연을 함께 파괴할 수 있
는 가공할 만한 것이다. 기실 그것은 핵무기에 못지않을 만큼 위험한 파괴
력이다. 그것을 북한이 지금 개발에 열을 올리고 있는 미사일에 장착하여
우리를 위협할 경우, 우리는 어떻게 대처할 수 있을지 의문이다…… 핵무
기 전략에 이어 미사일 전략, 화학무기 전략을 구사하는 북에 대해 계속
끌려가는 식으로 해결을 모색하는 것은 근본적인 대책이 될 수 없다. 특히
북이 붕괴위기에 직면하면 이판사판으로 전쟁을 일으킬 것이라고 지레 짐
작하여 북의 요구를 들어주는 대응으로 일관해서는 북의 그 같은 전략만
키워주게 될지도 모른다.[34]

생화학무기의 공격 위협을 정확히 평가한다는 것은 어떤 의미에서 기
본적으로 헛수고이다. 우리나라에서는 아직까지 생화학무기의 공격사건
이 기록된바 없으며, 따라서 가능성이 어느 정도인지 산정할 방법이 없
다. 또한 판단의 근거가 되는 패턴도 존재하지 않고 있다. 하지만 분명한
것은 생화학무기 공격으로 인한 피해는 끔찍스러울 만큼 참혹하다는 사
실이다.

우리는 생화학무기의 적대적 사용에 대비할 필요가 분명히 있다. 우리
는 언제라도 얼굴 없는 적과 맞닥뜨릴 수 있다. 그 적은 시기를 가리지
않고 공격을 가해올 수 있으며, 그 같은 공격에 군사적으로 쉽사리 대처
하기는 어려울 것이라는 사실이다.

아직 시간이 있을 때, 그런 공격에 대한 대비를 시작하는 것이 급선무
이다. 북한이 보유한 생화학무기를 우리 안보에 실제적 위협으로 우리가
심각하게 인식하고 있다면, 당연히 그것이 군사적 목적 및 테러위협으로
충분히 사용되어질 것이라는 전제를 하고, 그것에 대응할 수 있는 강력
한 수단을 마련하도록 노력해야 하는 것이다. 특히 강대국 간의 재래식
분쟁이 더 줄어들 것 같으면, 우리는 보다 중요한 이 같은 비재래식 위협

---

34 「조선일보」, 1997년 5월 22일.

에 대해서 더 많은 걱정을 해야만 하는 것이다.

만약 우리 모두가 북한의 생화학무기 위협과 같은 이 혼란스러운 이슈를 표명하는 것을 의도적으로 회피한다면, 우리는 아마도 '심리적 황폐'psychological devastation와 더불어 물리적 파괴에 대해서도 매우 취약하게 변해 버리고 말 것이다.

# 제 3 장
# 최근 전쟁을 통한 무기체계 기술발전 추세분석

2000년 국방부는 21세기형 첨단 정보과학기술군에 기초한 '선진 정예 국방'을 구현한다는 목표아래 주변의 안보환경 변화와 우리의 국방여건을 고려한 '미래를 준비하는 21세기 신국방' 개념을 정립하였다. 그 추진 과제의 하나로 전력획득의 패러다임paradigm을 '체계획득' 중심에서 '기술 축적' 중심으로 전환, 국내 방위산업을 적극적으로 육성시키겠다는 정책 방향을 제시하였다.[1] 이것은 앞으로 '작지만 강한 첨단과학군 육성'을 위해서는 첨단 무기체계를 국내에서 독자적으로 연구개발, 생산하는 능력을 우선적으로 확보하는 것이 급선무라는 인식과 판단에서 나온 것이라할 수 있다.

특히 '기술중심의 전력획득 패러다임'은 국방획득의 초점을 국외조달보다는 국내조달에 치중하게 하며, 무기체계의 국내 수요 창출을 확대하고, 완제품 위주의 무기체계 획득을 탈피하고 핵심부품의 국내개발에 중점을 두는 방향에 두겠다는 국방부의 강력한 의지로 볼 수 있을 것이다. 그러나 아직까지는 말뿐인 의지라 할 수 있다. 왜냐하면 우리 국방부가 내놓은 향후 15년간에 걸쳐 획득할 예정에 있는 무기체계 및 장비의 대부분이 해외로부터 직도입하는 것으로 되어 있기 때문이다. 예를 들어 첩보위성(정찰위성), 공중조기경보통제기, 3000톤급 잠수함, 이지스구축함, 장거리지대지미사일, 공중급유기, 대형상륙함 등을 들 수 있다. 이런 무기체계들은 현재 국방과학연구소ADD 및 국내 방위산업체들이 현재 보

---

[1] 국방부, "21세기 신국방의 추진방향과 핵심과제", 「국방소식」, 통권 제129호(2001), p. 10.

유한 기술능력으로는 자체적으로 연구개발하여 생산할 수 있는 것이 아니다. 이 때문에 과거와 다름없이 해외기술도입생산방식으로 흐를 가능성이 높다고 할 수 있는 것이다.

그럼에도 불구하고 '기술중심의 전력획득 패러다임'으로의 전환에 대해 여전히 많은 기대를 하는 것은 2003년에 등장한 노무현 정권이 과거 역대정권과 비교해 볼 때, 자주국방의 중요성을 대단히 강조하고 있다는 점이다. 특히 최근에 국방부는 첨단무기체계를 2006년부터 2020년까지 15년간 독자적인 연구개발을 통해 획득하는 것을 골자로 하는 '국방연구개발정책서'를 발간하기도 하였다.[2] 이것은 자주국방과 국내 방위산업을 활성화시키는 데 좋은 기회를 제공할 것으로 생각된다. 왜냐하면 자위적 방위역량을 조기에 확충하고 미래지향적인 방위역량을 빠른 시일 내에 구축하기 위해서는 국내 방위산업의 획기적인 발전이 없이는 불가능하기 때문이다.

이런 맥락에서 본 장은 냉전 이후 발생하였던 세 가지 분쟁, 즉 걸프전(1991), 코소보전(1999), 아프가니스탄전(2001)[3]에서 미국주도하에 수행된 '고강도 전투작전'high-intensity combat operation을 체계적으로 분석하여, 적에 대한 군사적 우위를 증대시키는 무기체계의 기술들을 파악하는 데 일차적 목적이 있다. 이를 통해 앞으로 우리 방산업체들이 어떤 무기체계의 기술들을 국내에서 집중적으로 연구개발해야 하는지에 관해 중요한 함의implication를 제공하는 데 이차적 목적이 있다.

본 장에서 필자가 주장하는 핵심 요지는 다음과 같다. 앞으로 우리 방산업체들은 기존 재래식 무기체계(개별 플랫폼 중심)의 연구개발에서 벗어나 점차적으로 미래전의 핵심무기체계 기술들, 즉 광역·전술정보를

---

2 「국방일보」, 2004년 6월 23일.
3 아직까지 이라크전(2003)에 대해서는 정확한 통계 및 기술적 분석자료가 나오지 않아 본 장의 체계적인 분석대상에서는 제외하기로 한다.

수집·처리하기 위한 감시정찰ISR, 광역통합·전술전장을 운영·관리하는 지휘통제C4I, 장사정·초정밀 유도능력을 갖는 정밀타격PGMs, 그리고 정보수집·방해를 위한 전자전 무기체계 기술에 관련된 핵심기술들을 연구개발하는 방향으로 나가야 한다는 것이다. 그렇게 해야만 앞으로 방산기술부문에 있어 국제경쟁력을 가질 수 있게 될 것이다.

## :: 무기체계의 기술발전 추세 분석

### 1. 정밀무기의 효용성 증대

공중전달 정밀무기 사용의 증가는 전쟁수행방식에 새로운 장을 열었다고 해도 과언이 아니다. 물론 이러한 주장은 정밀무기에 대한 강한 기술적 요구가 최근의 현상이라고 말하는 것은 아니다. 사실 군의 역사는 전장에서 화력firepower의 비교우위를 이용하기 위한 수단으로써 더욱더 정확한 무기를 발전시키기 위한 시도로 가득차 있다. 예를 들어 애전코트 전투(Agincourt: 1415년 영국의 헨리Henry 5세가 이끄는 영국군이 프랑스군과의 싸움에서 승리한 유명한 전투)에서 영국 대궁수longbowmen, 그리고 1차 세계대전 이전의 해상포격naval gunnery에서의 진보(저틀란드Jutland전투에서 주력함capital ships이 장거리에서 정확도를 가지고 타격하는 것을 가능케 한 것)를 들 수 있다.[4] 그러나 이것들은 발사 플랫폼platform의 능력 자체가 정확성을 결정했고, 비행괘도flight paths는 일단 발사되면 변화될 수 없었다는 점에서 그렇게 스마트smart한 무기들은 아니었다.

---

4 이에 대해서는, John Keegan, *The Face of Battle* (New York: Viking Penguin, 1976); Jon Tetsuro Sumida, *In Defense of Naval Supremacy: Final Limitation, Technological Innovation, and British Naval Policy, 1889-1914* (New York: Routledge, 1993)를 참조.

독일의 루프트바페(Luftwaffe: 나치스정권하의 독일공군)가 1943년에 FX 1400 유도폭탄을 사용하여 이탈리아 전함 로마Roma를 침몰시켰을 때, 비행하는 동안 무기를 유도하는 능력은 항공기가 훨씬 더 큰 정확성으로 무기를 전달하는 잠재력을 열었다. 미국은 2차 세계대전 기간 동안 항공기로 전달하는 유도무기를 배비할 수 있었다. 예를 들어, 육군항공대(Army Air Forces)는 버마Burma에 있는 교량에 대해 무선통제된radio-controlled 무기를 전달했으며, 이것의 성능 향상된 버전version은 한국전쟁에서 사용되기도 하였다.[5]

베트남전에서 미공군과 해군은 항공기 전달 무기를 표적에 유도하기 위해 레이저 데지그네이터laser designators와 다른 지원무기들을 사용했는데 이것은 정확성을 대폭적으로 향상시켰다. 1968년과 1972년 사이에 이런 새로운 정밀유도무기PGMs로 무장한 미공군은 28,000개 가량의 레이저 및 전자광학electro-optical 유도무기를 전달했다.[6] 그러나 베트남전이 끝나갈 무렵에 최초로 사용되었던 PGMs(레이저 유도폭탄LGBs)의 성능에도 불구하고, 그것의 함의는 1991년 걸프전이 발발하기 전까지 그렇게 뚜렷하게 드러나지는 않았다.[7]

베트남에서부터 시작해서 냉전종식에 이르기까지, 미국의 항공기획가들은 탑재된 전자기술electronics 및 유시계 신호visual cues를 사용하는 비유도무기를 정확하게 전달하기 위해 매우 낮은 고도(레이더 아래)에서 항공기를 침투시키는 작전개념에 의존했다. 미공군과 해군 모두로부터 광범위한 지지를 얻고 있었던 이러한 접근의 주창자들은 이런 작전개념이

---

5 Wayne Thompson, *To Hanoi and Back: The USAF and North Vietnam, 1966-1973* (Washington, D.C.: Office of Air Force History, 2000), p. 233.

6 *Ibid.*, p. 219.

7 PGMs은 베트남전에서 이미 사용된바가 있었지만, 1991년 걸프전에서 본격적으로 제 모습을 보여주었다고 할 수 있다. 걸프전 동안 사용된 총 220,000개의 폭탄들 가운데 9,000개 가량이 레이저 유도폭탄들이었다.

전술항공기에 값비싼 정밀무기를 장착하는 것보다 훨씬 더 비용-효과적이라고 주장했다. 왜냐하면 저렴한 일반목적 폭탄들이 훨씬 더 낮은 비용으로 동등한 효과를 가져온다고 생각했기 때문이다. 이러한 논리 - 스마트한 항공기와 일반dumb폭탄을 사용하는 것이 더 낳고 저렴하다는 것 - 는 걸프전의 발발 때까지 우세했다.

이러한 선호를 감안할 때, 걸프전 시기에 이용가능한 미공군의 총 전투부대 가운데 매우 작은 비율(대략 3%)만이 레이저 유도무기를 전달할 능력이 있었다는 사실은 그리 놀랄 만한 일은 아닌 것이다. 공군과 비교해 볼 때, 해군은 대략 똑같은 수의 PGMs 능력 항공기를 배비하였지만, 지속적인 작전을 수행하는 데 필요한 충분한 레이저 유도 킷laser guidance kits을 획득하지는 못했다.

그럼에도 불구하고, 정밀과 비유도무기 사이의 차이는 뚜렷하게 드러났다. 걸프전 항공력 서베이GWAPS는 정밀능력항공기는 공격했던 표적의 숫자에 있어 적어도 13배 정도 더 효과적이었다고 결론짓고 있다.[8] 그리고 스텔스 항공기F-117s에 의해 전달된 정밀무기는 26배나 더 효과적이었다고 분석하고 있다. 예를 들어 20대의 F-117s 스텔스기는 37개의 목표점aimpoints을 공격했던 반면, 41대의 비스텔스, 비 PGMs 능력 항공기는 단지 3개의 목표점만을 공격했다. 비스텔스기 대신에 41대의 F-117s을 사용했다면 76개의 목표점을 공격하는 것이 가능했을 것이다.[9] 만약 PGMs을 가진 한 대의 항공기가 비유도무기를 가진 대략 20대의 항공기와 동등하거나, 혹은 더 능력이 있었다면, 걸프전 초기에 PGMs을 전달하는 100대 이상의 항공기는 분쟁전체에 걸쳐 배비되었던 다른 1,100대의 전투항공기보다 훨씬 더 효과적이었다고 볼 수 있는 것이다.[10] 예를 들어 60×100

8 *Gulf War Air Power Survey{GWAPS}, Volume II, Part 2: Effects and Effectiveness* (Washington, D.C.: Government Printing Office, 1993), pp. 352~353.

9 David A. Deptula, *Effects-Based Operations: Change in the Nature of Warfare* (Arlington: Aerospace Education Foundation, 2001), pp. 10~11.

피트 크기의 표적을 파괴하는데 1945년에는 평균 3,300피트 운반오차로 3,024대의 항공기가 필요했지만, 베트남전에서는 44대의 항공기, 그리고 걸프전에서는 단지 8대의 항공기만이 필요하였던 것을 들 수 있다.[11] 이것은 작전의 성공가능성을 높이기 위해 대량으로 공격해야 할 필요성을 PGMs이 상쇄시킬 수 있다는 것을 극명하게 보여주는 것이라 할 수 있다. 사실 걸프전 동안에 단 한 대의 비행기와 하나의 PGMs이 제2차 세계대전 기간 중 1,000대의 항공기가 9,000 LSBs를 투하했던 것과 동일한 결과를 달성한 경우도 있었다. 이처럼 가공할 만한 PGMs 공격으로 인해 이라크 군의 보급수준은 90% 가량 감소되었고, 전차 48%, 장갑차량 30% 그리고 대포 60% 정도가 파괴되었다.[12] 이 때문에 이라크 군 수뇌부와 예하 군부대들은 서로간에 완전히 분리되어 의사전달을 효과적으로 하지 못하게 되었던 것이다.[13]

사막의 폭풍Desert Storm작전 이래 PGMs을 사용하는 데 필요한 전달체계 및 정밀무기 개발에의 지속적인 투자는 Allied Force 및 Enduring Freedom 작전에서 명백하게 드러난 것처럼, PGMs 사용의 증가를 가져왔다. 〈도표 1〉은 세 가지 분쟁 동안 PGMs 사용비율의 증가추세를 보여주고 있다.

---

10 PGMs이 제공하는 정확성은 항공체에게 '효과기반(effects-based)'의 표적선정을 할 수 있도록 해줌으로써 공격으로 인한 파괴수준(level of destruction)을 미리 결정할 수 있게 해준다. 이것은 정치인들이 적이 가지고 있는 시설물을 완전히 파괴하지 않고도 적이 그 시설물을 사용하지 못하게 거부할 수 있는 방법을 찾는 것을 가능케 한다. 이처럼 '효과기반'의 표적선정 방법으로 교전할 수 있는 능력은 분쟁이 끝난 이후에 국가의 하부구조나 시설물을 재건하는 비용측면에 있어서 대단히 중요한 특성이 된다. 예컨대 발전시설의 무력화는 단지 수도펌프시설을 파괴함으로써 가능한데, 이것은 항공기 승무원의 위험성 측면이나 전후복구 측면에서 대가가 비싸지 않으면서도 매우 효과적인 방법임이 분명한 것이다.

11 Andrew Lambert, *The Psychology of Air Power*, RUSI Whitehall Paper Series, 1994, p. 4.

12 Stephen Biddle, "Victory Misunderstood: What the Gulf War Tells US About the Future of Conflict", *International Security*, Vol. 21, No. 2 (Fall 1996), pp. 139~179.

13 Richard Hallion, *Storm Over Iraq: Air Power and the Gulf War* (Smithsonian, 1992), p. 190.

## 〈도표 1〉 정밀유도무기의 비율

|  | Desert Storm (1991)1 | Allied Force (1999)2 | Enduring Freedom (2001. 10~2002. 2)3 |
|---|---|---|---|
| 총공중전달무기 | 227,648 | 23,644 | 17,459 |
| 총정밀유도공중전달무기 | 17,644 | 7,057 | 10,548 |
| PGMs의 비율 | 7.7% | 29.8% | 60.4% |

출처: 1. Gulf War Air Power Survey[GWAPS]: A Statistical Compendium and Chronology (Washington, D.C.: Government Printing Office, 1993), Vol. V, pp. 553~554. 미군은 210,004 일반 폭탄, 9,342 유도폭탄, 2,039 대레이더미사일, 5,448 공대지미사일, 333 크루즈미사일, 그리고 482 헬리콥터 대(對)탱크유도미사일(헬파이어 및 토우)을 전달했다.

2. U.S. Air Force, Air War Over Serbia Fact Sheet (31 January 2000) p. 6. 미군 및 연합군은 28,018 총무기를 전달했다. 그 가운데 미군은 23,315(83%)를 전달했는데 여기에는 329 크루즈미사일(TLAM 및 CALCM)이 포함되어진 것이다. 동맹국들에 의해 전달되어진 4,703 무기 가운데, 영국 공군(Royal Air Force)은 1,011을 전달했는데, 그 가운데 26%가 정밀유도무기였다. 좀 더 자세한 내용에 대해서는, Rt. Hon. Geoffrey Hoon, Secretary of State For Defense, Kosovo: Lessons From the Crisis (London: British Ministry of Defense, June 2000). http://www.mod.uk/publications/kosovo-lessons/contents.htm을 참조.

3. William Arkin, "Weapons Total From Afghanistan Includes Large Amount of Cannon Fire", *Defense Daily*, 5 March 2002.

출격마다 전달되는 PGMs의 평균 숫자에 있어 견고한 증가는 PGMs 그 자체가 현대 공중캠페인을 강화시켰다는 사실을 강조하는 것이다. 특히 Allied Force 작전의 첫날 밤 베오그라드Belgrade 내의 44개 주요표적이 파괴되었는데, 이것은 사실상 PGMs을 사용하지 않았다면 달성하기 어려운 것이었다. 이와 유사하게 Enduring Freedom 작전에서 타격항공기는 출격당 평균 1.66 PGMs을 전달했으며, 이것은 Allied Force 작전에서 전달된 PGMs 양의 거의 2배 이상이다. 이런 증가는 크게 네 가지 주요 요인들의 영향으로부터 기인된 것이다. 첫째 PGMs의 재고가 많았다는 것, 둘째 PGMs 전달 능력이 있는 항공기가 증가했다는 것, 셋째 표적을 공격하는 데 있어 정확성과 효과성에 대한 큰 관심으로 인해 PGMs을 사용하기 위한 요구가 증가했다는 것, 넷째 대량정밀타격을 할 수 있는 큰 탄두 폭격기의 사용이 증가했다는 것이다.[14] Allied Force 작전기간 동안, B-2 스텔스 폭격기는 세르비아의 표적에 전달된 PGMs의 대략 10%를 차지했다. 아프가니스탄에서 B-52s 및 B-1Bs에 의한 JDAM 타격이 포함되어졌을 때 그 비율은 놀랍게도 46%나 증가했다.[15]

1991년 이래, PGMs이 어떻게 급격하게 현대 항공전air warfare을 변혁시켰는지를 더 평가하기 위해서는 세 가지 지원기술 추세에 관한 특별한 언급이 필요하다. 첫째 위성지원 네비게이션navigation에 의해 가능했던 전천후 능력의 출현, 둘째 TLAM과 같은 정밀원거리무기의 증가, 그리고 셋째 무기몸체의 소형화에 의해 초래되는 탑재능력의 발전이다. 이것을 좀 더 구체적으로 살펴보면 다음과 같다.

## 1) 전천후 능력의 발전

베트남전 이후 미군이 즉각적으로 PGMs을 받아들이지 못했던 것은 레이저 유도 및 전자광학electro-optical무기가 표적에 대한 명확한 가시선line-of-sight을 요구했기 때문이었다. 그 때문에 표적 획득은 구름에 가리거나, 혹은 연기(안개)에 의해 방해를 받을 수 있었다. 레이저 유도무기(폭탄)는 매우 정확하지만, 레이저 광선이 구름을 투과할 수 없기 때문에

---

14 PGMs은 항공체가 몇 개의 표적을 동시에 공격하는 것을 가능케 한다. 예컨대 미국공군의 B-2 Spirit 폭격기는 16기의 JDAM을 실어 16개의 다른 목표물을 동시에 공격할 수가 있다. 그것은 항공력에게 필요한 다수의 지점에 힘을 동시에 집중시킬 수 있게 해줌으로써 과거보다 훨씬 더 짧은 시간에 더 많은 표적을 파괴할 수 있게 해주는 것이다. 이에 대해서는, Merrill McPeak, "Precision Strike: The Impact on the Battlespace", *Military Technology* (May 1999), pp. 20~24를 참조 결론적으로 PGMs은 전쟁을 몇 개월, 혹은 몇 년 단위가 아니라 며칠 단위의 기간으로 계산할 정도로 작전을 비교적 신속하게 종결시킬 수 있게 하는 중요한 도구가 되고 있다. 따라서 장차 PGMs의 발전은 제한적인 강도의 분쟁에서 항공력이 더 큰 역할을 담당할 수 있게 해 줄 것으로 판단된다.

15 William Arkin, *op. cit.*

기상상태가 나빠서 표적지역을 가리고 있을 때는 사용이 불가능하다. 걸프전 이후, 미군은 두 개의 GPS 유도 무기 — 합동직격폭탄JDAM: Joint Direct Attack Munitions 및 합동원거리무기JSOW: Joint Standoff Weapon[16] — 의 배비를 가속화시켰다. 비록 이러한 무기들이 레이저 및 전자광학적으로 유도되는 무기만큼의 정확도는 제공하지 못했다 할지라도, 그것들은 거의 정밀에 가까웠고 어떤 날씨에도 사용할 수 있는 능력을 가지고 있었다.

〈도표 2〉 악천후에서 전달되어진 PGMs의 증가하는 비율

|  | Desert Storm (1991) | Allied Force (1999) | Enduring Freedom (2001. 10~2002. 2) |
|---|---|---|---|
| 전달된 총 PGMs | 17,644 | 7,057 | 10,548 |
| 악천후 PGMs의 숫자 | 2,372(1) | 1,728(2) | 9,225(3) |
| 총 PGMs의 %로서의 악천후 PGMs | 13.4% | 24.4% | 87.4% |

출처: 1. *GWAPS, Vol. V*, pp. 553~554.
　　 2. *Air War Over Serbia Fact Sheet*, p. 6.
　　 3. Arkin, "Weapons Totals For Afghanistan."

Allied Force 작전기간 동안 B-2 스텔스 폭격기는 첫 세대의 GPS 유도무기를 전달했다. 그것은 비교적 비용이 적게 들면서도 어떤 경우에는 원거리 발사능력 — 표적에서 수마일 떨어진 곳에서도 무장을 발사할 수 있는 능력 — 을 가진 매우 정확한 무기이다. 특히 그것의 전천후 전달능력의 가치는 특별히 중요한 것으로 입증되었다. 작전의 첫 8주 동안, B-2s는 타격 소티의 단지 3% 정도만을 차지하였지만, 표적의 33%를 파괴했다. 왜냐하면 가시선에 의존하는 무기를 장착한 항공기는 기상조건이 나쁠 경우에는 배비될 수가 없었기 때문이다. 〈도표 2〉에서 두드러진 것은

---

16 JSOW는 JDAM의 개량형으로 이것은 미공군, 해군 그리고 해병전투기의 원거리 사거리와 정확도를 현저하게 증가시키기 위해 3군 합동계획에 의해 생산되었다. JDAM과 같이 JSOW는 인공위성항법장치/관성항법장치 유도기를 장착하고 있다.

이러한 새로운 기술(전천후 전달능력)사용의 가속화이다. 아프가니스탄에서 사용된 전천후 무기의 비율은 2년 전의 Allied Force 작전과 비교해 볼 때 거의 3배 이상이다.

## 2) 정밀원거리무기의 영향

정밀무기에 있어 다른 추세는 원거리 무기, 특히 장거리 타격을 위한 재래식으로 무장된 무인 크루즈미사일에 관한 확고한 강조이다. 크루즈미사일의 기원은 2차 세계대전까지 거슬러 올라가는데, 이 당시 독일은 전투에서 미사일을 배비한 첫 국가였다. 하지만 미사일의 정확성이 떨어져 군사적 효용성은 크게 떨어졌다. 1950년대에 미국은 주로 핵 억제를 지원하는 전력 가운데 하나로 광범위한 해상기반 및 지상기반 공격 크루즈미사일을 발전시켰다. 그러나 1970년대 후반에 가서야 비로소 재래식으로 무장된 크루즈미사일을 사용하는 전망이 열리게 되었다. 그 이유는 지형지도제작 유도기술이 충분할 만큼의 정확성을 제공했기 때문이다. 미 해군은 1980년대 중반에 토마호크 지상공격미사일TLAM: Tomahawk Land Attack Missile을 배치시켰다. 연이어 미공군의 비밀다람쥐Secret Squirrel 프로그램이 뒤따랐는데, 이것은 재래식 탄두를 탑재한 작은 수의 공중발사 크루즈미사일ALCMs: Air Launched Cruise Missiles을 개조한 것이었다.

지상표적을 공격하기 위한 재래식 크루즈미사일 - 해군의 TLAM과 공군의 ALCM CALCM - 은 처음으로 걸프전에서 사용되었다. 이러한 무기들은 과거의 전투작전에서는 사용된 적이 없기 때문에, 고위 지휘관들은 공중캠페인의 시작 단계에서 이것들을 사용하는 것에 대해 상당한 의구심을 가지고 있었다.[17] 그러나 걸프전에서 그 효과성이 뚜렷하게 드러난

---

17 Michael Gordon and Bernard Trainor, *The General's War: The Inside Story of the Conflict in the Gulf* (New York: Little, Brown, and Co, 1995), pp. 115~117.

이후부터 TLAM과 ALCM은 각종 분쟁에서 공격작전을 수행할 시 필수적인 무기가 되었다.

크루즈미사일은 승무원의 생명에 위험을 초래하지 않고 장거리에 있는 표적들을 정밀에 가깝게 타격하는 독특한 능력을 보여주었다. 이런 능력 때문에 크루즈미사일은 막대한 타격력, 그리고 수상함 및 잠수함의 임무거리를 증대시켰다. 아프가니스탄 및 수단에 대한 1998년 8월의 타격에서 크루즈미사일의 장거리 도달능력은 단 하나의 해군 전투단이 두 개의 분리된 대륙을 동시에 타격하는 것을 가능케 했다. 한편 공중발사 크루즈미사일은 아군 항공기가 적의 방공망 사거리 바깥에서 타격하는 것을 가능케 함으로써 아군의 잠재적인 위험을 최소화시켰다. 사실 스톰 새도Storm shadow 같은 장거리 공중발사 크루즈미사일은 항공력의 원거리 능력을 증가시켜 항공기와 조종사의 취약성을 감소시키는 것이 사실이다. 그러나 높은 생산비용 때문에 크루즈미사일은 폭탄 가운데 가장 비싼 항목에 속한다. TLAM 프로그램의 단위비용unit cost은 회계연도 2003년을 기준으로 대략 $3.0million(한화 36억)에 달한다. 예를 들어 걸프전에서 공격한 목표점들(대략 42,000개)의 똑같은 숫자를 TLAMs으로 타격할 경우, 그것은 대략 $120billion(한화 130조 이상)을 상회하는 비용이 소모된다.

그러나 원거리 무기의 비용을 줄이는 것은 사실상 어려운데, 그 이유는 사거리와 비용 사이에는 끊을 수 없는 상관관계가 있기 때문이다. 따라서 소모적인 캠페인에서 크루즈미사일로 무력을 투사하는 것은 비교적 저렴한 GPS 유도폭탄의 성공적인 사용에 비추어 보더라도 쉽게 허용하기가 어려운 것이다. 예를 들어 JDAM은 단위 당 대략 $20,000~30,000 정도인데,[18] 이것은 가장 저렴한 원거리 무기에도 미치지 못하는 비용이

---

18 참고로 JDAM 테일 킷을 이용하여, "재래식 폭탄"을 GPS 유도무기로 변환시키는 데 들어가는 비용은 대략 $14,000 정도가 소요된다. 비교적 값싼 유도체계는 많은 양의 '일반폭탄'들

다. 그래서 하나의 TLAM을 포기하면 150개 정도의 JDAMs을 획득하는 것이 가능한 것이다. 이 때문에 크루즈미사일은 아주 제한된 핵심 표적을 타격하는 데만 사용되며, 지속적인 대규모 작전을 수행하는데 사용하기에는 그리 비용－효과적인 무기는 아닌 것이다.

## 3) 탑재능력의 발전

과거 수년 동안 상당한 노력이 항공기에 탑재되는 정밀무기의 몸체를 소형화하고, 크기가 더 작은 정밀무기를 장착함으로써, PGMs 전달 비율을 증가시키는 데 필요한 기술을 개발하는 데 집중되어져 왔다. 무게가 많이 나가는 폭탄을 수송하는 것과 관련된 군수지원상의 부담을 완화시키는 것은 별도로 하고(제외하고), 더 작은 정밀무기를 발전시키는 것은 어떤 면에서 정확성을 폭발중량으로 대체하는 잠재력을 제공한다.[19] Allied Force 작전 직후, 미공군은 새로운 랙racks을 발전시키고 500lb 폭탄에 유도킷guidance kits를 더함으로써 B-2가 전달할 수 있는 JDAM의 숫자를 증가시킬 수 있는 프로그램을 발전시켜 나갔다. 따라서 과거에 16개의 2,000lb. JDAM을 전달할 수 있었던 B-2는 80개의 500lb 폭탄을 전달할 수 있게 되었다. 이것은 출격 당 공격할 수 있는 목표점의 숫자를 대폭 증가시킬 수 있음을 의미하는 것이다. 또한 미공군은 더 큰 잠재적 탄두소형화를 제공하는 소직경폭탄SDB: Small Diameter Bomb, 250lb GPS 유도무기의 개발을 가속화했다.[20] 현재 F/A-22는 2개의 2,000lbs 폭탄을 운반하는

에게도 주야간 작전 및 전천후 정밀작전능력을 부여함으로써 비용/효과 측면에서 현존 무기들의 능력을 보강할 수 있게 될 것이다.

19 이에 관한 자세한 내용은 Christopher J. Bowie, *The Anti-Access Threat and Theater Air Bases* (Washington, D.C.: Center for Strategic & Budgetary Assessments, 2002), pp. 27~30을 참조.

20 참고로 격자형 안정판(lattice fin)과 날개를 가진 SDB는 35해리(nm)를 활공할 수 있어 사거리가 보다 긴 세대의 방공무기가 배치된 지역 내의 목표에 대해 사용할 수 있다. 이 SDB의

F-35Joint Strike Fighter와는 대조적으로 두 개의 1,000lb 폭탄을 운반하도록 내부적으로 설계되어져 있다. 그리고 F/A-22는 내부적으로 8개의 SDBs를 저장하고 전달하도록 설계되어진 반면, F-35는 적어도 그것의 2배 정도이다. B-1, 혹은 B-2와 같은 탑재 능력이 큰 항공기는 수백 개의 그런 무기들을 운반할 수 있다.

작은 크기의 정밀무기를 야전에 배치하는 것은 그것의 전달비율에 있어 인상적인 증가를 초래할 것이다. 이미 탑재능력 및 탄두소형화의 잠재적인 성과는 아프가니스탄에서 미공군과 해군이 20분에 걸쳐 100개의 JDAMs을 전달했을 때 충분히 입증되었다고 볼 수 있다. 걸프전 때는 정밀무기를 전달하는 평균 시간당 비율은 대략 16번 정도였다. 앞으로는 정밀 자체가 대량을 대신하고, 또한 치명성lethality을 크게 증가시킬 것이다. 미국은 두서너 시간 내에 수천 개의 표적을 타격하도록 고안된 소형 정밀무기로 적에 대한 결정적 타격을 수행하는 능력을 곧 개발하게 될 것이다.

## 2. 네트워크중심전의 확대

네트워크중심전을 가능케 한 것은 정보우위information dominance 및 전장상황인식battlefield situational awareness능력의 발전 때문이다. 네트워크중심전의 기초가 되는 것은 지휘 및 통제센터에서 융합되고 통합되어지는 고품질의 센서 그리고 신속하게 전송되는 데이터 흐름으로 구성된 네트워크중심구조를 창출하는 기술들이다. 목표는 "수많은 정보수집센서들로부터 나온 자료를 성공적으로 결합시켜, 단 하나의 통합된 전장그림을 제시하는 데 있다."[21]

동체는 보잉사에서 설계했으며 앨러바마주 헌츠빌에 있는 다이네틱스사가 설계한 격자형 안정판과 합체되어 있다.

세 가지 분쟁은 정보intelligence, 감시surveillance, 정찰reconnaissance 활동을 수행하기 위한 새로운 센서들의 예증을 충분하게 보여주었다. 이러한 수 많은 센서들은 현존하는 ISR 플랫폼들 — E-3A AWACS(적의 공중활동을 탐지하고 아군전투기를 안내하는 역할), RC-135 Rivet Joint 및 EP-3 항공기(적의 레이더와 무선방출을 탐지하고 위치를 식별하는 역할), U-2(전략정찰 및 광범위한 지역의 감시를 제공하는 역할) — 에 장착되어졌다. 이와 동시에 새로운 유인 및 무인 ISR 플랫폼이 나타났는데, 그 가운데 가장 두드러진 것이 바로 E-8C Joint STARS이다.

대단한 능력을 가진 ISR 및 전투관리 플랫폼으로 간주되고 있는 E-8C Joint STARS는 움직이는 표적을 탐지하고, 선택된 지역에 대한 고해상 레이더 영상을 제공할 수 있는 정밀해상레이더SAR: Synthetic Aperture Radar로 무장된 "canoe"가 장착되어 있다. 또한 고해상이미지를 제공하는 것을 시도하는 똑같은 레이더보다 10,000배나 더 큰 지역에 걸쳐서 움직이는 표적을 감지할 수 있는 지상이동표적지시기(GMTI: Ground Moving Target Indicator)를 갖추고 있다. 광범위하게 넓은 지역에서 움직이는 차량을 표적하는 능력 자체는 효과적으로 그리고 훨씬 더 빠르게 싸우기 위한 적의 능력을 파괴하는 것을 가능케 하며, 전통적인 소모지향적 전투보다 위험상태에 덜 빠지게 한다.[22]

Joint STARS에 의해 제공되는 능력들은 걸프전쟁 동안 몇 가지 사건들에서 충분히 입증되어졌다. 1991년 1월 29일 밤, Joint STARS는 Al Khafji를 향해 움직이는 이라크 기갑부대를 발견하고, 연합군이 공중공격을 통해 그것을 효과적으로 타격하도록 만들었다.[23] 나중에 날씨가 아주 나쁜 상

21 David A. Fulghum, "It Takes a Network to Beat a Network", *Aviation Week & Space Technology* (11 November 2002), p. 28.

22 Price T. Bingham, "Head Off The Vehicles." *Aviation Week & Space Technology* (23 December 2002), p. 8.

23 Price T. Bingham, The Battle of Al Khafji and the Future of Surveillance Precision Strike

태에서 일어났던 연합군의 지상공격기간 동안 GMTI 감시는 이라크 군의 움직임을 정확히 포착했다. 그리고 이라크군이 심각한 위협을 만들기 전에 이라크 군의 기동manuever을 먼저 파괴하는 데 필요한 정보를 연합군에게 제공했다. Joint STARS 이미지는 이라크의 서쪽 측방 주변에서 공격작전을 수행하고 있었던 육군 7군단 사령관 프랭크스Fred Franks장군의 전술지휘포스터에 보내졌다. 이것은 프랭크스 장군이 군대를 동쪽으로 돌려 새로운 위치에서 이라크 공화국 수비대Republican Guard Divisions를 공격하는 것을 가능케 했으며, 또한 계속되는 공격작전을 대단히 수월하게 만들었다.[24] 특히 미 7군단은 후방 방어임무를 담당하고 있던 이라크군의 타와칼나 사단을 공격하여 많은 사상자를 나게 만들었다. 이와 더불어 이라크군이 쿠웨이트로부터 철수하기 시작했을 때, GMTI는 대규모 철수가 시작되었다는 것을 연합군에게 경고하는 시의적절한 정보를 제공하기도 했다.

걸프전 이후 벌어진 각종 분쟁들에서 우리는 C2ISR 통합 – 수많은 센서, 다중센서 플랫폼, 그리고 지형학적으로 분리된 지휘 및 통제센터 사이에 데이터 교환을 용이하게 하는 링크 – 의 적절한 형태를 목격할 수 있다. 이것을 가능케 하는 것은 세 가지 기술발전 추세였다. 그것은 더작은 비용 및 고품질 센서기술, 무인 및 유인 ISR 플랫폼에 다중센서수트suites를 장착하는 기술, 그리고 자료전송비율을 증가시키는 기술이다. 이런 새로운 기술들을 야전에 배치함으로써 상황인식력의 증대를 이끌었던 것이다. 예를 들어 코소보에서 프레데터Predator 무인항공기UAV는 U-2에 있는 큰 레이더에 필적할 만한 해상을 제공하는 SAR를 장착하여 감시임무를 수행했다. 특히 보스니아 상공에 성공적으로 전개되어 48시간 동안 체공하면서 500~700km 거리를 관찰하였다.[25] 나중에 아프가니스탄에

---

(Arlington: Aerospace Education Foundation, 1997). 아직까지 Joint STARS는 이동목표를 탐지할 수는 있으나, 무기를 조준할 정도의 충분한 정확성을 갖고 있지는 못하다.

24 Fred Franks, Jr. and Tom Clancy, *Into the Storm: A Study in Command* (New York: G.P. Putnam's Sons, 1997), pp. 274~400.

서 강력한 SAR가 장착된 프레데터와 글로벌 호크(Global Hawk: 다중센서 플랫폼)) UAV는 U-2와 Joint STARS가 초기에 제공했던 감시지역을 더 확대시켰다. 특히 글로벌 호크는 고해상 레이더 이미지를 포착할 수 있었고, 또한 수초 내에 똑같은 지역의 전자광학 및 적외선 사진을 제공할 수도 있었다.[26]

마지막으로 계산능력의 증대 그리고 위성 데이터 링크의 이용가능성은 센서로부터 사용자에 이르기까지 자료 전송을 가속화시켰다. 예를 들어 탑재된(내장된) Joint STARS의 계산력은 걸프전에서 세르비아에 이르기까지 200배 가량 증가했다. 탑재된 영상처리 및 자료 압축을 증대시킴으로써, 이 파워부스트power boost는 사용자에 대해 자료의 양과 질 모두를 증가시켰다. 또한 위성링크는 탑재된 센서 플랫폼에 의해 미리 처리된 자료의 신속한 전송을 제공했다. 1991년 걸프전 당시에 가시선 링크에 걸쳐 전송되어진 센서 데이터는 일상적인 지연에 직면했지만, 1999년 코소보전에서 U-2 영상은 위성을 통해 미국으로 전송되어 분석되어졌으며, 신속하게 이탈리아 빈센짜Vincenza에 있는 통합항공우주작전센터CAOC: Combined Aerospace Operations Center로 전자적으로 보내졌다.[27] 또한 플랫폼으로부터의 자료는 지휘센터로 직접 발사되어졌다. UAVs는 실시간 영상을 CAOC로 되돌려 전송할 수 있었다. 반면 더 오래된 시스템들은 영상을 통제스테이션이나 혹은 제한된 거리에 걸쳐 되돌려 보내도록 할당되어졌다. 이러한 능력들은 점차적으로 전통적인 정보배분계통이 필적할 수 없을 정도의 비율로 전투 지휘관들에게 자료에 대한 접근을 제공했다.

요약하자면, 점증하는 수의 질이 높은 정보센서, 다중센서 플랫폼의

25 Peter Van Blyenburgh, "UAVs: Where Do We Stand?", *Military Technology* (March 1999), p. 30.
26 참고로 걸프전쟁 기간 동안, 표적사이트의 다중 이미지를 발전시키는 것은 수일, 혹은 수주가 소모되었다.
27 Tom Bowman, "High Technology Lets NATO Keep Eye, Ear on Yugoslavia: U.S. Spy Planes Can Monitor Radio Messages by Troops", *The Baltimore Sun*, 2 May 1999, p. 23A.

이용가능성, 광대한 거리에 걸쳐 재빨리 자료를 처리하고 분석하고 배분하는 능력은 적어도 상황인식력의 압도적인 증대 및 작전을 더 유연하고 신속하게 수행하는 능력의 발전을 가져왔다. 증가하는 자료의 흐름을 총체적으로 통합하는 것은 여전히 도전으로 남아 있지만, 그것을 해결하려는 기술적 노력은 활발히 이루어지고 있다. F-35, F/A-22, F/A-18E/F에 활동적이고 전자적으로 주사된 레이더 어레이arrays를 장착하는 것은 전장에서 고품질 센서의 숫자를 배가시킬 것이다. 다양한 원천으로부터 제공되는 데이터 흐름이 적절하게 통합되어질 것으로 가정할 경우, 미래의 전투지휘관들은 더 큰 상황인식력을 누리게 될 것이며, 이로 인해 전투작전을 수행할 시, 그들의 군을 더 효과적으로 이용할 수 있게 될 것이다.

## 3. 스텔스와 전자전 수단의 중요성 증대

스텔스stealth는 냉전 이후 미국의 전투항공기 운용에 있어 가장 중요한 기술적 진보 가운데 하나라 할 수 있다. 걸프전, 코소보전, 그리고 다소 정도는 덜하지만 아프가니스탄전에서 스텔스기와 같은 저탐지 항공기는 놀랄 만한 작전적 성공을 거두었다. 전투 항공기에 적용된 저탐지(low observable)기술은 첨단화된 항공방어체계에 대해 비교적 무사히 작전을 수행하는 것을 가능케 했다. 특히 전쟁개시 첫날 밤, 압도적인 공격을 가능케 했다. 일례로 F-117 스텔스기는 총 전투기의 5%(580대 중 30대) 정도만을 차지하였지만, 첫 24시간에 표적목록의 44%를 파괴할 정도였다. 또한 독자적으로 작전하는 스텔스기의 능력은 공격 항공기를 호위하는 데 필요한 자산에 대한 투자 소요를 감소시켰다. 실제로 비스텔스 전투기 및 폭격기는 전형적으로 방어 진압, 지원 교란(전파방해), 전투기 엄호cover 및 레이더 경고를 제공하는 다수의 부가적인 항공기로부터 더 많은 지원을 필요로 한다.[28]

스텔스 비평가들은 저피탐low observable항공기는 적대적인 영공을 통과할 때, 전자전 대응수단의 지원을 받았다는 사실을 지적하고 있는데, 이것은 어느 정도 사실이다. 그러나 세 가지 주요 전쟁에서 전자전기는 스텔스기가 아닌 공군, 해군 그리고 해병대의 비스텔스 공격항공기의 대부분을 지원하는 역할을 수행했다.

## 1) 사막의 폭풍작전Operation Desert Storm

F-117 스텔스 폭격기 — 실질적으로 지상표적만을 공격하는 1인승 폭격기 — 는 파나마Panama전투에 처음으로 실전배치되었지만, 그것이 세련된 대(對)방공체계anti-air defense system에 처음으로 직면했던 것은 사막의 폭풍작전 개시 첫날밤이었다. 그 이후 계속적으로 진행되는 야간작전에서 스텔스기는 임무를 성공적으로 수행했다. 이 때문에 GWAPS의 저자들은 걸프전에서 가장 임무를 잘 수행했던 다섯 가지 기술 가운데 하나로 "스텔스/저피탐"stealth/low obserbable기술을 선정하기도 하였다.[29]

전쟁기간 동안 F-117 스텔스기는 어떤 큰 전투피해도 겪지 않고, 1,299 소티를 기록했다. 그것의 정밀 및 전투효율성은 Desert Storm 작전에서 배

---

28 걸프전 당시 비스텔스 패키지 편대는 하나의 표적에 3개의 조준점을 목표로 한 41대의 항공기로 구성되었다. A-6 4대, 토네이도 폭격기 4대, SAM 제압을 위한 F-4 4대, 이라크 조기경보 및 수집레이더에 대한 전자방해용 EA-6B 5대, SAM을 제압하기 위해 레이더 추적 미사일을 탑재한 FA-18 7대, 공대공 방어용도의 FA-18 4대, 방공망을 위한 무인항공기 3대 등 총 41대의 항공기로 구성되었다. 이 가운데 8대의 항공기만이 3개의 조준점에 폭탄을 투하할 수 있었다. 같은 시기에 20대의 스텔스 항공기(F-117)는 더 강도 높은 위협에 존재하는 37개의 조준점을 공격하기 위해 출격하였다. 이것은 비스텔스 항공기의 절반에도 못 미치는 항공기 숫자로 표적범위를 1,200%나 증가시킨 것이었다.

29 Thomas A. Keaney and Eliot Cohen, Gulf War Air Power Survey[GWAPS] Summary Report (Montgomery: Air War College, 1993), pp. 223~234. 다른 네 가지는 레이저 유도폭탄(정밀), 공중급유(항속거리), 초고속대레이더미사일(정밀) 그리고 STU-III 안전전화(상황인식) 등이다.

비된 유일하고 위대한 기술적 진보로 간주되었다.[30] 실제로 GWAPS에 따르면, 전쟁전체에 걸쳐 출격된 모든 전투기 중 F-117s의 비율은 단지 2% 미만을 차지하였지만, 주요 전략표적목록의 43% 정도를 타격했다. 게다가 F-117s의 종심타격deep strike능력은 그것이 이라크의 통합항공방어체계를 파괴시키는 것을 가능케 했다. GWAPS는 전후 분석에서, 이라크 항공방어체계는 스텔스기의 첫 번째 공격으로 인해 결코 회복되지 못했다고 결론짓고 있다. 왜냐하면 F-117은 후속타격을 수행하는 비스텔스 항공기가 작전할 수 있는 길을 열어주었기 때문이었다. 항공전의 첫날 F-117s을 지원하는 EF-111 전자전기가 항공기를 보호하는 데 있어 스텔스보다 더 효과적이었는지 아니었는지는 아직까지 명확하게 밝혀진 것이 없다. 그러나 비간접적인 지원도 적의 레이더를 진압하고 혼란시키는 데 도움이 되었다고 충분히 가정할 수는 있을 것이다. 하지만 스텔스기의 공격은 독자적으로 이루어졌다고 보는 것이 정확할 것이다. 예를 들어 Desert Storm 작전에서는 F-117s에 의해, 그리고 코소보 및 아프가니스탄 작전에서는 B-2s에 의해 독자적으로 이루어졌다. 비스텔스 함대를 위해 요구되는 스텔스 및 전자전 지원의 양에 대한 요구는 전적으로 적의 항공방어체계의 세련됨과 통합기술능력에 달려 있다고 할 수 있다.

　Desert storm 작전기간 동안, 27대의 EA-6Bs는 바레인Bahrain에 기지를 둔 부가적인 12대의 해병대 EA-6Bs와 더불어 홍해Red Sea 및 페르시안만Persian Gulf지역에 있는 항공모함을 기반으로 작전을 수행했다. 공중전 전반을 통해, EA-6Bs는 미 해군 및 해병대의 전술항공기를 호위했고, 타격 및 급유작전 동안 이라크 레이더를 교란했다. 작전에서 전자교란기를 사용하지 않는 것은 가끔 임무 실패에 대한 이유로 간주되기도 하였다. 전쟁기간 전반에 걸쳐 프라울러Prowlers전자전기는 1,630소티를 기록했고, 150개

30 U.S. Department of the Air Force, *Gulf War Air Power Survey{GWAPS}, Vol. IV, Weapons, Tactics, and Trainning* (Washington, D.C.: Government Printing Office, 1993), p. 243.

의 대(對)레이더미사일anti-radiation missiles을 발사했다. 그리고 이라크 레이더를 무력화시키거나, 혹은 제대로 작동하지 못하도록 만들었다.

한편 미공군은 원거리 공격, 그리고 침투 및 근접교란 역할을 수행하기 위한 전자전 대응수단의 소요를 충족시키기 위해 24대의 EF-111 항공기에 의존했다. 레이번Ravens은 전투손실 없이 1,105소티를 기록했으며, 이라크 항공방어체계를 무력화시킴으로써 미공군 및 연합군 항공기의 피해를 낮추는 데 지대한 공헌을 하였다. GWAPS는 전후after-action 리포터를 인용하면서, EF-111 레이더 교란에 의해 이라크 항공방어능력이 심각하게 손상되었다[31]고 주장하고 있다. 그럼에도 불구하고, 미공군은 교란항공기보다 자기보존능력을 가지고 있는 항공기(스텔스기)에 전통적으로 더 많이 의존해 왔기 때문에, 전자전기가 많이 부족하였다. 이 때문에 공격항공기를 출격시킬 경우, 다른 군이 보유한 EA-6B로부터 빈번하게 도움을 받는 문제를 자주 발생시키기도 하였다.[32]

## 2) 앨리어드 포스 작전Operation Allied Force

EA-6B가 Allied Force 작전에서 대단히 필수적인 자산으로 입증된 한 가지 이유는 미공군이 예산적인 이유 때문에 1998년에 EF-111을 퇴역시켰기 때문이었다.[33] 그 결과 1999년 3월 하순경, NATO 항공기가 전 유고슬라비아에 대한 폭격을 감행하기 시작했을 때, 이용가능한 전술교란기는 해군 및 해병대의 비행단(19개 가량) 가운데서 차출된 대략 90여 대의 EA-6Bs로 구성되어졌다. 앨리어드 포스 작전기간 동안, EA-6B의 효용은 "미 국방성의 공식적인 전후 리포터에서 항공작전에 절대적으로 중요한

---

31 *GWAPS, Vol. IV*, p. 96.

32 Keaney and Cohen, op. cit., p. 197.

33 James A. Kitfield, "Another Look at the Air War that Was", *Air Force Magazine* (October 1999), p. 43.

것"으로 묘사되어졌다.[34] 분쟁기간 동안, 이용 가능한 EA-6B 항공기는 극단적으로 넓게 펼쳐져 작전을 수행했다.[35] 세르비아Serbs는 걸프전 개시 첫날, 이라크가 수행했던 대응 경험을 보면서 터득한 교훈을 바탕으로 이라크군보다는 훨씬 더 효과적으로 항공방어체계를 운용했다. 이 때문에 미군 및 연합군들에게는 전쟁개시 전에 기대했던 것보다 훨씬 더 큰 지속력을 가진 전술교란능력이 요구되었다. 그 결과 NATO 항공기는 부득이 매일 주기적으로 활동적인 SAM 교전지역을 통해 날아갔다. EA-6Bs는 대략 12,000회의 전투출격을 지원하기 위해 총 1,318 소티를 날았다. 이것은 미공군이 걸프전 이후 희망했던 것처럼, 전자교란지원으로부터 벗어나기보다는 오히려 현대전 – 비록 작은 것이라 할지라도 – 에서는 부가적인 전자전EW 자산에 대한 더 큰 수요가 있을 것임을 뚜렷이 보여주는 것이라 할 수 있다.

앨리어드 포스 작전기간 동안, 세르비아 항공방어망에 침투하는 것은 스텔스기의 비교우위를 강조했다. 전투에 처음으로 실전배치되었을 때, 단지 B-2만이 전쟁개시 첫날 세르비아의 통합된 항공방어망을 피할 수 있었으며, 악천후에도 불구하고 거의 정밀에 가깝게 철저히 방어되고 있는 표적을 타격할 수가 있었다.[36] 6대의 이용가능한 스텔스기만으로도 45소티를 기록했다. 이것은 총 타격소티의 1% 미만에 불과하지만, 놀랍게도 이 45소티는 전달된 모든 정밀폭탄(무기)의 11%를 차지할 정도였다.[37] 이러한 성능에 토대를 두고 B-2에 관한 미국방성의 작전시험평가OT & E: Operation Test & Evaluation 리포터는 "B-2s는 전투작전에 참가한 다른 어떤

34 U.S. Department of Defense, Kosovo/Operation Allied Force After Action Report (2000), p. 66; http://www.defenselink.mil/pubs/kaar02072000.pdf.

35 Robert Haffa and Barry Watts, "Brittle Swords: Low-Density, High-Demand Assets", *Strategic Review* (Fall 2000), pp. 42~48.

36 Robert Grant, *The B-2 Goes to War* (Washington, D.C.: IRIS Press, 2000), pp. 75~78.

37 Benjamin Lambeth, *NATO's Air War for Kosovo: A Strategic and Operational Assessment* (Santa Monica: Rand Corporation, 2001), p. 91.

항공기들보다 표적에 더 높은 비율로 피해를 입혔다"고 진술하고 있다.[38] GPS 유도 JDAMs을 장착한 B-2s는 NATO의 항공기획가들에게 움직이는 항공방어레이더와 같은 피해 다니는 표적들을 획득하는 데 있어 전례가 없는 전천후 능력을 제공했고, 특히 야간에 철저하게 방어되고 있는 지역에 대한 공격을 가능케 했다. B-2s와 F-117s만이 대단히 높은 수준의 방어체계를 갖추고 있는 베오그라드Belgrade에 있는 표적을 파괴하기 위해 보내어졌다.

## 3) 인듀어링 프리덤 작전Operation Enduring Freedom

아프가니스탄전은 코소보전처럼, 주로 항공력 위주로 싸웠던 전쟁이다. 그러나 아프가니스탄전은 항공방어 및 전술의 관점에서 볼 때, 세르비아나 심지어 이라크보다 능력이 훨씬 떨어지는 적과 싸웠던 전쟁이었다. 따라서 스텔스 및 전자전 교란을 위한 필요는 이전의 분쟁들보다는 상당히 낮았다고 할 수 있다. 그러나 그렇다고 해서 아프가니스탄전이 그 추세를 바꾸었다고 결론내리는 것은 잘못된 것이다. 비록 아프가니스탄전에서는 단거리 지상기반 전투기의 항속거리를 많이 벗어난 곳에 표적들이 있었지만, B-2s는 항공방어자산 및 SAM사이트를 파괴하기 위한 첫 번째 타격작전에 참가했다. 고도의 생존성을 갖춘 B-2s는 비스텔스 항공작전을 지원하기 전에 북부에 위치한 종심표적을 먼저 타격하였다. 탈레반은 고고도 폭격기를 위협하기 위한 신뢰성, 항속거리 그리고 유도체계를 가진 무기체계가 사실상 결핍되어 있었다. 그리고 공중방어망에 대한 첫 공격 후에 B-1s 및 B-52s 항공기군이 무사히 침투하여 표적을 타격할 수 있었다. 그러나 낮은 고도에서의 위협은 완전히 사라지지 않았

---

38 U.S. Department of Defense, Department of Operational Testing & Evaluation (DOT & E), FY 1999 Report to Congress, www.dote.osd.mil/reports/FY99/99TOC1.html.

고, 항공모함기반 전투기와 같은 비스텔스항공기 및 B-1Bs는 여전히 EA-6B 교란지원이 요구되었다. 그리고 EA-6B의 항속거리는 카불Kabul과 아라비아해(Arabian Sea)에 있는 항공모함 사이의 대략 700마일이나 되는 먼 거리 때문에 제한되어졌다. 교란지원이 없었기 때문에 B-1s는 종심표적을 공격하도록 보내질 수가 없었다.

스텔스 및 전자교란을 위한 요구는 공중전 첫 2~3일이 지난 이후부터는 점차적으로 감소되었다. B-2s는 주로 장거리 타격임무로 바뀌었다. 그리고 미군의 공중우세가 보장되자 EA-6B는 적의 지상커뮤니케이션을 교란하고, 적 지상군을 공격하는 캠페인을 지원하는 것으로 바뀌었다.[39]

걸프전 동안 총 전투 소티의 4%만이 전자전 출격(EA-6Bs 및 EF-111s)이었다.[40] 코소보에서 미군은 12,000 전투 소티를 기록했다.[41] 그 가운데 1,318이 전자전 출격이었으며, 걸프전 비율의 거의 3배 정도이다.[42]

현재 뚜렷하게 노화되고 있는 EA-6B군은 너무 작아서 미군의 미래 전자교란 소요를 충족시키기가 어렵다.[43] 특히 첨단화된 위협이나 동시적

---

39 Hampton Stephens, "Prowler Praised for Tactical Jamming Role in Afghanistan", *Inside the Air Force* (1 November 2002).

40 전투소티는 공중폭격, 근접공중지원, 공격적인 반공(counter-air), 수색 및 전자전을 포함한다. 걸프전쟁 전체는 67,357이었으며, 그 가운데 2,918이 EW 관련 소티였다. 보다 구체적인 내용에 대해서는, GWAPS, Vol. V., pp. 232~233을 참조.

41 U.S. Air Force, Air War Over Serbia Fact Sheet, p. 6. 이 수치는 총전투기 및 폭격기 소티 둘 다를 포함한다.

42 *Ibid.*, p. 8.

43 현재 미 해군의 EA-6B 프라울러 전자전기의 기체에 나타나고 있는 마모와 균열 등은 미 해군으로 하여금 이 지원교란기 19대를 현역기에서 제외시키도록 강요하고 있다. 미 해군은 EA-6B를 EA-18 전자전기로 대체하기 전까지 EA-6B를 유지하기 위해서 수명연장, 디지털 비행조종시스템 개량, 전자전 장비개량사업 등을 수행하고 있다. 그러나 개량속도보다 사용 속도가 빨라지고 있고 또 최근에 예산이 삭감되는 등의 문제점을 안고 있다. 이에 대한 자세한 내용에 대해서는, "곤경에 빠진 미 해군의 전자전기 확보계획", 「월간항공」(2004년 4월), pp. 47~49를 참조.

인 분쟁이 고려될 때 더욱더 그렇다. 59대의 F-117s 및 21대의 B-21s만을 생산하는 데 있어 미국은 항공 스텔스기에 만들어진 막대한 투자로부터 충분한 혜택을 거둘 수가 없는 것이다. 세 가지 전쟁을 통해 이러한 플랫폼 및 체계의 운용은 그들의 미래 중요성을 주장하고 그리고 이러한 능력들이 필요할 때, 이용가능하다는 것을 보장하는 데 필요한 재원을 제공해야 한다는 사실을 뚜렷이 보여주고 있다.

## 4. 무인항공기의 사용 증가

마지막 추세는 ISR과 타격임무를 수행하기 위한 무인항공기 사용의 증가현상이다. 역사적으로 무인체계에 대한 관심은 1960년 5월 소련방공 방어시스템이 미국의 U-2 정찰기를 격추시키는 데 성공한 이후, 소련에 대한 전략정찰비행을 위한 요구에 의해서 촉발되었다. 미 정보당국은 정보 분석 및 평가활동을 지원하는 데 필요한 영상자료를 획득하기 위해 D-12 Oxcard 무인기와 같은 체계를 개발하는 데 큰 관심을 기울였다.

1950년 이래 미국은 주로 ISR 임무를 위해서 무인항공기를 개발하고 야전에 배치시키는 데 $25billion$_{FY98}$ 이상의 자금을 투자했다. 이러한 규모의 연구개발 투자 노력 때문에 미국은 전장에서 그들의 작전적 효용을 충분히 입증했던 무인체계를 만들어 낼 수 있었던 것이다. 물론 이것은 위성유도 및 커뮤니케이션, 컴퓨터화된 비행통제체계, 센서기술에 있어서의 진보에 의해 가능하게 되었음은 재론의 여지가 없다. 세 가지 분쟁에서 무인체계는 크게 항속거리, 지속성(체공성), 내장된 센서 그리고 자료전송에서의 능력향상으로 인해 새로운 역할을 많이 떠맡게 되었다. 걸프전 기간 동안 주로 디코이(decoys: 기만)로 사용된 UAVs는 2001년 아프가니스탄전부터는 조직적인 타격능력을 가진 세련된 항공 ISR 플랫폼으로 발전되었다.

## 1) 걸프전에서 코소보전까지

사막의 폭풍작전 기간 동안 무인체계는 주로 이라크 항공방어체계를 속이기 위한 디코이decoys로 사용되었다. 공중캠페인이 시작되었을 때, 미 공군과 해군은 이라크 방공망을 혼란시키고 붕괴시키기 위해 표적 무인 기를 사용했다. 초기 F-117 및 크루즈미사일 타격 후 곧바로 해군 A-6s는 25대의 전술항공발사디코이Tactical Air Launched Decoys를 발사했고, 미공군 지 상요원들은 44대의 BQM-34C 표적무인기를 발사했다. 디코이와 무인기 Drones가 다가오는 타격 패키지strike package라는 것을 생각한 이라크 항공 방어체계는 레이더를 작동시키면서 대응했다. 하지만 이라크 항공방어 체계는 레이더 유도미사일에 의해 공격을 당했다. 미 해군과 해병대는 제한된 정찰임무를 위해 파이어니어Pioneer 무인기를 사용했다. 그것은 총 313번 가량의 출격 임무를 수행했다.[44] 단거리에 걸쳐 원격으로 조종되 는 파이어니어 무인기는 데이터 링크를 통해 텔레비전 영상을 통제스테 이션에 제공했다. 이러한 출격은 미 해군 전투함에 근 실시간 BDA(폭격 효과측정: 표적의 파괴여부를 평가) 및 탐지를 제공했다.

앨리어드 포스 작전에서 미군은 1995년 7월부터 10월까지 보스니아에 서의 평화유지작전을 지원하기 위해 새롭게 야전에 배치된 프레데터 PredatorA(CIA가 개발한 Gnat 750으로부터 유래)를 사용했다. 프레데터는 파이어니어에 비해 약간 증가된 속도(110knots 대 95knots), 450% 더 큰 탄두(450lbs 대 100lbs), 그리고 8배나 더 강력한 지속성(40시간 대 5시간) 을 가지고 있다. 컬러 비디오 카메라 그리고 전자광학/적외선 카메라로 무장된 세 대의 프레데터는 총 850시간(6.6시간의 평균 지속성)에 걸친 128번의 임무를 수행했는데, 이것은 사막의 폭풍작전에서 파이어니어를

---

44 Federation of American Scientists, "Pioneer Short Range(SR) UAV", http://www.fas.org/ irp/program/collect/pioneer.htm.

평균한 것의 2배 이상이다. 한 대의 프레데터는 적 사격으로 인해, 또 다른 하나는 엔진고장으로 인해 잃어버렸다.[45] 1995년 11월, 여전히 제한된 공급상태에 있었던 프레데터는 SAR 장비가 장착되어 있었고, 악천후에서도 상세한 레이더 이미지를 제공하기 위해 보스니아에 재배비되어졌다. 1998년 5월 무렵 프레데터는 보스니아에서 600회의 소티와 3,800시간의 비행 임무를 수행했다.

미국은 7대의 프레데터, 대략 20대의 헌트(hunters: 육군의 단거리 UAV) 및 해군의 Pioneer 함대를 배비했다.[46] 동맹국들은 또한 전투작전을 지원하기 위해 다양한 UAVs를 제공했다. 독일의 CL-289, 영국의 Phoenix, 프랑스의 Crecerelle 등을 들 수 있다. 총체적으로 미국과 동맹국 UAVs는 걸프전 때보다 훨씬 더 많고, 더 능력이 있고, 더 지속성이 있는 센서를 장착하여 469회에 이르는 임무비행을 수행하였는데, 이것은 하루 평균 6번 정도이다.[47] 다른 UAVs가 광범위한 지역을 감시할 능력이 없고, 지형의 작은 일부분만을 실시간으로 조망하는 것을 제공하는 것으로만 제한된 반면, 헌트와 프레데터는 근 실시간 영상을 지휘 및 통제시설들에 전송하는 능력을 가지고 있었다. 이러한 능력은 단지 통제스테이션의 비디오를 보내는 Pioneer 및 Crecerelle, 그리고 제한된 거리에 걸쳐 적외선 영상만을 전송할 수 있었던 CL-289 및 Phoenix의 그것과는 현격한 대조를 보여주는 것이다. 게다가 전투 지휘관들은 시간에 민감한 정보를 획득하기 위해 기꺼이 저수준 항공방어망에 대해 UAVs를 노출할 수 있었다. Phoenix와 Hunter의 근 실시간 능력은 이런 점에서 대단히 유용한 것으로 입증되었다. 이에 대해 영국의 한 장교는, "우리는 전통적으로 일을 미시적으로

---

45 Kenneth Munson ed., *Jane's Unmanned Aerial Vehicles and Targets* (London: Jane's Information Group, 2002), p. 239.

46 David R. Gust, "Hunter UAVs in Kosovo", Briefing for the Association of Unmanned Vehicle Systems International, 14 July 1999. http://www.fas.org/irp/program/collect/docs/auvsi/sld.htm.

47 *Air War Over Serbia Fact Sheet*, p. 6.

관리하는 것을 예방하기 위해 실시간 비디오를 고위 지휘관에게 제공하는 것을 피해왔다. 그러나 코소보에서의 교훈은 실시간으로 정보를 제공하지 않을 경우, 방관자(위험회피)가 될 것이라는 점이다"[48]라고 주장하기도 하였다.

그러나 UAVs는 유인항공기보다 285배나 더 높은 소티당 손실률에 의해 드러난 것처럼 신뢰성의 문제가 있었다. 27대의 UAVs는 전투기와 폭격기의 0.02% 손실률과 비교할 때, 78일간의 공중캠페인 기간 동안 출격당 5.7%의 손실률을 기록했다.[49] 그러나 UAVs 손실에 대한 대중의 절규는 없었다. 미공군참모총장 리안Michael Ryan 장군은 다음과 같이 언급했다. "UAVs가 전투에 나가 조국을 위해 죽어도 우리는 슬퍼하지 않는다."[50]

## 2) 코소보전에서 아프가니스탄전까지

2000년 봄, 미국은 탈레반이 통제하는 아프가니스탄 내 오사마 빈 라덴Osama bin Laden의 활동에 관한 정보를 수집하기 위해 전 지역에 걸쳐 프레데터 감시 임무를 수행하는 계획을 마련하였다. 기지에 대한 권리는 우즈베키스탄Uzbekistan과 협상했고, 감시 임무는 2000년 9월부터 시작되었다. 프레데터는 테러리스트 훈련캠프의 활동에 관한 실시간 영상을 제공했다. 프레데터는 빈 라덴과 그의 안보 측근들의 움직임을 추적했지만, 그들의 움직임을 예측하는 것이 너무 어려워 프레데터는 크루즈미사일 공격을 가능케 하는 정확한 위치를 제공할 수 없었다.

이 당시 CIA는 빈 라덴의 소재가 파악될 경우, 그를 공격하는 기회를 증대시키기 위해, 프레데터로 무장 감시임무를 수행하는 것이 가능한지

---

48 Tim Ripley, "UAVs Over Kosovo-Did the Earth Move?" *Defense Systems Daily* (1 December 1999). http://defense-data/com/features/fpages34.htm.

49 *Ibid*.

50 Notes from the AFA Air Warfare Symposium", *Inside the Air Force* (February 12, 1999).

그렇지 않은지를 고려하기 시작했다. 미공군이 프레데터를 레이저 데지그네이터 및 헬파이어미사일로 무장시켜 그것을 헌트-킬러hunter-killer 임무를 수행하도록 만든 것을 배운 CIA는 빈 라덴 사냥을 위해 무장된 프레데터를 배비하기 시작했다. 이런 새로운 능력으로 프레데터 통제자들은 미국 사막에 만들어진 mud complex에서 모의 헌트-킬러hunter-killer 연습을 하기도 했다. 미국의 한 관리는 나중에 "이런 발전 때문에 우리는 프레데터를 아프가니스탄에 발진할 수 있었다"[51]라고 밝히기도 하였다.

2001년 9월 11일(9·11) 테러 이후, 무장된 프레데터는 인듀어링 프리덤 작전의 일부분으로 배비되어졌다.[52] 10월 7일, 무장된 프레데터는 탈레반 지도자인 오마르Mullah Omar가 있는 빌딩 위치를 포착했다. 그러나 군 지휘관들은 무인기Drone에 장착된 두 대의 헬파이어 미사일로 빌딩을 공격하는 허가를 받지 못했다. 11월 중순쯤, 프레데터는 조직의 작전 수뇌부 및 아태프Muhammed Atef를 포함한 고위 알 카에다 고위 관리들의 위치를 정확히 파악하여, 실시간 영상을 군 지휘부에 전송했다. 미 해군 F/A-18s은 빌딩을 타격하기 위해 재빨리 보내졌고, 그리고 프레데터는 헬파이어 미사일을 그 빌딩 점유자들에 대한 공격을 위해 사용했다.[53] 또 다른 경우에, Joint STARS 항공기에 의해 지시되는 프레데터는 알 카에다 고위 지휘부의 회의 소집장소인 어느 호텔 앞에서 멈춘 작은 호위대를 모니터하였고, 미공군의 F-15Es는 재빨리 위치로 이동하여 호텔을 공격했다. 그때 프레데터는 도망치는 탈레반 차량을 추적하여 헬파이어 미사일로 그것을 공격했다.[54] 프레데터는 아프가니스탄 작전기간 동안 40대

51 "U.S. Practiced Attacks with Drone in Early 2001", *The Associated Press*, 21 June 2002. http://www.usatoday.com/news/attack/2002/06/21/predator-practice.htm.

52 Neil King, Jr. and David S. Cloud, "In the Crosshairs: CIA Drones Spotted Bin Laden in Camps But Couldn't Shoot", *The Wall Street Journal*, 23 November 2001, p. A1.

53 Kenneth Chang, "A Crafty, Deadly Predator", *The New York Times*, 23 November 2001, p. B3.

54 Stephen Grey, "How the US Killed Al Qaeda Leaders By Remote Control", *Sunday Times*

의 헬파이어 미사일을 발사했다.[55]

프레데터는 지휘 및 통제시설에 보내진 영상을 보내는 것뿐만 아니라, 공격항공기의 승무원에게도 직접영상을 주사할 수 있다. 하나의 전장 혁신은 AC-130 무장 헬리콥터gunships에 감시 중인 표적을 공격하기 위한 모니터를 장착시키는 것이었다. 그 결과는 킬 체인(Kill-chain: 표적창출에서 표적파괴에 이르기까지 걸리는 시간))압축을 증가시킬 수 있는 잠재력을 실증적으로 뚜렷하게 보여주었다. 2002년 1월 중순, 프레데터는 동아프가니스탄에 있는 자와르 키리Zawar Kili 동굴 밀집지역 가까이에 의심스러운 알 카에다 전투기들이 모여 있는 것을 목격했다. AC-130 무장 헬리콥터가 그 지역 가까이에 접근했을 때, UAV의 TV 영상이 제공되어졌고, AC-130 무장 헬리콥터는 지상사격을 피해가면서 표적을 정확히 타격했다.[56] 또 다른 경우에, 프레데터는 휴대용 대(對)항공기 미사일로 무장한 알 카에다 전투원들의 생생한 컬러 비디오를 AC-130 무장 헬리콥터에 제공함으로써 위협을 경고해 주기도 하였다.

글로벌 호크(Global Hawk) UAV는 아프가니스탄 작전을 지원하기 위해 배비되어졌다.[57] 글로벌 호크의 광범위한 감시능력은 UAV 발전의 미래추세를 뚜렷히 보여준다. 프레데터와 비교해서 글로벌 호크는 속도에 있어 300%나 증가된 속도(342knots 대 110knots), 훨씬 더 큰 탄두(2,000lbs 대 450파운드), 고해상 전자광학 및 적외선 센서와 더불어 강력한 SAR를 포함하는 더 세련된 센서 슈트suites 때문에 활동과 비배옵션의 확대된 반경의 특질을 가지고 있다. 또한 글로벌 호크는 프레데터와 비

---

(London), 18 November 2001, p. A4.

55 Munson, op. cit., p. 240.

56 Richard J. Newman, "From Up In The Sky", *U.S. News and World Report* (25 February 2002), p. 18.

57 Mark Strass, "Global Hawk Begins Operations in Afghanistan", *Defense Daily* (27 November 2001).

숫한 시간 동안(36시간 대 40시간) 더 높은 고도(65,000 대 26,000피트)를 선회비행할 수 있는 능력을 가지고 있다. 마지막으로 글로벌 호크는 지상 스테이션으로부터 원격 조정을 요구하지 않는다. 컴퓨터화된 비행통제체계는 자동적으로 이륙하고, 비행하고, 착륙하는 것을 가능케 한다. 비행 중에 경로를 바꿀 경우에는 지상통제관들이 위성 데이터 링크data link를 사용한다.

CENTCOM 사령관인 프랭크스Franks 장군은 글로벌 호크의 성능, 특히 유동적인 전장에서 지속적인 감시를 수행하기 위한 능력을 주목해야 한다고 주장하고 있다. 그것은 지속시간에 있어 30시간에 접근하는 출격을 수행했고, 아프가니스탄에서 단 한 번의 임무 동안 600개의 표적을 영사했다.[58] 광범위한 지역의 상황인식을 제공하는 고고도 글로벌 호크와 전술감시를 제공하는 저고도 프레데터는 극도로 효과적인 ISR 능력을 제공하기 위해 결합되어졌다. 전쟁기간 동안 적의 대응으로 인해, 그리고 자체 시스템 실패로 인해 총체적으로 네 대의 프레데터와 두 대의 글로벌 호크 손실을 가져왔다. 그러나 이러한 체계의 군사적 가치는 UAV 손실률을 보상하는 것 이상이다.


## :: 결 론

지금까지 냉전 이후 벌어진 걸프전(1991), 코소보전(1999), 아프가니스탄전(2001)에서 미군을 비롯한 연합군들이 수행한 고강도 전투작전을 분석하였다. 분석을 통해 밝혀진 네 가지 뚜렷한 무기체계의 기술발전 추세를 간략히 요약 정리해 보면 다음과 같다.

---

58 Statement of General Tommy R. Franks, Combatant Commander, U.S. Central Command, to Armed Services Committee, U.S. House of Representatives, 27 February 2002.

첫째, 정밀유도무기의 위력이 지속적으로 증대하고 있다. 걸프전부터 이라크전에 이르기까지 뚜렷하게 드러난 추세 가운데 하나는 PGMs의 사용이 꾸준히 증가하는 비율을 보이고 있다는 것이다. 걸프전 8%, 코소보전 30%, 아프가니스탄전 60%(이라크전 80% 정도)이다. 또 다른 추세는 출격마다 전달되는 PGMs 및 악천후에서도 전달되어질 수 있는 PGMs 숫자의 증가비율이다. 걸프전 13%, 아프가니스탄전 이후부터는 거의 90% 이상을 차지하고 있다. 그리고 마지막 추세는 항공기 내에 PGMs을 더 많이 탑재하는 것을 가능케 하는 탑재능력과 탄두소형화 능력의 발전, 그리고 더 많은 숫자의 PGMs을 단시간에 신속하게 전달하는 능력이다.

둘째, 센서의 양과 질의 향상, 그리고 그것의 시스템 및 네크워크 속으로의 통합이 빨라지고 있다. 개별 플랫폼 중심의 재래식 전쟁에서 벗어나 네트워크 중심전으로 변화된 것은 정보우세 및 전장상황인식의 발전에 의해 가능케 된 것이다. 네트워크 중심전을 떠받치는 것은 지휘 및 통제센터에 융합되고 통합되어지는 높은 질의 센서 및 신속하게 전달되는 데이터의 흐름으로 구성된 네트워크 중심구조를 창출하기 위한 기술들이다. 세 가지 전쟁에서 우리는 지휘 및 통제, 정보, 감시, 정찰자산이 통합되는 형태를 뚜렷하게 목격했다. 다양한 원천으로부터의 데이터 흐름이 적절하게 통합되어질 것을 가정한다면, 미래의 지휘관들은 지휘 및 통제 행위를 수행하는 데 있어 앞으로 더 큰 상황인식력을 가질 수 있을 것이다.

셋째, 스텔스 및 전자전 수단의 중요성이 증가하고 있다. 세 가지 전쟁에서 저공정찰항공기는 놀랄 만한 성공을 거두었는데, 특히 전투기에 적용된 저공관찰기술들은 첨단 항공방어체계에 대해서도 무사히 작전을 수행하는 것을 가능케 했다. 전자전 자산들은 비스텔스기가 허용되지 않는 위험한 작전환경 하에서도 생존하여 성공적으로 작전을 수행했다. 이 때문에 앞으로 항공력 중심 캠페인에서 스텔스 및 전자전 수단의 활용은 아마 필수적인 요소가 될 것이다.

넷째, 무인기의 사용이 증대하고 있다. 1950년대 이후부터 미국은 주로 정보, 감시, 정찰임무를 위한 무인기를 개발하여 야전에 배치하는데 대략 25조 달러 이상을 투자했다. 이것은 전장을 넘나들면서 작전적 효용을 충분히 입증해 보였던 무인시스템을 발전시켰다. 네 가지 전쟁에서 무인체계는 크게 탐지범위, 지속성, 탑재(내장)센서 그리고 데이터 전송 때문에 새로운 역할을 많이 수행했다. 특히 주목해야 할 것은 1991년 걸프전 초기에 교란물로 사용되어진 무인기가 2003년에는 대단히 세련된 헌트-킬러hunter-killer 플랫폼으로 발전했다는 사실이다.

이러한 무기체계의 기술발전 추세는 앞으로 우리가 어떤 무기체계의 기술들을 연구개발하여 획득해야 할 것인지에 관한 중요한 함의를 제공하고 있다. 간단히 말하자면, 앞으로 우리 군의 미래전력 건설방향은 기존 재래식 무기체계(개별 플랫폼 중심)획득에서 벗어나 점차적으로 복합체계(C4ISR+EW+PGMs) 중심의 핵심전력체계를 획득하는 방향으로 나아가야 될 것이며, 국내 방산업체들은 이러한 우리 군의 미래전력 건설방향에 발맞추어 기존 재래식 무기체계의 연구개발에서 벗어나, C4ISR, PGMs, EW 관련 소요 핵심기술들을 국내에서 연구개발하는 데 집중적으로 투자를 할 수 있도록 많은 노력을 기울여야 한다는 것이다.

# 제 2 부

# 국방개혁

# 제1장
# 전략수립: 어떻게 해야 하나?

21세기 글로벌 안보환경의 불확실성과 복잡성은 우리의 국가안보에 어려운 도전들을 부가한다. 이것은 과거 냉전시대의 안보환경에 대처하기 위해 수립되어진 다소 오래된 우리의 기존 전략들을 재평가하고, 그것을 토대로 21세기의 안보환경에 탄력적으로 대응할 수 있는 새로운 전략들을 찾도록 요구하는 것이다. 또한 이것은 오늘날 우리의 군사제도들 - 유사한 종류의 다른 전사들을 격퇴시킬 수 있는 전사집단들 - 을 지배하는 것보다 훨씬 더 큰 아이디어들ideas을 가질 것을 우리 군에게 요구하고 있다.

본 장의 목적은 21세기의 글로벌 안보환경 속에서 우리의 국가이익을 수호하고 증진하는 데 필요한 전략과 그것을 뒷받침하는 데 필요한 군의 능력들을 어떻게 발전시킬 수 있을 것인가라는 질문에 대한 답을 모색하는 데 있다.

사실 전략을 탐구하는 행위 그 자체는 그동안 우리에게 익숙했던 이정표들이 사라진, 한마디로 전략적 모호함으로 불리우는 21세기의 글로벌 안보환경에서 우리가 주권국가로서 생존하고 번영하는 데 있어 사활적으로 중요한 것이기 때문에 최고의 노력과 주의를 기울일 가치가 있는 것이다. 만약 우리 군이 탁월한 전략수립 능력을 가지게 된다면, 위기시에 국가를 더 직접적으로, 효과적으로 그리고 효율적으로 구할 수 있게 될 것이다.

본 장에서 필자가 제시하는 전략수립의 핵심적 요지는 다음과 같다.

첫째, 글로벌 체제란 것이 너무나 유동적이고 복잡하기 때문에 군사적 이슈issue에 관해 지적으로 사고하는 것조차도 정치, 사회, 기술 그리고 경제적 발전의 통합된 관점을 취할 것을 요구한다. 따라서 국가안보전략의 과제들을 예측하는 능력을 발전시키는 것은 대단히 중요하다. 이를 위해서는 탁월한 정보수집, 그리고 분석 및 평가능력이 요구될 뿐만 아니라 안보환경의 변화에 민첩하게 대응할 수 있는 전략적 기민성 또한 갖추어야 한다.

둘째, 국가이익을 극대화하는 데 있어 국력의 수단들 - 경제력, 군사력, 외교력 등 - 가운데 어떤 수단이 직면한 문제를 해결하는 데 적절한지, 즉 위협과 수단(도구)을 연계시키는 능력을 발전시키는 것이 대단히 중요하다.

셋째, 군사전략은 전통적인 위협과 비전통적인 위협에 효과적으로 대처할 수 있도록 수립되어져야 한다. 미래에는 비전통적인 위협에 대처하는 능력이 더 많이 요구될 것이다. 따라서 이에 부합할 수 있는 군사력을 운용, 건설, 그리고 배비하는 능력, 그리고 이들 개별 능력들을 조정, 통합하는 능력이 필요하다. 이 과정에서 군의 군사전략 방향을 설정하고, 달성해야 할 작전목표 그리고 반드시 달성해야 할 군사적(작전적) 임무에 관련된 비전vision을 잘 묘사하는 능력을 발전시켜야 한다. 이를 위해서는 우선순위의 관심을 받아야만 하는 작전적 결함을 찾아내는 능력을 발전시키는 것이 대단히 중요하다. 예컨대, 전투훈련을 얼마나 실시했느냐는 피상적인 요소뿐만 아니라 공중 및 해상수송 능력, 그리고 필요한 장비의 가용성과 같은 요소들을 검토하는 좀 더 근본적인 토론을 할 수 있는 능력이 필요한 것이다.

본 글은 전략수립의 상세한 청사진이라기보다는 단지 토론을 위한 촉매제로 제시되는 것이다. 따라서 몇 가지 이슈들, 전략들 그리고 제언사항들은 더 세밀한 탐색을 위해 남겨질 것이다. 그럼에도 불구하고 한 개인의 연구로서는 분명히 그 나름의 가치가 있을 것이다.


## :: 국가안보목표의 수립

(국가)안보목표를 정하는 것은 전략수립과정에 있어 가장 중요한 제1 단계 작업이다. 한국전쟁 이후, 지금까지 우리의 안보목표는 '북한으로부터의 전쟁억제'와 '한반도의 평화적 통일'이다. 현재처럼 남북한이 분단된 채로 휴전선을 사이에 두고 첨예하게 군사적으로 대치하고 있는 상황하에서 이러한 목표는 당분간 변하지 않을 것이다.

하지만 안보목표는 원래 그 본질상 국가이익과 국가이익에 대한 위협 그리고 국가이익을 극대화하기 위한 기회라는 맥락 하에서 대내외적 안보환경 변화에 따라 탄력적으로 수립되어지는 것이다. 따라서 우리를 둘러싼 글로벌 안보환경, 특히 군사적 위협이 변화될 경우에는 국가안보목표도 그러한 변화에 따라 탄력적으로 수립되어지게 되는 것이다.

한반도, 동북아 그리고 더 나아가 글로벌체제의 지속적인 평화를 증진시키기 위해 우리가 반드시 달성해야 할 몇 가지 중요한 안보목표들이 있다. 우리나라는 글로벌 안보환경의 안정에 위협을 줄 수 있는 강력한 헤게모니hegemony를 쥐고 있는 국가들이 부가하는 안보적 도전들에 대처할 수 있어야 하고, 또한 동북아 지역의 평화와 안정에 심각한 위협을 가할 수 있는 지역강국들(예: 중국. 일본) 그리고 깡패국가들(예: 북한)의 도전들에도 적극적으로 대처할 수 있어야 한다. 특히 북한과 같은 깡패국가의 비대칭적 공격위협에 적극적으로 대처할 수 있어야 할 것이다. 그것은 모든 유형의 테러리즘, 미사일 및 그 전달수단, 그리고 대량파괴무기WMD: Weapons of Mass Destruction의 확산 등을 포함한다. 실제로 우리를 둘러싼 잠재적인 적들로부터의 대칭 및 비대칭적인 공격위협을 예방하고 방어하기 위해 적극적이고 단호한 정책적 조치를 취하는 것은 너무나 당연한 주권국가의 가장 기본적인 의무이며 역할인 것이다.

이와 같은 철저한 안보적 관심에 더하여, 우리는 전 세계에 걸쳐서 벌어지고 있는 초국가적 분쟁들 그리고 인도주의적 재난들을 둘러싼 문제들에 대해서도 적극적인 관심을 표명해야 한다. 도덕적인 견지에서 볼 때, 인종 및 민족분쟁, 인간성을 말살하는 범죄행위 그리고 심각한 인권침해 등으로부터 야기되는 극단의 폭력행위들은 사실 평화를 사랑하는 우리 민족의 전통적인 가치관과 이상들에 정면으로 충돌되는 이슈들 issues이라 할 수 있다. 또한 실용적인 견지에서 볼 때, 이러한 폭력들은 지속적으로 확산될 수 있고 이로 인해 전 세계의 국가들에게 매우 혼란스러운 결과를 줄 수도 있는 것이다. 예컨대, 9·11 테러사건이 이러한 주장을 경험적으로 뒷받침하고 있다.

그러나 우리는 군사적 수단의 사용이란 것이 항상 이러한 문제들을 해결하는 데 있어 유일한 해결책만은 아니라는 사실은 반드시 명심하고 있어야 할 것이다. 초국가적인 분쟁들을 예방하고, 그것을 해결하기 위한 실질적이고 의미심장한 언질은 다양한 비군사적 도구들을 포함한다. 그것은 바로 글로벌 경제체제 내부에서 생존하고 발전하는 데 필요한 능력들을 구축하려고 필사적으로 노력하는 제3세계 국가들을 돕기 위한 구조적이고 기술적인 지원을 제공하는 것이다. 예컨대 제3세계 국가들이 자유무역협정wto에 통합될 수 있도록 적극적으로 지원하고, 정부, 민간부문 그리고 비정부단체 사이의 상호작용을 증진시키고, 시민제도 및 시민사회의 발전을 도모하고자 하는 국가들을 지원하고, 평화유지활동을 후원하고 질서를 유지하기 위한 민간경찰의 노력을 지원하는 것 등을 들 수 있을 것이다.

## 1. 국가안보전략의 수립 : 어떻게 국가이익을 극대화할 것인가?

안보전략은 위에서 언급된 안보목표를 달성하는 데 필요한 수단들을 선택하고 운용하는 것을 조정, 통제하는 기술이다. 안보목표를 달성하는 데 필요한 수단들 - 외교력, 경제력, 군사력 등 - 가운데 어떤 수단이 목표를 달성하는 데 가장 적절하고 필요한 것인지, 또한 이 수단은 어떻게 운용되어야 하는지를 안보전략 수립 단계에서 결정하게 된다.

안보전략은 그 본질상 가장 광범위하고 포괄적인 국가이익을 수호하기 위해 설계되어지는 것이다. 국가이익은 안보전략 및 외교정책을 수립, 집행하는 데 있어 국가의지를 결정할 때 기준이 된다. 국가이익을 명쾌하게 규정하게 되면 장기적인 틀 내에서 모든 의사결정이 이루어지는 것을 가능케 한다. 하지만 실제의 경험적인 현실세계에 서열화된 국가이익들 - 사활적, 대단히 중요한, 중요한, 부수적인 이익들 - 을 어떻게 탄력적으로 적용할 것인가라는 질문에 관해 명확한 답을 도출하는 것은 대단히 어려운 것이다. 왜냐하면 국가이익들의 서열화에 관해서 국민적 합의를 도출시키는 것이 그리 쉬운 일이 아니기 때문이다.

그럼에도 불구하고 국가이익들을 명쾌하게 서열화하는 것은 단기 및 장기간에 걸쳐서 우리를 둘러싼 안보환경을 체계적으로 분석, 평가하는 데 많은 도움이 된다. 즉, 안보전략 수립시 무엇을 먼저 해야 하고, 나중에 해야 할지를 결정하는 데 큰 도움이 되는 것이다. 최근 미국, 중국, 일본, 러시아 등이 약속이나 한 것처럼 '신국익우선주의'를 앞세워 자기네들에게 유리한 방향으로 동북아질서, 더 나아가 국제질서를 재편하기 위해서 서로 경쟁하고 있는데, 이것은 이들 국가들 나름대로 수립한 안보전략에 따라서 행위하는 것이라 볼 수 있다. 하지만 이들의 행위는 곧바로 우리에게는 도전적인 요소가 된다. 따라서 우리의 국가이익을 수호하기 위한 안보전략 수립은 바로 이러한 도전적인 요소에 탄력적으로 대처할 수 있는 것이어야만 하는 것이다.

우리가 반드시 알고 있어야 하는 것은 국제관계, 즉 국가들 간의 관계란 것은 항상 안정된 요소(예: 무역관계, 글로벌화)와 불안정한 요소(예: 권위주의, 독재주의, 민족주의)가 혼합되어 있으며, 이 상반된 요인들 간의 균형 속에서 유지되는 것이라는 사실이다. 이것을 제대로 이해해야만 탄력적인 안보전략 — 특히 강온전략 — 을 수립, 집행할 수 있는 능력을 발전시킬 수 있는 것이다.

그러나 현재 우리나라에는 당파싸움에 관한 전략은 있어도 국가이익을 극대화하는 것과 관련된 설계도, 즉 안보전략은 없다. 따라서 전 지구적 차원에 걸친 우리의 국가이익들 — 사활적, 대단히 중요한, 중요한, 부수적인 이익 — 을 수호하고 증진시키기 위해 우리의 영향력을 어떻게 행사해야 하는지에 관해 제대로 알 수가 없는 것이다. 안보전략의 핵심은 정치지도자들의 안보의식과 군사력이다. 불행하게도 우리나라 정치지도자들은 안보의식이 거의 없다. 안보의식이 결핍되어 있기 때문에 안보전략을 마련하는 일을 등한시하고 있고, 이로 인해 군의 군사력 건설이 제대로 되고 있지 못한 것이다.

안보전략이 없으면 국제사회에서 주권국가로서의 역할에 대해 제대로 된 확신을 가질 수가 없게 되고, 또한 글로벌 안보환경의 변화에 탄력적으로 대처할 수 있는 군사적 능력을 가지지 못하게 된다. 예를 들어, 최근 미국의 미사일방어MD체제 구축문제를 둘러싸고 벌어지고 있는 러시아, 중국, 일본, 그리고 미국의 갈등 속에서 누구 편을 들어야 할지 몰라 허둥대는 우리 정부의 행위를 보면 이것을 잘 알 수 있게 된다. "한국의 줄서기 압박하는 미 MD"라는 제목의 조선일보 사설은 우리에게 시사하는 바가 매우 크다. 그 내용은 다음과 같다.

MD가 종국적으로 러시아, 중국, 북한 등을 의식한 방어체계라고 한다면, 미국과 이들 나라 중간에 끼인 우리의 지정학적 여건은 묘한 것이 되지 않을 수 없다. 미국의 MD가 단순히 미국의 방어망이 아니라 '우방국의 방어'라는 개념까지 확실히 추가한 것은 그만큼 우리를 여기에 포함시키려는 강한 의도를 내포하고 있다고 봐야 한다. 이것이 군비경쟁을 피하면서 북한과 화해로 가려는 우리의 입지를 어렵게 만드는 것이기도 하다. 미국은 한국의 그런 사정과 입장을 충분히 감안하면서도 한국의 '협조'를 요청한 셈이다. 이제는 우리가 어떤 이유와 어떤 계산으로 여기에 대답하고 대응할 것인가를 냉철히 생각하지 않을 수 없게 됐다.[1]

따라서 확고한 안보전략이 없을 경우 우리는 과거 및 현재처럼 항상 대외적인 문제들을 다루는 데 있어 자주성이 결핍된 행위를 할 수밖에 없을 것이다.

우리의 정치지도자들이 독자적이고 장기적인 안보전략을 수립하고, 이를 위한 안정되고 강고한 외교적, 경제적, 군사적 토대를 구축할 자각과 노력을 등한시한다면, 21세기도 20세기의 연장밖에는 되지 않을 것이다. 사실 국가이익을 파악하고 이를 수호하기 위한 최선의 방안을 수립하는 일은 냉전시대보다 지금이 훨씬 더 어렵다. 예를 들어 IMF 외환위기는 북한의 전투폭격기 편대의 공격만큼이나 우리의 안보에 위협적인 요소가 될 수 있다. 또한 무역과 기술흐름의 통로가 막히지 않도록 하는 것은 155마일 휴전선을 지키는 것만큼이나 중요한 일이다. 이것은 지금까지 우리의 경험만으로도 충분히 알 수 있는 것들이다. 따라서 군사력만이 우리의 국가이익과 안보를 수호하는 수단은 아니다.

하지만 우리나라의 경우 지금까지의 역사적 경험으로 볼 때 외교력이나 경제력이라는 중요한 수단들을 사용해 자국의 영향력을 세계를 향해 건설적으로 사용하는 모습을 제대로 보여주지 못했다. 특히 외국과의 국

---

1 「조선일보」, 2001년 5월 3일.

제협상에서 보여주고 있는 외교적 무능력을 보면 더욱더 그렇다. 따라서 이처럼 허약한 외교력과 경제력을 가시적으로 뒷받침해줄 수 있는 강력한 군사력은 21세기 우리의 국가이익을 극대화하는 데 있어 너무나 중요한 도구임에 틀림이 없는 것이다.

국가안보전략 수립단계에서 제기하는 핵심적인 질문들은 무수히 많으나, 군사력에 한정해서 몇 가지만 논의해 보자.

- ㅇ 동북아시아에서 우리나라와 주변국가들과의 전략적 관계는 어떠한가?
- ㅇ 이 지역에서의 중요한 군사적 위협은 무엇인가? 그러한 위협의 군사적 본질은 무엇이고, 얼마나 임박한가?
- ㅇ 어떻게 호전적인 세력들을(예: 북한과 주변국들)을 다룰 것인가?
- ㅇ 언제, 어떻게 군사력을 사용해야만 하는가? 만약 군사행동을 취한다면 동맹국과 함께 할 것인가? 아니면 독자적으로 할 것인가?

이러한 질문들은 전략가들의 국가안보에 대한 위협평가 및 그러한 평가에 기초한 시각의 차이 때문에 언제나 논쟁을 불러일으킬 수 있다. 솔직히 위협을 정확히 평가한다는 것은 어떤 의미에서는 기본적으로 헛수고일 수도 있다. 왜냐하면 위협을 정확히 평가하기 위해서는 판단의 근거가 되는 일정한 패턴pattern — 전면전, 혹은 국지전 공격이나 테러공격과 같은 기록들 — 이 있어야 하기 때문이다. 그럼에도 불구하고 위협평가는 있을지도 모르는 잠재적인 적들의 군사적 공격으로부터 만반의 준비태세를 갖추기 위해 반드시 해야만 하는 것이다.

우리나라의 국가안보에 대한 가장 큰 위협에 대해 전통적인 전략가들은 북한으로부터의 생화학무기의 탄도장착이 가능한 미사일 및 휴전선 인근에 배치된 장사정포의 위협을 주로 들 것이다. 반면 일본 및 중국의 군사력, 테러리즘terrorism, 가난, 질병, 무질서 등을 북한의 위협보다 국가안보에 대한 더 큰 위협으로 간주하는 전략가들도 있을 것이다. 어떻게 북한과 같은 적대적이고 호전적인 세력을 다룰 것인가라는 질문에 대해서도 포용정책으로 다룰 것인지, 아니면 강경책으로 다룰 것인지 전략가들의 주장이 서로 다를 수 있을 것이다. 또한 중국과 일본을 전략적 경쟁자로 간주할지, 아니면 전략적 동반자로 간주할지에 대해서도 시각의 차이를 뚜렷하게 보일 것이다. 언제, 어떻게 군사력을 사용해야만 하는가라는 질문에 대해서도 명백한 군사적 위협이 있을 때는 동맹국들과 함께 군사력을 사용해야 한다고 주장하는 전략가가 있을 수도 있고, 아니면 명백한 군사적 위협이 아니더라도 군사력은 언제나 독자적으로 사용할 수 있다고 주장하는 전략가도 있을 것이다.

사실 이러한 논쟁들은 다원화된 민주국가의 안보정책결정과정에서 언제나 발생할 수 있는 지극히 자연스러운 현상이라 할 수 있다. 전통적인 국가안보기구들(외교통상부, 국방부, 국가안전기획부, 국가안전보장이사회)은 새로운 방법으로 공동작업에 임해야 하며, 또한 경제관계기관들(재정경제부, 과학기술처, 건설교통부)은 전통적인 국가안보기구들과 보다 긴밀하게 제휴하면서 일을 해야 할 것이다. 이와 더불어 중앙정부는 지방정부와 보다 효과적인 파트너십partnership을 구축할 수 있도록 노력해야 할 것이다. 이러한 공동작업 과정을 거쳐서 수립된 안보전략이 없을 경우, 군사적 측면에 영향을 끼칠 수 있는 문제들로 어떠한 것들이 있을 수 있겠는가? 적어도 다음의 세 가지 문제를 초래할 수 있을 것이다.

첫째, 군의 군사전략 방향을 설정하고 군사작전의 목표를 정하는 데 어려움을 겪게 될 것이다.

둘째, 군의 작전요구를 충족시키기 위해 가장 비용—효과적이라고 생각되는 군사력의 특질을 정하기가 매우 어렵게 될 것이다.

셋째, 무기체계 획득에 있어 최고 우선순위로 고려되어지는 작전적 결함, 즉 준비태세의 결함들을 찾아내기가 어렵게 될 것이다.

실제로 이 세 가지 문제는 우리 군의 군사력 현대화과정에서 준거의 틀, 즉 패러다임paradigm으로 사용할 수 있을 것이다. 간단히 말해 명쾌한 목표를 가진 전략을 수립하기 전에는 결코 준비태세가 되어 있다고 말할 수가 없는 것이다.

## 2. 군사전략의 수립: 어떻게 군사력을 제공할 것인가?

군사전략military strategy은 안보전략 수립 단계에서 결정된 목표를 달성하기 위해 군사력을 운용, 건설 그리고 배비하는 것을 조정, 통제하는 기술이다. 이때 군사력은 현존하는 위협뿐만 아니라 예상할 수 있는 잠재적인 위협까지도 포괄한다. 적들로부터의 대칭적, 혹은 비대칭적인 일련의 군사적 위협에 효과적으로 대처하기 위해서 적들보다 우월한 군사전략을 수립하는 것은 절대적으로 요구되는 능력이다. 특히 적들이 대량파괴무기를 사용할 수 있는 상황까지 포함시킨 일련의 작전환경에서 충분한 유연성을 가진 효과적인 전력투사가 가능한 군사전략을 수립하는 것이 핵심이 될 것이다.

군사전략 수립시 제기되는 핵심적인 질문들은 다음과 같다.

- ○ 어디에서 군사력을 운용할 것인가?
- ○ 누구를 대상으로 군사력을 운용할 것인가?
- ○ 어떻게 군사력을 건설할 것인가?
- ○ 어떻게 군사력을 배비할 것인가?

## 1) 어디에서 군사력을 운용할 것인가?

우리나라의 경우 군사력은 자국방위에만 운용하도록 계획되어져 있다.

세계에서 가장 강력한 군사강대국들 – 중국, 일본, 러시아, 북한 등 – 에 둘러싸여 있는 우리로서는 보유하고 있는 모든 군사력을 자국 방위에 쏟아 부을 수밖에 없을 것이다. 따라서 군사력이 운용되는 장소는 자연스럽게 한반도 내로 국한된다. 우리가 의도하지 않아도 우리를 둘러싸고 있는 대외적인 안보환경 구조가 이렇게 우리 군의 군사력 운용장소에 대해 족쇄를 채워버리고 마는 것이다.

한반도는 전 세계에서 군비밀도가 가장 높은 지역 가운데 하나이다. 1백75만 명에 달하는 병력(북한 105만 명, 남한 69만 명)이 좁은 한반도 내를 군사력 운용장소로 사용하고 있다. 이처럼 자국방위를 위한 군사력의 성격은 해외원정 목적의 군사력 성격과는 판이하게 다르게 운용되어진다. 자국방위의 경우에는 순전히 방어적 성격의 군사전략에 따라 중무장한 전력, 참호 및 진지구축, 그리고 방어지향적 무기체계들을 자연스럽게 강조하게 된다. 우리 군이 현재 및 미래전의 관점에서 볼 때 과도한 지상군 위주의 전력운용을 하고 있는 것도 부분적으로 이러한 이유에서 찾아볼 수 있을 것이다. 반면 북한은 기습공격형 성격의 군사전략에 따라 기동력과 화력 위주의 무기체계를 강조하고 있다. 38개 전차 및 기계화보병여단, 30개 포병여단, 24개의 특수여단을 보유하고 있는 것을 보면 이를 잘 알 수 있는 것이다.

그러나 뒤에서 자세한 논의가 이루어지겠지만 우리 군도 자국방위를 위한 군사력 운용개념에서 벗어난 군사력 운용전략을 구상할 때가 되었다. 특히 한반도 비무장지대 양쪽에 집결되어 있는 총기의 방아쇠를 당길 수 있는 '도발'과 그에 대한 맞대응이라는 최악의 사태에 대한 '대비'라는 군사력 운용개념에서 벗어나는 사고의 전환이 필요하다. 왜냐하면 이러한 사고의 전환은 누구를 대상으로 군사력을 운용할 것인가를 자연스럽게 생각할 수 있게 해주기 때문이다.

## 2) 누구를 대상으로 군사력을 운용할 것인가?

이 질문은 적의 군사력 실체에 관해서 꽤 믿을 만한 정보를 가지고 있을 경우에는 대답하기가 쉬울 것이다. 하지만 적이 누구인지, 그리고 적의 군사력 실체에 대해 전혀 모르는 경우에 이것은 매우 어려운 질문이 될 수 있다. 한국전쟁 이후 우리는 북한을 국가안보에 대한 제1의 위협으로 간주해 왔다. 따라서 누구를 대상으로 군사력을 운용할 것인가에 대한 답은 쉽게 찾을 수 있었다. 확실히 북한은 현재 및 가까운 미래에 있어 직접적으로 우리의 군사적 위협이 될 가능성이 있는 동기를 충분히 가지고 있다. 따라서 당분간은 우리 군의 군사력 운용의 주 대상은 북한이 될 수밖에 없을 것이다.

그러나 우리를 둘러싸고 있는 주변국들, 특히 중국 및 일본의 군사력 위협을 무시할 수는 없을 것이다. 왜냐하면 이들은 가까운 장래에 우리의 안보에 지대한 영향을 끼칠 수 있는 잠재적인 위협국가들이기 때문이다.[2] 따라서 우리 군은 북한을 비롯한 주변국들의 이러한 군사적 행동 저지를 목표로 하는 군사력 운용을 위해서는 군사력 운용대상을 북한에만 너무 한정하지 말고 주변국들에게까지 확장할 수 있도록 해야만 하는 것이다.[3] 이러한 사고는 아래에서 논의되는 어떻게 군사력을 건설할 것

---

2 중국의 경제성장이 정치적 다원주의의 확대로 이어질 것이며, 이로 인해 정치적으로 민주화된 나라로 변하게 될 것이라는 환상은 갖지 않는 것이 좋다. 현재 중국은 국경을 맞댄 11개국을 상대로 영토권 주장을 적극 제기하고 있으며, 이란-이라크-북한에 대한 대량파괴무기(WMD) 제조기술을 계속 판매하고 있다. 또한 태평양 지역의 미-일 군사력을 겨냥한 핵미사일과 해·공군 군사력을 현대화하고 있다. 특히 1979년과 1988년 베트남을 두 차례나 공격했던 적이 있다. 또한 1990년에는 영유권 분쟁이 일고 있는 제도(다오위다오·釣魚島)를 무력으로 점령하고, 남중국해와 이 해역의 모든 섬들이 자기네 주권이 미치는 영토라는 국제법상 근거 없는 주장을 하고 있다. 또한 국내 정치적으로 볼 때 현재 중국 내에는 600만~800만 명이 강제수용소에 수감되어 있으며, 대략 30만 명이 재판 없이 구금당하고 있는 실정이다. 이런 측면에서 볼 때 중국을 우리의 안보에 위협적인 국가로 보는 것은 전혀 무리가 아닐 것이다.

인가라는 질문에 지대한 영향을 끼치게 된다.

## 3) 어떻게 군사력을 건설할 것인가?

군사력을 어디에서 운용하고, 누구를 대상으로 군사력을 운용할 것인가에 관련된 지금까지의 논의들은 어떻게 군사력을 건설할 것인가를 결정하는 데 심대한 영향을 끼치게 된다. 군사력을 건설하는 데에는 막대한 자원이 소요된다. 이러한 자원을 어디에서, 어떻게 마련하느냐 하는 것은 군사력을 건설하는 데 있어 가장 핵심적인 질문이다.

군사력을 건설하는 데 사용할 수 있는 자원은 무수히 많으나 가장 핵심적 자원들은 인구, 방위산업능력(과학기술) 그리고 경제력이다. 이러한 자원들은 군사력 운용결정에 부합되는 적절한 군사력 구조를 결정하는 데 가장 큰 영향을 끼치는 변수들이다. 따라서 전략가들의 임무는 이러한 자원들을 효율적으로 이용하여 군사력 운용과 조화를 이룰 수 있는 군사력 구조를 창출하는 데 있다.

미국, 일본, 프랑스, 이스라엘처럼 국내의 방위산업능력이나 경제력이 매우 높은 국가들의 경우에는 인적자원보다는 물적 자원, 즉 첨단무기체계들로 구성된 군사력에 의존하는 반면, 국내의 방위산업능력이나 경제력이 다소 뒤떨어지는 국가의 경우에는 상대적으로 풍부한 인적자원, 즉

---

3 자국방위 중심에서 지역안보 영향력 확대전환을 모색하고 있는 호주의 경험을 참조할 필요가 있다. 사실 제2차 세계대전 이후 50여 년 동안 호주가 유지해 온 군사전략은 수성(守城)개념으로 주변국의 상황이야 어떻든 대륙본토와 인도양 및 태평양상의 부속도서를 외세의 침략으로부터 지키면 된다는 단순한 것이었다. 이처럼 자국방위의 틀만 유지하던 소극적 전략 개념에서 벗어나 최근에는 지역안보에 대한 적극적인 개입을 공식적으로 선언하기에 이르렀다. 호주정부가 발표한 국방백서에 따르면, 2001년부터 2010년까지 10년에 걸쳐 총 126억 달러를 투입, 군사력을 대폭 강화해 병력은 현재의 5만 100명에서 5만 4,000명으로, 신형전투기 75대, 폭격기 25대, 조기경보기 4대, 첨단 프리킷함 3척을 추가 확보하는 등 장비를 대폭 보강해 동맹국 수준의 신속전개능력을 갖추게 된다. 「문화일보」, 2000년 12월 28일.

대규모 지상군 위주의 병력들에 주로 의존하는 경향을 보이고 있다. 풍부한 인적자원 그 자체는 방위산업능력과 경제력이 우위에 있는 적들에 대처하는 데 있어 중요한 자원이 될 수가 있기 때문이다.

이것은 군사력 건설을 담당하는 전략가들에게 딜레마를 안겨 준다. 즉 첨단무기체계로 구성된 소수정예의 과학기술군과 비록 기술적 성능은 떨어지지만 대량의 인적자원(병사들의 희생)에 의존하는 수적 능력 사이의 균형을 어떻게 달성할 수 있느냐 하는 것이다. 간단히 말해 이것은 "기술 대 인적자원technology vs manpower"[4]의 논쟁인 것이다.

최근 국방부가 첨단무기체계로 무장된 '작지만 강한 군대'의 논리로 내놓은 중령급 이상 간부 20% 감축안을 둘러싸고 벌어졌던 논쟁이 바로 "기술 대 인적자원"을 둘러싼 논쟁이라 할 수 있다. 민병돈 예비역 장군(전 육사교장)은 다음과 같은 논리로 국방부의 인력감축안에 대해 비판하고 있다.

국방부가 표방하는 '작지만 강한 군대'에서 작다는 기준을 제시할 수 있겠는가? 군대 규모의 크고 작음은 어떤 절대적(객관적) 기준을 정할 수 있는 것이 아니라 대치하고 있는 적 또는 가상적 내지 잠재적인 적의 규모와 특성, 예상되는 적의 전략·작전·전장의 크기 내지 작전환경, 국력 그리고 우방과의 동맹관계 등을 고려하여 나라마다 각기 다른 기준(개념)을 정립할 수밖에 없는 것이다 …… 전쟁은 어느 쪽의 선공(先攻)으로 시작되었느냐 하는 것이 승패에 결정적인 영향을 끼친다. 앞으로 북한이 또 다시 대 병력으로 기습남침을 해 온다면 이 협소하고 종심이 얕은 전장에 초전이 곧 최후결전이 될 수도 있다는 데 유의해야 한다. 지금 남·북한 지상군 세력은 1:1.9로 우리가 절대 열세이다. 이 상황에서 적이 기습적으로 선제 공격해 오면 제1격을 받은 防者(우리)와 攻者(북한)의 세력은

---

4 기술 대 인적자원에 관한 논쟁에 대해서는, Harry G. Summers Jr., "Are U.S. Forces Overstretched? : Operations, Procurement, and Industrial Base", *Orbis*, Vol. 41, No. 2(Spring 1997)를 참조.

1:1.9에서 1:2.5 또는 그 이상으로 격차가 날 수도 있다. 이렇게 약화된 상태에서 防者가 혼란을 수습하고 방어전을 시작하면 사태는 이미 치명적 위험에 놓여 있게 된다. 적의 낡은 구형장비들도 선제 공격시 1회용으로 최초 전선돌파에 투입하면 우리에겐 큰 위협이 된다. 만약 적의 우세한 지상군이 한반도 전역을 석권하면 우리의 공군기지와 해군기지도 사용할 수 없게 되어 우리의 항공기들은 공중미아, 함정들은 해상미아가 될 수밖에 없다. 그러므로 협소한 한반도에서 남한 지상군의 열세는 국가방위에 치명적인 약점이 된다. 상대방의 군사력 감축이 검증되지 않은 상황에서 이 이상의 우리 군 병력감축은 절대 안 된다.[5]

민병돈 예비역 장군의 주장은 나름대로 설득력이 충분히 있다. 개혁방향에 대해서 충분히 동감은 하지만 북한으로부터의 현실적 위협이 엄연히 존재하는 한 지금 당장 인력감축을 해서는 안 된다는 것이다. 그의 주장처럼 실제 전투상황에서는 양이 질을 압도하는 경우가 많을 것이다. 왜냐하면 양은 그 자체만으로도 쉽게 질로 전환될 수가 있기 때문이다. 확실히 북한군의 양적 우세를 통한 기습공격, 특히 휴전선 근처에 배치된 야포와 장갑 및 기계화 부대들, 그리고 대량파괴무기를 한꺼번에 동원하여 공격을 가할 경우, 우리에게 엄청난 피해를 입힐 수 있을 것이다. 서울과 경기도 일대는 그야말로 불바다로 변할 것이다. 그러나 한 가지 분명한 것은 비록 북한이 개전 초기 기습공격을 통해 우리에게 많은 피해를 입힌다고 해서 전쟁의 궁극적인 승리가 북한에게로 돌아간다고 단언할 수는 없는 것이다.[6]

따라서 북한군의 양적 우세를 통한 기습공격의 두려움 때문에 우리 군이 현재의 과도한 지상군 인력구조를 그대로 고수해야 된다는 것은,

5 민병돈, "장관, 그건 절약이 아니라 파괴요", 「월간조선」(2001년 3월), pp. 171~172.
6 북한군의 침공을 한미연합군이 충분히 격퇴시킬 수 있다고 주장하는 논문에 대해서는, Michael O'Hanlon, "Stopping a North Korean Invasion : Why Defending South Korea is Easier than the Pentagon Thinks", *International Security*, Vol. 22, No. 4(Spring 1998)를 참조.

한마디로 미래를 생각하지 않는 단선적인 생각일 뿐이다. 왜냐하면 어떠한 정책행위도 그것이 미래에 집중되지 않는다면 아무런 의미가 없기 때문이다.

2000년 국회국방위원회 국방부 국정감사에서 조성태 국방장관과 한나라당 이연숙 의원이 주고받은 대화내용을 보게 되면, 한마디로 미래가 보이지 않는 우리 군의 모습을 볼 수 있다.

> 조성태(국방부 장관): 현재 우리는 69만인데 북한 군사력은 116만입니다. 그리고 사실 1개 보병사단 운영비가 1년 유지하는 데 인건비 포함해서 525억밖에 안 들어갑니다. 그래서 예를 들어서 저희가 가지고 있는 사단 중에 절반을 줄여봤자 6,000억 원밖에 줄어들지 않습니다. 그런데 만일 정규사단 20개 있는데서 10개를 줄이면 군 사기는 무너지는 것이지요.
>
> 이연숙(한나라당 의원): 그렇게 얘기하지 마시고, 사람이 일을 한다는 사고방식에서 탈피하셔야 합니다. 컴퓨터 시스템 하나가 완공이 되면 사람 50명분 100명분을 해냅니다. 지금 하시고 있는 얘기는 사회변화, 장비의 변화, 과학화 이것을 무시하고, 옛날 그대로 자꾸 늘려만 오고 있다는 얘기인데 새로운 것을 만들면 헌 것은 없애야 합니다.[7]

북한군과의 수적(양적) 경쟁만 의식해 과도한 지상군 구조를 유지한다면 그것은 우리 군을 군사적, 경제적 측면에서 매우 비효율적으로 운영하는 결과를 초래할 수밖에 없을 것이다. 지난 50여 년 이상 북한과의 대립만 의식해 유연성 없는 군비증강만 꾀하다가 결국 미래의 위협에 탄력적으로 대처하기 어려운 현재의 군 구조를 만들었음을 기억해야 할 것이다. 국방예산의 70%가 인건비와 부대운영비로 들어가고 있다는 사실이 이를 여실히 증명하고 있다. 고든 설리번과 마이클 하퍼는 다음과

---

7 국회사무처, 「2000년도 국정감사 국방위원회 회의록」(2000년 10월 20일), p. 31.

같이 주장하고 있다.

> 전략적 토대가 없는 일시적인 선택은 죽은 목표일뿐 성공으로 이르는 길이 아니다. 행동의 패러독스에 사로잡혀 있는 한, 전체 자체가 잘못돼 있기 때문에 아무리 상황을 개선시키려 해도 조직은 실패할 수밖에 없다.[8]

이러한 측면에서 군 구조개혁에 대한 특단의 대책이 없는 한 우리 군은 행동의 패러독스에 사로잡혀 급기야 실패하는 군이 될 수밖에 없을 것이다. 확실히 "어떤 새로운 아이디어를 군에 인식시키는 것보다 유일하게 더 어려운 것은 낡은 생각을 내보내는 것이다."[9]

실제 전투상황에서는 양이 질을 압도하는 경우도 많지만, 그 역 또한 성립한다는 사실을 기억해야 한다. 즉 질적 우세가 양적 우세를 압도할 수도 있는 것이다. 이에 대한 경험적인 실례로서, 1991년의 걸프전에서는 질적으로 우수한 정보화되고 과학화된 첨단무기로 무장한 다국적군이 승리하였으며, 1999년에 발생한 코소보전에서는 첨단의 장거리 정밀타격 무기체계들이 전쟁의 승패를 결정해 버렸다. 또한 1999년의 연평해전에서는 북한해군보다 다소 현대화된 무기체계 및 장비들을 갖춘 우리 해군이 인명손실 없이도 일방적인 승리를 거두었다.

현재의 과도한 지상군 인력구조를 그대로 유지하면서 어떻게 주변국들의 첨단화된 전력에 대처할 수 있는 소수정예의 과학군을 빠른 시일 내에 만들 수 있겠는가? 이것은 분명히 논리적인 사고가 아닌 것이다. 국방부는 우리 군의 군사력 건설에 관련된 논의를 할 때면 언제나 다음과 같은 논리를 내세운다. 북한위협에 대비한 전력과 미래 불특정 위협

---

8 고든 R. 설리번, 마이클 V. 하퍼 공저, 『장군의 경영학』 (서울 : 창작시대, 1998), p. 48. 이 책의 원제목은, Hope is Not a Method(Times Books, 1996).

9 Thomas P.M. Barnett, "The Seven Deadly Sins of Network-Centric Warfare", *Proceedings*, Vol. 125(January 1999), p. 36.

에 대비한 전력을 동시에 추진하겠다는 것이 그것이다. 그러나 이것은 군사력의 현대화를 위한 예산의 우선순위를 설정하는 데 매우 어려운 선택에 직면하게 만드는 것이다. 현실적으로 볼 때 이러한 동시대비 소요전력의 요구는 미래에 적합치 않는 재래식 무기체계 획득에도 예산을 쏟아 부어야 하고, 또한 이것을 유지하기 위한 부대운영유지에도 많은 비용지출을 요구한다. 소수의 병력만으로 구성되어 있지만 정보력, 기동력, 그리고 파괴력을 동시에 갖춘 소수정예의 첨단과학군을 만든다는 비전vision은 사실 매우 비싼 첨단 무기체계의 획득을 통한 하이테크high-tech 군대의 비전이다. 이것은 그 자체만으로도 상당한 노력과 시간 그리고 예산지출을 요구한다. 그런데 어떻게 이 두 가지를 다 하겠다는 만용을 부리는가? 주변국들, 특히 중국과 일본의 군비증강 노력을 보면 우리 군이 군사력 건설에 여유를 부릴 시간이 없는 것이다.

최근 로스앤젤레스 타임스는 미육군이 로스앤젤레스 북동부 바스토 외곽의 한 훈련장에서 디지털 군의 미래를 가늠할 모의전을 성공적으로 실시하였다고 보도하였는데, 한겨레신문이 로스앤젤레스 타임스의 기사를 번역하여 묘사한 그 모의훈련의 결과는 다음과 같다.

모의전에서 950명의 육군전차, 기갑병들은 자신의 위치와 목적지, 적군의 예상 위치 등을 알려주는 대각선 길이 25.4cm의 컴퓨터를 휴대하고 전투를 치렀다. 컴퓨터는 위성과 무선으로 연결돼 전선의 각종 지형지물과 적군의 움직임을 한눈에 파악하도록 해줬다. 전선에서 수 km 떨어진 작전본부의 지휘관은 모든 전차와 장갑차의 움직임을 모니터함으로써 정확한 현재 위치를 파악하고 탄약의 추가공급 여부를 결정하는 한편, 그때그때 신속하게 작전계획을 다시 수립해 부하들의 컴퓨터를 통해 명령을 하달했다. 육군 관계자들은 이번 모의전에서 디지털화한 아군전차 1대가 전통적인 탱크전에 숙달된 모의적군 전차 15대를 파괴할 수 있었다고 밝혔다.[10]

이러한 견지에서 볼 때, 앞으로의 전쟁에서는 정보기술에 토대를 둔 "네트워크화된 군이 더 생산적일 수 있다"는 곰퍼트와 라쵸우Gompert와 Lachow의 단순 명확한 주장은 상당한 설득력을 가진다고 할 수 있다.[11] 정보기술은 네트워크 상태에서 작전을 하는 군이 전투에 있어 적보다 우월한 정보를 가지도록 한다. 따라서 비록 분산된 소수병력이라 할지라도 네트워크를 통해 정보를 공유하면서 작전을 하게 되면, 대량으로 밀집된 병력이 하는 것 이상으로 작전을 할 수 있는 것이다. 이것이 바로 디지털 군의 미래인 것이다.

하지만 애초 소수정예의 첨단과학군을 만들기 위해 1998년 8월 국방개혁안으로 발표됐던 2005년까지 4~5만 명의 병력감축 계획, 육군 1·3군 사령부 통합 및 지상작전사령부 창설계획, 군 인건비 10% 절감 5개년 계획 등이 대부분 무기 연기되거나 백지화되었다. 이에 따라 현재 우리 군은 대규모 인력감축 및 조직개편 없이, 엄청난 예산이 소모되는 첨단무기체계 획득사업을 해야 하는 상황에 처해 있다(〈도표 1〉을 참조).

〈도표 1〉 **국방부 주요 인력 감축 및 조직개편 현 상황**

| 국방부 계획 | 현 상황 |
|---|---|
| 육군 1, 3군 사령부 통합, 후방지역 2개 군단 해체 | 무기연기 |
| 2005년까지 병력 4만~5만 감축 | 2005년까지 병력 감축 없이 육군 3,654 명 감축, 해·공군 전환 |
| 2005년까지 상급부대 인력 20%, 인건비 10% 감축 | 사실상 백지화 |
| 국방대학원 등 3개 교육기관 통폐합 | 국방대학교 창설(2001년 1월) |

출처 : 「조선일보」, 2001년 4월 23일.

---

10 「한겨레신문」, 2001년 4월 30일.

11 David C. Gompert and Irving Lachow, "Transforming U.S. Forces : Lessons from the Wider Revolution", *Issue Paper*, 01-03-30, p. 2; http://www.rand.org/publications/IP/IP193/.

인건비 비중(70%)이 첨단 무기체계 획득비용(30%)을 훨씬 초과하는 상황에서 우리가 선택할 수 있는 대안은 두 가지 밖에 없다. 그 가운데 하나는 현재 우리 군의 희망대로 현상유지차원의 과도한 지상군 병력을 유지하면서, 동시에 고가의 첨단무기체계를 획득하고자 하는 방법이다. 그러나 국방예산을 증액하여 소요재원을 마련하지 않는 한, 이 대안은 현실적으로 계속 실행하기가 어렵다. 따라서 우리가 선택할 수 있는 유일한 대안은 군 자체의 노력으로 인건비를 줄이는 방법을 강구할 수밖에 없는 것이다. 실질 전투력의 큰 변화 없이도 국방부와 합참을 비롯한 각군 및 군사령부, 그리고 국방부 산하기관 등의 민영화를 통해 구조조정을 함으로써 비용을 절감하려는 노력들은 사실 지금 당장이라도 할 수 있는 것들이다. 만약 우리 군이 이러한 노력들을 받아들이지 않는다면, 현재 잘못되어도 크게 잘못되어 있는 기형적인 지상군 중심의 인력구조를 아무리 개선시키려고 노력해도 실패할 수밖에 없을 것이다. 돈이 하늘에서 떨어지지 않는 한 말이다.

세계 각국이 병력을 축소하면서 최첨단 무기체계로 무장된 소수정예의 과학군을 만들려고 노력하는 것은 앞에서 묘사한 첨단무기체계의 전략적 우위점 이외에도 한 가지 중요한 철학이 있어서 그런 것이다. 그것은 바로 인명존중사상이다. 우리가 잘 알다시피 현대 및 미래전의 특성이 전쟁에서 인적자원(병사들의 생명)을 사용하기보다는 물적 자원(첨단무기체계)을 사용하는 방향으로 나아가고 있는데, 이것은 전쟁에서 인명손실을 극소화하는 데 최고의 우선순위를 둔 정치지도자들의 전쟁수행철학 때문이다. 과거의 전쟁처럼 대규모 병사들의 생명을 담보로 하는 전쟁수행방식은 현재 및 미래의 정치지도자들에게는 엄청난 정치적 압력으로 작용하게 될 것이다. 이에 관한 단적인 예를 하나 들어보자.

최근 코소보작전에서 미군기들은 지상포화를 피하기 위해 1만 5,000피트 상공에서 폭탄을 투하했다. 이에 비해 월남전에서 미군기의 최저 폭격고도는 5,000피트였다. 이것은 무엇을 의미하는가? 어떠한 형태의 전쟁이 일어나든 앞으로 정치지도자들은 전사자의 최소화, 또는 방지를 최우선적인 임무로 삼아야 된다는 것을 군 지휘관들에게 지나칠 정도로 강조할 것이라는 사실이다. 실제로 미래에는 어떤 전투에서든지 군 지휘관들의 가장 큰 고민거리 중의 하나가 바로 사상자를 줄이라는 요구일 것이다. 이러한 사상자 기피증이 군의 작전능력을 저하시킬 수 있기 때문에 첨단정밀유도무기, 특히 원거리에서 공격하더라도 정확하게 목표물을 맞출 수 있는 그런 무기체계를 갖춘 과학군을 만들기 위해, 선진 각국의 군들이 정보통신기술에 토대를 둔 군사혁신Revolution of Military Affairs을 부르짖고 있는 것이다.

간단히 말해 피를 흘리지 않는 군은 존재이유가 없겠지만, 피를 너무 많이 흘린다면 사상자 기피증 때문에 작전임무수행이 불가능해질 수도 있는 것이다. 바로 이러한 이유 때문에 병사들을 위험지대에 투입하지 않는 대신에 첨단 무기체계로 대신하는 전쟁을 생각한 것이 바로 군사혁신이 나오게 된 근원적인 이유인 것이다.

"21세기 정보·과학전 효과적 대처"라는 국방일보의 기사에 다음과 같은 내용이 실려 있다.

미국은 지난 90년대 이후 35%의 인력감축이 이루어졌음에도 불구하고, 2001년 1월 31일 발표한 '21세기 국가안보위원회'라는 보고서를 통해 국방부와 합참을 비롯한 각 군 및 지역사령부 참모부 인력의 10~15%를 감축하고, 국방부 산하기관의 민영화를 통해 인프라 비용의 20~25% 감축을 위한 10개년 계획을 수립하는 등 개혁을 추진 중에 있다…… 중국도 '97년에 3년 내 병력 50만 명 감축을 선언한 이후 '99년에 감축사업을 완료하여 현재 250만 명을 유지하고 있으나, 앞으로 2010년까지 200만 명을 목표로 지속적인 감축을 추진하는 한편 첨단과학기술을 바탕으로 군 현대화를 추진 중에 있다. 러시아의 경우, 지난 1월 푸틴 대통령이 군 조직·기구의 개편과 20% 병력감축을 위한 향후 10년간의 2단계 개혁 추진계획을 승인하고, 핵 전력 및 기동성 향상을 위해 투자비 비중을 현재의 30%에서 50% 수준으로 조정할 계획이다.[12]

만약 우리가 이들 국가들처럼 군사혁신에 기초한 군 현대화 노력들에 주의를 기울이지 않거나 소홀히 하게 될 경우, 군사혁신을 통해 더욱 첨단화되고 있는 이들 국가들과의 전투력 격차가 더욱 크게 벌어져 미래에도 우리를 둘러싸고 파생되는 다양한 안보적 위협들에 대해 스스로 대처하기 어려운 상황에 직면하게 될 수도 있을 것이다. 냉전 이후 지금까지 세계 각국에서 군사력 감축이 진행되고 있고 전쟁수행방식도 수정되었지만 오늘날 우리의 군사력은 아직도 새롭게 당면한 위협보다는 냉전시대에 직면했던 위협에 대응하기에 더 바쁜 것 같다. 냉전당시 예상했던 대규모 지상군 위주의 전면전과는 다른 종류의 훈련, 무기체계 및 장비가 진정으로 필요한 것이다.

생각을 바꾸면 미래는 보이게 마련이다. 군사력을 건설하는 데 있어 가장 핵심적인 사항은 현재 가지고 있는 군사력을 최대한으로 이용할 수 있는 능력을 최우선적으로 발전시키는 것이 첨단무기체계를 획득하는 것보다 더 중요하다는 사실이다.[13] 이러한 관점에서 다음과 같은 질문이 군사력 건설 구상에 있어 특히 중요할 것이다. 우리 군은 현재 보유한 군사력을 최대한 이용하고 있는가? 전투부대의 몇 %가 준비태세를 갖추었는가? 장비노후화로 인해 신뢰할 만한 정도의 작전유지에 어느 정도의 비용이 필요한가? 좀 더 좁은 차원에서 질문을 제기해 보자. 현재 우리 해군의 P-3C 가동률은 몇 %인가? 공군의 전투비행단에 공급되는 미사일

---

12 「국방일보」, 2001년 2월 6일.
13 최첨단 기술이라도 할 수 없는 것이 있다. 그것은 바로 불완전한 정보하에서 싸울 때, 그리고 우리가 규정한 조건하에서 적들이 싸우는 것을 선택하지 않을 때이다. 이럴 경우, 우리가 믿을 수 있는 것은 단 하나, 지휘관의 탁월한 리더십뿐이다.

은 몇 %대를 유지하고 있는가?, 육군의 K1전차 수리부속품은 몇 %대를 유지하고 있는가? 등등. 이러한 질문들은 군사력 운용과 건설전략의 본질을 이해하는 데 있어 가장 기본적인 작전적 결함에 관련된 질문들이다.

## 4) 어떻게 군사력을 배비할 것인가?

군사력을 배비하는 데 있어 가장 핵심이 되는 요소들은 영토의 지형적 특성, 보유하고 있는 군사력의 규모, 무기체계 및 장비의 특성, 군수지원 능력(정비시설, 병참보급, 수송로) 등을 들 수 있다.[14] 물론 이러한 요소들은 주어진 작전시간 내에 즉시 이용할 수 있는 것들이어야 한다.

어떻게 군사력을 배비할 것인가라는 질문이 중요한 것은 두 가지 이유 때문이다. 하나는 잠재적인 적들에 대한 위협행사를 위해서, 또 다른 하나는 적들의 기습공격시 대응시간을 줄이기 위해서이다. 즉 군사력을 적절한 곳에 배비함으로써 군사력의 운용태세를 증가시킬 수 있는 것이다. 예를 들어, 몇 년 전 러시아가 전술핵무기를 폴란드와 리투아니아 사이의 발트해로 은밀히 옮긴 적이 있다. 이에 대해 직접적인 위협을 느낀 폴란드는 즉각적인 기지사찰을 요구하였고, 이로 인해 두 나라는 아직까지 마찰을 빚고 있다. 사실 폴란드로서는 러시아의 전술핵무기가 자국 근처에 배치됨으로써 엄청난 군사적 위협을 느낄 수밖에 없는 것이다. 왜냐하면 이것은 폴란드에 대한 러시아의 벼랑 끝 외교정책의 신호탄이 될 수도 있기 때문이다. 또 다른 예를 한 가지 들어보자. 북한의 재래식 무기는 155마일 휴전선 근처 지역에 집중적으로 배치되어 있다. 이렇게 전진 배치된 북한의 군사력은 한미 양국군의 조기경보시간을 단축시킴으로써, 대응시간의 관점에서 볼 때 휴전선 인근에 전진 배치된 우리 군

---

14 우리 군의 자주적 군수능력을 발전시키는 방안에 관한 연구에 대해서는, 홍대권, 「자주군수 능력과 국가안보」(성남: 세종연구소, 1998)를 참조.

의 지상군 병력은 북한군의 기습공격에 취약성이 매우 크다고 할 수 있다. 그러나 역으로 우리가 북한에 대한 기습공격을 감행할 시에는 정반대의 현상이 일어날 수도 있을 것이다. 이처럼 군사력의 전진배치는 반응시간을 줄이고 준비태세를 높일 수 있으나 다른 한편으로는 너무 취약하여 아군이든 적군이든 준비태세가 무의미해질 수도 있는 것이다.

왜 특정의 장소에 특정의 군사력을 배치하는가라는 질문에 전략가들이 제대로 된 대답을 할 수 있다면 이로 인해 발생할 수 있는 문제는 거의 없을 것이다. 그러나 이런 질문에 적절한 대답을 하지 못한다면 배비전략 그 자체는 엄청난 취약성을 드러낼 수밖에 없을 것이다.[15] 배비전략의 핵심은 민첩한 전개가 가능하고, 즉시 투입할 수 있고, 원거리 임무나 장기에 걸친 안정적인 작전을 수행할 수 있도록 끊임없이 군대의 위치를 조정하는 것에 있다. 바로 이것이 전략가들의 임무인 것이다.

이처럼 군사전략 수립시 제기되는 질문들 - 어디에서 군사력을 운용할 것인가? 누구를 대상으로 군사력을 운용할 것인가? 어떻게 군사력을 건설할 것인가? 어떻게 군사력을 배비할 것인가? - 은 다소 포괄적이고 광범위한 방향을 제시하는 것들이 대부분이다. 그러나 이러한 질문들에 공통적으로 흐르는 가장 핵심적인 질문은 바로 군사력을 어떻게 제공할 것인가이다. 달리 표현하자면 우리 군이 앞으로 당면하게 될지도 모르는 전투에 신속히 대응할 태세를 갖추고 있느냐 하는 것이다. 따라서 전략가들의 임무는 군의 대비태세를 유지하기 위해 반드시 준비해야 하는 것이 무엇인지를 찾아내는 데 있다고 할 수 있다.

이를 위해서는 지금까지 필자가 언급한 군사력의 운용, 건설, 배비전략을 조정하는 능력이 전략가들에게 요구되며, 바로 이것이 전략가들의

---

[15] 어떤 장소에 어떤 군사력, 더 좁게 말해서 어떤 군대가 필요한지는 실제 전장상황이 아니고는 알 수 없으며, 전쟁경험이 많은 뛰어난 지휘관이 아니고는 알 수 없는 것이다. 그러나 그것을 이론적으로 설명하는 것은 가능할 것이다.

가장 핵심적인 임무인 것이다. 조정과정은 그 본질상 선택을 요구하게 마련이다. 그러나 어떤 선택이든 그것은 기회비용과 위험부담을 동시에 수반하게 된다. 따라서 그것은 전략가들을 딜레마 상황에 빠뜨리게 할 수도 있다. 하지만 조정의 핵심이 전쟁을 억제하고, 위기가 큰 분쟁으로 발전하는 것을 방지하고, 필요하다면 민첩하고 결정적 승리를 거둘 수 있는 군사력을 구상하는 데 있다는 사실을 전략가들이 제대로 인식하고만 있다면, 이러한 딜레마는 충분히 극복할 수 있을 것이다. 이것이 군사전략의 핵심이다.

## 3. 작전전략의 수립 : 어떠한 군사력을 어떻게 운용할 것인가?

작전전략operational strategy은 작전전구 내에서 일련의 작전들(개별전투의 집합)의 집합으로 정의할 수 있는 캠페인campaigns을 계획, 조정, 통제, 지휘하는 기술이다. 작전전략 능력은 한마디로 적의 공격을 방어하고 후속 군수지원을 하고, 싸울 수 있는 군사력을 창출하기 위해서 어떻게 군을 조직화하고, 훈련시키고, 장비를 갖추어야 하는지, 그리고 분쟁이 벌어진 장소에 언제, 어떠한 부대들을 배치시켜야 하는지를 아는 것을 말한다. 예컨대 미국 클린턴 행정부 초기의 군사기획태세(Bottom-up Review)는 작전전략의 전형적인 예라 할 수 있다.[16]

작전전략의 목표는 단 한 가지 그것은 바로 전구전쟁에서 승리하는 것이다. 작전전략 수립시 제기되는 핵심적인 질문들은 다음과 같다.

ㅇ 군사전략 단계에서 수립된 역할 및 임무를 달성하기 위해서 어떤 군

---

16 Bottom-up Review 문서는 두 개의 주요 지역에서 동시적으로 발생하는 우발사건들에 대해 언제, 어디서, 그리고 무슨 종류의 군사력이 어느 정도 필요한가에 대한 질문들에 대해 세밀한 답을 제시하고 있다.

사력을 어떻게 실전 배치하여 전투에 임해야 하는가?
○ 어떻게 정확한 시간에, 정확한 장소에, 정확한 양으로, 정확한 일을 수행할 것인가?

이러한 작전적 질문들은 다소 협소하고 구체적이다. 왜냐하면 이것은 군 지휘관들에게 요구되는 가장 현실적인 질문이기 때문이다. 작전전략의 성공여부는 다양한 군사력이 시너지synergy 효과를 낼 수 있도록 조화롭게 결합되느냐, 그렇지 않느냐에 달려 있다. 예를 들어, 육·해·공군 간의 통합전력발휘를 극대화하는 작전전략, 즉 통합작전 임무수행을 위해 군사력을 전장으로 효과적으로 동원하는 것에 관련된 결정들은 작전전략 수립에 있어 핵심이 된다. 또한 우리나라처럼 미국과 군사동맹관계를 맺고 있는 경우, 한·미 간의 합동전력 발휘도 작전전략 수립의 핵심이 될 것이다.

하지만 작전전략 수립은 가장 논쟁이 되는 부분이다. 왜냐하면 육·해·공군이 바라보는 전쟁관이 서로 다르고, 또한 군사전략 단계에서 수립된 역할 및 임무에 대해 각 군은 자기네들의 이익을 극대화할 수 있는 방향으로 역할 및 임무를 해석하는 경향이 있기 때문이다. 이로 인해 그들이 주도하는 작전전략과 그에 부합되는 무기체계의 선택을 마련할 가능성이 높아지게 되는 것이다. 따라서 각 군의 상이한 시각과 이해관계를 조정한다는 것은 전략가들에게는 참으로 해결하기 어려운 숙제와도 같은 것이다.

작전전략 수립에서 드러나는 육·해·공군 간의 상이한 시각과 이해관계의 대립은 군 구조를 개혁하는 데 있어 근본적인 장애물이 무엇인지 시사해 준다. 즉, 군이란 것은 사실 단일한 조직이 아니라 서로 경쟁하는 관계에 있다는 사실이다. 이것은 통합전력을 발휘할 수 있는 군사력을 건설한다는 것이 그리 쉬운 과제가 절대로 아니라는 것을 보여주는 것이

다. 하지만 이런 삼군 간의 경쟁은 지극히 자연스러운 것이다. 이런 경쟁
관계를 인정하면서도, 이들 간 이해관계를 조정하여 작전전략을 성공적
으로 수립하는 능력을 갖추는 것, 바로 이것이 전략가들의 핵심 임무인
것이다.

### 4. 전장전략(전술)의 수립: 어떻게 군사력을 실제 전장에서 사용할 것인가?

전장전략, 즉 전술tactics은 실제 전장에서 군사력을 적절히 운용하는
기술이다. 전술수립시 제기되는 핵심적인 질문은 다음과 같다.

　　○ 어떻게 군사력을 실제 전장에서 사용할 것인가?

이러한 질문은 오직 군사력을 전장에서 이용하여, 군사적 임무를 정확
하게 수행하는 데에만 초점을 두는 것이며, 전장전략이라고 부르기도 한
다. 적의 강점과 약점을 잘 이용하고, 결정적으로 공격해야 하는 적의
타격목표를 식별하는 능력이 핵심이 된다. 예컨대 미군의 합동비전 2020
(joint vision 2020)은 전장전략의 대표적인 예라 할 수 있다. 왜냐하면
이 문서는 합동군joint forces으로 적들과 싸우는 데에만 초점을 두고 있기
때문이다.

전술수립 능력은 전투경험이 풍부한 지휘관의 지혜에서 나오는 것이
다. 지휘관의 정신과 개인적 특질 − 어떻게 지휘관이 전투를 바라보는
가, 그리고 어떻게 결정을 내리는가? − 그리고 거의 직관적인 방법으로
결정적인 상태를 시각화할 수 있는 능력에 달려 있는 것이다.[17] 물론 운

---

17 Montgomery C. Meigs, "Operational Art in the New Century", *Parameters*(Spring 2001), pp. 1~2; http://carlisle-www.army.mil/usaws/Parameters/01spring/meigs.htm.

이라는 요소도 절대 무시할 수는 없지만 말이다.

## :: 결 론

전략수립은 거시적으로 볼 때 상기의 5가지 단계로 구성되며, 수많은 개인과 조직이 그 과정에 참여하여 이루어지게 된다(하향식 단계). 이 5가지 단계에서 가장 중요한 단계들은 군사전략, 작전전략, 전장전략(전술) 단계이다. 왜냐하면 국방획득, 더 좁게 무기체계 획득이 바로 이들 단계들로부터 시작되기 때문이다.

전략수립의 5가지 단계를 체계적으로 이해하고, 우리의 전략과 목표를 명확히 하고, 우리가 가진 한계를 냉철히 파악할 수 있어야 한다. 이를 통해 급속히 변화하고 있는 안보환경에 탄력적으로 대처할 수 있는 유연한 전략을 수립할 수 있도록 노력해야 하는 것이다.

전략수립이란 것은 분명히 도전적인 업무이다. 특히 미래의 결정요인들은 많은 수준들 ― 국가이익, 자원, 위협 그리고 기술 등 ― 에서 대단히 유동적이다. 미래는 누가 적이 될 것이며, 어디에 적이 있을 것이며, 위협에 대처하기 위해 군에게 어떤 능력들이 요구되는지를 제대로 파악하기가 매우 어려운 불확실성의 시대가 될 것이다. 그럼에도 불구하고 우리 군은 이러한 불확실성을 기피할 것이 아니라 새로운 전략수립의 원천으로 받아들여야 할 것이다. 왜냐하면 새로운 전략이란 것은 그 본질상 불확실성 속에서 탄생되는 것이기 때문이다.

만약 우리 군이 안보환경의 역동적인 변화에 대응할 수 있는 전략을 수립하는 능력을 가지지 못할 경우, 반드시 그것을 후회할 날이 오게 될 것이다.

■ 보충설명

# 미래 우리 군의 비전과 군사전략은 어떠해야 하는가?
### - 그것은 바로 합동군과 합동작전이다 -

현재 우리를 둘러싼 글로벌 안보환경은 불확실하고 복잡하다. 이러한 환경 속에서 새롭게 부상하는 다양한 잠재적인 위협들은 우리의 안보에 매우 도전적이다. 이러한 도전들에 효과적으로 대처하기 위해서 우리 군은 새로운 군사전략 개념을 수립해야 하고, 또한 그것에 부합할 수 있는 군으로의 변형을 시작해야만 하는 것이다.

한국전쟁 이후 지금까지 우리 군은 '전략과 재원', '전략과 군 구조' 사이의 고질적인 불균형을 지속적으로 반복해 오고 있다. 이로 인해서 현재 우리 군은 견디기 힘든 엄청난 고통을 받고 있는 것이다. 사실 우리를 둘러싼 글로벌 안보환경은 군의 필요성, 즉 그것의 존재이유를 더 많이 강조하고 있다. 왜냐하면 글로벌 안보환경 하에서 파생되고 있는 수많은 문제들은 그러한 조류를 뚜렷하게 볼 수 있는 틀을 제공하고 있기 때문이다.


### ■ 위협의 전 스펙트럼에 대처할 수 있는 군

복잡하고 불확실한 글로벌 안보환경 하에서 우리나라가 주권국가로 생존하고 경제적으로 번영하기 위해서는 - 즉, 국가이익을 제대로 수호하기 위해서는 - 글로벌 이슈들issues에 대한 적극적인 개입에서부터 실제의 전투행위에 이르기까지 참으로 광범위한 범위의 군사활동을 수행할 수 있는 능력이 있어야 하는 것이다.

미래 우리의 군사력 사용은 사활적 이익(예: 영토보전)을 수호하는 데에만 국한되지는 않을 것이다. 오히려 제한된 외교정책적 목표들을 달성하기 위해서 배비되어질 경우가 더 많이 생기게 될 것이다. 만약 우리 군이 국제사회에서 발생하고 있는 각종 분쟁들에 적극적으로 개입하게 된다면, 그것은 동맹국들 및 연합세력들과의 관계를 크게 강화시킬 수 있는 계기가 될 수 있을 것이다. 이로 인해 미래의 잠재적인 적들로부터의 군사공격에 대해 우리는 동맹국가들로부터 튼튼한 안보 우산을 제공받을 수 있게 될 것이다.

첨단기술의 발전은 글로벌 안보환경의 극적인 변화를 야기시켰고, 또한 의사결정에 영향을 끼쳤다. 하지만 역설적으로 이것은 새로운 취약점들을 창출하기도 하였다. 예컨대 케이블 텔레비전Cable TV, 인터넷Internet, 그리고 다른 정보의 급속한 흐름은 위기에 대응하는 데 필요한 시간을 크게 단축시키고 있다. 이것은 우리의 군사 및 정치지도자들에게 과거와는 비교할 수 없을 정도의 '위기관리'crisis management 능력을 갖출 것을 요구한다. 글로벌 안보환경 하에서 파생되는 안보적 문제들과 더불어, 우리 군이 반드시 달성하도록 요청받게 될 작전적 업무들은 분명히 과거보다 더 어려운 것이 될 것이다. 우주기반 능력 및 정보작전에의 의존성이 증대하고 있는 현실을 감안할 때, 정보 전쟁은 특별히 우리 군이 심각하게 안보적 고려를 더 해야만 하는 과제가 될 것이다.

우리를 둘러싼 잠재적인 적들은 우리의 총체적인 안보적 의지를 좌절시키려는 목적을 가지고 우리에 대한 군사공격을 감행할 시, 주로 비대칭적 접근방식을 선택할 것이다. 바로 이러한 이유 때문에 우리 군은 대칭 및 비대칭적 위협 모두에 대처할 수 있는 강하고, 유연하고 그리고 다재다능한 군사능력들을 유지하도록 노력해야 하는 것이다. 그러한 능력들은 억제할 수 있어야 하고, 억제가 실패할 경우에는 결정적이고 압도적인 힘으로 이들 도전세력들을 격퇴시킬 수 있어야만 할 것이다.

## ■ 합동군으로의 발전

우리 군이 미래에 직면할 수 있는 분쟁유형의 범위는 대폭적으로 확대되어질 것이다. 따라서 군사작전의 완전한 스펙트럼spectrum에 걸쳐서 탄력적으로 대응할 수 있는 능력들을 보유하는 것이 절대적으로 필요하다. 이것은 신속하고, 결정적인 작전들을 수행할 수 있는 합동군joint forces으로의 변형을 요구한다.

합참은 각 군의 변형노력들을 지속적으로 감독하고 관리하는 업무에 주된 초점을 두어야 한다. 또한 합참은 전투융합이 궁극적인 목표이고 성공의 핵심인 전장의 공통작전그림을 제공하기 위해 상호운용성을 발전시키는 데 초점을 두고 일을 수행해야 할 것이다. 이를 위해서는 요즘 미군이 사용하고 있는 신속결정작전RDO: Rapid Decisive Operations 개념을 우리 합참 차원에서 실험의 대상으로 한번 도입하여 운용해 보는 것도 좋을 것이다. 이것은 합동군으로의 변형을 위한 주요한 매개체로서, 전투실험 및 평가를 위해 필요한 의사결정을 하는데 필요한 환경을 제공하고, 그리고 미래 우리 군의 변형전략의 비전vision을 수립하는데 많은 도움을 줄 수 있을 것이다.

합참의 이러한 노력에 적극적으로 부합하기 위해서 각 군은 합동군 개념을 향해 가는데 반드시 직접적인 도움이 될 수 있는 그들 나름의 변형 프로그램들을 수립, 집행해야 할 것이다. 이 과정에서 각군의 변형노력들은 적어도 세 가지 활동영역에 그 초점을 두어야 하는데, 그것은 다음과 같다.

○ 장교 및 부사관들의 교육과 훈련에 많은 비용을 투자하는 것
○ 합동목표들을 달성하기 위해 새로운 교리와 조직을 발전시키는 것
○ 합동실험과 연습을 지속적으로 수행하는 것

이 세 가지 중요한 이슈들은 우리 군의 합동노력의 발전을 가속화시킬 것이다. 따라서 변형, 혁신, 그리고 합동실험은 2003년에 등장하는 차기 행정부의 국방검토 부문에 반드시 포함되어져야 할 것이다. 그리고 상호운용성은 모든 새로운 무기체계 획득에 있어 협상의 여지가 없는 원칙, 혹은 지표가 되어야 할 것이다.

## ■ 합동작전으로의 발전

합동군 개념은 각군의 의사결정과정에 깊숙이 스며들어가게 해야 하며, 모든 작전적 사고를 이끌어가는 원동력이 되어야 할 것이다. 합동군 속으로 군의 능력들을 통합하는 것은 정보, 교리, 조직, 그리고 무기체계 및 장비 등의 모든 분야들을 포함해야만 한다. 미래 합동군의 C4I는 연대 및 대대급 수준까지 확대될 수 있도록 해야 할 것이다.

합동군사령관(3성장군급으로 충원)은 싸우기 위해 각군이 제공할 수 있는 개별능력들이 무엇인지, 그리고 같이 싸우는 동맹 및 연합세력들과의 통합이 가능한 적절한 분야가 무엇인지에 대해 정확하게 이해하고 있어야 한다. 이것은 우리의 국가이익을 수호하고, 위협을 억제하고 또한 분쟁의 전 스펙트럼spectrum에 걸쳐서 싸우고 승리를 하는데 있어 필수적으로 요구되는 능력이다.

합동군은 글로벌 안보환경으로부터 파생되는 다양한 문제들에 대처하는 데 필요한 가장 좋은 능력들을 군사 및 정치 지도자들에게 제공하게 될 것이다. 각 군의 시너지synergy를 최대한으로 이용할 수 있는 전략과 교리를 발전시키고, 합동 프레임워크joint framework 속으로 정보, 군수지원, 그리고 국방획득과 같은 각 군의 개별 활동들을 통합시키려는 노력을 기울여 나감으로써 우리 군은 미래의 군사적 위협에 대처하는 데 요구되는 합동작전 능력들을 자연스럽게 구축할 수 있을 것이다. 하지만 각 군 사이의 문화적 차이를 관리하고, 그들의 개별적인 활동들을 통합시키는 작업은 그리 쉬운 일이 아니라는 사실을 우리의 군사 및 정치지도자들은 알고 있어야 할 것이다. 왜냐하면 정말로 강력한 리더십leadership이 없다는 이러한 과제들은 결코 달성할 수가 없기 때문이다.

예산제약 및 인구통계학적인 도전들은 변형을 위한 요구를 수행하는 데 있어 중요한 변수들이다. 시간이 가면 갈수록 각군의 개별 프로그램들을 수립, 집행하는 데 필요한 재원을 마련하는 것이 더 어렵게 될 것이고, 또한 양질의 병력을 충원하고 보유하는 것이 더 어렵게 될지도 모른다. 따라서 상호운용적인 합동 프로그램들은 개별적으로 소모하는 비용을 낮출 수 있을 것이며, 불필요한 중복을 피하는 데도 도움이 될 것이다. 물론 이것은 현재 우리 군의 준비태세, 유연성 그리고 치명성을 개선해야만 달성가능한 것이다. 우리의 군사 및 정치지도자들은 합동군이란 것이 육군, 해군, 공군 그리고 해병대와 같은 네 개의 강한 군의 네 가지 버전version으로 가는 것이 아니라는 사실을 똑바로 인식하고 있어야 할 것이다.

합동성을 목표로 하여 각 군을 현대화하기 위해서는 가까운 장래에 국방예산을 반드시 증액시켜야만 한다. 각 군 전체에 걸친 상호운용성과 효용성의 높은 수준을 보여주는 것을 입증하는 새로운 프로그램들은 개별적인 프로그램들에 대한 절약을 창출하고, 또한 우리 군의 합동작전 능력들을 증진시킬 것이다. 합참에 의한 합동획득은 총체적인 합동비전vision의 중요한 요소가 될 것이며, 또한 합동변형을 향한 노력이 성공하는 데 참으로 큰 역할을 수행하게 될 것이다.

합동작전Joint Operations이란 일반적으로 육·해(해병대)·공군 가운데 2개 이상의 군이 함께 군사작전을 수행하는 것을 의미한다. 그렇게 하는 이유는 총체적인 전투효과성을 증대시키기 위해서이다. 특히 대칭 및 비대칭적 위협이 얽히고 설켜서 발산되는 작금의 복잡하고 불확실한 안보적 도전들에 대처하는 데에는 완전히 통합된 합동군joint forces에 의해 제공되는 특별한 작전술(operational art)이 요구된다.

이러한 작전술은 전투지역의 깊이depth, 넓이breath, 그리고 높이height 를 가로지르는 동시작전을 포괄적으로 수행하는 데 필수적으로 요구 되는 능력이다. 이러한 능력이 배양된다면 그것은 가장 적은 투자로 가장 효과적인 결과를 산출하게 될 것이다. 바로 이러한 이유 때문에 우리 군은 합동작전에 관한 새로운 군사전략과 군사교리를 시급히 개 발해야만 하는 것이다.

현재 우리 군도 전쟁수행에 있어 합동작전은 이미 필수적인 것으로 간주하고 있으며, 이에 반대하는 지휘관은 사실 찾아보기가 어렵다. 그러나 합동작전에 대한 이러한 만장일치는 합동작전이 무엇인가, 그 리고 그것을 어떻게 수행할 것인가에 관련된 질문을 둘러싼 심도 깊은 논의에서 나온 것은 물론 아니다. 왜냐하면 아직까지 우리 군은 전투 효과성을 극대화하기 위해 어떻게 상이한 배경을 가진 육·해·공군 을 조화롭게 이용해야 하는가라는 질문에 대해 명쾌한 답을 제시하지 못하고 있기 때문이다.

### ■ 전문화와 시너지즘

합동작전에 대한 육·해·공군의 공통적인 공감과 이해에도 불구 하고, 그 기저에는 적어도 두 가지 상충되는 시각이 자리 잡고 있다. 즉 전투효과성을 극대화하기 위해 어떻게 상이한 배경을 가진 육· 해·공군을 조화롭게 이용해야 하는가라는 질문을 둘러싼 논쟁이 자 리 잡고 있는 것이다.

그 가운데 하나는 총체적인 전투효과성을 극대화하기 위해서는 주 어진 임무를 수행하는 데 있어 가장 전문성을 가진 군이 주도가 되고 나머지 군들은 그 군을 보완하는 방향으로 작전을 수행하자는 시각이 다. 이것을 우리는 '전문화'specialization 시각이라고 부른다.

또 다른 하나는 높은 전투효과성은 특정 군이 주도가 되고, 다른 군의 능력들은 그것을 지원, 보완함으로써 달성되어지는 것이 아니라, 오히려 각 군의 능력을 총체적으로 결합하여 작전을 수행해야만 최대의 전투효과성을 달성할 수 있다는 것이다. 이것을 우리는 '시너지즘'synergism 시각이라고 부른다.

따라서 군사작전을 수행하는 데 있어 우리가 어떤 시각을 취하느냐에 따라 상이한 작전행위와 군 구조를 이끌게 되는 것이다.

합동작전에 대한 이러한 토론은 마치 목수가 일을 할 때 연장통toolbox에서 쉽게 도구를 꺼내어 사용하는 것처럼, 군 지휘관도 작전을 수행할 때 필요할 경우, 언제든지 쉽게 이용할 수 있는 육·해·공군이 미리 준비되어 있다고 가정하고 있는 것처럼 보인다. 달리 표현하자면 이것은 마치 육·해·공군이 연장통 안의 내용물인 것처럼 합동사령관(목수)에게 모든 군(연장)이 이용 가능한 것으로 생각하는 유추라 할 수 있는 것이다. 이러한 유추에서 합동군 사령관은 연장통 안에 육군, 해군, 해병대, 그리고 공군의 표시가 담겨 있는지에 상관없이 연장통으로부터 일을 수행하는 데 필요한 군을 즉시 끄집어내어 사용할 수 있다고 생각하는 것이다.

합동작전의 전문화 시각을 고수하는 자들은 연장통 유추는 정확히 옳은 것이며, 합동군사령관은 연장통을 열어 작전을 수행하는 데 가장 적합한 도구를 선택할 것이라고 말한다. 예컨대 만약 전략폭격 캠페인campaign을 계획하고 실행하도록 요구된다면, 합동군사령관은 전략폭격 캠페인에 관해 가장 정통한 군(예: 공군)에게 그 임무를 할당할 것이다. 반면 시너지즘을 주창하는 자들 또한 이러한 연장통 유추는 정확하게 옳은 생각이라고 말은 할 것이다. 하지만 이들은 합동군사령관은 육·해·공군으로부터 올바른 도구를 결합하여 작전을 수행할 것이라고 생각한다. 예컨대 전략폭격 캠페인을 수행할 경우, 합동군사령관은 육·해·공군으로부터 이용 가능한 모든 공중자산들을 가장 생산적인 방식으로 결합할 것이라는 것이다.

이러한 두 가지 관점의 작전적 함의는 무력사용과 관련하여 크게 차이가 난다. 전문화의 본질은 각 군의 전문화 노선에 따라 전투책임을 명확하게 구분하고 차별화하는 것이다. 그것은 어떤 단일 서비스의 통합된 전통, 교리, 훈련(기강) 그리고 절차에 내재하고 있는 효율성을 이용하는 것이다. 반면 시너지즘은 어떤 단일 서비스, 혹은 개별 서비스 공헌의 합이 산출하는 것보다 더 높은 전투 산출을 제공하기 위해 임무에 기초하여 특별한 서비스의 강점들을 혼합하는 것이다.

합동작전을 바라보는 전문화와 시너지즘의 두 가지 시각은 다소 과장된 논의일 수도 있겠지만, 분명한 것은 이를 통해 두 시각의 차이점을 뚜렷하게 구분할 수 있다는 사실이다. 하지만 실제 세계에서 두 시각은 그렇게 대조적이지 않으며, 사막의 폭풍작전에서 입증되었던 것처럼 실제분쟁에서 군의 무력은 전문화와 시너지즘의 두 가지 측면 모두를 포함해서 사용되게 마련이다. 그러나 합동작전을 둘러싼 이 두 가지 상이한 시각은 합동작전을 둘러싼 토론의 기초가 된다는 것은 분명하다. 비록 두 가지 관점이 합동성에 관해 나름대로 설득력이 있는 주장을 이끌고 있는 것은 분명하지만, 솔직히 어떤 관점도 다른 관점보다 우월하지 못한 것이 사실이다.

【 출처: 김종하, "미래 우리 군의 비전과 군사전략은 어떠해야 하는가?: 그것은 바로 합동군과 합동작전이다", 「해병대」 (2002년 12월), 제20호, pp. 18~25. 】

# 제 2 장
# 미래전장환경에 대비한 국방조직 발전방향:
# 상부구조를 중심으로

국방개혁은 시시각각 변화하는 안보상황에 탄력적으로 대처하기 위해서 언제, 어디서, 왜, 그리고 어떻게 군이 변해야 하는가라는 문제를 근본적으로 이끌어가는 중요한 주제다. 그것은 '고강도'High-intensity에서 '저강도'Low-intensity에 이르기까지 전쟁의 전 스펙트럼Full spectrum에 대처하고, 반드시 싸워 이길 수 있는 군을 만든다는 목표를 향해 나가는 과정 속에서 생성되는, 군이 존재하는 한 끊임없이 등장하게 될 수밖에 없는 주제인 것이다.

현재 우리 군의 국방기획가들이 실무에서 직면하고 있는 가장 큰 도전은 육·해·공군이 본래 필요로 하는 전통적인 군사능력(재래식 군사능력)을 유지하면서도, '정보기술'Information technology의 혁명적 발전이 가져오는 엄청난 잠재력을 가장 잘 활용할 수 있는 군을 어떻게 만들어 나가느냐 하는 것이다. 즉 현존 군 구조를 급격하게 변화시키지 않으면서도, 그것에서 발산되는 고질적인 '타성'Inertia − 자군 중심주의 − 을 어떻게 슬기롭게 극복하여, 정보기술 혁명에 토대를 둔 육·해·공군 간의 '합동성'Jointness을 최대한으로 발휘할 수 있는 군사력을 건설해 나갈 것인가? 이것은 아마 국방개혁, 특히 군 구조개혁에서 가장 큰 도전일 것이다.

사실 수십 년간 지속돼온 육·해·공군 간의 자군 중심주의 사고를 극복하고, '합동성'을 강화하는 방향으로 구조개혁을 단행하는 것은 결코 쉬운 일이 아니다. 왜냐하면 '합동'Joint이란 것이 육·해·공군 간의 '평등'Equal을 의미하는 것이 아니기 때문이다. "합동성은 목표 그 자체가 아니라, 미래 위협의 불확실성과 신속성에 대처하기 위한 수단으로서"[1] 최상의 전투효과를 산출하기 위해 육·해·공군이 보유한 '역량' Competence을 효율적·효과적으로 혼합하는 것을 의미하는 것이다. 이 때문에 "신뢰와 이해는 진정한 합동성이 세워질 수 있는 유일한 기초"[2]가 되는 것이다. 이것이 없으면 각 군 간의 갈등으로 인해 합동성을 향한 군 구조 개혁은 성공하기가 대단히 어렵다.

1960년대 말부터 1970년대까지 박정희 대통령 시절에 이루어졌던 특검단에 의한 통합군제 연구, 1980년대 중반 전두환 대통령 시절의 군 구조 연구, 80년대 말 노태우 대통령 시절의 818계획, 그리고 이후 진행되었던 다양한 국방개혁들이 제대로 추진되지 못하고, 중단될 수밖에 없었던 가장 큰 이유 가운데 하나가 바로 구조개혁을 둘러싼 각 군 간의 갈등을 정치적으로 적절히 조정하지 못했기 때문이었다.[3]

노무현 정부에 들어와 '협력적 자주국방' 추진의 일환으로, 과거 역대 정권이 추진하다 실패했던 국방개혁을 다시 추진하고 있다. 그러나 이것이 역대정권의 개혁과 차이가 나는 것은 그것을 법제화하여 중·장기적인 계획하에 일관되게 추진하려 하고 있다는 점이다.[4] 이렇게 하는 이유는 노무현 대통령의 다음과 같은 발언에서 잘 드러나고 있다. "국방개혁이 그 내용에 있어서 여야간 정치적 이해관계가 대립하는 것이 아님에도 역대정부가 다 성공하지 못한 것은 그 나름의 장벽이 있기 때문이다."[5]

---

1 Douglas A. Macgregor, "The Joint Force: A Decade, No Progress", *Joint Force Quarterly* (Winter 2000-01), p. 23(online).

2 Lawrence B. Wilkerson, "What Exactly is Jointness?", *Joint Force Quarterly* (Summer 1997), p. 68(online).

3 윤광웅, "국방조직 현황과 발전방향", 한국군사학회 주최, 제8회 국방·군사세미나, 한국의 국방조직 발전방향, 2000년 4월 14일, 자운대 충무관 소강당, pp. 117~119.

4 국방부, "국방개혁 추진방향", 국방개혁 추진방향간담회 자료(2005년 7월 7일), p. 6~3.

여기에서 '장벽'이란 다름 아닌 '군내 기득권'을 우회적으로 표현한 것으로 볼 수 있을 것이다.

사실 한국군은 한국전쟁 이후 지금까지 꾸준히 성장, 발전하여 상당한 규모의 군사력을 보유하고 있다. 그러나 아직까지 독자적인 전쟁수행능력과 권한을 갖고 있지 못하다. 자주국방을 실현하기 위해서는, 위기시 동맹, 혹은 연합세력으로부터 도움을 받는다 하더라도, 독자적인 전쟁수행능력을 어느 정도는 갖추고 있어야 하는 것이다. 비단 이런 당위적 요청이 아니더라도, 1991년 걸프전 이후부터 빠르게 변화하고 있는 전쟁수행방식은 우리 군에게 강력한 변화를 요구하고 있다.

산업화시대의 전쟁이 개별 플랫폼Platform중심의 전투개념으로, 육지, 바다, 하늘이 분리되어 작전이 수행되는 소모적인 특성을 가지고 있다면, 네트워크화된 지식·정보중심전은 육·해·공으로 분리된 각 플랫폼의 네트워크Network화를 통한 시너지Synergy효과를 이용하여 작전이 수행되어지는 신속결정적인 특성을 가지고 있다. 냉전 이후 벌어진 걸프전(1991), 코소보전(1999), 아프가니스탄전(2001), 이라크전(2003)은 네트워크화된 지식·정보중심전에 토대를 둔 '신속결정작전'RDO: Rapid Decisive Operation이라는 새로운 전쟁수행방식을 보여주었다.[6]

이런 새로운 전쟁수행방식은 우리의 사고력을 확대시키고, 진부하고 낡은 전쟁개념(소모전)에서 탈피하여, 새로운 군사력, 소위 네트워크화된 지식·정보중심전 하에서 전쟁을 수행할 수 있는 능력을 빠른 시일 내에 갖추어야 한다는 사실을 가르쳐 주고 있다. 이런 능력으로의 변화는 기존 육·해·공군 간의 상대적 중요성을 적잖이 변경시키게 될 것이다.

---

5 「연합뉴스」, 2005년 6월 29일(인터넷판).
6 신속결정작전은 적이 예상치 못한 시간과 장소에 다정면으로 비대칭전력을 포함한 분권적 합동전력을 동시적, 병행적, 비선형적, 비대칭적으로 운용하여 적을 신속하고 결정적으로 격멸하는 작전수행방식이다. 이에 대해서는, 배기수, "이라크전에 적용된 새로운 군사작전이론", 「군사논단」, 통권 제35호(2003년 여름)를 참조.

이러한 맥락에서 본 장은 냉전 이후 벌어진 걸프전, 코소보전, 아프가니스탄전, 이라크전 분석을 통해 미래전 추세를 파악하고, 그것으로부터 얻은 교훈이 미래 한국의 작전환경에 적절히 부합되는지를 분석하고, 그것을 토대로 우리 군의 구조, 특히 상부구조(국방부 및 합참)의 문제점이 무엇인지를 평가하고, 육·해·공군 간의 통합전투력 발휘를 최대한으로 보장할 수 있는 상부구조 개혁방안을 제시하는 데 목적이 있다.

## :: 미래전 추세분석

냉전 이후 벌어진 걸프전, 코소보전, 아프가니스탄전, 그리고 이라크전에서 미군을 비롯한 연합군이 수행하였던 군사작전의 내용을 자세히 살펴보면, 앞으로 다가올 가까운 미래에 군사작전을 수행하는 데 크게 영향을 끼칠 수 있는 몇 가지 추세들Trends을 파악하는 것이 가능할 것이다.[7]

### 1. 기본가정

냉전 이후 네 차례에 걸쳐 전쟁이 발생했다는 사실은 가까운 미래도 그렇게 평화롭지만은 않을 것이라는 암시를 주고 있다. 냉전 이후 벌어진 전쟁에서 드러난 뚜렷한 추세들은 앞으로 혁명적인 신기술들이 등장한다 하더라도 급격하게 바뀌지는 않을 것이다. 왜냐하면 새로운 기술,

---

[7] 우리 군이 미래를 준비하는 과정에서 반드시 명심해야 하는 것은 과거의 전쟁 사례로부터 배우는 교훈을 문자 그대로 현실에 적용하는 것은 대단히 위험할 수 있다는 사실이다. 물론 과거전쟁에 대한 사려 깊은 연구는 각군의 교리교범이나 전문군사교육에 필수적인 요소로 남아 있어야 하겠지만, 1991년 걸프전 이전에 경험했던 전쟁사례들에 대해서는 조심스럽게 이해할 필요가 있다. 특히 그것이 다가올 미래전에의 적용을 위한 것이라면 더 조심할 필요가 있을 것이다.

그 자체만으로는 전적으로 새로운 전투방식을 불러일으키지 못하기 때문이다. '군사면의 혁명'RMA: Revolution in Military Affairs을 분석하는 학자들은 새로운 기술은 반드시 그에 상응하는 조직적·교리적 변화가 수반되어야 전적으로 다른 전투방식을 불러온다고 주장하고 있다.[8] 조직적·교리적 변화가 뿌리를 내리고, 성장하고 그리고 새로운 능력으로 진화하는 데는 통상 20~30년 정도가 요구된다. 따라서 이런 RMA의 본질을 받아들인다면 냉전 이후 벌어진 네 가지 전쟁의 분석으로 드러나는 추세들은 다가올 가까운 미래전(10~15년)에도 충분히 적용될 수 있다고 판단된다.

현대 전쟁의 다양성은 '고강도'에서 '저강도'에 이르기까지 전쟁의 전 스펙트럼에 대처할 수 있는 능력을 가질 것을 요구한다. 특히 '비대칭' Asymmetry은 군을 보유한 국가들 모두가 탐내는 능력이 되고 있다. 재래식 군사력의 불균형은 잠재적인 적들이 '비대칭전'Aysmmetric warfare을 수행하도록 유도하고 있다.[9]

미래전의 분석은 군사전략 및 작전의 모든 측면을 다 검토할 수가 없다. 우주기반자산에 대한 지상, 해상, 그리고 공중작전의 의존성 증대는 평가하기가 대단히 어렵다. 뿐만 아니라 정보작전, 공중 및 미사일 방어, 그리고 전쟁 이외의 군사작전MOOTW: Military Operation Other Than War[10]과 같은

---

8 정찰타격복합체 및 군사기술 혁명(Reconnissance-Strike Complex and Military-Technical Revolution), 군사면의 혁명(Revolution in Military Affairs), 그리고 변혁(Transformation)의 개념 및 내용에 대해 잘 설명한 글에 대해서는, Ian Roxborough, "From Revolution to Transformation: The State of the Field", *Joint Force Quarterly* (Autumn 2002)를 참조.

9 David L. Grange, "Asymmetric Warfare: Old Method, New Concern", *NSF Review*(Winter 2000)(internet edition); Robert David Steele, "The Asymmetric Threat: Listening to the Debate", *Joint Force Quarterly*, No. 20(Autumn/Winter 1998-99).

10 이에 대해서는, Kevin Avruch, James L., Narel and Pascale Combelles Siegal, *Information Campaigns for Peace Operations*, C4ISR Cooperative Research Program (March 2000)(internet edition); John A. Gentry, "Complex Civil-Military Operations: A U.S. Military-Centric Perspective", *NWC Review*(Autumn 2000)(internet edition); Richard J. Rinaldo, "Warfighting and Peace Ops: Do Real Soldiers do MOOTW?", *Joint Force Quarterly*, No. 14(Winter 1996-97); Eugene V. Rostow, "IS UN Peacekeeping a Growth Industry?", *Joint Force*

분야는 쉽사리 추세분석을 허용치 않는 영역이다.

과거 전쟁을 분석하는 것은 미래전 수행에 관한 관찰능력을 발전시키는 데 있어 어느 정도 한계가 있는 것이 사실이다. 그럼에도 불구하고 가설이 아닌 사실적인 증거에 토대를 둔 분석은 가까운 미래에도 적실성을 가질 수 있는 전략적 현실, 군사능력 그리고 가능한 기술적 추세들을 강조하는 데 도움이 되고, 또 그것을 통해 가까운 미래에 발생할 수 있는 전쟁에 대비하는 데 필요한 통찰력(교훈)을 얻는 것도 가능케 될 것이다.

## 2. 전략적 현실, 군사능력, 기술적 추세

### 1) 전략적 현실(정치·군사적 추세)

첫째, 최근의 전쟁 발발 지역을 살펴보면 유럽Europe으로부터 막대한 경제적 중요성과 다양한 안보적 도전들로 가득 찬 아시아Asia 지역으로 움직이고 있음을 보여준다. 냉전기간 동안 유럽에서 미국은 구소련의 위협에 대응하기 위해 북대서양조약기구NATO와 같은 동맹체에, 그리고 아시아에서는 쌍무적 동맹관계(한·미, 미·일동맹)에 의존했다. 그러나 걸프전, 코소보전, 아프가니스탄전, 이라크전에서의 연합Coalitions세력은 미국에 의해 주도되는 군사작전 수행에 관한 국제적 지지를 얻기 위한 방편으로 주로 '임시적'ad hoc접근으로 조직되어졌다. 이것은 과거 동맹관계를 특징지었던 '장기적 결혼' 관계가 이제는 이해관계에 따른 '일시적 동거' 관계로 전락하고 있음을 보여주는 것이다.

둘째, 냉전시기와는 달리 미국에 대한 동맹국가들의 공헌은 전투군을 직접적으로 제공, 혹은 지원하기보다는 주로 정치적 지지나 시설 제공과

---

*Quarterly*, No. 4(Spring 1994). 비대칭능력 보유는 피아간의 강약, 우열, 대소를 계량적으로 판단할 수 없어 서로가 선제공격을 자제하게 된다.

같은 형태를 보여주고 있다. 미국과의 연합군사작전 수행에서 드러난 추세는 비록 특수작전부대나 수송지원과 같은 '틈새능력'Niche capabilities의 제공을 통한 동맹국들의 공헌은 나름대로 귀중한 것으로 남을 수 있겠지만, 미국과 동맹국들 사이에서 드러난 심각한 군사력 격차는 미래에도 그런 불균형이 더 심화될 것임을 보여주고 있다. 예를 들어 코소보전을 수행하는 과정에서 유럽과 미국 간의 심한 군사력 격차가 드러났는데, "미국은 출격임무의 대부분을 담당했고, 또 세르비아와 코소보에 투하된 정밀유도폭탄은 거의 전부가 미국제였다". 또한 "미국은 또 첨단기술을 활용한 정보수집 능력면에서 타의 추종을 불허해 미국 정보소스Source에서 폭격 목표의 99%가 나왔다." 그리고 "상당한 군사력을 보유하고 있다고 자부하는 영국조차도 출격한 항공기의 4%, 투하된 폭탄의 4%만을 기여할 수 있었다"[11]는 것은 이러한 주장을 충분히 뒷받침하는 것이다.

셋째, 군사작전 수행시 미국의 해외기지 접근 노력은 앞으로 더 복잡하고 어려워질 가능성이 높다. 특히 공격작전을 수행하기 위한 것일수록 더욱더 그럴 것이다. 특히 아시아 지역의 경우에는 유럽이나 중동보다 군사적 하부구조가 덜 발달되어 있고, 기지밀도 또한 낮다. 이 때문에 이 지역에서의 미국의 전력투사는 종종 좌절될 가능성이 높을 것이다.

넷째, 최근 이라크전 사례에서도 뚜렷하게 드러났듯이, 적들은 인명손실 및 부수적 피해Collateral Damage[12]에 대한 국제적 여론을 최대한으로 활용하여 미국을 압박하고, 또 미국과 연합국가들의 결속력을 약화시키는 작전을 추구하고 있다. 그것에 실패할 경우에는 공중방어, 위장, 은닉,

---

11 로버트 케이건/홍수원 옮김, 미국 vs 유럽 갈등에 관한 보고서 (서울: 세종연구원, 2003), p. 82. 이 책의 원제목은 Robert Kagan, *Of Paradise and Power: America vs Europe in the New World Order* (Alfred A. Knopf, Inc., 2003).

12 미공군은 부수적 피해(collateral damage)를 "적의 병력이나 군사시설에 대한 군사행동 내지는 공격의 결과로서 발생하는 군사적 또는 비군사적 주변 자원에 대한 피해"로 규정하고 있다. 미 공군본부, Air Force Manual 11-1, *Air Force Glossary of Standardized Terms* (HQ, USAF, 1989).

기만, 분산, 기동, 그리고 견고한 시설을 활용하여, 연합군사 행동에 대한 취약점을 감소시키는 작전을 추구하고 있다.

다섯째, 핵 및 생화학무기와 같은 '대량파괴무기'Weapons of Mass Destruction의 확산은 미국의 강력한 재래식 군사력 우세에 대한 비대칭적 대응에서 나오는 것이다. 이러한 추세의 지속은 유사한 변화가 미래에도 계속 일어날 것이라는 점을 암시해 주고 있다.

## 2) 군사능력

첫째, '전장상황인식'Battlefield Situational Awareness능력이 걸프전, 코소보전, 아프가니스탄전, 이라크전을 거치면서 지속적으로 증대되고 있다. 이것은 전장관리BM: Battle Management, 정보·감시·정찰 센서ISR sensor 그리고 타격 플랫폼strike platforms: PGMs의 결합에 의해 창출되는 킬 체인(kill-chain: 파괴과정)을 단축시키고 있다. 1991년 걸프전(Desert Storm 작전)에서 토마호크 지상공격 크루즈미사일LACM: Land Attack Cruise Missile의 표적선정 사이클은 수일이 걸렸던 반면, 1999년 코소보(Allied Force 작전)에서는 이것이 101분으로, 2001년 아프가니스탄(Enduring Freedom 작전)에서는 두자리 숫자로 떨어졌고,[13] 그리고 2003년 이라크전(Iraqi Freedom 작전)에서는 45분 정도로 감소되어졌다.

둘째, 이러한 상황인식력의 증대는 신중한 기획에서 적응력이 있는 기획으로의 변화, 그리고 역동적인 군사작전의 동시적인 실행을 가능케 하고 있다. 냉전의 유산인 신중한 기획 - 사전에 가상적인 전쟁에 대비하여 작전계획Operation Plan을 발전시키는 것 - 과정은 역동적인 군사작전에 반대되는 다소 정형화된 제도적 절차를 강조한다. 그러나 걸프전, 코소보

---

13 Mike Mullen, "Capture the Vision", *United States Naval Institute Proceedings* (April 2002), p. 37.

전, 아프가니스탄전, 이라크전에서는 적응성이 있는 기획과 역동적인 군사작전 둘 다를 강조하고 있음을 보여주고 있다.[14] 예컨대 걸프전에서 표적의 대략 80% 정도는 지상기지, 혹은 항공모함 갑판을 이륙하기 전에, 20% 정도는 항공기 출격 이후에 선정되어졌다. 코소보전에서는 미항공기가 발진한 후에 표적점Aim points이 선정되어진 비율이 대략 40% 정도였고, 아프가니스탄전에서 미 해군 소티Sortie의 대략 80% 정도는 발진 후에 표적이 제공되어졌다. 이것은 걸프전의 4배, 코소보전의 작전비율의 거의 두 배 정도다(이라크전에서의 통계는 미확인).

셋째, 과거 걸프전 이전의 대규모 군사작전과 비교해 보았을 때, 최근 전쟁에서는 사망자 수가 급격하게 감소되고 있다. 높은 인명피해를 유발시키려는 적의 노력에도 불구하고, 미군을 비롯한 연합군의 전투손실은 통계적으로 미미한 수준에 불과했다. 미군의 경우 한국전쟁 3년 동안 34,000여 명이 전사했고, 1961년부터 1975년까지 베트남 등 인도차이나Indochina에서 58,158명이 전사했다. 이와는 대조적으로 45일간에 걸친 걸프전 기간 동안 미군측 전사자는 146명만에 불과했다. 이는 하루에 3.2명 정도의 사망자 비율이다. 걸프전에서 전사한 146명은 15년 기간으로 환산할 때, 대략 17,760명, 혹은 베트남에서 당한 전투손실의 대략 30% 정도에 해당되는 비율이다. 코소보전에서 미군은 인명피해를 전혀 겪지 않았고, 아프가니스탄전에서는 16명의 미군이 2001년 10월에서 2002년 8월 사이에 전사했다.[15] 그리고 이라크전에서는 2003년 3월 20일부터 5월 1일 전쟁승리 공식선언까지 총 138명의 미군이 사망하고, 550여 명이 부상당했다.[16] 걸프전에서는 대략 1,500여 명의 이라크 군인들이 전사했고, 대

---

14 사려깊은(신중한) 기획과 역동적인 군사작전은 상호배타적인 것이 아니다. 탁월한 역량을 갖춘 군은 미래의 분쟁양상을 예측하면서, 신중하게 계획하고 그리고 실제분쟁이 발생했을 때, 역동적인 군사작전을 수행할 수 있도록 만반의 준비태세를 유지해야만 하는 것이다.

15 *The New York Times*, 21 December 2002.

16 「한겨레신문」, 2004년 5월 5일(인터넷)

략 3,000여 명이 부상당했다(민간인 피해는 최대 2,500~3,000명에 달한다).[17] 반면 코소보전에서 세르비아군의 손실은 밝혀진 것이 없지만, 민간인 피해는 대략 500여 명 정도다.[18] 이처럼 적과 비교해 보았을 때, 낮은 미군 사망자 비율은 상황인식력 증대에 토대를 둔 새로운 작전능력(항공력에 토대를 둔 작전기획),[19] 생존력이 대단히 뛰어난 플랫폼(예: 스텔스 항공기), 그리고 적의 공격으로부터 미군의 취약성을 보호(예: 사상자 발생 최소화)하기 위한 다양한 정치·군사적 지침[20] 등에서 그 원인을 찾을 수 있을 것이다.

넷째, 군사작전의 범위가 크게 확대되고 있다. 이러한 추세는 '반접근'Anti-access 및 '지역거부'Area denial의 문제, 그리고 원거리 지역으로 전쟁

---

17 John Heidenrich, "The Gulf War: How Many Iraquis Died?", *Foreign Policy* (Spring 1993), p. 124.

18 Human Rights Watch, *Civilian Deaths in the NATO Air Campaign* (2000), http://www/hrw.org/reports/2000/nato/index.htm.

19 이에 대해서는, Stephen T. Hosmer, *Effects of the Coalition Air Campaign Against Iraqi Ground Forces in the Gulf War* (Santa Monica: Rand Corporation, 2002); Susan B. Glasser, "Pakistani Families Confront Toll of Forbidden Holy War: Son's Decisions to Defy Government Often Prove Fatal", *The Washington Post*, 2 December 2001, p. A26 내용을 참조.

20 루트왁(Edward Luttwak)은 베트남 전쟁이후 미국방성의 고위 관료들 및 군 장교들이 어떻게 미군이 전쟁에 개입할 것인지를 토론하는 과정에서 전투의 가능성, 그리고 발생가능한 미군 사망자 비율에 대한 고려가 변함없이 지배적이었다는 사실을 관찰한 적이 있다. Edward N. Luttwak, "A Post-Heroic Military Policy", *Foreign Affairs* (July/August 1996), p. 36. 그리고 참고적으로 전쟁에 대한 대중적 지지와 사망자와의 관계에 대한 자세한 연구에 대해서는, Eric V. Larson, *Casualities and Consensus: The Historical Role of Casualities in Domestic Support for U.S. Military Operations* (Santa Monica: Rand Corporation, 1996)을 참조; 걸프전, 코소보전, 아프가니스탄전, 이라크전 사례를 보면, 앞으로 어떤 형태의 전쟁이 일어나든지 간에, 정치지도자들은 전사자의 최소화, 혹은 방지를 최우선적 임무로 삼아야 된다는 것을 군 지휘관들에게 지나칠 정도로 강조할 것이라는 점을 예상할 수 있다. 실제로 미래에는 어떤 전투에서든지 군 지휘관들의 가장 큰 고민거리 가운데 하나가 바로 사상자를 줄이라는 요구일 것이다. 이러한 사상자 기피증이 군의 작전능력을 저하시킬 수가 있기 때문에, 첨단 무기체계, 특히 교전사거리 바깥에서 공격하더라도 정확하게 목표물을 맞출 수 있는 무기체계를 갖춘 과학기술군을 만들기 위해 선진 각국의 군들이 정보통신기술 및 정밀무기기술에 토대를 둔 RMA화된 군을 만들기 위해 노력하고 있는 것이다.

이 이전되는 현상에서 비롯되는 것이라 할 수 있다. 냉전기간 동안, 미국의 군사기획가들은 전방작전기지(유럽, 아시아의 한국과 일본)는 전투작전을 시작하고 지속하는 데 유용할 것이라는 전제에 토대를 둔 작전개념(특히 전술공군력)을 발전시켰다. 그러나 걸프전, 코보소전, 아프가니스탄전, 이라크전에서 드러난 추세는 이러한 가정이 다소 위험하다는 것을 보여주고 있다. 이는 접근에 민감한 지역 및 원거리 지역에서의 작전을 수행하기 위해서는 항공모함기반 항공기, 장거리 타격 플랫폼, 그리고 공중급유기와 같은 자산을 획득하는 데 투자가 요구될 수밖에 없음을 시사한다.[21]

다섯째, 중무장한 지상군의 역할이 점차적으로 감소되고 있다. 현대 정밀유도무기의 효과를 지렛대로 이용할 수 있는, 신속한 배비가 가능한 대단히 기동력이 뛰어난 경무장 지상군은 위장과 은닉, 분산에 능한 적들(예: 아프가니스탄의 탈레반 군)에 대처하는 데 필요한 역동적이고 탄력적인 군사작전을 수행하는 데 필수적이다. 따라서 기동력이 떨어지고 배비하는 데 많은 시간을 요하는 중무장한 지상군의 능력과 미래 작전환경의 요구 사이에는 엄청난 부조화가 있을 것이다. 예를 들어 걸프전에 배비된 군은 코소보전, 아프가니스탄전에 배비된 군보다 9배 가량 더 크다. 이라크전에 투입된 지상군은 걸프전에 투입된 군보다 훨씬 경무장되고 병력규모도 훨씬 적었음에도 불구하고, 오히려 더 많은 작전임무를 수행

---

21 걸프전, 코소보전, 아프가니스탄전, 이라크전에서 드러난 중요한 사실 한 가지는 시간에 민감한 표적선정 및 전투순찰 임무에 대한 소요는 더 긴 출격 지속력 및 지구력, 특히 단거리 항공기를 운용하는 항공승무원들에게 더 큰 임무요구를 가했다는 사실이다. 예를 들어, 걸프전과 코소보전에서 미군의 전투기들은 가끔씩 순식간에 날아가는 표적이 나타나기를 기다리면서 몇 시간 동안 선회비행하는 임무를 수행하기도 하였다. 합동직접공격폭탄(JDAM: Joint Direct Attack Munition)으로 무장한 폭격기는 아프가니스탄전에서도 똑같은 임무를 수행했다. Keith B. Richburg and William Branigin, "Attacks from Out of the Blue: US Airstrikes Hit Taliban Military Targets and Morale", *The Washington Post*, 18 November 2001, p. A.24. 이처럼 승무원 및 항공기 모두에 대해 새로운 긴장을 불러일으키는 많은 요구들은 미래 항공작전을 특징지을 가능성이 대단히 높다고 할 수 있다.

했다. 이것은 앞으로 미래전의 원거리 지역으로의 이주관점에서 보면, 지상군보다는 해상 및 공중원정군이 무력투사능력의 주류를 형성할 것이라는 점을 강하게 시사하고 있다. 그 이유는 비교적 직접적이다. 해상군은 지상공군 및 지상군보다 전방기지에 덜 의존하고, 또한 해상 및 지상기반 공군력은 전형적으로 전투력을 지상군보다 더 재빨리 수송할 수가 있고, 그리고 전구에서 훨씬 적은 군수지원 노력이 요구되며, 재래식 지상군 옵션보다 훨씬 낮은 사망자 비율을 초래하기 때문이다.

## 3) 기술적 추세

첫째, 정밀능력항공기와 정밀유도무기PGMs가 항공전의 중추로 부상하고 있다. 걸프전 항공력서베이GWAPS는 정밀능력항공기는 공격했던 표적 숫자에 있어 범용폭탄 탑재항공기보다 적어도 13배 정도 효과적이었고, 스텔스 항공기F-117에 의해 전달된 정밀무기는 26배나 더 효과적이었다고 분석하고 있다.[22] 예컨대 20대의 F-117 스텔스기는 37개의 목표점Aim points을 공격했던 반면 41대의 비스텔스, 범용폭탄 탑재항공기는 단지 3개의 목표점만을 공격했다. 비스텔스기 대신에 41대의 F-117을 사용했다면 76개의 목표점을 공격하는 것이 가능했을 것이다.[23]

이처럼 PGMs이 제공하는 표적파괴의 정확성은 항공체에게 '효과기반'Effects-based의 표적선정을 할 수 있게 해 줌으로써 공격으로 인한 '파괴수준'Level of destruction을 미리 결정할 수 있게 해 준다. 효과기반의 표적선정 방법으로 교전할 수 있는 능력은 전쟁이 끝난 후에 국가의 하부구조나 시설물을 재건하는 비용측면에서 있어서 대단히 중요한 특성이 된다.

22 Gulf War Air Power Survey[GWAPS], Vol. II, Part 2: *Effects and Effectiveness* (Washington, D.C.: Government Printing Service, 1993), pp. 352~353.

23 David A. Deptula, *Effects-Based Operations: Change in the Nature of Warfare* (Arlington: Aerospace Education Foundation, 2001), pp. 10~11.

또한 PGMs은 항공체가 여러 개의 표적을 동시에 공격하는 것을 가능케 한다. 미공군의 B-2 스피릿Spirit 스텔스 폭격기는 16기의 JDAM을 실어 16개의 다른 목표물을 동시에 공격할 수 있다. 이것은 항공력에게 필요한 다수의 지점에 힘을 동시에 집중시킬 수 있게 해 줌으로써 과거보다 훨씬 더 짧은 시간에 더 많은 표적을 파괴할 수 있게 해 주는 것이다.[24] 이처럼 PGMs은 전쟁을 몇 개월 혹은 몇 년 단위가 아니라, 며칠 단위의 기간으로 계산할 정도로 작전을 비교적 신속하게 종결시킬 수 있게 하는 중요한 도구가 되고 있다. 이 때문에 걸프전 이후부터 이라크전에 이르기까지 PGMs의 사용이 꾸준히 증가하고 있다. 걸프전 7~8%, 코소보전 35%, 아프가니스탄전 56%, 이라크전 68% 정도다(〈도표 1〉 참조). 이런 점에서 장차 PGMs의 발전은 제한적인 강도의 분쟁에서 항공력이 더 큰 역할을 담당할 수 있게 해 줄 것이다.

그리고 마지막으로 항공기 내에 PGMs을 더 많이 장착하는 것을 가능케 하는 탑재능력과 탄두소형화 기술능력의 발전, 그리고 더 많은 숫자의 PGMs을 단시간에 신속하게 전달하는 능력이다. 항공기에 탑재되는 정밀무기의 몸체를 소형화하고, 크기가 더 작은 정밀무기를 장착함으로써 PGMs 전달비율을 증가시키는 데 필요한 기술이 크게 발전되고 있다. 무게가 많이 나가는 폭탄을 수송하는 것과 관련된 군수지원상의 부담을 완화시키는 것은 별도로 하고, 더 작은 정밀무기를 발전시키는 것은 어떤 면에서 정확성을 폭발중량으로 대체하는 잠재력을 제공한다.[25] 코소보전 이전까지 16개의 2,000 lb. JDAM을 탑재할 수 있었던 B-2 폭격기는 현재 80개의 500 lb. 폭탄을 탑재할 수 있게 되었는데, 이것은 출격 당 공격할 수 있는 목표점의 숫자를 대폭 증가시킬 수 있음을 의미하는 것

---

24 Merrill McPeak, "Recision Strike: The Impact on the Battlespace", *Military Technology* (May 1999), pp. 20~24.
25 Christoper J. Bowie, *The Anti-Access Threat and Theater Air Bases* (Washington, D.C.: Center for Strategic & Budgetary Assessments, 2002), pp. 27~30.

이다. 탑재능력 및 탄두소형화의 잠재적인 성과는 아프가니스탄에서 미 공군과 해군이 20분에 걸쳐 100개의 JDAMs을 투하했을 때 충분히 입증되 었다고 할 수 있다. 걸프전 때는 정밀무기를 전달하는 평균 시간당 비율 은 대략 16번 정도였다. 앞으로 미래전에서는 정밀도 자체가 수량을 대신 하고, 또한 치명성을 크게 증가시킬 것이다.[26]

<표 1> 최근 전쟁에서 정밀유도무기 사용 비율

| 구 분 | 걸프전 (1991) | 코소보전 (1999) | 아프간전 (2001) | 이라크전 (2003) |
|---|---|---|---|---|
| 전쟁기간 | 43일 | 78일 | 50일 | 22일 |
| 총 비행 sortie | 118,700 | 37,500~38,000 | 29,000~38,000 | 41,404 |
| 공격 sortie | 41,300 | 10,800~14,006 | 17,500 | 20,733 |
| 총투하무기량(발) | 265,000 | 23,000 | 22,000 | 29,199 |
| 정밀유도무기(발) | 20,450 | 8,050 | 12,500 | 19,948 |
| 정밀유도무기비율 | 7~8% | 35% | 56% | 68% |

출처: Anthony H. Cordesman, *Instant Lessons for the Iraqi War* (Washington, D.C.: Center for Strategic and International Studies, 2003), p. 313.


둘째, 정보수집 센서Sensor의 양과 질의 향상, 그리고 그것의 시스템 System 및 네트워크Network 속으로의 통합이 빨라지고 있다. 개별 플랫폼 중심의 재래식 전쟁에서 벗어나 네트워크중심전Network-centric warfare으로 변화된 것은 '정보우세'Information dominance 및 '전장상황인식'의 발전에 의 해 가능케 된 것이다. 네트워크중심전을 떠받치는 것은 지휘 및 통제센 터에 융합Fusion되고 통합되어지는 높은 질의 센서 및 신속하게 전달되는 데이터Data의 흐름으로 구성된 네트워크 중심구조를 창출하기 위한 기술 들이다. 목표는 "수많은 정보수집센서들로부터 나온 자료를 성공적으로

---

26 김종하, "현대전을 통한 무기체계의 기술발전 추세분석", 「한국방위산업학회지」(2004년 8 월), 제11권, 제1호, p. 80.

결합시켜, 단 하나의 통합된 전장그림을 제시하는 데 있다."[27]

걸프전, 코소보전, 아프가니스탄전, 이라크전에서 지휘 및 통제Command & Control, 정보Intelligence, 감시Surveillance, 정찰Reconnaissance자산이 점차적으로 통합되는 형태를 뚜렷하게 목격할 수가 있다. 이러한 수많은 센서들은 현존하는 ISR 플랫폼 ― E-3A AWACS(적의 공중활동을 탐지하고 아군 전투기를 안내하는 역할), RC-135 Rivet Joint 및 EP-3 항공기(적의 레이더와 무선 방출 신호를 탐지하고 위치를 식별하는 역할), U-2(전략정찰 및 광범위한 지역의 감시를 제공하는 역할) ― 에 장착되어져 작전에 사용되어졌다. 이와 동시에 새로운 유인 및 무인 ISR 플랫폼이 나타났는데 그 가운데 가장 두드러진 것이 바로 E-8C JOINT STARS다. 정밀해상레이더SAR: Synthetic Aperture Radar 및 지상이동표적기GMTI: Ground Moving Target Indicator를 통해 광범위하게 넓은 지역에서 움직이는 차량을 표적하는 능력, 그 자체는 효과적으로 그리고 훨씬 더 빠르게 싸우기 위한 적의 능력을 파괴하는 것을 가능케 하며, 전통적인 소모지향적 전투보다 위험상태에 덜 빠지게 한다.[28]

광대한 거리에 걸쳐 신속하게 자료를 수집, 분석, 배포하는 능력은 상황인식력의 증대, 그리고 작전을 더 유연하고 신속하게 수행하는 능력 발전을 초래했다. 물론 아직까지는 다양한 데이터Data를 총체적으로 통합하지는 못하고 있지만, 그것을 해결하려는 기술적 노력이 활발히 이루어지고 있다. 따라서 다양한 원천으로부터의 데이터 흐름이 적절하게 통합되어질 것으로 가정한다면, 미래의 지휘관들은 앞으로 더 큰 상황인식력

27 David A. Fulghum, "It Takes a Network to Beat a Network", *Aviation Week & Space Technology* (11 November 2002), p. 28.

28 Price T. Bingham, "Head Off the Vehicles", *Aviation Week & Space Technology* (23 December 2002), p. 8. 1991년 걸프전 기간 동안 JOINT STARS가 미지상군의 작전수행에 제공했던 탁월한 능력에 대해서는, Price T. Bingham, *The Battle of Al Khafji and the Future of Surveillance Precision Strike* (Arlington: Aerospace Education Foundation, 1997), Fred Franks, Jr. and Tom Clancy, *Into the Storm: A Study in Command* (New York: G.P. Putnam's Sons, 1997)를 참조.

을 누리게 될 것이며, 이로 인해 전투작전을 수행할 시, 군을 더 효과적으로 지휘 및 통제할 수 있게 될 것이다.

셋째, 스텔스Stealth 및 전자전Electronic Warfare: EW 수단의 중요성이 증가하고 있다. 스텔스 기술을 이용한 저피탐항공기Low-observable aircraft는 놀랄 만한 성공을 거두었는데, 특히 전투기에 적용된 저탐지기술은 첨단 항공 방어체계에 대해서도 무사히 작전을 수행하는 것을 가능케 했다. 이 때문에 GWAPS 저자들은 걸프전에서 가장 임무를 잘 수행했던 다섯 가지 기술 가운데 하나로 "스텔스/저피탐지"Stealth/Low-observable기술을 선정하기도 하였다.[29] 그리고 전자전 자산들은 비스텔스가 허용되지 않는 위험한 작전환경 하에서도 생존하여 성공적으로 작전을 수행했다. 예를 들어 걸프전에서 미공군은 원거리 공격, 침투 및 근접교란 역할을 수행하기 위한 전자전 대응수단의 소요를 충족시키기 위해 24대의 EF-111 항공기를 사용하여, 이라크 공중방어체계를 무력화시킴으로써 미공군 및 연합군의 항공기 피해를 낮추는 데 지대한 공헌을 했다.[30] 코소보전에서 EA-6B 전술교란기의 효용은 "미 국방성의 공식적인 전후 보고서에서 항공작전 수행에 절대적으로 중요한 자산"[31]으로 묘사될 정도였다. 그러나 미군은 EA-6B와 같은 교란기의 부족으로 인해 극단적으로 넓게 펼쳐져 작전을 수행했다.[32] 코소보에서 미군은 12,000회의 전투 소티를 기록했는데, 그 가운데 1,318회가 전자전 출격이었으며, 이것은 걸프전 비율의 거

29 Thomas A. Keaney and Eliot Cohen, *Gulf War Air Power Survey{GWAPS} Summary Report* (Montgomery: Air War College, 1993), pp. 223~234. 다른 네 가지는 레이저 유도폭탄(정밀), 공중급유(항속거리), 초고속레이더미사일(정밀), 그리고 STU-III 안전전화(상황인식) 등이다.

30 U.S. Department of the Air Force, *Gulf War Air Power Aurvey{GWAPS}. Vol. IV, Weapons, Tactics, and Trainning* (Washington, D.C.: Government Printing Office, 1993), p. 96.

31 U.S. Department of Defense, *Kosovo/Operation Allied Force After Action Report* (2000), p. 66; http://www.defenselink.mil/pubs/kaar02072000.pdf.

32 Robert Haffa and Barry Watts, "Brittle Swords: Low-Density, High-Demand Assets", *Strategic Review* (Fall 2000), pp. 42~48.

의 3배 정도다.[33] 아프가니스탄전에서 EA-6B는 적의 지상 커뮤니케이션 Communication을 교란하고, 적 지상군의 공격을 지원하는 데 집중되었다.[34] 이라크전에서도 이와 똑같은 작전을 수행하는 데 투입되어졌다. 이런 점에서 다가올 미래전에서 스텔스 및 전자전기의 운용은 크게 강조될 수밖에 없을 것이다. 특히 항공력 중심의 캠페인Campaign에서 스텔스 및 전자전 수단의 활용은 아마 필수적인 요소가 될 것이다.[35]

넷째, 무인기Unmanned Aerial Vehicles: UAVs의 사용이 증대하고 있다. 1950년대 이후부터 미국은 주로 정보, 감시, 정찰임무를 위한 무인기를 개발하여 야전에 배치하는 데 대략 25조 달러 이상을 투자했다. 바로 이런 투자 노력이 있었기 때문에 전장을 넘나들면서 작전적 효용을 충분히 입증해 보였던 무인시스템을 발전시킬 수가 있었던 것이다. 무인기는 크게 탐지 범위, 지속성, 탑재(내장)센서, 그리고 데이터 전송능력 때문에 새로운 역할을 많이 수행했다. 특히 주목해야 할 것은 1991년 걸프전 초기에 교란물로 사용되어진 무인기가 2001년 아프가니스탄전부터는 조직적인 타격능력을 가진 세련된 헌트킬러Hunter-killer 플랫폼으로 발전했다는 사실이다.

걸프전에서 미해군과 해병대는 제한된 정찰임무를 위해 단거리에 걸쳐 원격으로 조정되는 파이어니어Pioneer 무인기를 주로 사용했는데, 총 313번 가량의 출격임무를 수행했다.[36] 코소보전에서 미국은 7대의 프레

---

33 U.S. Air Force, *Air War Over Serbia Fact Sheet* (31 January 2000), pp. 6~8.

34 Hampton Stephens, "Prowler Praised for Tactical Jamming Role in Afghanistan", *Inside the Air Force* (1 November 2002).

35 현재 미 해군의 EA-6B 프라울러 전자전기의 기체에 나타나고 있는 마모와 균열 등은 미해군으로 하여금 이 지원교란기 19대를 현역기에서 제외시키도록 강요하고 있다. 미 해군은 EA-6B를 EA-18 전자전기로 대체하기 전까지 EA-6B를 유지하기 위해서 수명연장, 디지털 비행조종시스템 개량, 전자전 장비개량사업 등을 수행하고 있다. 그러나 개량속도보다 사용 속도가 빨라지고 있고, 또 최근에 예산이 삭감되는 등의 문제점을 안고 있다. 이에 대한 자세한 내용에 대해서는, "곤경에 빠진 미 해군의 전자전기 확보계획", 「월간항공」(2004년 4월), pp. 47~49를 참조.

데이터Predator, 대략 20대의 헌트(Hunters: 육군의 단거리 UAVs) 및 해군의 파이어니어를 배비했고,[37] 동맹국들 또한 전투작전을 지원하기 위해 다양한 UAVs를 제공했다. 독일의 CL-239, 영국의 Phoenix, 프랑스의 Crecerelle 등을 들 수 있다. 미국과 동맹국들의 UAVs는 걸프전 때보다 훨씬 더 많고, 더 능력이 있고, 더 지속성이 있는 센서를 장착하여 469회에 이르는 비행임무를 수행하였는데, 이것은 하루 평균 6번 정도다.[38] 그러나 UAVs는 유인항공기보다 258배나 더 높은 소티당 손실률에 의해 드러난 것처럼 신뢰성의 문제가 있었다. 27대의 UAVs는 전투기와 폭격기의 0.02% 손실률과 비교해 볼 때, 78일간의 공중 캠페인 기간 동안 출격당 5.7%의 손실률을 기록했다.[39]

아프가니스탄전에서 무인기는 헌터킬러Hunter-Killer 임무를 수행할 정도로 발전되었다. 예를 들어 2001년 9월 11일, 소위 9·11 테러 이후, 무장된 프레데터가 아프가니스탄전에 배비되어졌는데,[40] 11월 중순경, 고위 알카에다 지휘관들의 위치를 정확히 파악하여 실시간 영상을 군 지휘부에 전송했으며, 헬 파이어 미사일로 그들을 공격하기도 하였다.[41] 또 탈레반 차량을 추적하여 헬 파이어 미사일로 공격하는 경우도 있었다.[42] 아프가니스탄 작전을 지원하기 위해 배비된 글로벌 호크Global Hawk 무인기는 앞으

36 Federation of American Scientists, "Pioneer Short Range(SR) UAV"; http://www.fas.org/irp/program/collect/pioneer.htm.

37 David R. Gust, "Hunter UAVs in Kosovo", Briefing for the Association of Unmanned Vehicle Systems International, 14 July 1999. http://www.fas.org/irp/program/collect/docs/auvsi/sld.htm.

38 U.S. Air Force, *Air War Over Serbia Fact Sheet*, p. 6.

39 Tim Ripley, "UAVs Over Kosovo-Did the Earth Move?" *Defense Systems Daily* (1 December 1999). http://defense-data/com/features/fpages34.htm.

40 Neil King, Jr and David S. Cloud, "In the Crosshairs: CIA Drones Spotted Bin Laden in Campus But Couldn't Shoot", *The Wall Street Journal*, 23 November 2001, p. A1.

41 Kenneth Chang, "A Crafty, Deadly Predator", *The New York Times*, 23 November 2001, p. B3.

42 Stephen Grey, "How the US Killed Al Qaeda Leaders By Remote Control", *Sunday Times* (London), 18 November 2001, p. A4.

로 UAVs 발전의 미래 추세를 뚜렷히 보여준다. 그것은 지속시간에 있어 30시간에 접근하며, 단 한 번의 임무 동안 600개의 표적을 영사할 정도의 능력을 보유하고 있다.[43] 이라크전에서 프레데터 무인기는 이라크군의 진용 및 이동상황을 영상으로 지휘관의 노트북 컴퓨터로 전송할 정도로 발전했다. 이처럼 광범위한 지역의 상황인식을 제공하는 고고도 글로벌 호크와 전술감시를 제공하는 저고도 프레데터와 같은 무인기는 앞으로 미래전에서 효과적인 ISR능력을 제공하기 위해 더 많이 전장에서 사용되어질 것이다.


## :: 다가올 미래

걸프전, 코소보전, 아프가니스탄전, 이라크전의 분석에서 드러난 전략적 현실, 군사능력 및 기술적 추세는 앞으로 다가올 미래전의 특징이 어떠할 것인지에 관한 몇 가지 중요한 통찰력(교훈)을 주고 있는데, 그것을 간략히 정리해 보면 다음과 같다.

첫째, 미국이 주도하는 전쟁의 '중력중심'center of gravity[44]이 아시아로부터 발산되는 불확실한 위협에 대처하는 방향으로 움직이고 있으며, 이는 아시아 지역이 향후 전쟁발발 잠재력이 대단히 높은 지역으로 떠오르고

---

43 Statement of General Tommy R. Franks, Combatant Commander, U.S. Central Command, to Armed Service Committee, U.S. House of Representatives, 27 February 2002.

44 '중력중심'(Center of Gravity)이란 원래 적국의 핵심 생산시설이나 하부구조 혹은 야전배치된 군사력처럼, 적대행위를 지속할 수 있는 적의 능력, 의지 및 수단을 침식할 수 있는 표적군(標的群)들에 대하여 항공력이 영향을 미칠 수 있는 장소를 의미하는 개념이다. Directorate of Air Staff, Ministry of Defense, *British Air Power Doctrine*, AP 3000(1999), 3rd ed., p.2.6.1.

있음을 보여준다. 그리고 최근 전쟁을 통해 미국과 동맹국들 사이에서 심각한 군사력 격차가 드러나게 됨에 따라, 미국은 동맹국들을 그 능력에 따라 분류, 기존의 군사동맹관계를 새롭게 재편하고 있다. 미국과 함께 고강도 전투작전을 수행할 수 있을 정도의 첨단 군사기술과 상호운용성 능력을 가진 국가들이 현재 이 지구상에는 없기 때문에, 전통적인 의미의 동맹국가들 대부분은 미국주도의 군사작전(특히 고강도전투작전)에 직접적으로 군사력을 개입시키기보다는, 틈새능력(예: 특수전, 수송공급)을 제공하거나, 고강도전투작전 종료 이후의 평화유지 및 국가건설 임무를 지원하거나, 아니면 필요에 따라 임시적ad hoc 협력관계를 구축하여, 정치적·외교적 지지를 보내는 것을 선호하는 방향으로 움직일 것이다.[45] 한편 미국의 미래 적들은 소위 국제사회의 깡패국가들Rogue states로 불리는 실패한 국가들Failed states, 비국가행위자Nonstate actors, 그리고 경쟁자Peer competitor를 포함할 것이며, 이들 모두는 인명손실, 국제적 여론, 그리고 전장취약성에 대한 민감성을 이용하는 목표를 가지고, 미국의 군사력 사용을 방해하려 할 것이다. 게다가 이들은 미국이 분쟁지역에서 군사력을 투사하고, 지속시키는 데 필요한 기지에 접근하는 것을 못하도록 하는 다양한 차원의 방해작전을 수행할 것이다. 이를 위해 이들은 최악의 경우, 비대칭접근으로 대량파괴무기를 사용할 수도 있을 것이다. 이는 캠페인campaign수준의 군사력 배비 옵션Option을 방해하는 주된 요인으로 작용하게 될 가능성이 높을 것이다.

둘째, 정형화된 제도적 절차를 강조하는 문서화된 군사기획(예: 작전계획) 및 작전명령에서 다소 벗어나, 공격 플랫폼이 움직이는 동안에 표적이 창출되어지는 대단히 유동적이고, 비선형적이고, 역동적인 군사작전이 활성화될 것이다. 역동적인 군사작전은 전략적·작전적·전술적 수준의 모든 지휘관들이 전장상황을 '근실시간'Near Real-Time으로 포착하여,

---

45 김종하, "한·미동맹과 자이툰 부대", 「국방일보」, 2004년 12월 14일.

개입하는 것을 가능케 하는 상황인식력의 발전에 의해 앞으로 더욱더 촉진되어질 것이다.[46] 상황인식력의 발달로 인해 전장의 네트워크화가 강화됨에 따라 육·해·공군별 전장공간의 구분이 모호해지고 있다. 따라서 작전개념과 조직편성의 혁신적 변화가 요구되고 있다. 이제까지는 지상·해상·공중의 전장공간이 거의 분명하게 분리·구분되었기 때문에 작전개념과 조직편성의 발전이 각 군별로 대부분 추구되었으나, 감시·통제·타격체계의 도달거리가 획기적으로 증대되기 때문에 목표와 임무에 따라 각군별 전투력을 통합시키는 방향으로 나아가게 될 것이다. 이는 육·해·공군 간의 '합동성'Jointness[47]을 강조하는 것이며, 바로 이 합동성이 미래전의 승패를 좌우하는 중요한 요소가 될 것이다. 그리고 군사력 배비에 있어 가장 현저하게 드러나고 있는 경향은, 원거리로부터 재빨리 무력을 투사하기 위한 해·공군력의 증가된 역할과 느리게 배비되는 지상군의 역할 감소, 그리고 인명손실의 위험을 낮추기 위한 지속적인 수단과 조치다.

셋째, 정밀무기의 사용이 앞으로 계속 증가하게 될 것이다. 정밀유도무기는 표적을 타격하는 데 뛰어날 뿐만 아니라, 부수적 피해를 감소시키는데 핵심적인 수단이 되고 있다. 그러나 정밀유도무기는 정밀한 정보지원 없이는 그리 유용한 효과를 거둘 수가 없다. 그것은 정보, 감시, 정찰을 위한 고품질 센서, 스텔스, 전자전기, 무인기, 그리고 특수작전부대에 의해 지원되는 표적선정 및 정보수집의 도움에 의해서만 최대의 능력

---

46 근실시간이란 어떤 사건이 발생했을 때, 다른 장소에서 자동데이터 처리 및 디스플레이 (Display)를 통하여 그 사건에 관한 데이터를 입수할 때까지 지체되는 시간이 고려된 것이다. 실시간(Real-time)이란 본질적으로 사건의 발생과 데이터의 수령 간에 전자기적 에너지 전달에 소요되는 시간 외에는 지체시간이 없다는 것을 의미한다.
47 이라크전에서 연합군 최고사령관이었던 토미 프랭크스 대장은 "표적을 파괴하는 능력이 어느 군에서 나오는지는 중요하지 않다. 사령관의 입장에서 보면, 어떻게 하면 효과적으로 적을 무력화시키느냐가 관건이다"라고 말한 적이 있는데, 이는 바로 '합동성'을 강조하는 말이다. *The New York Times*, 1 May 2003.

을 발휘할 수 있는 것이다.[48]

이런 관점에서, 다가올 미래전에 대비한다는 것은 잠재적인 적들에 대한 '경쟁우위'competitive advantage를 유지하기 위해 작전개념, 군사능력, 그리고 기술에 투자함으로써, 소위 전장의 '안개'와 '마찰'로 불리우는 불확실성의 제거를 위해 많은 준비를 해야 한다는 사실을 의미하는 것이다.

## 1. 한국의 미래 작전환경

작전환경은 군의 임무와 요구되는 능력, 그리고 전투결과에 결정적인 영향을 끼치는 대단히 중요한 요소다. 걸프전, 코소보전, 아프가니스탄전, 그리고 이라크전으로부터 얻어진 교훈들은, 그것과 유사한 작전환경을 가진 미래전에서는 비교적 적용가능성이 높겠지만, 다른 작전환경에서는 적실성이 떨어질지도 모른다. 그렇다면 미래전 추세분석을 통해 도출된 교훈들이 한국의 미래 작전환경에 어느 정도 적실성을 가질 수 있겠는가?

---

48 초정밀무기의 관점에서 볼 때, 가장 중요한 것은 표적좌표의 관리이며, 이것은 3차원에서 요구되어진다. 좌표를 제공할 체계들은 우주 및 정찰항공기, 무인항공기, 그리고 작전적 정보를 포함한다. Douglas Barrie, "Russia Considers Net Impact", Aviation Week & Space Technology, 23 December 2002, p. 54. 베리(Barrie)가 정확히 지적하고 있는 것처럼, 정밀무기는 표적에 관한 정밀정보, 그리고 그러한 표적을 공격하는 데 있어 추구되는 효과 없이는 무의미한 것이다. 한마디로 말해서 PGMs의 능력을 정확한 정보에 크게 의존하는 것이다. 예를 들어 걸프전 당시 314명의 이라크 민간인 사망자를 낸 알피르도스(Al Firdos) 지휘벙커의 파괴, 그리고 아프가니스탄전 당시에 미국의 순항미사일이 빈 라덴과 연계된 수단(Sudan)에 위치한 화학무기 생산시설로 판단되는 표적을 파괴하도록 유도하였지만 사실상 그것은 제약공장임이 밝혀져 미국인들에게 큰 수치심을 안겨주었던 사례를 들 수 있다. 걸프전 당시의 오폭사례들에 대해서는, Lawrence Freedman & Efraim Karsh, The Gulf Conflict (Faber & Faber, 1993), pp. 326~327을 참조; 이 때문에 백웰(Greg Bagwell)은 PGMs이 군사작전에서 항공력의 능력을 분명히 향상시킨 것은 사실이지만, 중대한 결함도 많이 있다는 사실을 고려해야 하며, 이 때문에 그 능력을 너무 과장하는 것은 결코 현명한 일이 아니라고 주장하고 있다. 이에 대해서는, Greg Bagwell, "Precision Weapons: Considerations for Their Employment", Air Power Review, Vol. 2, No. 1 (Spring 1999), pp. 1~14를 참조.

최근 전쟁에서 미국 및 연합군들이 수행한 전투작전은 중요한 수단에 있어 한국의 미래 작전환경과 다를 수 있겠으나, 다른 수단에 있어서는 상당히 유사한 점이 많다고 할 수 있다. 따라서 최근 전쟁의 교훈 중 상당 부분은 한국의 미래 작전환경과 상관관계가 있다고 볼 수 있다. 그러므 로 한국의 미래 작전환경과 최근 전쟁과의 상관관계, 그리고 이러한 환 경하에서 주도권을 잡기 위한 군 구조 개혁의 중요성에 관해 논의한다.

미래 한국의 작전환경에 대해 우리는 시간적·공간적 조건에 따라 여 러 가지 경우를 생각해 볼 수 있겠으나, 크게 보아 대체로 두 가지 형태의 시나리오를 상정해 볼 수 있을 것이다. 가장 쉽게 고려해 볼 수 있는 것은 현재 군사적으로 대치하고 있는 북한과의 관계에서 일어날 수 있는 단기 적인 경우의 수이고, 또 다른 하나는 통일 이후를 상정한 동북아 전체의 정치·군사적 역학관계 변화에 따른 중·장기적 경우의 수이다.

## 1) 현재 한국의 상황

한반도를 둘러싼 안보위협 구조가 급속하게 변화하고 있다. 북한을 비 롯한 한반도를 둘러싼 주변국들로부터 오는 불특정·불확실 위협은 시 간이 경과할수록 증가하고 있다. 북한의 경우, 70년대에 집중적으로 발전 시킨 기계화부대는 상당히 위협적이다. 그리고 80년대에 들어서면서부 터 개발, 배치하기 시작한 대량파괴무기(핵 및 생화학무기), 스커드 미사 일SCUD-B/C/D, 노동 1호, 대포동 1, 2호 미사일,[49] 그리고 수도권을 직접 타격할 수 있는 장사정 화력(170미리 장사정포, 240미리 다연장 로켓포 등)[50]을 포함한 북한이 보유하고 있는 무기체계들은 우리의 안보에 대단

---

49 이러한 탄도미사일의 경우에는 대략 50% 이상의 생화학무기 장착이 가능하다. 상세한 북한 의 미사일 특색에 대해서는, Joseph S. Bermudez, Jr., "The Rise and Rise of North Korea's ICMBs", *Jane's International Defense Review* (July 1999), Vol. 32, p. 59를 참조; 그리고 북한의 미사일 기지 위치에 대해서는, *The Korea Herald*, March 26, 1999를 참조.

히 위협적이고 치명적이다.

그리고 우리를 둘러싼 주변 군사강대국들의 경우, 군사력의 양적 규모
는 계속 축소시키는 반면, 질적인 능력의 극대화, 특히 해·공군전력을
첨단화시키는 방향으로 나아가고 있다. 특히 장거리 첨단투사전력(해외
투사력)을 중점적으로 발전시키는 질적 확대전략에 전력증강의 초점을
두고 있다.

중국은 최근 기존의 본토 및 연안방어 작전개념을 완전히 던져 버리고
지역 내 세력투사 개념으로 전환하여 2010년까지 남지나해 및 동지나해
에서의 군사적 지배권 확보를 목표로 설정하여 군사력을 획기적으로 발
전시켜 나가고 있다.[51] 더 구체적으로 말하자면, 1990년대에 설정한 그린
라인(Green Line: 조어도-대만-인도네시아)에서 2020년경에는 블루라
인(Blue Line: 쿠릴열도-마리아나군도-파푸아뉴기니)으로 확장하고, 2010
년까지 탄도미사일 1,000기와 크루즈미사일 10,000기를 확보할 수 있는
능력을 보유하려 노력하고 있다. 그리고 사정거리 3,000km에 이르는

---

50 한국국방연구원KIDA 하광희 연구위원은 최근 "야전포병의 대화력전 수행능력 발전을 위한
제언"이라는 글에서, 방사포 등으로 무장한 북한 포병의 화력이 남한보다 압도적인 우위에
있어 유사시 우리 군이 개전 초 화력전에서 절대적인 열세에 놓일 수 있다는 주장을 하였다.
그가 주장한 내용의 핵심사항을 몇 가지 지적하면, 첫째 북한군이 개전 초기 화포의 수적
우세를 바탕으로 엄청난 규모의 화력을 수도권을 포함한 전방지역에 퍼부을 수 있으며,
국군이 북상하더라도 북한 후방에 있는 상당한 예비화력을 극복해야만 작전이 최종적으로
성공할 수 있다. 둘째 북한군은 순간 화력집중 능력이 뛰어나 방사포를 다량 보유, 유사시
이미 파악하고 있는 우리 군의 주요부대를 집중 공격할 수 있으며, 북한이 수도권의 불특정
표적을 공격해도 파괴효과는 지대하다. 셋째 북한 포병의 상당수가 갱도에 진지를 구축,
사격시에만 밖으로 나와 10발을 20~30분만에 발사하고 다시 은신하기 때문에 우리 군이
실시간으로 북한 포병의 노출 여부를 파악하지 못하면 이들에 대한 타격기회를 상실할 수
있다. 넷째 북한 포병이 화학탄을 사용할 경우, 아군의 포병진지는 완전 밀폐구조가 아니어
서 방호가 불가능하다. 다섯째 우리 군의 포병전력으로는 유사시 기동부대에 대한 화력지원
임무를 수행하면서 갱도에 있는 북한 포병을 제압하는 것이 대단히 어렵다. 「동아일보」,
2005년 3월 2일(인터넷).

51 John Downing, "China Equips Itself for Power Projection", *Janes Intelligence Review*, February
2000.

KH55 장거리 순항미사일 6기를 우크라이나로부터 구매했으며, 미국의 보잉 737 여객기를 2대 도입하여 미사일 발사시험과 정찰에 사용할 수 있는 군용기로 개조하기도 했다.[52] 또한 '첨단기술 조건하의 국지/제한 전'/'핵 억제하의 정보전'에서 승리하기 위해서 정보화와 기계화를 병행 추진하고, 동시에 점혈(點穴)전쟁 - 첨단군사기술을 보유한 국가와의 전쟁에서 승리하려면 상대의 강점이 내포하고 있는 취약점(점혈. 급소)을 이용해서 강점을 무력화시킬 수 있는 비대칭적인 독특한 방책 - 이라는 비대칭전략을 추구하고 있다. 일례로 육·해·공군에 이은 제4군인 사이버군을 창설한 것을 들 수 있다. 현재 중국의 사이버전쟁 전력은 첨단무기와 전투능력면에서 최강 미군에 견줘도 결코 뒤지지 않는 것으로 평가받고 있다.[53]

일본은 세계최고의 첨단 군사력을 이미 보유하고 있을 뿐만 아니라, 단시일 내에 전략무기를 확보할 수 있는 상용베이스의 선택권도 보유하고 있다. 일본은 이미 방위선을 1,000해리에서 2,000해리로 확대하였고, 최근에는 이라크전을 수행하고 있는 미군을 지원한다는 명분을 기회로 삼아 멀리 인도양까지 진출할 정도로 해외로 무력을 투사하는 능력을 획기적으로 증대시키고 있으며, 더욱 중요하게는 첨단정보기술을 이용한 독자적인 '정보 RMA'를 실현시킬 것임을 공식화하고 있는 상태에 있다.[54] 예를 들어, 일본의 해상자위대는 '8X8 함대'로 불리는 호위대군을 4대 보유하고 있으며, 각 호위대군은 이지스함 1~2척을 주함으로 헬기를 탑재한 대형구축함(지휘함), 방공능력을 갖춘 미사일구축함 및 일반구축함을 8척 보유하여 독립적인 원해작전 수행이 가능하다. 공군의 경우 기

---

52 「국방일보」, 2005년 2월 5일.
53 「중앙일보」, 1999년 11월 19일.
54 정보 RMA는 군사력의 목표 달성 효율을 비약적으로 향상시키기 위하여 정보기술을 주축으로 하는 첨단기술을 군사분야에 응용함으로써 일어나는 장비체계, 편성, 전술, 훈련 등을 포함하는 군사면의 변혁을 의미한다.

존의 F-15 및 F-4D/E를 주축으로 하여 최근에는 최첨단의 F-2기를 미국과 공동으로 개발하여 2005년까지 92대를 목표로 실전배치 중에 있다. 육군은 기존의 사단구조를 여단구조로 개편하여 기동력과 타격력을 더욱 강화하고 있다. 이러한 첨단 군사력의 효과를 배가한 전력승수로써 군사정보 수집 및 분석능력, 조기경보 및 통제능력, 그리고 전자전능력에 많은 투자를 하고 있다. 특히 군사정보 수집 및 분석능력은 아시아 태평양지역에서 미국 다음으로 우수한 것으로 평가받고 있으며, 공중조기경보 및 통제능력은 세계 2위로 평가되고 있다. 1998년과 1999년에 배치한 E-767 AWACS기 그리고 인공위성을 비롯한 다양한 공중감시 장비를 배치하여 한반도를 비롯한 아시아 태평양 대부분 지역을 감시하고 있다.

한반도를 둘러싼 주변국들의 이러한 전력증강 노력은 우리나라를 잠재적인 적국으로 간주하여 추진하는 것은 아닌 것처럼 보인다. 하지만 한반도의 지정학적 특수성을 고려할 때, 이들 주변 군사강대국들의 군사력이 강성해지고, 서로 간의 군비경쟁으로 인해 안보역학구도가 대립적으로 변화될 경우, 이들 간의 갈등과 마찰로 인해서 본의 아니게 한반도가 그들 사이의 분쟁에 휘말릴 가능성도 결코 배제할 수 없는 것이다.

그러나 본 논문에서는 이런 모든 상황을 한정된 지면에서 다루기에는 한계가 있으므로, 단기적 위협, 즉 북한과의 전쟁발발 가능성에만 초점을 두고 논의를 전개하기로 한다.

현재 북한의 군사력은 병력 수 자체만으로도 세계 4위에 이를 정도로 거대한 규모를 보유하고 있으며, 특히 탱크, 장갑차, 야포 등의 공격용 무기들로 무장된 지상군 병력의 70%를 수도권인 서울에서 얼마 떨어져 있지 않은 평양─원산이남 지역에 집중적으로 배치해 놓고 있다. 특히 앞서 언급한 장사정 전력은 지나치게 전방으로 추진 배치해 놓고 있다. 이는 전쟁 초반부터 수도권을 비롯한 남한 전역에 타격을 가하여 저항능력을 제거하고, 단기간 내에 한국을 점령하려는 목적에서 그렇게 하는 것이라 할 수 있다.

이 때문에 아래에서 논의되는 두 가지 여건 가운데 하나라도 충족될 경우, 북한의 남침 가능성은 높다고 할 수 있다.

첫째, 한미동맹관계가 악화되어 주한미군이 남한에서 완전 철수하는 사태가 발생할 경우, 북한 김정일 정권은 그것을 남침할 수 있는 좋은 기회로 삼을 수 있을 것이다. 이는 북한 정권으로 하여금 소위 '남조선혁명'의 완성을 달성할 수 있는 호기로 판단하게 만드는 근거를 제공할 것이다. 물론 북한은 전쟁승리의 확률과 비용 대 효과의 철저한 계산하에 남침을 감행하겠지만, 주한미군의 전면 철수가 남한의 정치 불안이나 방어력 공백을 야기시킨다면, 남침 확률은 더욱 높다고 할 수 있을 것이다.

둘째, 북한 김정일 정권의 내부 결속력이 약화되어 정치·군사적 대립이 격화됨에 따라 정권 존립 자체가 위협받는다고 인식하게 될 경우, 정권유지 지속을 위해 남침을 강행할 수도 있을 것이다. 물론 한반도 및 주변지역의 역학관계와 동맹상태가 큰 변수이긴 하겠지만, 북한이 내부붕괴를 상정할 정도로 절망적인 상태에 처하게 된다면, 외부로의 모험은 큰 유혹이 아닐 수 없을 것이다.

만약 첫 번째 시나리오, 즉 한미동맹관계의 붕괴를 빌미삼아, 북한이 남한을 기습 선제공격할 경우에, 한국군의 우선적 임무는 당연히 북한의 침략에 대한 방어가 될 것이다. 그리고 난 뒤, 빠른 시일 내에 즉각 북한군을 격퇴하기 위한 반격작전으로 전환하여, 즉 공세작전을 펼쳐서 북한영토를 점령하고, 북한의 김정일 정권을 무장해제시키는 정권교체 작전에 들어가고, 그리고 한국의 통제하에 통일을 이룩하는 것이다. 물론 이 시나리오는 한국의 군사적, 경제적 능력에 따라 크게 좌우될 것이다. 그리고 두 번째 시나리오, 즉 북한이 체제결속을 위해 남한을 공격하는 경우, 한국군 단독이 아닌 미군과 함께 일단 침략에 대해 방어를 하고, 이후 미증원군의 도착과 더불어 북한군을 격퇴하기 위한 반격작전으로 전환하여 북한 영토를 점령하고 북한정권을 무장해제시키고, 그리고 한국의 통제하에 통일을 이룩하는 것이다. 한반도에서 전면전이 발발했을 때 미국이 한국을 위해 제공하게 되어 있는 군사동맹상의 공약인 소위, '한미연합작전계획'CFOPLAN 5027 내용이 바로 이 시나리오에 대응하여 마련된 계획이다.

그러나 이런 시나리오와는 달리 한국이 먼저 북한에 대한 공세를 감행해야 할 경우도 있을 것이다. 예컨대 북한 김정일 정권의 예기치 못한 갑작스러운 몰락으로 인해 북한이 내전상황에 빠지게 될 경우, 한국은 내전을 신속히 종식시키고 한반도 상황안정을 핑계로 있을지도 모르는 제3세력, 즉 중국이나 러시아의 북한 진입을 방지하기 위해 북한에 군사적 개입을 할 수밖에 없는 처지에 빠지게 될 수도 있을 것이다.[55]

미래 어떤 시나리오가 전개되든지 간에 한 가지 분명한 것은 방어 이후 반격작전으로 전환하는 그 순간, 즉 공세작전부터 안정화작전에 이르기까지 수행해야 하는 군사작전의 속성, 혹은 특질은 걸프전, 코소보전, 아프가니스탄전, 이라크전에서 드러난 공세작전과 대단히 유사하다는 사실이다.

## 2) 한국의 미래 작전환경

일반적으로 전쟁은 〈그림 1〉에서 보듯이, 준비 · 방어 · 전환 · 공세 · 안정화 단계를 거치면서 진행된다. 물론 이것은 설명의 편의를 위해 다소 인위적으로 분류한 것이다. 실제 전쟁시에는 방어 · 전환 · 공세 · 안

---

55 최근 몇 개월에 걸쳐 북한에서의 급변 사태시 한국 단독으로 대처할 것인가, 혹은 동맹 미국과의 연합 군사작전 차원에서 대응해야 하는가의 여부가 한미 양국 간의 주요한 논제로 부각되기도 했다. 보다 자세한 내용은 이정훈 "한-미 '개념계획 5029'의 오해와 진실", 「주간동아」, 2005년 5월 10일자를 참조.

정화가 동시에 진행된다고 보는 것이 정확할 것이다.

이러한 전쟁단계의 관점에서 현재 한국의 작전환경을 살펴보면, 한국군은 순수하게 준비 및 방어에만 몰두하고 있는 것처럼 보인다. 물론 내부적으로는 '한미연합작전계획 5027', 혹은 다른 작전계획에서 공세 및 안정화에 대한 대비책을 나름대로 마련해 놓고 있는지는 말 모르겠지만, 적어도 외형적으로 드러나는 군 구조, 그리고 무기체계 획득 내용을 보면 그렇지 않은 것처럼 보인다. 이는 부분적으로 공세작전에 필요한 전력의 대부분을 미군에 의존하고 있기 때문에 그런 것이 아닌가 생각된다.[56] 이처럼 준비 및 방어에만 전적으로 몰두하는 작전환경은 최근 전쟁의 공세적 작전환경과는 완전히 다르다.

| 1. 준비 | 2. 방어 | 3. 전환 | 4. 공세 | 5. 안정화 |
|---------|---------|---------|---------|-----------|

〈그림 1〉 **전쟁단계**

이럴 경우, 최근 전쟁으로부터 적절한 교훈을 도출한다 하더라도, 그것을 한국의 미래 작전환경에 적용할 여지는 거의 없다. 앞서 논의한 최근 전쟁 추세분석을 통해 도출된 교훈들은 북한의 침공에 대응하는 반격으로 발생하거나, 혹은 북한 정권이 붕괴되어 무정부상태나 내전상황에 빠졌을 때 수행되는 공세적 작전환경에 가장 잘 부합된다고 할 수 있다. 다만 예상되는 가장 큰 차이는 최근 전쟁에서는 대량파괴무기가 사용된 적이 없었지만, 북한은 한국군, 혹은 한·미 양국군의 공세작전에 대처하

---

56 유사시 미국이 한반도에 파견할 수 있는 전력수준은 다음과 같다. 첫째, 육군 2개군단(제4사단, 제1기병사단 등 제3기갑군단 주축), 둘째, 해군 6개전단(항공모함 6척, 순양함, 구축함, 핵잠수함 등 160여 척), 셋째, 공군 8개 전투비행단 및 4개 폭격비행단(전투기와 폭격기 1,500여 대), 넷째, 해병대 2개 원정군, 다섯째, 주일미군 소속 해상전투함, 전투기, 공중조기경보기, 전자전기 등(총 69만 병력, 미 해군전체의 40%, 공군의 50%, 해병대의 70% 전력에 해당함). 김재엽, 「한국형 자력방위: 전략과 제언」 (서울: 북코리아, 2004), p. 98.

기 위해 대량파괴무기를 전략적·작전적 수준에서 사용할 가능성이 대단히 높다는 점이다.[57]

간단히 말해 최근 전쟁의 추세분석을 통해 얻을 수 있는 교훈이 한국의 미래 작전환경에서 가장 잘 적용될 수 있는 부분이 바로 전환·공세·안정화작전으로 이어지는 단계들인 것이다.

이런 점에서 볼 때, 우리가 만약 미래전에 대비한 군사력을 기획한다면, 지금처럼 준비 및 방어에만 초점을 둔 것이 아닌, 전환, 공세, 안정화에 더 많은 초점을 두어야 하는 것이다. 왜냐하면 이것이 바로 한국의 미래 작전환경을 특징짓는 주된 요소들이기 때문이다. 만약 우리가 지금처럼 방어중심의 작전개념과 군 구조를 계속 유지하려할 경우, 앞서 언급한 우발사태 발생시, 우리는 또다시 미국주도하의 공세 및 안정화 작전에 종속적으로 투입되는 상황에 직면하게 될 것이다. 따라서 방어에서 전환하여 공세와 동시에 안정화 작전을 곧바로 수행할 수 있는 군사력을 기획하는 것이 핵심인 것이다.

## 3) 공세작전 수행에 요구되는 능력

첫째, 미군이 걸프전, 코소보전, 아프가니스탄전, 이라크전에서 신속하게 적의 영토를 정복했던 것처럼, 한국군 또한 북한을 신속하게 점령하는 방법을 모색해야 한다. 특히 북한의 대규모 지상군을 무력화시키고, 또 비선형전장을 효과적으로 다루기 위해서는 북한보다 질적으로 월등하게 앞선 병력, 첨단 무기체계 및 장비를 획득하기 위한 계획을 마련해야 하는 것이다.[58] 최우선순위는 공세작전 및 종심작전을 전개하는 데 필요한 능

---

57 북한의 생화학무기의 전략적, 작전적 수준에서의 적대적 사용에 대해서는, 김종하, "생화학무기의 적대적 사용: 우리는 어떻게 대처해야 하는가?", 「공군평론」,(2001년 12월), 제109호, pp. 241~261을 참조.

력을 획득하는 데 주어져야 할 것이다(예: 육군의 경우에는 스트라이크류 장갑차/전술무선통신체계/소형 ATACMS/중·단거리자주포/전술용 UAVs; 해군·해병대의 경우에는 이지스함/지상정찰기/공기부양상륙정LCAC/고등수륙양용장갑차AAAV; 공군의 경우에는 정보·감시·정찰/통신·레이더 교란/근접공중지원/공중급유 자산 등).

둘째, 신속하게 북한의 영토를 점령한 이후 곧바로 북한 정권의 교체를 단행할 수 있는 계획, 특히 북한의 김정일 정권과 그의 추종자들을 색출하고, 또 그 정권에 충성하는 세력들을 색출, 포획할 수 있는 계획이 마련되어져야 한다.

셋째, 북한의 대량파괴무기 관련시설을 포획하여 파괴하거나 보호할 수 있는 계획을 마련해야 한다. 이를 위해서는 특수작전부대를 북한에 투입해서 의심되는 대량파괴무기 기지와 다른 잠재적인 은밀한 기지들을 조사하여 그것을 통제하거나 제거할 수 있는 방안이 마련되어져야 할 것이다. 이러한 작전에는 대량파괴무기 보호 및 제거 전문가의 지원이 필수적으로 요청될 것이다.

넷째, 한국의 특수작전부대는 육군을 지원하는 단순한 역할범주에서 벗어나, 해·공군과 함께 공세작전을 수행하는 방법, 특히 해·공군을 위한 정보수집 정찰과 직접지원(예: 표적획득)을 포함한 보다 광범위한 전술적 역할을 수행하는 방법을 배워야 한다. 즉 적 지도부 및 주요 목표를 공격하기 위한 어떤 형태의 작전이 효과적으로 수행되기 이전에 정찰과 표적위치 확인을 제공할 수 있을 정도의 능력을 갖추도록 노력해야 하는 것이다. 이를 위해서는 특수작전부대의 임무의 증가 및 병력증강이

---

58 사실 공세전략은 적의 군사적 위협이나 직접적인 도발책동에 강력히 대응하겠다는 의지를 확고하게, 그리고 가시적으로 보여준다는 의미에서 대단히 중요하다. 특히 적의 위협에 대응할 수 있는 직접적인 공격수단을 우리가 실제적으로 보유하고 있다는 것은 적의 기습전략에도 상당한 영향을 끼친다고 할 수 있다. 따라서 공격용 무기체계를 가진다는 것은 북한의 기습공격을 억제할 수 있는 가장 분명하고 전형적인 선언이 될 수 있다.

반드시 이루어져야 할 것이다.[59]

## 4) 안정화 작전 수행에 요구되는 능력

첫째, 안정화 작전을 신속하고 확고하게 합법적으로 수행할 수 있는 포괄적인 계획, 소위 통제작전계획이 마련되어져야 한다. 북한의 김정일 정권 붕괴 이후의 북한 공산당의 고위 당원 및 보안군 포획 문제, 수백만 명에 이르는 북한군 현역 및 예비군 포로 수용 문제, 북한 주민들에 대한 인도주의적 지원 문제 등을 세부적이고 체계적으로 다룰 수 있는 포괄적인 계획을 마련해야 한다.

둘째, 첫째와 관련하여 안정화 임무를 성공적으로 수행하기 위해서는, 공세작전을 개시하기 훨씬 이전에 안정화 임무에 소요되는 군사력의 규모(현역과 예비역 규모 평가), 그리고 작전 초기에 소요되는 물자의 양을 사전에 철저히 계산해서 준비할 수 있는 계획이 마련되어져야 한다.

셋째, 장기간에 걸친 북한의 안정화 노력을 지원하기 위한 군수지원 능력을 평가하여, 그것을 성공적으로 뒷받침하는 데 필요한 수송자산을 획득하기 위한 준비를 해야 한다. 이것은 지상에서의 수송자산(예: 트럭)보다는 오히려 대규모 공중수송자산(예: 중·장거리용 대형수송기)을 더욱더 필요로 할 것이다. 왜냐하면 군수지원은 신속하게 진행돼야 작전의 효과성을 높일 수가 있기 때문이다.

---

59 냉전 이후 벌어진 미군주도하의 전쟁에서 드러난 특수작전부대의 활동에 대해서는, Andrew Richter, "Lessons from the Revolution: What Recent US Military Operations Reveal About the Revolution in Military Affairs and Future Combat", *Journal of Military & Strategic Studies* (Spring 2005), Vol. 7, Issue 3을 참조.

## 2. 군 구조 개혁

우리 군은 위에서 언급한 공세 및 안정화 작전 임무에 철저히 대비하기 위해 현재의 방어위주의 군사력 기획체계를 전면적으로 바꿀 필요가 있다. 공세(영토점령, 정권교체, 대량파괴무기 제거) 및 안정화(인도주의적 지원 등)작전 임무를 수행하기에 적절한 형태의 적정 군사력 규모(병력, 무기체계 및 장비, 군수지원 등)를 보유하고 있는지를 평가할 필요가 있는 것이다.

여기에서 군 구조 개혁은 북한의 남침에 대응하거나, 북한의 붕괴와 내전에 대응하는 것과 같은 시나리오 범주에 대처할 수 있는 방향으로 이루어지는 것이 바람직하다. 이런 시나리오에 대처한다는 것은 우리 군에게 공세작전 및 안정화작전 임무수행에 필요한 군사능력을 가질 것을 요구하는 것이다. 공세 및 안정화 능력은 탁월한 리더십을 발휘할 수 있는 간소화된 지휘계통, 진보된 기술과 질 높은 병력의 조화와 밀접하게 관련이 된다. 걸프전, 코소보전, 아프가니스탄전, 이라크전의 전투작전, 특히 고강도전투작전에서 미국과 그 동맹국들이 신속한 승리를 거둘 수 있었던 가장 중요한 요소는, 그 무엇보다 '군사력의 질'이었다는 사실을 똑바로 인식해야 할 것이다.

따라서 첨단 방위능력을 갖춘 소수정예의 과학기술군을 건설한다는 국방목표를 달성하기 위해서는 군사력의 질적 변화를 도모하는 개혁이 반드시 이루어져야 하는 것이다. 핵심은 군사력 사용에 대한 대응 작전 환경과 각각의 환경에 부합되는 다양한 수준의 군사력 규모를 판단하면서 군 구조 개혁 작업을 단행하는 것이다.[60]

---

60 전장환경에 부합되는 다양한 군의 모습에 대해서는, 김종하, "미래전쟁을 둘러싼 논쟁: 어떻게 준비해야 하는가", 「군사논단」, 통권 제29호(2001년 겨울호)를 참조.

## 1) 미래 작전환경에 대비한 국방조직 발전방향: 상부구조를 중심으로

한국의 미래 작전환경은 공세작전능력을 요구받고 있다. 그러나 현재 한국은 이러한 공세작전을 수행하는 데 요구되는 능력을 발휘할 수 있는 군사력을 발전시키지 못하고 있다. 가장 큰 이유는 군 최고통수권자인 대통령을 비롯한 정치지도자들이 한국의 미래 작전환경, 특히 발생가능한 공세작전 및 안정화 작전환경에 대비한 군 구조를 어떻게 발전시킬 것인가에 대한 장기구상과 비전Vision을 갖고 있지 못하기 때문이다. 이처럼 장기구상과 비전의 부재는 군 구조 개혁시, 군 내부나 일부 국민들로부터 공감을 받지 못하는 요인으로, 그리고 또 기존 조직들의 구조개혁에 대한 저항을 극복하는데 필요한 타당한 논리를 제시하지 못하는 요인이 되고 있다.

2005년 6월 28일, 이준 전 국방장관은 한국국방연구원KIDA이 주최한 세미나에서 "50여 년 전 군 창설 당시 하지 못했던 군에 대한 설계를 해야 될 때"라며 "군을 새로 만든다는 생각으로 주변국과의 관계를 고려한 군사력 건설을 추진해야 한다"고 말했다. 그는 "국방개혁은 선택의 문제가 아니라, 필연적으로 실천할 문제"라며, "반세기 군의 역사에서 현재와 단절된 새로운 그림을 그려야 할 때"라고 강조했다.[61]

국방개혁의 목적은 군의 전투력을 극대화하는 데 있다. 군의 전투력은 전장에서 발휘된다. 전쟁이 준비 · 방어 · 전환 · 공세 · 안정화 단계를 거쳐서 진행된다면, 우리 군의 경우, 지난 반세기 동안 준비 · 방어에만 치중한 군사력 건설을 해 왔다고 볼 수 있다. 이처럼 방어에만 치중한 군사기획은 자연스럽게 지상군 위주의 군 구조를 형성하게 만든 요인이 되었던 것이다. 이 때문에 이준 전 국방장관이 언급한 "단절된 새로운 그림"

---

61 「국방일보」, 2005년 6월 29일.

은 전환·공세·안정화 단계에서 찾아야 한다.

공세작전을 수행하는 데 있어 핵심은 항공력이다. 항공력을 토대로 한 공세작전 능력은 전쟁승리의 결정적 요소다.[62] 특히 2003년 이라크전에 서 소위 '충격과 공포'Shock & Awe로 불렸던 신속결정작전이라는 새로운 전쟁수행방식은 현대화된 기동전력이 첨단정보체계와 정밀타격능력 및 지휘통제능력을 보유한 압도적인 항공전력과 결합하여 적의 전투력과 전의를 무력화시키는 효과기반effects-based에 의거한 새로운 전략, 작전 및 작전술을 구사하여 적은 희생으로 조기에 승리를 달성하였다. 현재 우리 의 주변국들은 신속결정작전을 수행하는 데 필요한 전력확보에 박차를 가하고 있으므로, 우리 군도 배가의 노력을 경주해야 하는 것이다.[63]

이런 관점에서 준비·방어에만 치중해 왔던 우리 군의 국방조직, 특히 지상군 위주의 상부구조(국방부 및 합참)를 비판적으로 평가하고, 전환· 공세·안정화 작전을 동시에 수행하는 데 필요한 상부구조를 발전시킬 수 있는 대안을 모색하는 것은 대단히 중요한 과제인 것이다. 상부구조 발전은 평시에는 전력증강의 효율성을, 유사시에는 전력발휘의 효율성 을 극대화하는 방향으로 이루어져야 한다. 특히 평시관리 위주로 발전해 온 군의 조직체계를 전투위주로 재조직하는 것이 필요하다.

---

[62] 항공력은 지표면 위에서 작전하는 플랫폼 혹은 미사일에 의해서 공중이나 우주에서 군사력 을 투사하는 능력이다. 항공 플랫폼들은 항공기, 헬리콥터 또는 무인항공기 등으로 정의된다. *British Air Power Doctrine, AP 3000*, p. 1.2.1.

[63] 박정우, "전쟁양상의 새로운 패러다임: 이라크전쟁을 중심으로", 「군사논단」, 통권 제35호 (2003년 여름호), p. 89. 지난 9월 13일 국방부가 발표한 「국방개혁 2020(안)」에는, 공군이 보유한 500여 대 수준의 전투기를 420여 대 정도로 줄이는 대신, F-15K와 조기경보통제기, 그리고 공중급유기를 도입하여 전투력을 크게 개선시켜 한반도 전역을 작전범위에 넣는다는 계획이 포함되어 있다. 그러나 적정전투기 대수를 산정하기 위해서는 통상 20% 정도의 창정비중인 전투기를 제외한 나머지로 전투 준비태세 정도를 판별하는 것이 바람직하다. 즉 완벽한 전투준비에 500여 대가 필요하다면 실제로는 600여 대 가량을 보유하고 있어야 하는 것이다. 따라서 이런 점을 고려하여 국방부는 적정 전투기 보유대수를 다시 산정해야 한다. 사실 미래전에서 공군이 수행하게 될 핵심적인 역할을 고려한다면 전투기 대수를 줄이는 것이 아니라, 오히려 대폭 늘리는 것이 더 타당하다.

## (1) 한국군의 상부구조 평가

818 군 구조 개편에 따라 1990년 10월 1일부터 국군 조직법 개정에 따라 시행되고 있는 한국군의 상부구조(국방부 및 합참)는 합동군제로서 〈그림 2〉와 같다.

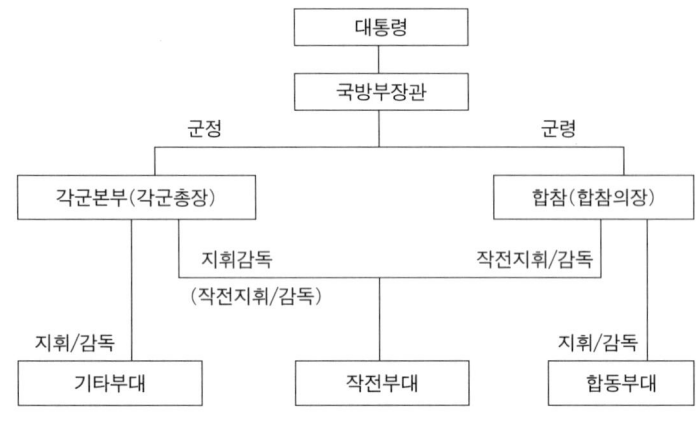

〈그림 2〉 한국군의 상부구조

한국군의 최고 통수권자는 대통령이다. 그리고 국방부 장관이 군정·군령을 통할하여 운용함으로써 외형상 문민통제를 확립하고 있으며, 합참의장이 전·평시 작전통제권을 행사하는 합동군제 형태를 가지고 있다. 그러나 실제로 전시에는 연합사령관이 작전통제권을 행사하게 되어 있어 합참의 작전통제권은 사실상 유보상태에 있는, 다소 특이한 형태의 합동군제를 유지하고 있다.

## (2) 군정·군령 일원화와 문민통제 장치의 미흡

국방의 2대 기능은 군정과 군령이다. 국방조직이 거대하고 복잡한 것은 국방의 2대 기능인 군정과 군령이란 역할이 갖는 행태적 측면 때문이다. 이는 대통령의 통수권 행사와 국방장관의 군정·군령 통합권 집행으로 연결됨으로써 이루어진다. 일반적으로 군정은 국방·군사정책(군사행정 분야), 군령은 군사전략(군사작전 분야)로 이해되고 있다.

〈도표 2〉 군정과 군령의 비교

| | 군 정 | 군 령 |
|---|---|---|
| 의사결정 | 군사정책 | 군사전략 |
| 군사기획 | 군사력 조성(유지) | 군사력 사용(운용) |
| 환류과정 | 건설, 유지, 관리 | 사용, 수정, 요구 |
| 전략유형 | 양병전략 | 용병전략 |
| 통수·지휘계통 | 행정계통 | 작전계통 |
| 추구가치 | 효과성(목적) | 능률성(수단) |
| 기관 | 내국 | 합참 |
| 담당자 | 민간인 | 군인 |

출처: 이선호, "국방조직의 성장과정과 조직발전의 당면과제", 한국군사학회 주최, 제8회 국방·군사세미나, 「한국의 국방조직 발전방향」, 2000년 4월 14일, 자운대 충무관 소강당, p. 22.

군정·군령의 통합운용이란 국방장관이 군 최고통수권자인 대통령을 보필함에 있어 국방의 양대기능인 군정과 군령이 국방장관선에서 일원화됨을 의미한다. 국방부 본부를 담당하는 군정과 합참이 담당하는 군령의 두 기능은 상호보완적이고 의존적인 것이 사실이지만, '정책은 전략을 지배한다'는 일반적인 원칙에 따라 군정주도적으로 문민통제가 이루어지는 것이다.[64] 일반적으로 선진국의 경우, 〈도표 2〉에서 보듯이 포괄성이 요구되는 군정기능은 민간전문인력으로 구성된 국방부가, 전문성이 요구되는 군령기능은 제복을 입은 군인으로 구성된 합참이 담당하고 있다.

그러나 우리나라 국방부 및 합참의 경우에는 선진국의 경우와는 달리

---

64 김종하, "국방부 문민화를 위한 전제조건", 「국방일보」, 2004년 9월 4일.

(〈도표 3〉을 참조), 군정·군령 일원화와 문민통제가 제대로 이루어지지 않고 있다.

〈도표 3〉 주요국 국방부 문민통제 현황

| 구 분 | 본부인력 | | | 군관련인력<br>(군인수) | 비 고<br>(본부 조직) |
|---|---|---|---|---|---|
| | 계 | 현역<br>(%) | 민간인<br>(%) | | |
| 미국 | 3,176 | 500<br>(15.7) | 2,676<br>(84.3) | 2,075,052<br>(1,431,813) | 차관보급 이상 민간인 |
| 영국 | 25,700 | 15,100<br>(58.8) | 10,600<br>(41.2) | 316,440<br>(207,020) | 현역과 민간인의 기능을 양분<br>한 철저한 문민우위 |
| 독일 | 239<br>*과장급이상 | 50<br>(21) | 189<br>(79) | 386,000<br>(264,243) | 7개 국장 직위 전원민간 과장<br>급 민간 : 현역 = 160 : 45 |
| 일본 | 855 | 53<br>(6.2) | 802<br>(93.8) | 276,886<br>(238,579) | 과장급 이상 전원 문민 |
| 프랑스 | 7,462 | 1,717<br>(23) | 5,745<br>(77) | 428,398<br>(372,288) | 국장 민간 : 현역 = 4 : 4 |
| 이스라엘 | 2,000 | 10%<br>미만 | 1,900<br>여명 | 188,500<br>(186,500) | 국방본부장(민간)이 군정 기능<br>수행 국장1개 직위 현역 보직 |

출처: 2005년 국회 국방위원회 국정감사 요구자료(2005.8)

첫째, 우리 국방부의 경우, 합참의장이나 참모총장을 지낸 후 곧바로 국방장관이 되거나, 아니면 전역 후 얼마 지나지 않아 장관으로 임용되는 경우가 많다. 또 타 중앙부처와는 달리 차관·차관보가 2·3인자가 아닌, 제복을 입은 군인우위체제로 편성되어 있고, 본부의 요직을 현역군인이 차지하고 있음으로 인해 군령이 군정에 대하여 주도적인 우위를 점하고 있어, 군정·군령 일원화를 저해하여 문민통제를 어렵게 하고 있다. 그리고 합참의 경우, 각 본부가 국방부 본부의 각국보다 1계층이 상향조정되어져 있기 때문에 군정과 군령이 조화를 이루지 못하고 있고, 이것이 문민통제를 더 어렵게 하는 요인으로 작용하고 있다.

둘째, 국방부 본부 요원의 대부분이 민간인 아닌, 제복을 입은 현역군인들이다. 현역군인들의 순환보직은 장기근무의 어려움 때문에 국방정책의 일관성을 저해할 수가 있고, 또 그들은 자군중심의 사고속성을 가지고 있기 때문에 주요 의사결정시 중용을 견지하지 못해, 각 군 간 갈등을 초래하는 요인으로 작용하고 있다. 현재 국방부내 군인과 민간인 비율은, 차관보급의 경우 2:2, 국장급 11:5, 과장급 31:31, 중·소령사무관급 302:171로 현역비율이 높다.[65] 그리고 국방부 본부 각 군 비율, 특히 국·과장급 군별 현황을 보면, 육군이 다소 많은 비율을 차지하고 있다(〈도표 4〉를 참조).

〈도표 4〉 국방부 본부 국·과장급 군별 현황(현재원 기준)

| 구 분 | 국 장 급 | | 과 장 급 | | | | |
|---|---|---|---|---|---|---|---|
| | 총직위 | 육군 | 총직위 | 소계 | 육군 | 해군 | 공군 |
| 직위 | 18 | 7 | 67 | 32 | 20 | 5 | 7 |
| 비율(%) | 100 | 39 | 100 | 47.7 | 62.5 | 15.6 | 21.9 |

출처: 2005년 국회 국방위원회 국정감사 요구자료(2005.8).

〈도표 5〉 합참 군별/계급별 인원 현황

| 구 분 | 계 | 장군 | 대령 | 중령 | 소령 이하 |
|---|---|---|---|---|---|
| 계 | 568 | 29 | 96 | 362 | 81 |
| 육군 | 322<br>(56.7%) | 17<br>(58.6%) | 65<br>(67.7%) | 200<br>(55.2%) | 40<br>(49.4%) |
| 해군 | 126<br>(22.2%) | 6<br>(20.7%) | 15<br>(15.6%) | 82<br>(22.7%) | 23<br>(28.4%) |
| 공군 | 120<br>(21.1%) | 6<br>(20.7%) | 16<br>(16.7%) | 80<br>(22.1%) | 18<br>(22.2%) |

출처: 2005년 국회 국방위원회 국정감사 요구자료(2005.8).

---

65 「문화일보」, 2003년 11월 1일.

셋째, 합참의장을 육군출신으로 임용하는 관례가 계속되고 있다. 이처럼 정형화된 관례는 군정·군령 일원화 및 문민통제를 저해하는 요인으로 작용하고 있다. 합참의장은 국방장관에 대해 군령분야에 대한 전문적인 보좌를 하는 현역군인 가운데 최고위직에 있는 군인이다. 육군출신의 합참의장이 해·공군의 작전교리에 정통하거나, 아니면 육·해·공 합동작전 수행에 관한 전문성을 가지고 있다면 모를까 그렇지 않을 경우, 군령분야에 대한 국방장관 자문시, 자군이 주체가 된 조언을 할 가능성이 높은 것이다. 현재와 같은 육·해·공군의 기형적 불균형(81% : 10% : 8%)은 부분적으로 이런 이유로 인해 비롯된 것으로도 볼 수 있다.[66] 그리고 합참의 인적구성은 818 계획에 따라 육·해·공군 2 : 1 : 1 안배가 법제화되었지만, 여전히 이 원칙이 지켜지지 않고 있다(〈도표 5〉를 참조). 합참이 특정군 중심으로 짜여 있다는 것은 자원과 인력배분의 왜곡, 그리고 육·해·공군 간의 균형적 발전 저해로 이어질 가능성이 농후해지는 것이다. 이것은 미래전 수행에 핵심이라 할 수 있는 육·해·공군 간의 합동작전에 토대를 둔 작전수립을 대단히 어렵게 만드는 요인으로 작용하게 된다.

### (3) 지휘통일·통합전력·통합군수지원 장치의 미흡

첫째, 현 한국군의 군제는 합동군제이다. 그러나 작전부대 측면에서 상위부서인 합참과 각군 본부의 2중 지휘체계로 되어 있는 것이 문제이다. 작전사령부급 이하부대는 군정과 군령기능이 복선으로 분리되어 있다(〈그림 2〉 참조). 즉 군정기능인 인사·군수 등은 자군의 참모총장의

---

[66] 미국은 육군 34%, 해군 40%, 공군 26%, 영국은 육군 54%, 해군 21%, 공군 25%로 구성되어 있다. 한국처럼 육군이 80%를 넘어서는 '노동집약형' 군대구조는 인도(87%), 북한(87.8%) 등 후진국에서 전형적인 모습을 보이고 있다. 최고 군령권을 가진 합참의 경우, 합참의장(4성)부터 정보본부장(3성), 작전본부장(3성), 전략기획본부장(3성) 등 주요보직은 육군이 차지하고 있다. 「문화일보」, 2004년 8월 5일(인터넷판).

지시를 받고, 군령기능인 정보·작전 등은 합참의 지시를 받는 명령체계상 이원화된 구조를 가지고 있는 것이다. 이 때문에 군정과 군령의 분리로 인한 작전수행 공백을 보완할 수 있는 장치가 없으며, 합참의장이 군 대표자로 장관과 통수권자를 1차적으로 보좌할 수 있도록 작전뿐만 아니라, 광범위한 군사문제를 각군 대표들인 참모총장들과 토의할 수 있는 장치 또한 제대로 없다.[67]

둘째, 앞서 미래전 추세분석에서 지적했듯이, 고강도에서 저강도에 이르기까지 전쟁의 전 스펙트럼에 대처하는 것은 각군별 대응체계보다는 합동작전(통합전력) 능력을 더 많이 요구한다. 현재 국방부 및 합참은 이에 적절히 대처할 수 있는 체계를 갖추지 못하고 있다. 따라서 어떤 측면에서는 국방부나 합참이 한국의 미래 작전환경에 대비한 군 운용, 즉 준비·방어·전환·공세·안정화 단계의 작전임무를 통제·관리하는 곳이 아닌, 준비 및 방어, 그리고 평시 관리중심의 국방운영을 하는 조직이 아닌가 하는 생각이 들 정도다. 이처럼 평시관리 중심의 국방운영은 경직된 관료적 조직운용과 조직의 비대화를 초래하는 요인으로 작용하고 있다. 사실 상황인식력의 증대로 인해 전장의 정보가 대량으로, 그리고 실시간으로 거리 및 공간의 제한 없이 전달되고 있는 상황에서 지금과 같은 다단계 피라미드형 조직구조를 유지한다는 것은 전쟁수행속도의 관점에서 볼 때 대단히 심각한 문제인 것이다.

셋째, 합참의장에게 전투부대의 작전 지휘권은 부여되어 있으나, 작전을 지원하는 군수부대에 관한 지시권/통제권이 결여되어 있다. 이것은

---

67 818 군 구조 개선으로 합참의장에게 작전지휘권이 주어졌는데(국군조직법 제9조), 그 당시 이것을 해·공군이 동의한 것이 다소 아쉽다. 작전지휘권이 주어지지 않았다면 합참은 군사문제에 대해 대통령과 국방장관에 대한 자문기능을 수행하고 합동참모회의를 운영하는 기능만 수행하게 되었을 것이다. 합참의장을 작전지휘관으로 명시를 했기 때문에 각 군 참모총장의 의견수렴없이 배타적으로 작전을 지휘하게 되는 구조로 바뀌게 된 것이다. 합동참모의장 및 각 군 참모총장의 권한에 대해서는, 국방부, 「국방조직관계법령집」(국방부, 2004), p. 72를 참조.

작전의 우선순위가 변함에 따른 신속한 군수지원을 조정, 통제하는 것을 어렵게 하고 있다. 실제로 전시나 위기시에 작전지원 측면에서 각 군 본부가 해야 할 일이 많고 중요한데, 이 역할을 작전지휘계선 즉 합참에 입력시키는 방법이 없는 것이 문제다. 그리고 각 군은 획득, 군수, 수송, 교육, 복지 등에 관련된 조직을 제각각 보유하고 있다. 이는 과도한 자급자족 체제를 유지하는 것이라 할 수 있다. 오웬스Owens 제독이 지적하듯이, "각 군의 이러한 기능적 과다는 기본적으로 다른 군 혹은 외부로부터의 의존을 피하고 싶은 기본적인 욕망으로부터 오는 것이다."[68] 문제는 이것이 일단 정착되면 기득권으로 변해버리게 되고, 이로 인해 자원운용의 비효율성이 드러날 수밖에 없다는 데 심각성이 있는 것이다.

## 3. 상부구조 개혁방안

### 1) 군정·군령 일원화와 문민통제 장치의 강화

첫째, 국방장관의 경우 순수민간인으로 임명하기에는 우리를 둘러싼 제반 안보여건상, 그리고 국민적 불안감을 감안할 때 다소 무리가 있을 수 있다. 그러나 전역과 동시에 국방장관 업무를 맡기는 것은 지양해야 된다. 왜냐하면 이 경우 국방장관은 현역장성의 마인드로 업무를 추진할 가능성이 높고, 이럴 경우 이것이 각 군 간 형평성 문제를 불러일으키는 요소가 될 수도 있기 때문이다. 선진국의 경우, 특히 미국의 경우 군 출신 인사를 등용할 경우에는 전역한 지 10년이 지나야 자격이 주어지도록 국가안전보장법에서 명시하고 있다.[69] 따라서 우리도 5~10년 정도 지나

---

68 William A. Owens, "Making the Joint Journey, *Joint Force Quarterly*" (Spring 1999), p. 93(online).

69 「서울신문」, 2004년 8월 11일자 (인터넷판).

야 자격이 주어지도록 법제화하는 것이 필요할 것이다.

그리고 현재의 지휘체제 하에서 국방장관 유고시 직무대행은 차관이 되나 장관급 4성장군인 합참의장과의 관계가 애매모호하게 된다. 따라서 군정·군령 일원화를 통한 문민통제를 강화하기 위해서는 국방차관을 명실상부한 2인자로 만드는 것이 필요하다. 장관·차관·합참의장으로 연결되는 명확한 지휘계통을 설정해야 진정한 의미의 문민통제가 가능케 될 것이다. 선진국, 특히 미국, 일본, 프랑스, 독일 등은 차관이 군보다 서열이 높고, 대만과 이탈리아는 동급이다. 차관이 합참의장이나 각 군 총장보다 서열이 낮은 국가는 한국밖에 없다(〈도표 6〉을 참조).

〈도표 6〉 국방차관과 합참·각군의 서열관계

| 차관·군 서열 | 차관상위 | 동 급 | 차관하위 |
|---|---|---|---|
| 국가 | 일본, 프랑스, 독일, 미국 (부장관이 상위) | 대만, 이탈리아 | 한국 |

또한 군정·군령의 상호보완적이고 상호의존적인 관계에 부합될 수 있도록 국방부 내국과 합참본부의 업무를 명확하게 '지원'과 '전력발휘'의 양분체제로 만들어야 한다. 즉 국방부 내국은 정책·관리·지원업무를, 합참본부는 전략·작전·소요업무를 담당하는 체계로 만들어야 하는 것이다. 이처럼 명확한 개념의 양분체계는 지원기능의 효율성 및 전력발휘의 확실성을 동시에 구현할 수 있기 때문에 현재 국방부 및 합참의 중복적이며 불분명한 임무와 기능을 재정립하는 효과를 가져올 것이다. 그러나 무엇보다도 중요한 것은 이러한 양분체제 정립은 군정·군령 일원화 및 문민통제를 강화하는 데 크게 도움이 된다는 사실이다.

문민통제는 한국의 미래 작전환경, 특히 공세·안정화 작전을 성공적으로 이끄는 데 대단히 중요한 요소다. 특히 공세 및 안정화 작전시 초래

될 수 있는 정치·외교적·법적 문제를 사전에 예방하는 데 대단히 중요
하다. 일반적으로 군은 민간의 정치지도자들이 군사작전에 세세히 개입
하는 것을 적절치 못한 것으로 생각하는 경향이 높은 것이 사실이다. 하
지만 그런 생각은 잘못된 것이다. 왜냐하면 교전규칙 및 공격 목표의 선
정은 언제나 민간 정치지도자들에 의해 구체화되는 상위개념인 정치적
목표를 따를 것을 요구하기 때문이다. 결국 공동의 목적으로 특징지을
수 있는 솔직하고 분명한 민군관계 형성이 건전한 전시정책을 만들어낼
가능성이 높다고 볼 수 있다. 실제로 전쟁시에 군 스스로 표적을 선정하
고 파괴하는 합리적인 결정을 내리기가 대단히 어려운 사례들이 빈번하
게 발생할 수가 있다. 베츠Richard Betts는 코소보전과 아프가니스탄전에서
가장 두드러지게 드러난 특질 가운데 하나로 공격표적을 승인하는 데
있어 법률가Lawyers이 수행한 직접적인 역할을 지적하면서, 이들 변호사
들에게 전술사령관Tactical commanders이라는 이름을 붙여주기도 하였다는
점을 지적하고 있다.[70] 한마디로 "문민통제의 발전을 위해서는 국가차원
의 종합적인 시각과 통찰력 그리고 전문성을 갖춘 민간관료와 군의 특수
성을 이해하고 있는 현역군인이 조화롭게 편성되어 국방업무에 종사함
으로써 승수효과synergy effect를 창출할 수 있도록 해야 하는 것이다."[71]

둘째, 국방부 본부 요원 대부분을 전역한 지 5년이 지난 예비역 장교출
신이나 국방분야에 전문성을 갖춘 민간인력으로 바꾸어야 한다. 군령기
능이 아닌, 군정기능은 국방분야에 전문성을 가진 민간인이라면, 충분히
업무를 수행할 수가 있다. 물론 국방부 본부 내에도 반드시 현역이 담당
해야 할 특수한 분야가 있다. 그런 분야를 제외하고는 특정군에 편견을
가지지 않은 민간전문인력이 업무를 수행하는 것이 합리적 결과를 더

---

70 Richard Betts, "Compromised Command", *Foreign Affairs* (July/August 2001), p. 129.
71 국방부, 「국민과 함께 하는 국방, 튼튼한 국방 구현을 위한 새로운 국방패러다임과 추진과제」
(2004), www.mnd.go.kr 국방부 홈페이지.

많이 산출할 수 있게 될 것이다. 국방부는 2005년 1월 20일부터 725명의 본부 정원 가운데 48%인 346명의 현역을 올해부터 2009년까지 207명 (29%)으로 줄이는 '국방부 본부 현역 편제조정'(문민화)계획을 확정해서 시행하고 있다.[72] (〈도표 7〉을 참조)

〈도표 7〉 국방부 본부 문민화 추진목표

(단위: 명)

| 구 분 | 목표인원 | 2005년 전환 | % | 2006~2009 계획인원 | % |
|---|---|---|---|---|---|
| 계 | 139 | 32 | 23 | 107 | 77 |
| 국장 | 5 | 3 | 60 | 2 | 40 |
| 과장 | 11 | 4 | 36 | 7 | 64 |
| 중·소령 | 123 | 25 | 20 | 98 | 80 |

출처: 국방부, 「국방부본부 현역 편제조정(문민화)계획」, 2005년 1월 20일.

셋째, 미래전 추세, 그리고 한국의 미래 작전환경은 육·해·공군 간 합동작전의 중요성을 강조하고 있다. 전력운용에 있어 최적의 통합환경을 제공하는 것은 전쟁승리의 요체다. 실제로 합참중심의 통합체계를 확고하게 구축하는 것은 작전전략·전장전략(전술) 운용측면 뿐만 아니라, 군사력 건설을 하는 데 있어서도 자군 이기주의에서 벗어난 통합적 시각을 제공하기 때문에 대단히 중요하다고 할 수 있다. 때문에 합참의장직의 육·해·공군 간의 윤번제와 합참본부 내 육·해·공군 구성 비율을 합리적으로 설정하는 것은 통합체계 구축에 있어 핵심사안인 것이다. 이를 위해서는 818 계획시 처음 합의한 육·해·공군 비율, 즉 2:1:1을 준수하든가, 아니면 또 다른 합의를 통해 선진국형의 1:1:1을 만들든가 해서, 일단 그것이 합의되면 그 구성비율에 대한 명확하고 강제력이 있

---

72 「세계일보」, 2005년 1월 20일(인터넷판).

는 법령을 제정, 그것을 제도화해야 할 것이다.[73] 그렇게 해야, 국방·군사정책을 수립하고, 또한 군사적 준비태세를 유지하기 위한 군사력 건설을 구상하는 데 있어 어떤 방향으로 나가는 것이 가장 좋은 것인지 서로 머리를 맞대고 고민하고, 토론하고, 때로는 상호비판과 경쟁을 하는 과정이 있어야만 합리적인 대안이 나올 수 있기 때문이다.[74]

## 2) 지휘통일·통합전력·통합군수지원 장치의 강화

첫째, 군정과 군령의 분리로 인한 작전수행 공백을 보완할 수 있도록 하기 위해서는, 3군 병립체제 속에서 합동군제를 실시하되, 전투에서의 실제운용은 통합군제와 같은 변형된 형태를 적극적으로 이용하는 것이 바람직하다. 그렇게 한다면 작전수행의 관점에서 지휘통일 일원화 문제

---

73 각 군 간의 균형비율 편성을 통한 경쟁은 문민통제에 몇 가지 이점을 제공한다. 첫째, 그것은 각군이 가진 중요한 정보를 획득하는 데 도움이 된다. 예컨대 해군은 준비태세의 취약점을 민간의 정치지도자들에게 노출시키는 것을 꺼린다. 물론 공군, 육군도 마찬가지다. 그러나 해군의 문제는 공군이나 육군에 물어보면 잘 알 수 있게 된다. 둘째, 그것은 민간의 정치지도자들이 국방정책을 통제하기 위한 노력에 영향력을 제공한다. 육·해·공군이 단합하게 되면, 똑같은 이슈나 입장에 관해 합의를 한 장군과 제독들의 집단은 국방정책 논쟁, 혹은 토론에서 강력한 힘이 된다. 각 군 간의 경쟁은 민간의 정치지도자들에게 국방전략과 예산 토론에 있어 강력한 군사적 동맹의 가능성을 제공한다. 그것은 그들에게 특별한 정책들이 선호될 때, 타군에 대해 한 서비스가 주도권을 잡는 것을 허용하는 것이다. 예를 들어, 육군이 평화유지작전에 관해 불평을 시작하면, 아마 해병대가 그 임무를 수행하기 위해 사인을 할 것이다. 셋째, 경쟁은 혁신을 조장한다. 중요한 보상과 손실의 기대감이 있을 때, 각군은 그들의 관료적 라이벌에 관한 정보뿐만 아니라 그들의 군사적 능력을 개선시키고, 그 역할과 임무를 보호하는 것, 둘 다에 관한 새로운 생각과 방법을 제공한다. Harvey M. Sapolsky, "Interservice Competition: The Solution, Not the Problem", *Joint Force Quarterly*, No. 15(Spring 1997), p. 51. 최근 국방부가 언론에 공개한 「21세기 선진 정예국방을 위한 국방개혁 2020(안)」을 보면, 합참/국직부대 3군 균형편성에 관해서, 첫째 합참의장과 차장은 군을 달리하되, 1인은 육군을 보직, 둘째 합참 과장급 이상 공통직위는 육·해·공군 2:1:1 비율로 편성, 셋째 국직/합동부대의 지휘관 직위는 육·해·공군 3:1:1로 조정한다는 안이 제시되어 있다. 자세한 내용에 대해서는, 국방부, 「21세기 선진 정예국방을 위한 국방개혁 2020(안)」(2005), p. 16을 참조.
74 김종하, "국방개혁의 최우선 과제", 「조선일보」, 2004년 7월 30일.

는 어느 정도 해소될 수 있을 것이다. 사실 북한을 비롯한 우리의 주변국들은 3군 통합작전지휘체제로써 3군 통할기구를 강화하고, 지휘계층의 통합 및 단순화 그리고 통합작전, 전술교리와 훈련의 발전을 도모할 수 있도록 발전시키고 있다.

둘째, 현재 3개 야전사령부를 하나의 지상작전사령부, 혹은 육군작전사령부로 통합하여, 전력의 통합적 운영능력의 향상을 도모하는 것이 필요하다.[75] 한반도라는 전장공간의 협소함과 최근 비약적으로 발전하고 있는 C4ISR 체계로 인해 하나의 지상작전사령부 체제로 통합해도 작전을 수행하는 데 아무런 문제가 없다. 사실 전국이 초고속 정보통신망으로 연결돼 있는 오늘날 야전군사령부라는 거대한 군 조직은 존재할 필요가 없다. 상부구조가 비대할수록 지휘 및 통제체계의 효율성은 더 떨어지게 마련이다. 현대전에서는 작전속도를 높이는 것이 대단히 중요하다. 킬체인(Kill-chain: 파괴과정)이 앞으로 2~3년 후면 20분 이내로 이루어진다. 따라서 야전군사령부를 해체하고, 육군작전사령부라는 단일조직으로 통합하여 군단을 직접 지휘하는 것이 지휘 및 통제체계의 단순화를 가져와 전투력을 더 높일 수가 있는 것이다.[76] 이렇게 할 경우, 작전지휘의 관점에서 합참 산하에 육군작전사령부, 해군작전사령부, 공군작전사

---

75 국방개혁 2020(안)에 따르면, 육군은 1 · 3군사령부를 지상작전사령부로 통합하고 2군사령부는 후방작전사령부로 전환하는 계획을 가지고 있다. 「한국일보」, 2005년 9월 13일(인터넷 판).
76 김종하, "국방개혁의 핵심과제", 「한겨레신문」, 2004년 8월 25일; 참고로 이와는 다르지만, 국방부는 육군의 경우, 유사히 연합사(합참) · 지상구성군 사령관 · 군사령부 · 군단 · 사단 · 연대 등으로 이어지는 지휘체계를 간소화하고, 병력위주의 육군구조를 개혁하기 위해 후방지역 2개 군단, 즉 육군 2군사령부 9군단과 11군단을 없애고 예하 7개 사단을 군사령부 직할부대로 재편하고, 해군의 경우, 현행 함대사령부 · 전단 · 편대로 이위진 지휘제대 가운데 전단을 없애 지휘체계를 간소화하고, 공군의 경우에는 현행 전투비행단 예하에 비행 · 군수 · 기지지원 등 3개 전대와 비행대대, 중대체계를 갖추고 있는 공군의 지휘제대 가운데 전대를 없애 지휘체계를 간소화할 것이라고 발표하였다. 이런 개혁은 다단계 지휘구조를 간소화하는 데 도움이 될 것이다. 이에 대한 자세한 내용에 대해서는, 「한겨레」, 2005년 7월 21일(인터넷판)참조

령부라는 3개의 작전사령부가 자연스럽게 구축되게 되어 합참의장의 지휘가 더 효과적이 될 것이다.

셋째, 합동작전시 신속한 군수지원을 하기 위해서는 합참의장에게 군수부대에 관한 지시권·통제권이 주어져야 한다. 만약 합참의장에게 군수부대 작전지시권/통제권 부여를 하지 않을 경우에는 각 군 본부가 이 역할을 할 수 있도록 작전지휘계선, 즉 합참에 입력시키는 방법이 반드시 마련되어져야 한다. 사실 공세 및 안정화작전을 수행하는 데는 육·해·공군이 보유한 수송자산들 가운데, 특히 항공자산이 우선적으로 소요될 가능성이 높다. 왜냐하면 항공자산은 짧은 시간 내에 병력, 장비, 물자의 수송을 가능케 하고, 또 초계활동을 통해 고도의 가시적 존재를 제공하기 때문이다. 병력과 물자가 긴급히 필요할 경우 이를 달성할 유일한 수단은 바로 항공자산인 것이다.[77] 따라서 각 군이 반드시 보유해야 할 군수지원 수단은 제외하고 나머지는 통합하여 운용할 수 있도록 하는 것이 자원운용의 효율성과 통합작전 수행의 효과성을 더 가져올 것이다.[78]

## 3) 성공적인 상부구조 개혁을 위한 제도화의 필요성

818 군 구조 개혁안이 나온 이후, 지금까지 상부구조 개혁에 관한 논의가 지속되어 왔다. 그러나 변한 것은 아무것도 없다. 군 최고통수권자인

---

77 우리 군의 경우, 수송 플랫폼의 획득은 전력증강사업과 같은 대규모 무기체계 획득 프로그램을 둘러싼 토론에서 오랜 기간 빠져있었다. 왜냐하면 그것을 전투체계가 아닌 지원체계로 간주해 왔기 때문이다. 수송능력에 대한 투자는 글로벌 이익과 책임을 위해 UN을 비롯한 국제조직들이 우리나라에 대해 지원을 요청할 경우, 합동·연합능력을 투사하는데 공헌할 수 있는 극도로 중요한 자산이라 할 수 있다. 김종하, "변형전략과 안보의 핵심", 「국방일보」, 2005년 3월 9일.

78 국방개혁 2020(안)에 따르면, 합참에 각군의 작전지원과 관련한 '조정기능'을 부여토록 하였는데, 이것은 자원운용의 효율성과 통합작전 수행의 효과성을 극대화하기 위해 나온 방안으로 보여진다. '조정기능' 부여에 관한 기사내용을 언급한 언론보도에 대해서는, 「경향신문」, 2005년 9월 13일(인터넷판 참조).

대통령의 지시나 국방부의 상부구조 개혁의 필요성에 의해 수많은 개혁안이 마련되었지만 법적 구속력의 결여로 인해 대통령이 바뀌거나, 국방장관이 바뀌게 되면, 어렵게 마련된 개혁안은 하루아침에 무용지물이 되어버리고 마는 경우가 대부분이었다.

선진국, 특히 미국, 영국, 독일과 같은 국가들의 경우에는 대부분 정치권의 발의에 의해 법제화된 군 구조 개혁을 추진하고 있다. 하지만 우리나라의 경우에는 국회의원의 국방·군사분야에 대한 전문성 부족, 그리고 민간 전문인력의 부족으로 인해 구조개혁안을 정치권 차원에서 체계적으로 만드는 것이 어려운 실정에 있다. 따라서 현실적으로 국방부, 합참, 각군, 아니면 최근에 신설된 국방발전자문위원회와 같은 곳에서 개혁안을 만들어낼 수밖에 없을 것이다.

그러나 상부구조 개혁안을 어디에서 만들든지 간에, 무엇보다 중요한 것은 미래전 추세, 그리고 한국의 미래 작전환경에 탄력적으로 부응할 수 있는 개혁안을 마련해야 한다는 사실이다. 그리고 그것의 법제화는 가급적 기본골격에 국한시키되, 충분한 논의와 폭넓은 의견수렴을 거쳐서 시행할 수 있도록 하는 것이 바람직하다.


## :: 결 론

걸프전, 코소보전, 아프가니스탄전, 이라크전의 분석을 통해 얻어진 교훈들 가운데 상당부분은 한국의 미래 작전환경과 높은 상관관계가 있다. 특히 북한의 침공에 대한 반격(공세)으로 발생하거나, 혹은 북한 정권이 붕괴되어 무정부 상태나 내전상황에 빠졌을 때 수행되는 공세작전환경에 가장 잘 부합된다고 할 수 있다. 이 때문에 만약 우리가 미래 작전환경에 대비한 군사력을 기획한다면, 군의 소요와 능력을 재평가하기 위해 걸프전, 코소보전, 아프가니스탄전, 이라크전에서 드러난 공세작전의 교훈을 잘 이용해야만 하는 것이다.

이러한 재평가는 북한에 대한 공세작전(예: 영토점령, 정권교체, 대량파괴무기 제거) 및 안정화 작전(예: 인도주의적 지원)을 수행할 시, 많은 자원을 필요로 하는 동시다발적인 임무들을 중점적으로 다루어야 할 것이다. 이것은 북한군의 결속력을 와해시키는 데 큰 영향을 끼칠 수 있는 공세작전을 전개하는 데 필요한 능력, 그리고 안정화작전을 전개하는 데 필요한 능력을 향상시킬 것을 요구하고 있다.

그러나 우리 군은 최근 전쟁의 공세작전 교훈을 이용한 군사력을 기획하지 못하고, 여전히 준비 및 방어, 그리고 평시관리에만 초점을 둔 기획을 하고 있다. 이것은 경직된 관료적 조직운용과 비대한 지상군 중심의 군 구조 및 의사결정체계를 지속시키는 요인으로 작용하고 있다. 현재 지상군 중심의 국방부 및 합참구조는 군정·군령 일원화와 문민통제, 그리고 지휘통일·통합전력·통합군수지원을 어렵게 하는 요인이 되고 있어, 한국의 미래 작전환경에 대비한 대응구조의 측면에서 많은 문제를 노출시키고 있다.

따라서 지상군 중심의 상부구조를 개혁하는 것은 더 이상 미룰 수 없는 국방개혁의 최우선 과제인 것이다. 물론 현실과 괴리된 급작스러운 상부구조 개혁은 대단히 위험할 수도 있다. 그러나 상부구조 개혁 없이 하부구조가 원만하게 운영되리라고 기대할 수는 없다. 상부구조 개혁은 첫째, 국방부 장관 및 국방부 본부 요원의 문민화, 합참의장직의 육·해·공군 간 윤번제와 합참본부 내 육·해·공군 구성비율의 합리적 설정(2:1:1, 혹은 1:1:1)을 통해 국방부의 군정·군령 일원화와 문민통제체제를 강화해야 하고, 둘째, 합참의장의 완전한 작전지휘권 행사, 육군의 3개 야전사령부의 단일사령부로의 통합, 합참의장에 대한 군수지원부대 지시권·통제권 부여를 통해 합참의 지휘통일·통합전력·통합군수지원을 강화하는 방향으로 나가야 할 것이다.

이런 식으로 상부구조 개혁 방향이 잡혀진다면, 군 내부에서도 많은 새로운 사고의 등장을 유발시킬 것이며, 기존 제도와 조직에 관한 개선안 또한 더 심도 깊게 논의될 수 있을 것이다. 논의의 초점은 미래전 추세, 그리고 한국의 미래 작전환경에 탄력적으로 대처할 수 있는 상부구조를 어떻게 만들 것인가에 주어져야 할 것이다.

# 제 3 장
# 방위산업 구조혁신


「방위산업에 관한 특별조치법」 제2조 1항에서는 방위산업을 방산물자를 생산(제조, 가공, 조립, 정비, 재생, 개량, 또는 개조)하거나 연구개발하는 산업으로 규정하고 있다. 또한 「군사대사전」에서는 방위산업을 "국가방위를 목적으로 하여 군사적으로 소요되는 물자를 연구·개발하거나 생산하는 데 종사하는 산업"으로 규정하고 있다.[1] 간단히 말해 방위산업은 국가방위에 필요한 군용물자를 연구개발하고, 생산하는 산업을 의미하는 것이다.

「방위산업에 관한 특별조치법」 시행규칙 제3조에 의하면 다음 각 호의 하나를 방산물자 지정 대상으로 규정하고 있다.

(가) 군 전략상 긴요한 소량, 다종 품목으로서 경제성이 낮아 업체가 생산을 기피하는 물자
(나) 사람의 생명에 직접 관련되는 품목으로서 엄격한 품질 보증이 요구되는 물자
(다) 무기체계로 채택된 물자
(라) 방산물자의 주요한 부품으로서 연구개발 또는 기술도입 생산중이거나 생산한 물자

1960년대 이후 우리나라 방위산업은 중화학산업과 연계하여 급속히

---

1 「군사대사전」(세문사, 1964), pp. 348~349.

발전하였다. 특히 재래식 병기를 국산화할 수 있는 국내 방위산업을 상당히 빠른 시간에 육성했으며 많은 재래식 무기체계에 있어 선진국들의 수준과 대등한 수준에 올라서기도 하였다.

80년대에 들어서면서부터 재래식 무기체계 및 장비를 생산하는 방산업체들 간에 경쟁이 치열해지고, 이에 따른 중복투자의 문제가 발생하게 되자, 이 문제를 해결하기 위해 정부는 1983년 방위산업 전문화・계열화 제도를 수립하였다. 방위산업 전문・계열화 규정 제3조의 정의에 따르면, '전문・계열화'라 함은 연구개발이나 기술도입 생산이 필요한 군용물자를 소요기술, 전용설비 등의 특성에 따라 분야별, 무기체계별, 품목별 등으로 집단화하여 분류한 것을 말한다.

이 당시 국방부가 전문화・계열화제도를 추진한 기본적인 이유는 1983년부터 시작된 방위산업체 간의 과도한 경쟁과 중복투자를 방지하여 적절한 물량을 보장하고, 해당기술 분야에 대한 기술개발을 촉진시키기 위한 것이었다. 특히 방산물자와 방산업체를 소요 기술분야의 특성에 따라 무기체계인 완성품 생산업체는 전문화 업체로 지정하고, 핵심기술 및 부품 생산업체는 계열화업체로 지정하여 완성품과 부품 생산업체 간의 역할과 책임의 한계를 명확히 하여 상호유기적인 협조체제를 구축하도록 하는 데 있었다.[2] 좀 더 구체적으로 말하자면, 무기체계를 소요기술/전용설비의 동일, 유사성에 따라 세부분야/완성장비/구성품, 부품별로 분류한 후, 품목분류 기준에 따라 전문/계열화 업체를 미리 선정한 후 향후 연구개발 및 기술도입 생산 시 참여 우선권을 보장하는 방향으로 운영하는 것이다.

이처럼 좋은 의도에서 출발했음에도 불구하고 그 결과는 크게 기대에 미치지 못하였다. 물론 방산업체들 간의 과당경쟁에 따른 중복투자를 방지하는 데 어느 정도 기여한 측면도 있는 것이 사실이지만, 방산업체의

---

2 국방부, 「국방백서 1997-1998」 (서울: 국방부, 1997), p. 196.

독자적인 연구개발능력 및 기술개발을 촉진시키는 측면에서는 완전히 실패하였다. 예컨대 동 제도를 20여 년 이상 시행해 오면서 드러난 결과는, "2002년 기준으로 방산부문 총매출액이 약 4조 3,000억 원이며, 고용인력은 약 2만 3,000명이다. 방산업체의 자기자본수익률은 제조업 평균의 1/3 수준에 불과하고, 방산부문 인력의 생산성은 민수부문의 절반에도 미치지 못하고 있다. 평균 가동률은 54% 수준으로 제조업 평균 가동률 78%를 밑돌고 있다."[3] 그리고 선진국 대비 40~50%의 기술수준을 유지하고 있다는 사실을 들 수 있다.

따라서 현재 국내 방위산업이 직면한 어려움을 극복하고, 선진 각국의 방위산업계와 경쟁하는 데 있어 질적으로 한 단계 더 나아가기 위한 방안이 절대적으로 필요한 시점이다.

이러한 맥락에서 본 장의 목적은 1973년에 도입된 방산물자/업체지정제도, 83년에 도입된 방위산업 전문화·계열화제도의 문제점을 평가하고, 이를 토대로 미래의 안보환경 및 기술발전 속도에 탄력적으로 대처할 수 있는 바람직한 방위산업 구조(경쟁구조)를 도출하고, 그리고 현재 어려움에 처해 있는 국내 방산업체들의 경영을 정상화시키는 데 필요한 방안의 하나로 국방획득사업에의 방산참여를 활성화시킬 수 있는 방안을 모색하는 데 있다.


## :: 방위산업 전문화·계열화제도의 문제점 평가

### 1. 획득정책의 관점에서 본 현행 전문화·계열화제도의 문제

3 한남성, "자주국방을 위한 방위산업 발전방향: 방산능력이 전쟁억지력", 「국방저널」(2004년 2월), http://www.dapis.go.kr/jour/200404/j36.htm.

국방부는 획득정책의 기본 목표를 "군이 요구하는 성능의 무기·장비·물자를 경제적 비용으로 적기에 전력화"하고, "주요 핵심전력체계에 대한 독자개발 능력 확보와 국방과학기술발전을 통한 군사혁신을 구현"[4]하는 데 두고 있다.[5] 이러한 목표를 달성하기 위한 기본방향 및 구체적인 사업, 혹은 목표를 달성하기 위한 일련의 '행동과정' 등을 총칭하여 획득정책acquisition policy이라 할 수 있다.

## 1) 획득정책을 지원하는 세 가지 의사결정체계

통상적으로 획득정책은 세 가지 의사결정체계의 지원을 받아 수립, 집행되어진다. 그것은 바로 PPB체계planning, programming, and budgeting system, 소요창출체계requirements generation system 그리고 국방획득체계defense acquisition system이다.[6]

〈그림 1〉의 벤다이어그램(Venn Diagram: 집합상호간의 관계를 나타내는 원)에서 보여지듯이 PPB체계, 소요창출체계 그리고 국방획득체계는 상호 연계되어 교차하고 있는 것으로 묘사되고 있다. 그러나 경험적인 현실에서 볼 때, 이 세 가지 지원체계는 서로 교차하여 상호작용하기보

---

4 국방부 획득정책관실 홈페이지.
  http:www.mndgo.kr/mnd/sub_home/html/sub_home13_index.html.
5 여기에서 국방부는 목표와 목적의 개념을 혼동하고 있다. 엄밀하게 정의하면, 목표는 달성할 수 있는 것인 반면, 목적은 영원히 추구하지만 결코 달성할 수 없는 것이다. 즉 하늘에 떠 있는 별과 같은 것이다. 첫 번째 목표 ─ "군이 요구하는 성능의 무기·장비·물자를 경제적 비용으로 적기에 전력화" ─ 는 획득정책이 존재하는 한 지속적으로 추구해야 할 가치라 할 수 있다. 따라서 목표가 아닌 목적의 범주에 속하는 것이다. 목적이 결코 달성될 수 없다는 것은 우리가 변화와 진보를 멈출 수 없다는 것을 의미한다. 바로 이러한 이유 때문에 "주요 핵심전력체계에 대한 독자개발 능력확보와 국방과학기술발전을 통한 군사혁신을 구현"한다는 두 번째 요소만 실질적인 목표라 할 수 있다.
6 PPB체계에 대해서는, 합참 홈페이지, http://www.jcs.go.kr/index2.html; 소요창출체계에 대해서는, 국방부 훈령 제700호, 「국방기획관리규정」(2002년 2월 7일); 국방획득체계에 대해서는, 국방부 훈령 제699호, 「국방획득관리규정」(2002년 1월 10일)을 참조.

다는 서로 충돌하고 대립하는 경우가 대부분이다. 왜냐하면 그것은 그 본질상 전적으로 다른, 그리고 잠재적으로 양립할 수 없는 독자적인 힘에 의해서 작동하고 있기 때문이다. 그럼에도 불구하고 획득정책을 합리적으로 수립, 집행하여 애초에 설정한 목표를 성공적으로 달성하기 위해서는 그것이 서로 잘 상호작용할 수 있도록 노력해야 한다.

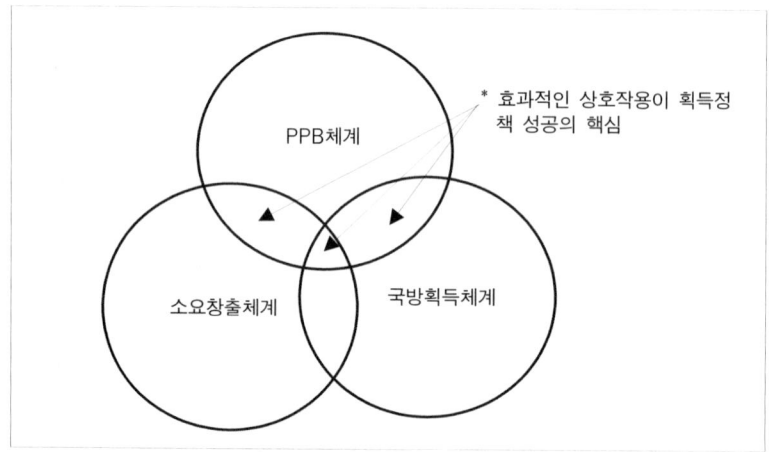

〈그림 1〉 획득정책을 지원하는 세 가지 의사결정체계

소요창출체계는 준비태세의 결함 및 기술적 기회와 같은 전투원의 요구가 무엇인지를 찾아내는 체계이다. 이것은 무엇을 획득할 것이며, 왜 그것을 획득하는지를 결정하는 데 도움을 준다.

국방획득체계는 전투원의 요구를 신뢰할 수 있고, 가용성이 있고, 그리고 지속력이 있는 형태로 바꾸어주는 체계이다. 이것은 전투원이 요구하는 무기체계를 어떻게 개발, 획득할 것인지를 결정하는 데 도움을 준다.

PPB(기획planning, 계획programming, 예산budgeting)체계는 시간과 재원배분을 하는 체계이다. 이것은 언제 획득사업을 시작할 것인지, 그리고 얼마나 획득(생산)할 것인지를 결정하는 데 도움을 준다.

## 2) 이론적·경험적 측면에서 본 세 가지 의사결정지원체계의 문제

이론적으로 볼 때, 이 세 가지 지원체계 가운데 어느 한 가지라도 문제가 생길 경우, 혹은 그것이 서로 긴밀하게 협력하여 상호작용을 하지 못할 경우, 획득정책을 수립, 집행하는 데 많은 어려움을 겪게 되거나, 아니면 획득정책 그 자체를 수립, 집행하는 것이 아예 불가능하게 된다. 경험적으로 볼 때, 소요창출체계의 주된 권한을 가지고 있는 합참의 전력분석실 및 전략기획참모본부는 군사적 위협과 기술적 기회(어떻게 군사력을 건설할 것인가?)에 바탕을 둔 소요를 과학적으로 산출할 수 있는 능력이 다소 부족하다. 특히 핵심 무기체계의 기술을 도출하고, 이를 선별하여 집중 투자할 수 있는 능력이 미흡하다. 국방획득체계의 주된 권한을 가지고 있는 국방부 획득실은 무기체계의 설계 및 개발, 시험, 생산, 야전배치, 군수지원, 성능개량 및 교체 그리고 폐기처분에 이르기까지의 총 획득주기acquisition life-cycle를 관리할 수 있는 능력, 즉 사업관리project management 능력이 전무하다. 그리고 PPB체계의 주된 권한을 가지고 있는 국방부의 계획예산관실은 육·해·공군에, 그리고 군사력의 이빨(전투)과 꼬리(지원)에 투입되는 예산을 우선순위에 따라 합리적으로 배분할 수 있는 능력이 부족하다.

이런 관점에서 보면 우리 국방부는 지금까지 위의 세 가지 지원체계 가운데 적어도 두 개 이상의 지원체계로부터 도움을 전혀 받지 못한 채, 마치 장님이 코끼리를 만지듯이 획득정책을 수립, 집행해 왔다고 할 수 있다. 바로 이러한 이유 때문에 우리 국방부에는 명목상의 획득정책은 있을는지 모르겠지만, 실질적인 획득정책은 존재하지 않는다고 할 수 있다.

이처럼 목표를 달성하는 데 필요한 정책이 없을 경우, "주요 핵심전력체계에 대한 독자개발 능력 확보와 국방과학기술발전을 통한 군사혁신을 구현"한다는 목표, 더 나아가 "군이 요구하는 성능의 무기·장비·물자를 경제적 비용으로 적기에 전력화"한다는 목적을 어떻게 달성할 수가 있겠는가? 그것은 한마디로 불가능하다.

### 3) 획득정책의 목표를 달성하는 데 필요한 대안으로서의 전문화·계열화제도

바로 이러한 이유 때문에 만약 국방부가 획득정책의 목표를 달성하는 데 필요한 하나의 대안, 혹은 방법으로서 전문화·계열화제도를 마련한 것이라면, 그것은 국방부가 동 제도를 획득정책 그 자체만큼이나 중요한 것으로 본다는 의미로 해석할 수 있을 것이다. 왜냐하면 위에서 언급한 세 가지 의사결정체계의 지원을 받는 실질적인 획득정책이 존재한다면 그것만으로도 목표를 달성하는 데 어려움이 없기 때문에 굳이 전문화·계열화제도를 만들 필요가 없는 것이다.

전문화·계열화제도가 획득정책의 대안으로 마련되었다면, 논리적으로 볼 때 그것 역시 앞서 언급한 세 가지 지원체계의 도움을 받아야만 제대로 작동할 수 있을 것이다. 그렇지 않을 경우, 그것은 획득정책과 마찬가지로 제대로 작동하지 않는다고 보아야 한다. 설령 그것이 세 가지 의사결정지원체계의 도움을 받는다 하더라도 그것을 통해서는 사실 목표를 달성하는 것이 어렵다. 그 이유는 목표와 제도사이의 관계를 자세히 살펴보면 잘 알 수 있게 된다.

현행 전문화·계열화제도는 국가가 국내 방산업체들의 기술개발을 촉진시키고, 그들 간의 과도한 경쟁으로 인한 중복투자를 방지하고, 방산물자의 안정적인 공급을 기한다는 목적 하에 만든 것이다.[7] 그 핵심은

7 개념적인 수준에서 볼 때, "국내 방산업체들의 기술개발을 촉진"시킨다는 것은, 궁극적으로

〈그림 2〉 **방위산업 전문화/계열화 분류 개념도**

출처: 한남성, "방위산업 전문화 및 계열화 제도의 발전방향", 「방위산업정책포럼」(2001년 5월 15일), 제1권, 제3호, p. 2.

국내의 방산업체들을 전문화(완성장비 조립업체)와 계열화(부품생산업체) 업체로 인위적으로 분류하여, 전문화 품목은 1~2개의 업체가 전담(독·과점)하고, 계열화 품목은 1개 업체가 전담(독점)하도록 하는데 있다. 2002년 현재 76개 업체, 113개 품목에 대하여 전문화/계열화업체 및 품목으로 지정되어 있으며, 군에서는 이들 업체들에게 연구개발과 기술도입 생산시 참여의 우선권을 보장해 주고 있고, 방산업체는 경쟁없이 비교적 수월하게 획득사업에 참여하고 있다(전문화/계열화업체 현황에 대해서는

---

"주요 핵심전력체계에 대한 독자개발능력 확보와 국방과학기술발전을 통한 군사혁신을 구현" 한다는 획득정책의 기본목표를 달성하고자 하는 것이며, 또한 "방위물자의 안정적인 공급"을 기한다는 것은 "군이 요구하는 성능의 무기·장비·물자를 경제적 비용으로 적기에 전력화" 한다는 획득정책의 목적을 달성하고자 하는 것이다. 이런 점에서 보더라도 전문화·계열화제 도는 획득정책의 대안으로, 혹은 목표를 달성하는데 필요한 방법, 혹은 수단으로 볼 수 있는 것이다.

〈부록 1〉을 참조).

그러나 문제는 그것이 "주요 핵심전력체계에 대한 독자개발 능력 확보와 국방과학기술발전을 통한 군사혁신을 구현"한다는 획득정책의 목표를 달성하는 데 적합하게 설계되어진 제도가 아니라는 데 있다. 왜냐하면 현행 전문화·계열화제도(독·과점구조)는 방산업체 스스로의 무기체계 연구개발이 아닌, 국방과학연구소ADD 혹은 선진국에서 연구개발된 무기체계를 단순 조립생산하는 데에만 초점을 두고 있기 때문이다. 이런 방식을 통해서는 획득정책의 목표를 절대로 달성할 수가 없고, 그것은 오직 국내 방산업체 스스로의 연구개발R&D 노력을 통해서만 달성될 수가 있는 것이다. 이 문제에 대해 국방연구원의 황동준 박사(원장)는 다음과 같이 주장하고 있다.

> 방산업체는 국방과학연구소ADD가 개발한 무기를 생산만 하는 역할을 주로 하고 있기 때문에 …… 제조기술은 우수하나 핵심기술력이 미흡하고 체계적인 연구개발사업을 할 수 있는 능력이 미흡하다. 국방연구개발사업을 업체주도로 수행할 수 있는 제도적 장치가 마련되어 있으나, 일부사업을 제외하고는 활성화되어 있지 못하다. 현재와 같이 방산업체가 주도적으로 연구개발사업을 담당하지 못하고 생산만을 담당하는 상황이 지속되는 한, 방위산업 기반 구축은 사실상 불가능하고 경영악화는 반복될 수밖에 없다.[8]

비단 국방획득 및 방위산업 전문가의 이러한 주장이 아닌, 상식적인 수준에서 보더라도, 방산업체 스스로의 독자적인 연구개발 노력이 없이 선진국에서 개발된 무기체계를 단순 조립생산만 하는 그런 기술도입 방식을 통해서 어떻게 획득정책의 목표를 달성할 수가 있겠는가? 제도란

---

8 황동준, "방위산업, 어떻게 재도약시킬 것인가?", 『방위산업정책포럼』(2001년 3월 15일), 제1권 제1호, p. 3.

것은 목표(목적)때문에 존재하는 것이다. 따라서 만약 전문화·계열화제도가 획득정책의 목표(목적)를 달성하는 데 한계가 있다면, 다른 효과적인 대안을 생각해 보아야 하는 것이다. 무기체계 획득기회를 활용하여 방위산업을 발전시키는 데, 전문화/계열화제도가 지금까지 이룩한 성과가 미미하다면 그것은 분명 문제가 있는 것이다.

### 4) 두 가지 선택 가능한 대안: 전문화·계열화제도의 보완 대 동 제도의 완전 폐지

사실 "주요 핵심전력체계에 대한 독자개발능력 확보와 국방과학기술 발전을 통한 군사혁신 구현"이라는 목표를 달성하는 데 필요한 대안을 찾는 것은 그렇게 어려운 것이 아니다. 두 가지 실행 가능한 대안을 생각해 볼 수 있다.

그 가운데 하나는 현행 독·과점구조의 전문화·계열화제도를 완전한 경쟁구조의 제도로 전환하는 것을 생각해 볼 수 있다. 예를 들어, 독·과점구조의 전문화업체를 경쟁구조의 전문화업체로, 그리고 독점구조의 계열화업체를 경쟁구조의 계열화업체로 전환하는 것이다. 그러나 이 방법이 현행 전문화·계열화제도보다는 획득정책의 목표를 달성하는 데 있어 더 나은 대안인 것은 분명하지만, 여전히 문제는 있다고 할 수 있다. 왜냐하면 경쟁을 통해서 업체를 선정한다 하더라도 그것이 연구개발이 아닌 기존 무기체계의 단순 조립생산방식에 계속 머무는 한, 획득정책의 목표를 빠른 시일 내에 달성하기는 어렵기 때문이다(전문화·계열화제도의 변천사에 대해서는 〈도표 1〉을 참조).

〈도표 1〉 전문화·계열화 제도 변천사

| 구 분 | 최초도입 | 1차 정비 | 2차 정비 | 3차 정비 | 4차 정비 |
|---|---|---|---|---|---|
| 시기 | '83. 6월 | '90. 12월 | '93. 12월 | '98. 12월 | '01. 12월 |
| 운영체제 | 독점체제 | 경쟁체제 | 제한경쟁체제 | 전담 체제 강화(독·과점) 및 경쟁 확대 | 독·과점 체제 |
| 업체수 | 주, 부 전문업체 | 2~5개업체간 경쟁 체제 구축 | 전문화2 계열화1 | 무기체계별로 독점, 과점, 경쟁체제로 분류 | 무기체계별로 독, 과점체제로 분류 |
| 주요점 | '87년 11월 방산특조법 제정(제4조3) | 품목분류 체계보완 | 산자부 공동 훈련 제정 | 대규모설비분야: 전담체제구축 여타 분야: 경쟁전환 | 핵심전략 무기체계 위주로 축소 운영 |

출처: 한국방위산업진흥회, 「방위산업 전문/계열화 제도 정비에 관한 연구」(한국방위산업진흥회, 2004), p. 25.

또 다른 하나는 국내 방산업체 간의 치열한 연구개발R&D 경쟁을 통해 우수한 시제품을 만들어내는 업체에게 소요물량의 생산production을 전담 (독점)시키는 대안, 즉 "승자가 모든 것을 차지하는"winner-take-all 방식을 선택하는 것이다. 뒤에서 충분한 논의가 이루어지겠지만, 사실 이 방법 - 연구개발은 경쟁, 생산은 독점 - 은 "주요 핵심전력체계에 대한 독자 개발능력 확보와 국방과학기술발전을 통한 군사혁신을 구현"한다는 획 득정책의 목표를 달성하는 데 가장 적절하게 부합되는 대안이라 할 수 있다(〈그림 3〉을 참조).

| | |
|---|---|
| 현 행 | 목표 ← 전문화·계열화제도 ← 수단 (독·과점구조) |
| 대안 1 (수정/보완): | 목표 ← 수정/보완된 전문화·계열화제도 ← 수단 (해외기술도입생산에 토대를 둔 과점형태의 경쟁구조) |
| 대안 2 (완전변형): | 목표 ← 전문화·계열화제도의 완전폐지(연구개발정책) ← 수단 (연구개발은 경쟁, 생산은 독점방식에 토대를 둔 경쟁구조) |

〈그림 3〉 획득정책의 목표를 달성하는 데 적합한 대안 시나리오

아무리 의도가 좋은 정책, 혹은 제도라 할지라도 그것이 애초에 설정된 목표를 달성하는 데 적합하게 설계되어져 있지 않다면, 그리고 목표달성을 제대로 하지 못했다면, 그것은 실패한 것으로 규정할 수밖에 없다. 왜냐하면 정책, 혹은 제도의 평가는 좋은 의도가 아니라, 실질적으로 드러난 결과를 보고 하는 것이기 때문이다.

이런 점에서 지금까지 획득정책의 목표를 달성하는 데 제대로 공헌하지 못한 전문화·계열화제도는 당장 폐지해도 아무런 문제가 없는 것이다. 오히려 획득정책을 지원하는 세 가지 의사결정체계 - PPB체계, 소요창출체계, 국방획득체계 - 를 발전시키기 위해 노력하고, 이와 동시에 목표를 달성하는 데 필요한 정책, 혹은 구체적인 방법(예: 연구개발은 경쟁, 생산은 독점)을 마련하기 위해 노력하는 것이 현 시점에서 국방부가 선택할 수 있는 최선의 대안인 것이다.

## 2. 안보환경 및 기술변화의 관점에서 본 전문화·계열화제도 의 문제

냉전시기 우리를 둘러싼 안보적 위협에 대한 상대적 안정성과 충분히 인식할 수 있는 예측성과는 대조적으로, 미래는 국방획득defense acquisition 을 둘러싼 수요와 공급 측면 둘 다에 있어 급속한 변화를 요구하고 있다.

### 1) 국방획득을 둘러싼 수요와 공급측면의 변화

수요측면에서 볼 때, 우리를 둘러싼 전통적인 대칭적 위협은 결코 사라지지 않고 있다. 따라서 군사력은 이러한 대칭적 위협에 대처하기 위해서 건설되어져야 하고 또한 준비되어져야 한다. 그러나 이러한 전통적인 위협과 크게 차별화되는 위협, 즉 비대칭적 위협 — 1대 1로 대응이 불가능한 위협 — 이 급격히 증가하고 있다. 이러한 비대칭적인 위협은 사실 우리 군이 효과적으로 대처하는 데 익숙한 종류의 위협은 아니다.

공급측면에서 볼 때, 걸프전(1991)은 최첨단의 하드웨어hardware, 컴퓨터computer, 그리고 전자능력의 예기치 못한 변화가 전쟁의 본질 및 전쟁 수행방식 그 자체의 역동성을 변화시킬 수 있다는, 소위 군사혁신RMA: Revolution in Military Affairs의 가능성을 극명하게 보여주었다. 기술주도의 군사혁신은 20세기가 끝나갈 무렵 시작되어졌지만, 그러한 움직임은 21세기에도 변함없이 지속될 것이며, 그것을 적극적으로 이용하는 국가들에게는 최고의 군사적 우위를 가져다 줄 것이다. 따라서 미래의 군사작전을 혁명화할 수 있는 새로운 첨단 무기체계의 기술을 연구개발하고, 그것을 획득하는 중요성을 똑바로 인식하는 것은 대단히 중요하다.[9]

이러한 수요와 공급의 관점에서 볼 때, 안보환경(위협)과 기술이란 것은 끊임없이 움직이는 표적과 같은 것이다. 따라서 제도는 그것에 맞추어 탄력적으로 마련되어져야만 한다. 하지만 현행 전문화·계열화제도는 안보환경과 기술의 변화 속도를 사전에 충분히 예측하여 그것에 탄력적으로 대처하기 위해 마련된 제도가 아니라는 데 문제의 심각성이 있다. 이를 좀 더 구체적으로 살펴보면 다음과 같다.

---

9 최첨단의 군사기술은 새롭고, 매우 치명적인 전투능력 그리고 현 시점에서 볼 때 상상할 수 없을 정도의 새로운 전쟁개념들을 창출할 것이다. 20세기에 잠수함과 전투기가 새로운 형태의 전쟁개념을 창출했던 것처럼, 급속하게 첨단화하고 있는 기술로부터 새로운 유형의 군 조직과 작전교리가 발전하게 될 것이다. 바로 이것이 군사혁신의 핵심이다. 따라서 새로운 형태의 전쟁개념과 새로운 능력에 적응하기 위한 노력은 기존체계를 유지하고자 하는 우리 군의 보수적인 문화에 독특한 도전을 가할 것이다. 앞으로 시간이 가면 갈수록 대규모 지상군 및 수많은 재래식 무기 플랫폼(platform)에 토대를 둔 우리 군의 국방태세는 더 이상 지속되기가 어려울 것이다.

## 2) 안보환경과 기술적 측면에서 본 전문화·계열화제도의 문제

안보환경적 측면에서 볼 때, 전문화·계열화제도는 환경이 변했음에도 불구하고 옛날 환경, 즉 냉전시절의 전쟁이미지 - 재래식 전쟁 - 에 지나치게 얽매여서 냉전 이후 전쟁의 수단과 방식의 혁명적인 변화추세를 제대로 따라가지 못하고 있다. 환경이 변했음에도 불구하고 국방부가 옛날 환경을 전제로 만든 제도에 매달리는 것은 한마디로 목표(목적)를 가볍게 여기는 것이라 할 수 있다. 물론 지금까지 국방부가 안보환경 변화에 따라 몇 차례의 제도개선 작업을 시도하기는 하였지만, 그것은 안보환경의 변화를 사전에 예측하여, 그것에 부합될 수 있는 방향으로 미리 제도를 개선하는 것이 아닌, 단순히 환경변화에 수동적으로 뒤따라가는 식의 제도 개선이었다고 할 수 있다.

기술적 측면에서 볼 때, 첨단 무기체계의 기술발전 속도는 너무나 빠르기 때문에 동 제도를 적용하여 국내 방위산업의 기술경쟁력 기반을 구축한다는 것은 사실상 불가능하다. 실제로 첨단 무기체계의 기술 분야는 전문화·계열화라는 개념 자체가 전혀 의미가 없다. 예를 들어, 전투기, 군함, 잠수함, 전차, 장갑차 등은 몇십 년간 수명이 지속될 것이지만, 그 속에 들어가는 첨단기술, 특히 기술 집약적 부품들은 5년, 그리고 소프트웨어는 1~2년도 지나지 않아 더 첨단화된 새로운 기술로 빠르게 대체되어가고 있는 실정에 있다(상업용 기술의 경우에는 매 18개월마다 신기술이 등장한다). 따라서 전문화·계열화제도처럼 단일 재래식 무기체계 사업영역(예: 전투기, 잠수함, 전차 등)에만 계속 머물러서는 첨단 무기체계의 기술력을 발전시킬 수가 없는 것이다.

국방적용성을 가진 수많은 새로운 첨단 무기체계의 기술(예: 미래전에 대비한 새로운 전투시스템)은 기존의 재래식 무기체계를 조립생산하는 데에만 초점을 두고 있는 현행 전문화·계열화업체보다는, 오히려 다른 일반 민간기업에서 더 잘 개발되어질 수가 있다. 예를 들어, 신소재, 통신, 컴퓨터, 소프트웨어 분야 등을 들 수 있다. 이런 기술들을 보유한 민간기업들이 자유롭게 국내 방산시장에 참여하여, 현 전문화·계열화 업체들과 경쟁할 수 있도록 시장의 문호가 개방되어야 하는데, 제도 그 자체가 그것을 못하게 하는 장벽으로 작용하고 있는 것이다.[10] 일단 전문화·계열화업체로 선정되면, 더 이상 경쟁자가 없기 때문에 연구개발투자를 소홀히 하게 되고, 개발과정에서는 위험부담이 적은 해외모델을 선정한 후, 양산시에는 기술도입생산에 많은 신경을 쓰기 때문에, 설계 및 기술력의 향상을 기대하기 힘든 것이다.

이처럼 새로운 첨단 무기체계 기술의 연구개발R&D보다는 기존 재래식 무기체계의 조립·면허생산에만 초점을 맞추어 설계되어진 전문화·계열화 제도를 통해서는 대칭 및 비대칭적 위협에 대처하기 위한 첨단 무기체계의 기술을 개발, 발전시키는 것이 사실상 불가능한 것이다. 안보환경적, 기술적 변화에 탄력적으로 대처하지 못하는 작금의 정태적인 전문

---

10 대부분의 선진국가들은 민간으로부터 재화와 용역을 구매할 경우, 모든 입찰자들이 공정하게 경쟁할 수 있도록 하기 위해 기본적으로 보호장치(예: 공개경쟁입찰제도)를 마련해 놓고 있다. 이는 정부와 계약을 맺고자 하는 업체들이 규모가 큰 기업이든, 아니면 자그마한 중소기업이든지 간에 어떤 다른 방법(예: 비합법적 로비, 수의계약 등)을 통해 획득사업을 독점적으로 차지할 수 없도록 하기 위해서 그런 것이다. 이것이 사전에 충족되어야만 국내·외 기업들 간의 공개경쟁을 통해 기술이전 및 절충교역 비율을 확대하고, 더 나아가 총체적인 획득비용을 절감하는 소위 효율성 목표를 달성하는 것이 가능하게 되는 것이다. 현행 전문화·계열화제도는 대규모 설비투자가 필요하고, 중복투자가 우려되는 업종에 대하여 이를 해소하고, 민수분야와의 호환성이 적고 또한 물량이 적어 방산업체의 가동률이 저하되는 것을 막기 위한 대안으로 국가가 인위적으로 전담업체(독·과점)를 지정한 것이다. 그러나 문제는 처음부터 독·과점구조로 출발함으로 인해 선의의 경쟁개념이 들어설 여지가 없다는데 있다. 예컨대 중복투자의 문제는 어떤 획득사업에 신규로 진입하려는 기업에게는 크나큰 장벽이 될 수 있는 반면, 기존 생산업체에게는 그들의 기득권을 보호해주는 수단으로 변질되어버릴 가능성도 있는 것이다. 이럴 경우에는 자원의 적절한 배분을 위해 제도적 틀(framework)을 일률적으로 적용하기보다는 예외규정도 인정해주는 운영의 묘를 살리는 것이 대단히 중요한데, 국방부는 지금까지 이것을 제대로 하지 못하고 있다. 이에 관한 자세한 내용에 대해서는, 김종하, "방위산업체들의 공개경쟁을 확대하는 것만이 국내 방위산업을 발전시킬 수가 있다", 「군사세계」 (2002년 8월)를 참조.

화·계열화제도를 통해서는 우리 군의 준비태세를 극대화하는 것뿐만 아니라, 국내 방산업체 자신의 미래 발전 또한 가져올 수 없는 것이다. 이런 점에서 볼 때, 전문화·계열화제도는 폐지하는 것이 바람직하다.

## 3. 미래 방위산업 발전을 위한 로드맵<sub>roadmap</sub>의 관점에서 본 전문화·계열화제도의 문제

현행 전문화·계열화제도는 1983년에 도입된 이래 지금까지 몇 가지 긍정적인 결과 - '중복투자의 예방', '안정적 경영과 기술축적 여건', '획득사업의 신속한 집행' 등[11] - 를 산출하기도 하였다. 하지만 앞서 지적한 여러 가지 이유들 때문에 그것을 미래에도 계속 시행하는 것은 문제가 있다.

### 1) 전문화·계열화제도 폐지에 대한 국방부의 입장

국방부는 전문화·계열화 제도의 이런 문제점을 충분히 인식하고 있음에도 불구하고, 동 제도를 완전히 폐지하기보다는 미래 기술발전 추세에 따라 그것을 단지 수정, 보완하겠다는 태도만 계속 보이고 있다. 2001년 12월 26일, 민주당 정대철의원이 국방부 국정감사에서 제기한 전문화·계열화제도 폐지에 관한 질문에 대해 국방부가 제출한 서면 답변 내용을 살펴보면 그것을 잘 알 수 있다.

90년대 중반 이후 방산물량 감소로 인해 가동률이 급격히 저하되고 있고, 신규업체 참여시 중복 투자 문제가 재현될 우려가 있으므로 현 단계에서 전면폐지보다는 민수산업 기술 발전추세 등을 고려하여 좀 더 장기적

---

11 한남성, "방위산업 전문화 및 계열화 제도의 발전방향", pp. 6~7.

인 관점에서 보완 · 발전시키는 것이 바람직할 것으로 판단됩니다.[12]

80여 개 주요 방산업체의 경상이익과 가동률은 88년 100억 원, 72.4%에
서 99년 -1,233억 원, 50.8%로 악화됐다.[13] 2000년에는 -1,762억 원, 48.5%로
더 악화되었고, 2001년 -1,149억 원, 50.3%, 2002년 253억 원 54.5%였다.
현재 상위 20여 개 방산업체의 가동률만 보더라도 우리 방산업체가 처한
어려움을 잘 알 수가 있다(〈도표 2〉와 〈도표 3〉을 참조).

### 〈도표 2〉 방산업체 경영실적

| 구 분 | 1996 | 1997 | 1998 | 1999 | 2000 | 2001 | 2002 |
|---|---|---|---|---|---|---|---|
| 매출액(억원) | 30,132 | 34,402 | 33,876 | 31,211 | 33,359 | 37,013 | 43,447 |
| 경상이익(억원) | -967 | -1,301 | -1,238 | -1,233 | -1,762 | -1,149 | 253 |
| 가동률(%) | 55.7 | 56.9 | 52.8 | 50.8 | 48.5 | 50.3 | 54.5 |
| 일반제조업가동률(%) | 81.4 | 79.9 | 71.1 | 76.6 | 78.3 | 73.2 | 76.9 |

출처: 한국방위산업진흥회, 「2003년도 방산업체 경영분석 현황」(한국방위산업진흥회, 2003),
p. 22.

특히 〈도표 2〉에서 보듯이 일반 제조업의 평균가동률은 다소 감소되
기는 하였어도 70% 이상 수준을 유지하고 있다. 하지만 방산부문의 경우
에는 해가 갈수록 가동률이 급격히 저하되고 있음을 알 수 있다.

---

12 국회사무처, 「제226회 국회 국방위원회 회의록」(2001년 12월 26일), p. 18.
13 「세계일보」, 2001년 2월 26일.

〈도표 3〉 상위 20개 방산업체의 매출액, 가동률 및 주요 생산품

| 순번 | 업체명 | 매출액(억원) | 가동률(%) | 주요 생산품 |
|---|---|---|---|---|
| 1 | 한국항공(KAI) | 7,202 | 61 | KT-1, KF-16 |
| 2 | 삼성테크윈 | 4,026 | 38 | 자주포, 항공기 엔진 |
| 3 | 엘지이노텍 | 3,481 | 33 | 현무, 어뢰/기뢰, 함대함유도무기 |
| 4 | 한화 | 2,408 | 62 | 탄약류 |
| 5 | 삼성탈레스 | 2,405 | 56 | 사통장비, 광학장비 |
| 6 | 풍산 | 2,271 | 77 | 탄약류 |
| 7 | Rotem | 2,038 | 60 | K-1/K1A1 전차 |
| 8 | 대우종합기계 | 1,213 | 51 | 장갑차, 천마 |
| 9 | 기아자동차 | 1,173 | 34 | 군용표준차량 |
| 10 | STX | 1,030 | 37 | 함정 및 전차용 엔진 |
| 11 | 대우조선해양 | 916 | 73 | 잠수함, 구축함 |
| 12 | 통일중공업 | 906 | 78 | 중기관총 |
| 13 | 현대중공업 | 790 | 70 | 구축함. 차기잠수함 |
| 14 | 위아 | 538 | 60 | 화포류, 함포 |
| 15 | 휴니드테크놀러지스 | 492 | 36 | 무전기, 보안장비 |
| 16 | 대한항공 | 469 | 51 | 500MD, UH-60 |
| 17 | 강남 | 361 | 53 | 고속정, 보조선 |
| 18 | 한진중공업 | 336 | 57 | 초계함, 상륙함 |
| 19 | 두산중공업 | 324 | 60 | 대형단조품, 함정용 엔진 |
| 20 | 동명중공업 | 324 | 55 | 제동/유압장치 |

출처: 국방부, 「제234회 국회 국방위원회 2002년도 국정감사 요구자료(II)」(2002년 9월), p. 1232.

이렇게 된 원인을 찾는 것은 그다지 어렵지 않다. 국방부의 유명무실한 획득정책, 그리고 새로운 첨단기술의 연구개발R&D보다는 선진국에서 오래전에 개발된 재래식 무기체계의 조립생산에만 초점을 맞추어 설계되어진 전문화·계열화제도에서 그 원인을 찾을 수 있을 것이다. "의사들이 상담하는 동안 환자는 죽는다"는 영국의 속담도 있듯이, 일단 문제의 원인이 파악되면 신속하게 그것을 치유하려고 노력하는 것이 중요하다.

따라서 "민수산업 기술발전 추세 등을 고려하여 좀 더 장기적인 관점

에서 전문화·계열화제도를 보완, 발전시키는 것이 바람직하다"는 국방부의 주장은 현재 방산업체가 처한 가동률 저하와 같은 문제를 해결하는데 전혀 도움이 되지 못하는 대안이다. 마츠시타 전기그룹 창업자인 마츠시타 신노스케 회장은 "5%를 개선하기는 어렵지만 30%를 개혁하기란 쉽다"라고 말한 적이 있다. 이것은 5%를 개선하려면 기존의 연장선상에서만 발상을 하게 되기 때문에, 충분히 개선될 수 있다고 생각한 5%조차도 개선하지 못하는 반면, 30%를 개혁하려면 기존의 발상만으로는 목표를 결코 달성할 수가 없기 때문에 고정관념에서 벗어나 완전히 새로운 각도에서 시작해야 한다. 그 결과 어려운 일도 의외로 쉽게 해결될 수 있다는 의미를 가지고 있다. 이런 점에서 국내 방위산업의 발전을 위해서는 전문화·계열화제도를 단순히 기존의 연장선상에서가 아닌, 완전히 혁신적인 차원에서 개혁하겠다는 생각을 가져야 하는 것이다.

## 2) 전문화·계열화제도 폐지에 대한 국방부 및 방산업체의 우려

물론 지금 당장 전문화·계열화제도를 폐지하게 될 경우, 국방부는 기존 전문화·계열화업체들의 사기저하, 통제불능 사태의 발생 그리고 위기발생으로 인한 사회적 비난 등이 우려될 수가 있을 것이다. 또한 기존의 전문화·계열화업체에 속한 방산업체들은 새로운 경쟁자들의 출현으로 인한 두려움, 시장점유율 축소, 수익성 저하, 매출성장률 둔화, 주가폭락, 그리고 단기적인 사업실적 저하 등과 같은 문제들이 발생할 것을 두려워할 수도 있을 것이다.

그러나 이러한 문제들은 전문화·계열화제도를 폐지한다고 해도 실제로 발생할 가능성이 그리 높지 않다. 왜냐하면 전문화·계열화업체의 경우, 지금까지 해 오고 있는 계속사업(성능개량사업 포함)을 지속적으로 수행해야 하고, 또한 신규사업의 경우에도 지금까지 축적한 기술 및 경험으로 인해 새롭게 진입하려는 업체보다 훨씬 유리한 조건에서 경쟁할 수가 있기 때문이다. 따라서 동 제도를 폐지한다 하더라도 적어도 향후 수년간은 기존의 전문화·계열화업체들이 군의 획득사업을 전담할 수밖에 없는 것이다.

지금까지 국방부 및 일부 기득권을 가진 방산업체들은 전문화·계열화제도를 폐지하는 것에 대해 반대를 하면서 그것에 관한 몇 가지 논거를 제시하고 있는데, 사실 그러한 논리의 대부분은 전혀 설득력이 없다.

우선 국방부 및 일부 기득권을 가진 방산업체들은 전문화·계열화제도를 폐지하게 될 경우, 방산업체들 간의 경쟁과열로 인한 중복투자의 문제를 발생시킬 수 있게 되고, 급기야 이런 출혈경쟁으로 인해 경쟁업체들이 도산하게 될 것이고, 이로 인해 소수의 방산업체들만이 시장을 독과점하게 됨으로써 가격체계를 혼란에 빠뜨리게 할 수 있는 위험을 초래할 가능성이 높다는 점을 지적하고 있다. 하지만 이러한 주장은 설득력이 없다.

우선 강조하고 싶은 것은 전문화·계열화업체에 지정되기만 하면, 일정수준 이상의 수익성은 보장될 수 있기 때문에, 치열한 경쟁상태 하에서는 도저히 존립할 수 없는 그런 비효율적인 방산업체들조차도 생명력을 유지시킬 수 있는 지금과 같은 기형적인 구조로는 더 이상 국내 방위산업을 발전시킬 수가 없는 것이다. 따라서 공개경쟁을 강화, 확대시켜 이런 비효율적인 방산업체들은 하루라도 빨리 도태시켜 나가야 하는 것이다. 비효율적인 방산업체들을 살리기 위해 매번 인공호흡기를 교체해주면서까지 하루하루를 연명하게 해주기보다는 경쟁을 더 확대하여 이들을 완전히 시장에서 도태시켜 버리는 것이 더 타당하고 바람직한 선택이다. 그럼에도 불구하고 이들 제도 폐지론자들은 그들의 숨겨진 의도, 즉 사익추구는 절대 바깥으로 드러내지 않으면서 오직 방산육성에 관한 국가의 공공적 측면만 지속적으로 부각시키는 행태만을 보이고 있다.

그리고 국방부 및 방산업체들은 경쟁의 심화에 의한 독·과점화 초래를 무척이나 우려하고 있는데(실제 우리나라 주요 무기체계 및 생산업체들은 대부분 독과점 형태임), 경쟁의 확대를 통해 단기적으로는 비효율적인 방산업체들이 문을 닫는 사태가 많이 발생할 수도 있을 것이다. 하지만 경쟁시장의 원리라는 것은 이러한 문제점을 치유할 수 있는 놀라운 능력을 가지고 있음을 절대로 간과해서는 안 된다. 즉 경쟁에서 승리하는 업체들은 경쟁자들이 사라지게 됨으로써 더 많은 이윤을 획득할 수 있는 기회를 잡을 수 있게 될 것이다. 하지만 이들 업체들이 초과이윤을 획득하고 있다는 것이 시장에 널리 알려지게 되면, 이윤을 좇아서 언제라도 방산시장에 발을 들여 놓으려는 업체들이 나타나게 마련이라는 사실이다. 예컨대 현재 우리나라의 경우, 방산업체로 지정받지 않은 업체들 가운데서도 방산시장이라는 미지의 영역에 새롭게 참여하기를 원하는 업체들이 많이 있다. 또한 이미 방산업체로 지정된 업체들 가운데서도 경쟁을 통해 주계약업체를 선정하는 방식을 선호하는 업체들도 많이 있다는 사실이 이러한 주장을 증명하고 있는 것이다.

또한 중소계열화업체들은 전문화·계열화제도를 폐지하게 될 경우, 전문화업체로 지정된 대기업이 경제적 약자인 중소계열화업체를 활용하지 않을 것이며, 그 결과 이미 구축된 기술기반이 상실될 수도 있으며, 또한 선진외국으로부터 중복적으로 기술도입이 이루어질 것이라는 주장을 하면서 제도 폐지에 반대하고 있다. 그러나 이러한 주장은 논리적인 설득력이 전혀 없는 것이라 할 수 있다. 왜냐하면 자유경쟁환경 하에서는 규모가 작은 중소기업이라 할지라도, 충분한 기술적 기반을 보유하고 있고, 경쟁력이 있다면 얼마든지 생존이 가능한 곳이 바로 방산부문이기 때문이다. 솔직히 이러한 중소계열화업체들이 내세우는 이러한 주장을 가만히 살펴보면, 지금까지 방산사업에 참여하면서 축적한 기술이 전혀 없다는 사실을 그들 스스로 자인하고 있는 것이라 할 수 있다.

지금까지 국방부가 전문화·계열화제도를 폐지하는 데 있어 소극적인 태도를 보이는 이유는 바로 이러한 방산업체들의 목소리를 너무 의식하고 있기 때문이 아닌가 생각한다. 그러나 국방부가 방위산업별로 비효율적인 업체를 평가하고, 새롭게 방산시장에 진입하려는 신규업체들이 얼마나 더 좋게better, 더 저렴하게cheaper 그리고 더 빠르게faster, 무기체계 및 장비들을 공급할 수 있는 능력을 가지고 있는지를 세밀하게 검토하는 노력을 진지하게 기울인다면 이들 방산업체들이 내뱉고 있는 기득권 주장이 얼마나 설득력이 떨어지는지를 자연스럽게 알 수 있게 될 것이다. 전문화·계열화제도 폐지에 관해 국방부가 취해야 할 태도는 무기체계 및 장비의 구매자로서 국방부의 이익을 추구하는 데 있는 것이지, 방산업체들의 이익을 대변해 주는 것이 아닌 것임을 명심해야 할 것이다.

이런 점에서 국방부 및 일부 기득권을 가진 방산업체 모두는 '전문화·계열화제도의 보존'이라는 현상유지에만 집착하는 근시안적인 사고방식을 버려야만 하는 것이다. 왜냐하면 그런 사고방식 하에서는 우리나라 방위산업의 미래를 내다보고 발전을 하기 위한 정책적 처방을 제시할 수 있는 혜안(통찰력) − 연구개발경쟁 − 이 들어설 여지가 없기 때문이다. 실제로 시간이 가면 갈수록, '전문화·계열화제도의 보존'(혹은 수정보완)이라는 현상유지 정책이 불확실한 미래로 진출하는 것보다 더 위험한 행위가 될 수밖에 없을 것이다.

결론적으로 국방부 및 방산업체들이 전문화·계열화제도의 문제점을 충분히 인식하고 있으면서도, 그것을 단지 수정, 보완하는 차원에서 계속 보존하려고만 할 경우, 우리는 점차적으로 최고의 첨단 무기체계의 기술을 이용하는 것뿐만 아니라, 그것을 발전시키는 데 필요한 방위산업기반 − 연구개발 능력기반 − 을 구축하는 데 있어 앞으로 더 큰 어려움에 직면하게 될 수밖에 없을 것이다. 따라서 현 시점에서 국내 방위산업의 미래 발전을 위해 우리가 선택할 수 있는 대안은 단 하나 밖에 없다. 그것은 바로 전문화·계열화제도를 완전히 폐지하고, 연구개발 경쟁체제로 나아가는 것이다.

## 4. 방산물자/업체지정제도 평가

1973년 「방위산업에 관한 특별조치법」 제정과 함께 도입된 방산물자 및 업체지정제도는 지정업체에 생산의 독점권을 줌으로써 개발 완료된 무기체계의 양산 독점권 부여를 통해 방산물자를 안정적으로 조달하고 품질보장을 하기 위한 제도이다. 「방위산업에 관한 특별조치법」(법률 제6353)을 보면, 방산물자와 방산업체 지정에 관해 다음과 같이 규정하고 있다.

제4조(방산업체의 지정등)
(1) 방산물자를 생산하고자 하는 자는 대통령령으로 정하는 시설기준과 보안요건을 갖추어 정부의 지정을 받아야 한다(改正 1983. 12. 31).
(2) 정부는 제1항의 규정에 의하여 방산업체를 지정하는 경우에는 주요 방산업체와 일반 방산업체를 구분하여 지정하되, 다음 각호의 1에 해당하는 방산물자를 생산하는 업체를 주요 방산업체로, 그 외의 방산물자를 생산하는 업체를 일반 방산업체로 지정한다(新設 1987. 11. 28. 1993. 12. 27).

1. 총포류 기타 화력장비
2. 유도무기
3. 항공기
4. 함정
5. 탄약

6. 전차, 장갑차 기타 전투기동장비

7. 레이더 · 피아식별기 기타 통신 · 전자장비

8. 야간투시경 기타 광학 · 열상장비

9. 전투공병장비

10. 화생방장비

11. 기타 국방부장관이 군사전략 또는 전술운용상 중요하다고 인정하여 지정하는 물자

......

제4조의 2(방산물자의 지정)

⑴ 정부는 무기체계로 채택된 물자 중에서 방산물자를 지정한다. 다만, 무기체계로 채택된 물자가 아닌 군용물자라도 대통령령으로 정하는 물자에 대하여는 이를 방산물자로 지정할 수 있다.

⑵ 방산물자는 주요 방산물자와 일반 방산물자로 구분하여 지정한다.

⑶ 제2항의 규정에 의한 주요 방산물자와 일반 방산물자의 구분 기타 방산물자의 지정에 관하여 필요한 사항을 대통령령으로 정한다.


현재 방산지정물자는 1,196 품목으로 그중 완제품은 358 품목, 부품/소재는 838 품목이며, 방산지정업체는 82개로 이중 완제품 생산업체가 27개, 부품/소재 생산업체가 56개로 되어 있다. 「방위산업에 관한 특별조치법」에서 규정하고 있는 방산물자, 방산업체 지정제도는 기본적으로 그 골격을 그대로 유지해도 사실상 큰 문제는 없다. 특히 앞서 논의되었던 전문화 · 계열화제도를 완전히 폐지한다고 가정할 경우, 지정제도의 중요성은 크게 증대될 수도 있을 것이다.

하지만 방산업체 지정제도는 안보환경과 기술변화의 속도에 맞추어 탄력적으로 재조정하는 것이 필요하다. 제4조 2항의 방산업체의 지정에 관한 경우를 보면, "주요 방산업체와 일반 방산업체를 구분하여 지정"하

고 있는데, 이것은 무기체계 및 장비의 외형적인 모습만을 토대로 분류하여 지정한 듯한 인상을 주고 있다. 물론 재래식 무기체계를 단순 조립 생산만 할 경우에는 이런 분류가 적절한지 모르겠지만, 앞으로 미래전에 대비한 첨단무기체계의 연구개발 경쟁체제로 전환하게 될 경우, 이런 분류를 적용하는 것은 다소 무리가 따를 수도 있을 것이다.

앞에서도 언급한 것처럼, 주요 방산업체에서 생산하는 무기체계 및 장비의 외형적 모습(형상)은 수십 년간 유지되겠지만, 그 속에 들어가는 첨단 핵심기술 부품은 아주 빠른 속도로 새로운 기술로 대체되어갈 것이다. 이것이 의미하는 바는 방산업체 지정제도에서 규정하고 있는 것과 같은 무기체계 − 항공기, 함정, 전차, 장갑차, 전투공병장비, 통신·전자장비 등 − 의 체계통합방식을 통한 생산은 지속되겠지만, 그 속에 들어가는 핵심기술 부품의 경우에는 그 변화속도가 엄청나게 빠르기 때문에, 그것을 연구개발하고 생산하는 업체를 인위적으로 분류하여 국가가 방산업체로 지정하는 것이 사실상 어려운 것이다.

바로 이러한 이유 때문에 체계통합System Integration을 수행하는 업체, 즉 전문화업체를 주요 방산업체로 지정하는 제도는 그대로 유지하되, 핵심부품기술을 연구개발하고 생산하는 업체, 특히 계열화업체에 대한 방산업체 지정제도는 폐지하는 것이 바람직하다. 왜냐하면 이러한 업체들은 기술변화의 속도에 따라 자유롭게 방산시장에의 진입과 퇴출을 할 수밖에 없는 속성을 가지고 있기 때문이다. 따라서 체계통합업체 스스로 핵심부품기술업체를 선택할 수 있도록 하는 것이 좋은 것이다.

핵심부품 기술을 연구개발하고 생산하는 업체에 대해 방산업체 지정제도를 유지하게 될 경우에는 다음과 같은 심각한 문제가 발생할 가능성을 배제할 수 없을 것이다. 예를 들어, A라는 방산업체, 그리고 B라는 일반업체가 핵심기술 부품(예: 통신전자장비)을 연구개발한다고 가정해보자. B업체가 연구개발한 부품기술의 성능이 A업체의 그것보다 더 나은 것이라 해도, B업체가 방산업체로 지정되지 않았기 때문에, 체계통합업체는 그것을 선택하지 않고, 부득이 A업체의 부품을 선택할 수밖에 없을 것이다. 이것은 한마디로 뛰어난 기술을 그대로 사장시키는 결과를 초래한다. 그러나 방산업체 지정제도를 폐지하게 될 경우, 체계통합업체는 틀림없이 기술력이 뛰어난 B업체의 부품을 선택할 것이다.

이런 점에서 볼 때, 방산물자 지정제도는 유지하더라도 체계통합업체 지정을 제외한 핵심부품기술을 연구개발하고 생산하는 업체에 대한 방산업체 지정제도는 폐지하는 것이 바람직한 것이다. 체계통합업체만 주요 방산업체로 지정하고, 체계통합업체가 스스로 판단해서 핵심부품기술을 생산하는 업체를 선택할 수 있도록 하는 것이 바람직하다. 사실 법규에서 규정하고 있는 방산물자를 연구개발하고 생산하는 업체는 방산업체로 지정된 것으로 보아도 사실상 무리가 없다. 꼭 그것을 지정해야만 하는 어떤 당위성이라도 있다면 모를까, 그것이 아니라면 굳이 그것을 지정하여 국가가 인위적으로 관리통제하려고 할 필요는 없는 것이다.

결론적으로 방산물자 지정제도는 유지하되, 체계통합업체를 제외한 핵심부품기술을 연구개발하고 생산하는 중소계열화업체의 방산업체 지정제도는 폐지하는 것이 바람직하다. 그것은 앞에서도 지적한 것처럼 새로운 기술을 가진 업체들이 언제든지 자유롭게 방산시장에 참여할 수 있도록 하기 위해서 그런 것이다. 이렇게 하는 것이 방위산업 기술개발 측면에서도 바람직하다.

## 5. 전문화·계열화의 독과점구조에서 경쟁구조로의 전환

현재 우리나라의 방위산업 구조는 독·과점구조이다. 한마디로 경쟁구조가 아닌 것이다. 이처럼 경쟁구조가 아닌 독과점 구조 하에서는 방위산업의 효율화를 달성하는 것이 한마디로 불가능하다. 따라서 빠른 시일 내에 독·과점구조에서 경쟁구조로 전환해야만 국내 방위산업의 경쟁력을 향상시킬 수 있게 될 것이다.

## 1) 국내 방위산업의 기술수준

현재 국내 방위산업의 기술수준은 국내에서 몇 가지 부품을 제작하고, 다른 나라에서 설계된 기존 재래식 무기체계를 조립 및 면허생산license production하는 정도의 수준이다. 따라서 빠른 시일 내에 국내 연구개발 능력을 구축하여, 고유 무기체계를 설계할 수 있을 정도의 수준에 올라서야 한다. 적어도 이 정도의 단계에 도달해야만 획득정책의 목표를 달성하는데 별 어려움이 없을 것이며, 또한 고유 무기체계를 설계함으로써 국방예산 절감도 기대할 수 있는 것이다(〈도표 4〉를 참조).

〈도표 4〉 **국내연구개발에 의한 국방예산 절감액 (1970년~2003년)**

| 해외구매시 획득비용 | 64.9조원 (수입대체효과) |
|---|---|
| 국과연 개발 획득비용 | 개발비: 1.7조원<br>조변액: 32.0조원<br>계: 33.7조원 |
| 예산절감액 ① | 31.2조원 |
| 운영유지절감액 ② | 5.7조원 |
| 총예산절감액 ③ | 36.9조원 |

① 해외구매시 획득비용-국과연 개발 획득비용
② 운영유지비 절감액은 조변액의 18%(미국 AMSAA 자료기준)
③ 예산절감액+운영유지비 절감액
출처: 국방과학연구소, 「국방연구개발 투자효과 분석」, http://www.add.re.kr/research/sub3/index.asp.

1990년부터 2001년 기간에 국방과학연구소 및 방위산업의 연구개발을 통한 수입대체로 주요 무기체계에 있어 달성한 예산절감 실적은 〈도표 5〉에서 보는 바와 같이 약 6조 8,760억 원 가량이다(〈도표 5〉를 참조).

## 〈도표 5〉 주요 국내개발 무기체계의 외화절감 효과

(단위: 억원)

| 종료 연도 | 사업명 | | R&D 투자비 | 양산 단가 | 예상도 입단가 | 전력화 수 량 | 절감액 |
|---|---|---|---|---|---|---|---|
| 1990 | 40미리 고속유탄기관총 및 탄약 | | 8.6 | 0.17 | 0.25 | 796 | 55.1 |
| 1992 | 교량전차 | | 87.0 | 26.8 | 32.5 | 67 | 294.9 |
| | 구난전차 | | 92.5 | 27.6 | 34.0 | 149 | 861.1 |
| | 항공기 탑재형 ECM장비(LBNJ보완) | | 66.6 | 17.0 | 39.3 | 46 | 959.2 |
| 1993 | 포병사격지휘체계 현대화 | | 35.1 | 6.6 | 32.0 | 174 | 4384.5 |
| | 포병지휘소용 장갑차 | | 17.6 | 8.52 | 10.56 | 330 | 655.6 |
| | 40미리 L/70 중구경 함포 | | 100.9 | 17.4 | 22.8 | 21 | 12.5 |
| 1994 | 신형81미리 박격포 | 포 | 15.1 | 0.19 | 0.3 | 2074 | 168.5 |
| | | 탄약 | | 0.0018 | 0.0025 | 8914 | |
| | | 계산기 | | 0.0035 | 0.13 | 519 | |
| | 차기 AM무전기 | | 17.1 | 0.12 | 0.18 | 1215 | 55.8 |
| | 현무2차생산 | | 791.6 | 46.3 | 138.8 | 54 | 4203.4 |
| | 전술용 전자식 교환기(SB-Y) | | 35.5 | 1.2 | 2.0 | 383 | 270.9 |
| 1995 | 화생방정찰차(K216/K316) | | 25.8 | 10.5 | 20.3 | 98 | 2083 |
| 1997 | 전투지휘용 장갑차 | | 17.9 | 5.8 | 10.2 | 212 | 914.9 |
| | 신형 105미리 날개안정 철갑판 | | 28.8 | 0.01 | 0.02 | 17745 | 148.7 |
| | 차기전술통신 체계 | | 303.6 | 239 | 850 | 48 | 29,024.4 |
| | 항공기용 차기 FM 무전기 | | 27.7 | 0.13 | 0.2 | 689 | 20.5 |
| 1998 | 신형 105미리 자주포 | | 858.5 | 37.8 | 55.9 | 255 | 3757 |
| | 휴대용 주야간 관측장비 | | 7.4 | 0.12 | 0.14 | 2746 | 47.5 |
| | 잠수함/정 탑재용 중어뢰 | | 32.3 | 10.0 | 22.5 | 173 | 1,860.2 |
| 1999 | 천마 | | 1345.5 | 168 | 288 | 160 | 17,874.5 |
| | 예인음탐기 | | 264.6 | 82.2 | 110 | 14 | 124.6 |
| | 어뢰음향 대항체계 | | 318.6 | 45.5 | 88.4 | 14 | 282 |
| 2000 | 신형개인 제독킷 | | 4.9 | 0.00015 | 0.00043 | 1,378,227 | 381.1 |
| 2001 | 함정용 전자전 장비 | | 408.6 | 98 | 120 | 25 | 216.4 |
| | 전차포술 모의훈련 장비 | | 56.9 | 12.1 | 32.5 | 3 | 4.3 |

출처: 백제옥 · 성채기 · 박주현(2002), "국방비지출의 국민경제 환원효과", http://www.go.kr/mnd/
sub_home/htm/hwp/03125-3hwp

주해: 예산절감액 = (예상도입단가－양산단가)×전력화 수량－R&D 투자비

그리고 고유 무기체계를 연구, 개발하는 것은 민수기술의 파급효과뿐만 아니라(〈도표 6〉을 참조), 군의 전력증강 및 고용창출에도 많은 도움이 된다(〈도표 7〉을 참조).

〈도표 6〉 주요 산업분야별 민수기술 파급효과

| 산업 분야 | 관련 군사 기술 | 민수 파급 사례 |
|---|---|---|
| 금속/ 기계 | • 소화기 생산을 위한 기계가공 및 공정 설계<br>• 155미리포 주퇴복좌기 제작<br>• 박격포, 발칸포 부품 가공기술 | • 연료분사장치 및 공기식 공구 생산<br>• 트랙터, 이양기, 유압실린더 제작<br>• 선반제작 |
| 수송 | • 전차생산을 위한 용접, 가공 및 선능시험<br>• 군용차량, 금형설계, 치공구 및 선능시험 | • 전동차 및 철도차량 제작<br>• 트럭제작 |
| 통신 전자 | • 화포사격 통제장치<br>• 신관 AL 소재제작<br>• 탄도계산기, 레이저거리측정기<br>• 무선통신장비 개발<br>• 전자유도무기 및 레이더 기술<br>• 전자전 장비개발<br>• TTY용 프린터 개발<br>• Laser range finder 기술<br>• 전자광학추적장치 기술 | • Gas Boiler 통제장치 제작<br>• VTR, 복사기 드럼소재 개발<br>• 적외선 경보기 제작<br>• FDM/PCM전송 M/W장치, 무선전화기<br>• 선박용 레이더, 해양전자장비, 자동차 충돌방지용 밀리미터파 레이더 개발<br>• 방향탐지 시스템<br>• 민수용 24도트 매트릭스 프린터<br>• CD Player(Laser pick 장치)<br>• 반도체 조립장비, 비디오/디지털 카메라<br>• 전동차 시뮬레이터<br>• 의료용 열상장비 |
| 기타 | • 전차포술 시뮬레이터 개발<br>• 비냉각 열상장비 개발 | • 전동차 시뮬레이터<br>• 의료용 열상장비 |

출처: 국방과학연구소, 「연구개발 투자 효과 분석」, http://www.add.re.kr/research/sub3/index.asp.

〈도표 7〉 예산절감/전력증강/고용창출 효과

| 사업명 | 투자비※ (A,억원) | 예산절감 (B,억원) | 전력증강 (C,억원) | 투자효과 (B+C)/A | 고용창출 (명) |
|---|---|---|---|---|---|
| 신형 155미리 자주포 | 1,489.3 | 10,347.2 | 7,167 | 11.76배 | 11,483 |
| 잠수함/정 탑재용 중어뢰 | 669.8 | 1,552.0 | 993 | 3.80배 | 1,612 |
| 함대함 유도무기 | 1,639.9 | 4,643.7 | 23,867 | 17.39배 | 5,330 |
| KT-1 기본훈련기 | 2,047.3 | -155.8 | 7,195 | 3.44배 | 10,226 |
| 함정용 전자전 장비 | 691.6 | 2,559.6 | 22,790 | 36.65배 | 9,618 |
| 전방관측 적외선 장비 | 188.9 | 1,930.7 | 2,944 | 25.81배 | 603 |

※ 인건비 및 간접경비 포함, 군지원 시험평가비 제외
• 예산절감액 = 도입액-[연구개발비+조변액]+운영유지비절감액(조변액×0.18)
• 전력증강 기여액 = (도입장비의 전력지수 단위당 총 순기비용)×(도입장비 대비 개발장비의 전력지수 차이)
• 고용창출 인원 = 고용유발계수(20.5/10억원, '98기준)×투자비+양산기간 업체 참여 인력
출처: 위의 자료, http://www.add.re.kr/research/sub4/index.asp.

하지만 고유 무기체계를 설계하는 것은 대단히 발전된 연구개발 능력과 산업의 하부구조를 요구한다. 바로 이러한 이유때문에 면허생산 수준에서 연구개발 능력을 구축하여 고유 무기체계를 설계하는 단계로 진입하려는 국가들은 심각한 딜레마dilemma에 빠지게 된다. 즉 다소 성능이 뒤떨어지는 무기체계라도 국내에서 연구개발하여 생산할 것인가? 해외에서 직도입할 것인가? 아니면 기술도입하여 생산할 것인가?의 고민에 휩싸이게 되는 것이다. 예컨대 우리 군의 경우에는 해외 직구매를, 반면에 국내 방산업체들은 기술도입생산 및 국내개발을 선호하는 것을 들 수 있을 것이다.

1983년 전문화·계열화제도가 시행된 이후부터 지금까지의 시기는 은유적으로 표현해서 국내 방산업체가 정부의 보호를 받는 유년기라 할 수 있다. 그러나 새로운 방산 패러다임paradigm인 기술축적 중심의 연구개발체제로 전환한다는 것은 또 다른 단계인 청년기로 들어서려는 것으로 볼 수 있다. 청년기는 구속적인 권위와의 관계를 끊고 치열한 경쟁을 통

해 독자적인 생존을 모색하는 단계이다. 이런 점에서 국내 방산업체들도 이제는 전문화·계열화제도라는 독·과점구조의 정부 보호막, 즉 유년기에서 벗어나 경쟁을 통해 독자적인 생존을 적극적으로 모색하는 청년기로 들어서기 위해 노력해야 한다. 왜냐하면 그런 스스로의 노력이 없이는 방위산업의 미래 발전을 기대하기가 어렵기 때문이다.

## 2) 경쟁체제로의 전환

자본주의 경제의 가장 큰 장점 가운데 하나가 바로 경쟁체제이다. 절대강자가 존재하지 않기 때문에 경쟁본능을 자극하는 것은 효율성을 극대화하는 데 있어 가장 좋은 수단이 된다. 획득시장에서 경쟁이 활발하게 이루어지면 그 결과로 군과 방산업체 모두 이익을 얻을 수 있게 된다. 군은 합당한 가격에 성능이 좋은 제품을 획득할 수 있고, 또한 방산업체는 기술경쟁력을 발전시킬 수 있게 된다. 특히 방산업체의 경우, 경쟁업체와 그들이 만들어낸 제품들 사이에서 살아남기 위해 노력하다 보면, 군의 작전요구성능ROC을 충족시키는 무기체계 및 장비를 생산하기 위해 자연스럽게 노력하게 되고, 또한 소요군의 마음을 얻기 위해 안간힘을 쓰게 된다. 물론 이렇게 하지 못하는 방산업체들은 자연스럽게 경쟁에서 쇠퇴하거나 도태하게 될 것이다.

따라서 이런 경쟁이야말로 최고의 무기체계 및 장비를 생산할 수 있게 하고, 또한 방산업체의 기술발전을 가속화시키는 원동력이 되는 것이다. 물론 여기에서 말하는 경쟁개념은 '완전경쟁'perfect competition의 개념이 아니라, 오히려 라이벌리rivalry, 혹은 '제한된 경쟁' ― 2~3개 기업이 사업권을 따내기 위해 경쟁 ― 과 동일한 개념이다. 현실적으로 획득시장에는 완전경쟁이론이 상정하고 있는 것처럼 다수의 판매자와 다수의 구매자가 존재하지 않는다(〈그림 4〉의 C와 D의 영역).

|  | 구매자(국방부) | | | |
|---|---|---|---|---|
| 판매자(방산업체) | 1 | 2 | 다수 | 많은 수 |
| 1 | A | | | |
| 2 | B | | | |
| 다수 | | | C | |
| 많은 수 | | | | D |

〈그림 4〉 구매자와 판매자의 관계

〈그림 4〉를 보면 우리나라의 경우에는 전문화·계열화제도를 통해 국가가 인위적으로 구매자(국방부)와 판매자(방산업체)와의 관계를 주로 왼쪽 상단의 A, B 영역에 머물게 하고 있다. 이를 위해 국방부가 내세우는 주된 논리가 바로 "민수호환성이 적고 대규모 설비 투자가 필요한 분야의 경우에는 독·과점 체제를 유지한다"는 것이다.

그러나 국방부가 전문화·계열화제도를 통해 이 같은 독·과점구조(〈그림 4〉의 A와 B의 영역)를 인위적으로 만들려고 하지 않아도, 무기체계의 연구개발, 혹은 생산단계에 참여하기 위한 방산업체 간의 경쟁은 주로 소수업체 간의 경쟁으로 자연스럽게 좁혀지게 마련이다. 왜냐하면 우리나라의 경우 전체 지정 방산업체 수가 대략 80여 개 정도에 불과하고, 소위 체계통합을 하는 업체의 경우는 몇몇 대기업에 한정되어 있기 때문이다. 예컨대 잠수함을 만드는 업체를 한번 생각해 보자. 전문화업체는 현대중공업과 대우조선 두 업체밖에 없다. 위의 〈그림 4〉에서 보면 B의 영역(과점구조)이다. 이럴 경우에는 경쟁을 한다고 하더라도 이 두 업체 이외의 다른 업체(예: 한진중공업)가 사업에 뛰어들기는 대단히 어려울 것이다. 왜냐하면 초기 투자비용이 다소 많이 들더라도 경쟁에 참여해서 체계통합업체(주계약업체)로 선정되기만 하면 많은 이윤을 얻을 수 있다고 생각할 경우에만 새로운 업체가 적극적으로 사업에 참여할 것이기 때문이다. 그렇지 않을 경우에는 참여 자체를 아예 생각조차 하지 않을 것이다.

사실 우리나라처럼 구매자가 국방부 하나만 존재하고, 체계통합을 하는 전문업체의 숫자가 적은 경우, 경쟁체제를 시행한다 하더라도 당분간은 구매자와 판매자와의 관계가 1 대 1의 구조(독점구조 A), 구매자와 판매자와의 관계가 1 대 2의 구조(과점구조 B) 등으로 귀착될 수밖에 없을 것이다. 바로 이러한 이유 때문에, 현재 독·과점구조를 고착화하고 있는 전문화·계열화제도를 폐지해도 아무런 문제가 없는 것이다.

국방부가 지금처럼 인위적으로 전문화·계열화 제도를 통해 독·과점구조를 유지하려 할 경우에는 국방부가 구매자로서의 이익(예: 무기체계의 성능향상, 비용절감, 스케줄 단축 등)을 향유하는 것이 대단히 어렵다. 왜냐하면 구매자로서의 이익을 극대화하기 위해 선택할 수 있는 대안(예: 협상력의 우위, 계약변화를 유도하는 권리 등)이 많지 않기 때문이다. 반면에 경쟁구조는 국방부가 구매자로서의 이익을 얻는 데 유리하다. 왜냐하면 구매자로서의 이익을 극대화하기 위해 선택할 수 있는 대안이 많아지기 때문이다. 예컨대 현대중공업과 대우조선 간의 209 개량형 잠수함 사업을 둘러싼 치열한 경쟁을 통해 구매자로서 국방부가 사업비용을 절감한 사례를 들 수 있다.

## 3) 방산업체들 간의 기술협력과 제휴

군 소요물량이 적은 국가의 방산업체는 획득사업권을 따내기 위한 경쟁이 치열하기 때문에 국내 획득사업의 참여만으로는 생존을 하기가 사실 어렵다. 따라서 경쟁의 심화, 그리고 생존의 어려움은 시간이 가면 갈수록 살아남기 위해 방산업체 스스로 기술협력과 제휴, 혹은 합병 등과 같은 대안을 모색하게 만들 수밖에 없을 것이다. 여기에서 제휴·합병 등은 더 높은 차원의 경쟁적인 행동으로 이동하는 것을 의미하며, 그것의 궁극적인 목적은 시장영역을 확장하고 기술개발을 촉진하는 데 있다.

따라서 대내외 방산업체와의 기술제휴와 협력관계를 잘 구축하는 업체가 치열한 경쟁환경 속에서 살아남을 가능성이 높아지게 된다. 사실 아무리 뛰어난 기술력을 가진 방산업체라도 자사에서 필요한 모든 기술을 다 가지고 있을 만큼 충분히 폭넓은 전문기술 및 인력을 '핵심역량'core competency으로 보유하고 있지는 않다. 대부분은 적어도 몇 가지의 기술적 도움을 외부에서 구하기 마련이다. 바로 이러한 이유 때문에 어떤 기술 분야에서 서로 간에 비교우위가 있는지를 잘 파악해서 그것을 토대로 기술협력과 제휴를 적극적으로 잘하는 업체만이 미래 사업경쟁에서 승리할 수 있는 기회를 더 잘 포착하게 될 것이다. 실제로 현재 세계 방위산업계는 서로 간의 기술이전과 공유를 통한 공동연구가 활발하게 일어나고 있다. 이렇게 하는 이유는 무기체계 개발비용이 너무 많이 들고 한 회사, 혹은 한 국가가 모든 첨단군사기술의 연구개발능력을 다 갖출 수는 없기 때문이다. 예를 들어 유럽 국가들은 토네이도 전폭기와 유로파이터 전투기를 공동개발하고 있고, 이스라엘은 미국과 탄도탄요격미사일 애로우arrow를 공동개발하고 있는 것을 들 수 있다.

이런 점에서 볼 때, 군과 방산업체 모두의 이익을 극대화하는 데 있어 필요한 방위산업 구조는 독·과점구조가 아닌 바로 경쟁구조인 것이다. 실제로 경쟁구조는 군과 방산업체 모두에게 생존을 위해 무엇이 필요한가를 자연스럽게 가르쳐 준다.

현재 우리 국방부는 계약업체를 선정할 때 가격경쟁에 기초하여 업체를 선정한다. 하지만 경쟁을 통해 업체를 선정할 때 기술경쟁이 아닌 가격경쟁은 많은 문제를 불러일으킨다. 물론 국방획득시 군의 입장에서 비용을 절감하고자 노력하는 것은 너무나 당연한 일이지만, 비용을 너무 강조하다 보면 경쟁에 뛰어든 업체들의 입장에서는 무기체계의 성능을 희생시킬 수밖에 없는 것이다. 기술경쟁은 이런 문제를 사전에 예방할 수도 있고, 또한 경쟁을 둘러싼 의혹이나 불신 등을 해소할 수 있는 장점이 있다. 따라서 국방부는 앞으로 가격경쟁이 아닌 기술경쟁을 통해 계약업체를 선정하는 방식으로 나아가야 할 것이다.

결론적으로 자원의 안정적인 배분과 활용에 대한 운용의 묘를 살려주면서 방위산업의 경쟁체제를 유지하는 것이 국내 방위산업의 경쟁력을 빠른 시일 내에 향상시킬 수 있는 가장 좋은 방안이다.

## 6. 획득사업에의 참여를 통한 방산업체 경영활성화 방안

국방획득defense acquisition이란 군이 국가의 방위를 위해 국민의 세금을 사용하여 국내·외의 방산업체로부터의 군사기술 혁신과 능력을 이용하는 것으로 정의할 수 있다.[14] 이런 정의에 따르면 획득사업의 성공과 실패는 국방부 및 각 군의 획득관련 조직들이 「국방획득관리규정」(훈령 제733호)에 따라 복잡한 무기체계의 획득 및 유지를 국내·외 방산업체와 더불어 어떻게 '관리'management하는가에 달려 있다고 볼 수 있다. 여기에서 '관리'란 우리가 바라는 모습, 혹은 비전vision – 국내 방위산업을 통한 고유모델의 첨단 무기체계 연구개발 및 생산 – 에 가깝게 다가가도록 하는 행동을 의미한다.

---

14 김종하, 「미래전쟁과 국방획득: 한국군 무엇을 준비해야 하나」(서울: 책이된 나무, 2002), p. 97.

## 1) 무기체계 획득 패러다임을 완제품에서 기술축적 중심의 획득방식으로 전환

2001년 5월 30일, 국방부는 '전반기 전군 주요지휘관 회의'에서 첨단전력 확보를 위한 무기체계 획득 패러다임paradigm을 완제품에서 기술축적 중심의 획득방식으로 전환하기로 결정하였다.[15] 기술축적 중심의 전력획득 패러다임은 국방획득정책을 국외조달보다는 국내조달에 치중하게 하며, 무기체계의 국내 소요창출을 확대하고, 완제품 위주의 무기체계 획득에서 탈피하여, 핵심부품을 국내에서 개발하는데 중점을 두는 방향으로 나가겠다는 의지를 표명한 것으로 볼 수 있다.

또한 2001년 7월 4일, 국방부는 "해외도입위주의 전력획득은 연구개발 및 방위산업 기반 부실을 불러와 군사력 건설에서 고비용·저효율의 악순환으로 이어진다"는 점을 강조하고, "연구개발 관련 조직, 제도, 규정 개선", "ADD의 역할 및 조직 재정립", "획득절차 혁신", 그리고 "방산업체 육성 및 벤처업체의 국방기술개발참여 지원" 등의 세부방안을 마련하고 있다고 언론에 발표하기도 하였다.[16]

이러한 의지를 뒷받침하기 위해 2004년 국방부는 첨단무기체계를 2006년부터 2020년까지 15년간 독자적인 연구개발을 통해 획득하는 것을 골자로 하는 「국방연구개발정책서」를 발간하였는데, 이것은 자주국방과 국내 방위산업의 연구개발 능력을 향상시키는 데 좋은 기회를 제공할 것으로 판단된다.

그러나 국방부는 무기체계의 국외도입을 지양하고 국내개발을 우선적으로 추진하겠다는 이러한 결정에 대해 이제는 말이 아니라 실제 행동으로 국민들에게 보여주어야 한다. 왜냐하면 지금까지 우리 국방부는 말

---

15 「문화일보」, 2001년 5월 30일.
16 「대한매일」, 2001년 7월 5일.

로는 무기체계의 국내 연구개발이 중요하다고 하면서도 실제행동은 해외도입만 하고 있기 때문이다. 국방부 군사혁신단 민형기 박사는 다음과 같이 주장하고 있다.

> 획득개발계획서('02-'16)를 보면 비용 기준시 국외도입이 전체의 87%로서 국내개발 방식을 압도하고 있다 …… 1조원 이상 사업 중에서도 국외도입의 비중이 95% 수준이 나 되고, 1,000억 원 이상 사업 중에서는 80% 수준이 국외도입방식으로 계획되어 있다. 우리 군이 북한위협 대비의 시급성으로 인해 첨단 고성능의 무기를 조기에 전력화·배치할 것을 요구하면, 소요를 결정하고 획득방법을 결정하는 국방부와 합참은 국내의 기술 및 방산 수준으로서는 첨단 고성능 전력체계를 군이 요구하는 단기간 내에 획득할 수 없다고 판단하게 되고, 대부분의 경우 '국외도입' 방식을 채택하게 된다. 그 결과 국내 연구개발기관과 방산업체는 '일'을 할 수 있는 '기회'를 상실하게 되고, 이에 따라 기술능력은 더욱 약화되어, 차기 획득사업의 획득방법을 선정시에는 국내 연구개발기관 및 방산업체를 더욱 불신하고, 국외도입 방식을 또다시 선택하는 악순환 사이클을 반복할 수밖에 없는 것이다. 만일 이와 같은 악순환 괴리가 앞으로도 계속 유지된다면 우리 군의 해외 의존도와 종속성은 더욱 심화되고, 무기/장비와 더불어 교리, 작전운영, 교육훈련 등도 자주성을 잃게 된다.[17]

바로 이러한 이유 때문에 '기술축적 중심의 획득방식'으로의 전환은 군과 방산업체 모두를 위해 시급히 추진해야 하는 과제인 것이다. 현재 일본, 중국, 이스라엘의 경우 자체실정에 부합되는 연구개발정책을 추진해 무기체계 및 장비를 생산하고 있다.

따라서 비록 국방부의 '기술축적 중심의 획득방식'으로의 전환이 시기적으로 다소 늦은 감이 있는 것은 사실이지만, 명확한 목표, 방법, 수단을

---

17 민형기, "새로운 전력획득 패러다임 제안", 「국방과 기술」(2002년 6월), pp. 28~29.

갖고 연구개발정책을 일관성 있게 추진해 나간다면 분명히 좋은 결과를 산출할 수 있게 될 것이다. 특히 그것은 방산업체를 비롯한 많은 민간업체들이 군의 획득사업, 특히 연구개발사업에 적극적으로 참여하게 되는 좋은 계기가 될 수 있을 것이며, 또한 방산업체들은 기술개발, 특히 부품의 국산화를 이루는 데 필요한 기술들을 축적할 수 있는 좋은 기회가 될 수 있을 것이다.[18]

〈도표 8〉 선진국 대비 국내 방산업체의 연구개발 능력 수준

| 무기분야 | 한 국 | 미 국 | 영 국 | 프랑스 | 독 일 |
|---|---|---|---|---|---|
| 고정익항공기 | □ | ■■■■ | ■■■■ | ■■■■ | ■■■ |
| 중소화기 | ■ | ■■■■■ | ■■■■■ | ■■ | ■■ |
| 탄약 및 대구경화기 | ■ | ■■■■■ | ■■■ | ■■■■ | ■■■ |
| 화포 | ■ | ■■■■■ | ■■■■ | ■■■■ | ■■■■ |
| 지뢰/대지뢰 | ■ | ■■■■■ | ■■■■ | ■■■■ | ■■■■ |
| 화생방어무기 | ■■ | ■■■■ | ■■■■ | ■■■■ | ■■■■ |
| 화생탐지경보식별 | ■ | ■■■■ | ■■■■ | ■■■■ | ■■■■ |
| 첨단디젤엔진 | □ | ■■■■ | ■■■■ | ■■■■ | ■■■■ |
| 항법장비(INS) | ■ | ■■■■ | ■■■■ | ■■■■ | ■■■■ |
| C4I체계 | ■■ | ■■■■ | ■■■■ | ■■■■ | ■■■■ |
| 정보보안 | □ | ■■■■ | ■■■■ | ■■■■ | ■■■■■ |
| 전자공격 | ■■■ | ■■■■ | ■■■■ | ■■■■ | ■■■■ |
| 전자보호 | ■■■ | ■■■■ | ■■■■ | ■■■■ | ■■■■ |
| 함정추진기관 | ■ | ■■■■ | ■■■■ | ■■■■ | ■■■■■ |
| 수상 및 잠수함 | ■■ | ■■■■ | ■■■■■ | ■■■■ | ■■■■ |
| 능동소나 | □ | ■■■■ | ■■■■ | ■■■■ | ■■■ |

출처: 국방부, 「제234회 국회 국방위원회 2002년도 국정감사요구자료(I)」(2002년 9월), p. 753.

주해: □ 미식별, ■ 극히 제한적, ■■ 약간, ■■■■ 대부분, ■■■■■ 모두

---

[18] 현재 국내 부품소재 산업의 기술경쟁력은 선진국 기술수준을 100으로 보았을 때, 대략 50~80% 수준에 불과하다. 부문별로 메카트로닉스와 고분자 소재가 각각 30, 45로 선진국 기술의 절반수준이며, 일반기계와 기계부품의 경우 60, 정밀화학 50~60, 건설기계 및 공작기계 70~80, 그리고 이동통신부품 75 정도이다. 「조선일보」, 2000년 2월 16일.

〈도표 9〉국과연 핵심기술 개발능력 수준

| 전력분야 | 무기체계분야 | 한 국 | 미 국 | 영 국 | 프랑스 | 독 일 |
|---|---|---|---|---|---|---|
| 감시/<br>정찰 | 감시체계 | ■■■ | ■■■■■ | ■■■■ | ■■■■ | ■■■ |
| | 정찰체계 | ■■■ | ■■■■■ | ■■■■ | ■■■■ | ■■■■ |
| 지휘<br>통제 | 지휘통제<br>(전략/전술 지휘통제) | ■■ | ■■■■■ | ■■■■■ | ■■■■■ | ■■■ |
| 정밀<br>타격 | 미사일체계 | ■■■ | ■■■■■ | ■■■■■ | ■■■■■ | ■■■■■ |
| | 어뢰체계 | ■■■■ | ■■■■■ | ■■■■■ | ■■■■■ | ■■■■■ |
| 정보/<br>전자전 | 정보전체계 | ■■ | ■■■■■ | ■■■ | ■■■ | ■■■ |
| | 전자전체계 | ■■■■ | ■■■■■ | ■■■■ | ■■■■ | ■■■ |
| 신/특수 | 화생방체계 | ■■ | | | | |
| | 고에너지무기 | ■ | ■■■■■ | ■■ | ■■ | ■■ |
| 기<br>반<br>전<br>력 | 지상 화력체계<br>(전차,자주포) | ■■■■ | ■■■■■ | ■■■■ | ■■■■ | ■■■■ |
| | 해상 수상함, 잠수함, 기뢰 | ■■■ | ■■■■■ | ■■■■ | ■■■■ | ■■■■ |
| | 공중 항공기체계 | ■■■ | ■■■■■ | ■■■■ | ■■■■ | ■■■■ |

출처: 국방과학연구소(2003년 10월).

주해: ■ 극히 제한적, ■■ 약간, ■■■ 상당부분, ■■■■ 대부분, ■■■■■ 모두

## 2) 기술발전의 핵심동력은 연구개발로부터 시작

기술발전의 핵심동력은 연구개발 등의 기본을 다지는 방법에서 나온다. 쉽게 말하자면 기초체력을 튼튼히 한 다음 수년 뒤 그 열매를 따먹을 수 있는 방법이 바로 연구개발R&D전략이다. 하지만 지금까지 우리 국방부는 연구개발전략의 초점을 기본적인 연구 및 새로운 설계보다는 소요군의 요구, 즉 군작전요구성능ROC에 즉각적으로 부응하는 데에만 두어왔다. 이로 인해 현재 국내 방산업체의 연구개발 능력은 사실상 전무한 상태이며, 대부분은 단지 생산라인의 기술적 지원에 초점을 둔 연구를 수행하는 최소한의 능력만 유지하고 있다.

선진국 대비 연구개발 능력 수준을 보면 현재 우리나라 방위산업이

처한 현실을 뚜렷하게 인식할 수 있게 된다. 〈도표 8〉을 보면, 우리나라 방위산업의 경우 항공기, 엔진, 정보보완, 그리고 능동소나 분야의 연구개발 능력은 전무한 것으로 나타나고 있다.

〈도표 9〉를 보게 되면 이러한 국내 방위산업체의 연구개발 능력과는 달리 ADD의 연구개발능력은 다소 앞서 있음을 알 수 있다. 하지만 선진국과 비교해 보면, ADD도 첨단기술의 연구개발능력면에서 상당히 뒤떨어져 있음을 알 수 있다.

이처럼 선진국에 비해 우리나라 방산업체 및 ADD의 연구개발능력이 뒤떨어지게 된 데는 여러 원인이 있을 것이다. 이에 대해 국방연구원의 김성배 박사는 다음과 같이 주장하고 있다.

> 우리나라의 연구개발능력이 취약한 이유는 국방연구개발비의 투자가 저조한 이외에도 사용자인 군이 국방연구개발의 결과물을 전력증강과 운용의 측면에서 크게 도움이 된다고 인식하지 않기 때문이다. 특히 첨단기술이 소요되는 무기체계의 경우, 핵심기술의 의존도는 심각한 수준으로 무기체계의 단순한 기술도입생산과 국내에서 개발한 무기체계가 유사한 정도의 국산화로 연구개발의 장점을 느끼지 못하고 있다고 본다. 따라서 이제는 사용자인 군이 국방연구개발을 촉구하는 체제로 변화시켜야 한다.[19]

〈도표 10〉에서 보듯이 우리나라의 국방연구개발비는 통상 국방비 대비 4.5%~5.2% 사이에서 투자되고 있다. 앞으로 우리 군이 필요로 하는 첨단 무기체계 및 장비를 국내 방산업체들이 적기에 연구, 개발하여 납품하도록 하기 위해서는 국방연구개발비를 획기적으로 증대시켜야 하는 것이다. 선진국 대비 우리나라의 국방연구개발비 비중은 뒤에서 언급하기로 한다.

---

19 김성배, "국방연구개발 체제의 혁신방안", 「한국방위산업학회지」(2003년 12월), 권 10권, 제2호, p. 47.

<도표 10> 한국의 국방연구개발비

(단위: 억원)

| 구 분 | 1999 | 2000 | 2001 | 2002 | 2003 |
|---|---|---|---|---|---|
| 국방비(A) | 137,490 | 144,390 | 153,884 | 163,578 | 174,264 |
| 전력투자비(B) | 52,304 | 53,437 | 52,141 | 54,756 | 57,328 |
| 연구개발비(C) | 7,011 | 7,499 | 6,912 | 7,683 | 7,860 |
| 국방비 대비(A/C) | 5.1% | 5.2% | 4.5% | 4.7% | 4.5% |
| 투자비 대비(B/C) | 11.4% | 12.1% | 13.3% | 14.0% | 13.7% |

출처: 국방부, 『참여정부의 국방정책』(서울: 국방부, 2003), p. 221.

## 3) 획득사업에의 방산업체 참여를 활성화시키기 위한 전제 조건

국방부가 연구개발을 통한 기술축적 중심의 획득사업에 국내·외의 방산업체들의 적극적이고 활발한 참여를 유도하기 위해서는 적어도 아래에서 제시되는 다섯 가지 조건들을 사전에 충족시켜야만 할 것이다.

첫째, 국방부는 획득실(혹은 국방획득청) 산하의 연구개발관실 업무를 전문적으로 지원하는 기구로 가칭 <국방연구개발자문팀>을 만드는 것이 필요하다. 이 위원회는 연구개발 기획관리체계를 수립하고, 연구개발 투자비를 배분하고, 방산업체의 연구개발 및 생산능력을 평가하는 업무를 수행할 수 있도록 해야 할 것이다. 동 위원회의 모든 구성원들은 과학기술 전문인력으로만 구성되어져야 하며, 최소 10년 이상 장기보임할 수 있도록 해야 할 것이다. 또한 동 위원회는 군사적 응용력을 가진 새로운 기술을 찾아내는 방법 또한 강구해야 한다. 특히 신소재, 통신, 컴퓨터, 소프트웨어 분야 등에서 상업용 기술과 군사기술 가운데 어떤 분야가 더 앞서 있는지를 찾아내는 작업을 수행할 수 있어야 할 것이다.

둘째, 국방부(획득실)는 획득정책과 더불어, 그것을 뒷받침하는 수단을 마련하기 위해 노력해야 한다. 특히 명확하게 설계된 획득전략

(acquisition strategy: 어떤 사업을 기획, 관리, 운영하기 위한 기본 틀로서 연구, 개발, 시험, 생산, 야전배치, 성능개량, 생산이후 관리 그리고 프로그램의 성공을 위해 필요한 여러 활동들의 총체적인 스케줄을 제시한다. 획득전략은 기능적인 계획과 전략을 수립하기 위한 기초임) 및 획득계획(acquisition plan: 승인된 획득전략에서 마련된 접근을 실행하는 데 필요한 구체적인 행동을 반영하는 공식문서임)을 마련해서 그것의 구체적인 내용을 국내 방산업체와 공유할 수 있도록 해야 할 것이다. 만약 국가안보적인 이유 때문에 그것을 방산업체와 공유하는 것이 어렵다면, 그 대안으로 미래 우리 군의 작전능력을 극대화하는데 도움이 되는 무기체계의 기술이라고 생각되는 '체계개념 매뉴얼'manual을 작성하여 방산업체에 제공할 수 있도록 해야 할 것이다. 이 매뉴얼은 이러한 무기체계가 국내에서 개발된다면 소요군(전투원)의 전투능력을 증대시키는 데 매우 가치가 있을 것으로 생각되는 아이디어ideas를 일목요연하게 정리, 수록한 것이다. 국방부가 획득전략, 획득계획 그리고 체계개념 매뉴얼 등을 방산업체에 주기적으로 제공해야만 그것을 참고로 하여 방산업체들이 미래 우리 군의 획득사업에 참여하는 방안을 나름대로 마련할 수 있는 것이다.

셋째, 국방기본정책서에 의하면 연구개발비를 국방비 대비 1998년 2.8%에서 2015년 10% 수준으로 증가시키는 것으로 되어 있다. 그러나 연구개발체제를 빠른 시일 내에 정착시키기 위해서는 적어도 현재 4.7% 수준의 연구개발비를 2007년까지 국방비 대비 10%대로 올려야 할 것이다(우리 군에서는 2007년까지 국방비 대비 6.7%로 증액하기로 계획하고 있다). 선진국의 경우, 국방비 대비 연구개발비 비중이 대부분 10% 이상이다. 예컨대 프랑스는 13%, 영국은 12.2%, 미국은 13.1% 정도이며, 연구개발비 규모는 한국을 1(591백만$)로 했을 때 독일이 2.2배, 프랑스 5.3배, 영국이 6.7배, 그리고 미국은 69배나 된다(〈도표 11〉을 참조). 원래 연구개발에 대한 투자는 그 본질상 안보적 위협이 있기 훨씬 이전에 만들어지는 것이다. 따라서 많은 비용과 기간이 소요된다. 예컨대 미국에서 스텔스stealth 기술을 개발하는 데는 확실하고 지속적인 자금 흐름을 요구했다. 따라서 군의 규모 및 군사작전의 속도 증가 혹은 감소, 그 어느 것에도 영향을 받지 않았다. 이처럼 연구개발을 통해 성공적인 결과를 산출하기 위해서는 안보상황과는 상관없이 지속적으로 적절한 자금이 제공될 수 있도록 하는 것이 대단히 중요한 것이다. 이렇게 하지 않으면 첨단 군사기술을 발전시킬 수가 없기 때문이다. 연구개발을 통해 강력한 기술을 보유한 산업은 어떠한 무차별적 경쟁에서도 건재할 수 있으며, 오히려 경쟁 그 자체를 즐기게 된다.

〈도표 11〉 **주요 국가의 연구개발 예산규모 및 국방비 대비 연구개발비 비율**

| 구 분 | 한 국 | 일 본 | 독일 | 프랑스 | 영 국 | 미 국 |
|---|---|---|---|---|---|---|
| 연구개발비($백만) | 591 | 960 | 1,286 | 3,145 | 3,986 | 40,800 |
| 국방비중 연구개발비(%) | 4.7 | 2.7 | 6.4 | 13 | 12.2 | 13.1 |

출처: 국방부, 「제234회 국회 국방위원회, 2002년도 국정감사 요구자료(I)」(2002년 9월), p. 752.

넷째, 현재 우리 군의 획득체계acquisition system를 통해 주요 무기체계를 야전에 배치시키는 데에는 평균 7~8년이 걸린다. 획득주기가 이렇게 길면, 소요군이 원하는 기간 내에 무기체계를 야전에 배치시킨다는 것은 사실상 불가능하게 된다. 그것이 야전에 배치될 무렵이면, 그 기술들은 20년, 혹은 그보다 더 오래된 구식기술이 되고 만다. 이로 인해 군사적 효용성도 떨어지게 되고, 획득비용도 많이 들게 되고, 대규모 구매 또한 할 수가 없게 된다. 따라서 획득주기를 단축시키는 것은 대단히 중요한 과제인 것이다. 이를 위해 필요한 것 가운데 하나는 무기체계의 소요제기와 결정시, 무기체계의 최소성능과 최대성능의 조건하에 비용, 스케줄, 그리고 성능평가를 수립하는 것이다. 특히 국내 기술수준을 감안한 군작전요구성능ROC의 운용이 절대적으로 요구된다. 군작전요구성능의 탄력적 운용은 획득사이클시간Acquisition life-cycle — 무기체계를 획득하기 위한 초기시간 — 을 단축시키는 데 많은 도움이 된다.[20]

다섯째, 목표 달성을 위해 일하는 일체화된 조직문화를 창출하는 주된 요소 가운데 하나가 바로 팀워크teamwork 정신이다. 획득사업 추진 시 국방부(획득실), 소요군, 방산업체를 포함하는 통합팀의 형성은 의사소통을 촉진시키고, 사업추진과정에서 발생하는 다양한 문제들을 찾아서 해결하기 위한 공동접근을 하는 데 많은 도움이 된다. 즉 소요군, 획득실, 그리고 방산업체 등에서 차출된 요원들이 팀을 구성하여 특별한 무기체계의 연구개발사업이 종결될 때까지 책임을 지고 사업을 이끌 수 있도록 하는 것이 필요하다. 이를 통해 군 관료들은 민간의 경영기법을, 방산업체들은 군의 사업운용방식을 배우게 됨으로써, 종국에 가서는 서로가 서로를 이해할 수 있는 문화를 창출할 수 있게 되는 것이다. 예컨대 미국의 경우 합동직접공격탄(Joint Direct Attack Munitions: GPS 시스템을 통해 스스로 목표물을 탐지 공격하는 스마트 폭탄) 사업에서 군과 방산업체에서 차출된 인력들이 팀을 형성하여 2년 가까이 같이 근무하면서 사업을 성공적으로 수행한 사례도 있다.[21]

---

20 획득주기에는 세 가지가 있다. 그것은 바로 획득사이클 시간, 후속군수지원 시간, 진화론적 시간이다. 첫째, 획득사이클 시간은 무기체계를 획득하기 위한 초기시간을 의미하는데, 이 시간을 단축시키는 것은 규정된 위협, 임무요구, 혹은 작전소요에 대한 재빠른 대응을 초래할 것이다. 둘째, 후속군수지원시간은 무기체계를 지원하는 데 취하는 시간을 의미하는데, 이 시간을 단축시키는 것은 임무소요를 재빠르고 일관성 있게 지원하는 데 필요한 시스템의 이용가능성을 증대시킨다. 셋째, 진화론적 시간은 새로운 위협, 혹은 소요에 대응하기 위해 획득시스템을 개선시키거나 향상시키는 데, 그리고 획득시스템의 결함을 고치고 또한 시스템의 신뢰성을 향상시키는 데 취하는 시간을 의미한다. 획득주기를 단축시키는 것은 대단히 중요하다. 하지만 무기체계를 원하는 기간 내에 획득한다고 하더라도 그것이 전투원들이 원하는 성능의 무기체계가 아니거나, 후속군수지원 및 정비를 제대로 할 수 없다거나, 혹은 위협이 변화되었을 때 성능개량을 제대로 할 수 없는 무기체계를 획득하는 것은 장기적인 시각에서 볼 때, 획득주기를 효과적으로 단축시키는 것은 아니다. 김종하, 「미래전쟁과 국방획득: 한국군 무엇을 준비해야 하나」, p. 112.
21 이에 대해서는, Cynthia Ingols and Lisa Brem, *Implementing Acquisition Reform: A Case Study*

따라서 위에서 언급한 몇 가지 조건들이 사전에 충족되어져야만 군의 획득사업에 국내외 방산업체들이 경쟁적으로 참여하려고 할 것이다.

### 4) 연구개발의 세 가지 범주: 기초연구, 탐색개발, 첨단기술개발[22]

연구개발 예산을 10%대로 증가시키면 연구개발과제가 증대되기 때문에, ADD 및 방산업체 간의 연구역할 분담이 자연스럽게 이루어질 수밖에 없을 것이다. 현재 우리나라의 경우 앞서 지적한 것처럼 대부분의 연구개발 사업은 ADD 주도하에 이루어지고 있다. 이로 인해 방산업체는 단지 전문화·계열화 방침에 따라 정해진 무기체계 분야에 대한 시제품 개발 및 생산만을 담당하게 됨으로써, 방산업체는 연구개발사업에 능동적으로 참여하기보다는 그저 소극적으로 참여해 왔다. 사실 이러한 후진적인 연구개발 방식은 전 세계 어디에서도 찾아보기가 어렵다. 따라서 지금부터라도 연구개발사업에서 ADD와 방산업체들 간의 역할 분담을 명확하게 해야 할 것이다.

연구개발사업은 세 가지 뚜렷한 범주로 나누어 추진하는 것이 가장 바람직하다. 그것은 바로 기초연구basic research, 탐색개발exploratory development, 그리고 첨단기술개발advanced technology development이다.

기초연구는 화학과 재료과학(예: 군사용 항공기에 사용하는 레이더 회피

---

on *Joint Direct Attack Munitions*(Fort Belvoir: Defense System Management College, 1998)를 참조.

22 연구개발은 '개념연구'단계부터 시작된다. 개념연구는 확보하고자 하는 특정 무기체계의 정량화된 성능 및 운영개념을 도출하는 것이 핵심이다. 이를 토대로 기본 설계가 이루어지며, 그 다음 단계가 탐색개발이다. 전체 무기체계의 여러 하위 구성단위와 주요 부품에 대한 기술, 공학적인 해석, 위험분석 그리고 모의실험 등이 이 과정에 포함된다. 탐색개발에서 실용화 가능성이 입증되면 최종적으로 실제 무기체계의 효용성 검증을 실시하는데, 이것이 체계개발이다. 이 단계에 들어가면 시제품을 제작하여 기술시험평가를 실시, 해당무기체계에 대한 요구성능과 제품규격의 기술적 적합성에 대한 충족여부를 시험하게 된다.

용 피복물질, 가스마스크 필터, 야간투시안경, 전투기를 보호하는 내화섬유, 생물학제 오염에 대처하는 새로운 항생제의 생산 등)과 같은 것에 초점을 두는 것이다. 탐색개발 및 첨단기술개발은 훈련을 위한 모델링modeling 및 시뮬레이션simulation 기술(예: 개별훈련이 아닌 육·해·공군의 합동훈련을 위한 워게임 분야)과 더불어, 전장에서의 상황인식력을 높이는 데 절대적으로 필요한 C4ISR(지휘command, 통제control, 통신communications, 컴퓨터computers, 정보intelligence, 감시surveillance, 그리고 정찰reconnaissance)체계 관련 기술개발에 초점을 두는 것이다.

여기에서 기초연구는 ADD, 대학 및 정부출연 연구기관 등이 담당하고, 탐색개발 및 첨단기술개발은 방산업체가 담당하는 체제로 발전되어야 할 것이다. 이런 체제가 되어야만 국내 방산업체들의 연구개발능력을 빠른 시일 내에 발전시킬 수 있게 될 것이다. 이렇게 하지 않을 경우, 방산업체들은 연구개발사업에 적극적인 참여를 하지 않고, 그저 선진국으로부터 무기체계의 핵심 기술부품을 도입하여 조립생산하는 방식을 계속 고수하려고만 할 것이다.

따라서 위에서 제시한 것처럼 탐색개발 및 첨단기술체계는 빠른 시일 내에 ADD에서 방산업체 주도로 전환되어야 하며, 방산업체의 연구개발비는 가급적 정부가 선 투자하거나, 아니면 정부 및 방산업체의 공동부담으로 하는 방향으로 나아가야 할 것이다.

## 5) 방산업체의 획득사업 참여: 설계단계와 생산단계

이런 체제가 되어야만, 획득사업을 크게 설계단계design stage와 생산단계production stage로 나누는 것이 가능하게 된다. 물론 설계 및 생산단계 모두 경쟁에 의해 계약업체를 선정해야 한다. 경쟁이 없을 경우에는 기술을 제대로 개발할 수가 없다. 미국의 경우 2개 이상의 업체가 치열한 연구개발 경쟁을 통해 무기체계 및 장비의 시제품을 생산하도록 유도해 그것을 평가하여 좋은 점수를 받는 업체를 주계약업체<sub>prime contractor</sub>로 선정하는 방식을 채택하고 있다. "승자가 모든 것을 차지하는"<sub>winner-take-all</sub> 경쟁방식인 것이다. 예컨대 JSF(Joint Strike Fighter: 영국군을 비롯한 미국의 육·해·공군 모두의 합동소요를 충족시키고자 개발된 전투기) 개발시, 보잉<sub>Boeing</sub>과 록히드 마틴<sub>Lockheed-Martin</sub> 간의 경쟁을 대표적인 사례로 들 수 있다.[23] 이것은 우리가 벤치마킹<sub>benchmarking</sub>할 수 있는 좋은 방법가운데 하나이다.

이처럼 경쟁체제가 되어야만 방산업체 가운데서도 연구개발, 혹은 생산에만 종사하는 업체, 혹은 연구개발 및 생산 둘 다에 종사하는 업체들이 생겨날 수 있게 되는 것이다. 특히 연구개발에만 종사하는 업체들의 경우에는 새로운 무기체계의 기술을 개발하고 난 뒤에 그것을 아주 높은 비용을 받고 생산전문업체에 판매를 하든가, 아니면 생산업체와 공동으로 획득사업에 참여하든가, 자유롭게 선택할 수 있을 것이다.

또한 설계 및 생산단계에서의 경쟁을 통한 계약업체 선정은 비용(가격)경쟁이 아닌 기술경쟁이 주가 되어야 할 것이다. 기술경쟁은 기술력을 가진 방산업체들이 획득사업에 참여할 수 있는 큰 동기를 부여할 것이며, 또한 계약업체 선정을 둘러싼 의혹이나 불신 등을 해소하는 계기로도 작용할 수 있을 것이다. 그러나 무엇보다 기술경쟁이 중요한 것은 그것이 경쟁에 대한 긴장감을 높이기 때문에 기술개발시장을 확대할 수 있는 동인을 제공한다는 점이다.

결론적으로 앞에서도 지적한 것처럼 안보환경과 기술은 움직이는 표적과 같은 것이다. 유능한 아이스하키 선수들은 퍽(puck: 아이스하키 볼)

---

23 John Birkler, John C. Graser, Mark V. Arena, Cynthia R. Cook, Gordon Lee, Mark Lorell, Giles Smith, Fred Timson, Obaid Younossi, *Assessing Competitive Strategies for the Joint Strike Fighter: Opportunites & Options*(CA: Rand, 2001), MR-1362.O. OSD/JSF를 참조.

이 현재 있는 곳이 아니라, 앞으로 있을 곳을 향해 스케이트를 지친다고 한다. 유능한 아이스하키 선수처럼 우리 군도 미래의 안보적 위협을 주기적으로 평가하여 그것에 맞추어 획득정책을 수립, 집행해야 하며, 또한 방산업체들은 기술변화, 특히 현 산업이 5~10년, 심지어 20년 이내에 어디에 있을 것인가를 예상하고, 그것에 탄력적으로 대응하기 위한 노력을 기울여 나아가야 할 것이다.

## :: 결 론

지금까지 방위산업 전문화·계열화제도, 업체지정제도 개선을 통한 방산업체 경영 활성화 방안을 살펴보았다. 지금까지 필자가 주장한 내용을 다시 한번 더 간략히 정리해보면 다음과 같다.

첫째, 독·과점구조의 방위산업 전문화·계열화제도를 폐지하고, 그 대안으로 방산업체들 간의 연구개발 경쟁을 통해 우수한 시제품을 만들어내는 업체에게 소요 물량의 생산을 완전히 전담시키는 대안(연구개발은 경쟁. 생산은 독점)을 선택하는 것이 바람직하다.

둘째, 방산물자 지정제도는 그대로 유지하되, 업체지정제도는 재조정할 필요가 있으며, 특히 체계통합을 수행하는 업체를 주요 방산업체로 지정하는 제도는 현행대로 유지하되, 핵심부품을 개발, 생산하는 업체(계열화업체) 지정 제도는 폐지하는 것이 바람직하다.

셋째, 방산업체 간의 경쟁이 활발하게 이루어지면, 군은 합당한 가격에 좋은 성능의 무기체계를 획득할 수 있게 되고, 방산업체는 기술경쟁력을 발전시킬 수가 있게 되기 때문에 군과 방산업체 모두의 이익을 극대화하는 데 필요한 방위산업 구조는 독·과점구조가 아니라 경쟁구조이다.

넷째, 국방획득사업에 국내·외 방산업체들의 적극적인 참여를 유도하기 위해서는 연구개발 사업을 세 가지 범주 - 기초연구, 탐색개발, 첨단기술개발 - 로 나누어 추진하는 것이 바람직하며, 특히 기초연구는 ADD, 대학 및 정부출연연구기관이 담당하고, 탐색 및 첨단기술개발은 방산업체가 담당하는 체제가 되는 것이 바람직하다.

# 1. 헝가리의 방위산업 구조혁신(성공사례)

## ― 정부의 방위산업정책을 중심으로 ―

헝가리 정부는 위기상황 속에서도 방위산업에 관한 모든 특혜조치를 폐지하는 강력한 정치적 리더십을 발휘하였다.

1990년대 초반부터 헝가리 방위산업은 급격한 변화transformation를 겪기 시작했다. 1987/88년에 최고의 전성기 ― 국내 방산물자 생산의 76%를 수출(러시아(구소련)에만 60%가량 수출) ― 를 누렸다. 하지만 1990년 선거를 통해 등장한 신정부는 탈냉전의 새로운 시장경제체제에 적응해야 한다는 명분을 내세워 과거 헝가리 방위산업에 주어졌던 특별한 특혜제도 및 수단을 폐지하는 조치를 단행하였다. 이러한 결정으로 인해 1993년에 방위산업 부문은 대략 10% 정도만을 생산할 정도로, 그리고 과거 인력의 20% 정도만 고용할 정도로 심각한 위기상황에 처하게 되었다.

헝가리 정부는 방위산업 육성에 있어 규제자의 역할로부터 조정 · 중재 · 협력자로서의 역할로 전환하였다.

1994년 산업무역부(Ministry of Industry and Trade)가 방위산업 부문을 최종적으로 조정하는 업무를 맡게 되었다. 산업무역부의 방위산업 담당 Bela Takacs 국장은 국가기관들이 인위적으로 방위산업 부문을 1989년 이전의 전성기 때와 같은 규모로 재창출할 능력 및 의지가 없음을 공식 선언했다. 한마디로 방위산업 부문에 관해 중립neutrality을 선언한 것이었다. 다만 국가의 도움 없이 인수합병과 같은 자발적인 노력을 통해 위기를 극복하는 데 성공한 기업들 사이에서의 방위산업 부문의 조정과 협력을 증진시키는 작업은 수행하였다. 산업무역부, 국방부 그리고 외교부의 대표들은 위기를 벗어나기 위해 자발적인 노력을 기울였던 방산업체들에 대해서만 직·간접적 지원을 제공하였던 것이다. 예를 들어, 신용대부 및 융자알선, 그리고 방산업체들을 대신해서 수출 협상에 나선 것 등을 들 수 있다.

이런 노력의 결과, 몇 가지 중요한 방산수출계약이 체결되었고, 방위산업 부문에 대한 정부차원의 공식지원에 관한 몇 가지 중요한 의제들이 결정되기도 하였다. 1997년에는 18개 방위산업관련 업체들이 가지고 있었던 악성채무를 탕감해 주기도 하였는데, Videoton Ipari Rt., Tavlozlesi Innovacios Rt.TKI, Mechlabor 등이 그런 혜택을 받은 대표적인 기업들이었다. 또한 기업들이 국제협력을 하는데 필요한 제도적 틀을 마련하기도 하였다. 예를 들어, 1996년 인도India 및 스웨덴Sweden과의 협력관계를 구축하고, 또한 방산업체들이 품질보증서(quality certificates)를 획득하는 데 도움을 주기도 하였다.

헝가리 정부가 방위산업 부문을 지원했던 간접적인 방법은 주로 군사관련 기술의 연구개발R&D 증진을 통해서 이루어졌다. 1993년에 '방위산업 및 방산기술개발위원회'(Defense Industry and Defense Technology Development Committee)가 연구개발R&D을 조정하고 증진시키는 것을 담당하고 있던 국가기관인 '국가기술개발위원회'(National Technical Development Committee: OMFB) 내에 만들어졌다. 방산업체들은 경쟁력을 갖춘 새로운 제품들을 연구개발하는 데 있어 특혜융자를 신청할 수가 있었다. 방위산업의 심각한 위기에도 불구하고, 국방기술의 연구개발노력(OMFB, 국방부, 그리고 산업무역부에 의해 공동으로 재원이 제공)만큼은 1990년대 내내 지속되었다.

헝가리 방위산업체들의 자발적인 위기극복 노력이 일어났다.

이러한 노력들로 인해 세 가지 차원에서 큰 변화가 일어났다.

○ 소유권 변화(ownership changes)

○ 생산품목 변화(profile changes)

○ 조직변화(organizational changes)

1998년 중반까지 헝가리 내 수많은 방산업체들이 민영화되었다. 물론 민영화를 할 것인지, 말 것인지, 그리고 언제 할 것인지에 관한 결정은 궁극적으로 국가가 결정하였지만, 생산품목 변화는 순전히 기업수준에서 결정되었으며, 국가기관들의 역할은 단지 어떤 방향으로 가는 것이 바람직한지에 관해 간접적으로 조언하는 수준에만 머물렀다.

　　헝가리 방산업체들은 스스로 수출시장(export market), 해외 파트너(foreign partners) 및 투자자들investors을 찾는 노력을 기울였다. 이러한 적극적인 노력으로 인해 1997년에는 방산품목 가운데 단지 15%만이 내수용, 즉 헝가리 군에 납품하는 것이었으며, 나머지 85%는 모두 해외로 수출될 정도가 되었다. 또한 해외자본이 헝가리 방위산업을 형성하는데 있어 중요한 역할을 하게 되는 새로운 행위자로 등장하게 되었다. 그러나 다른 동유럽국가들과는 달리 헝가리 방위산업에 투입된 해외자본은 군사프로그램 개발이 아닌 주로 민영화, 합작투자 창출, 그리고 기업구조조정 프로젝트 등에 집중되었다.

　　방위산업 부문의 대략 1/3이 민수생산으로 전환conversion되었다. 나머지는 그들의 활동영역을 다각화diversification하고, 민수생산의 영역을 단계적으로 확장하면서 국가안보 및 경제발전(기술발전)에 특히 중요하다고 생각되는 방위산업 관련 시설 및 기술인력은 그대로 보존, 유지했다. 조직변화와 관련하여 방위산업체들은 재조직화, 분권화, 그리고 합법적인 변형노력을 지속적으로 기울여 나아갔다.

　　세계 최첨단의 몇몇 군사기술을 보유한 국가로 발전되었다.

　　이러한 노력으로 인해, 헝가리 방위산업의 규모가 대폭 감소되기는 하였지만, 과거와는 달리 더 이상 과잉(초과) 능력, 그리고 비생산적인 노동력은 보유하고 있지 않을 만큼 발전되었다. 특히 방위산업 부문의 생산능력은 불확실한 시장의 요구에도 탄력적으로 대처할 수 있을 만큼의 수준에 도달하였고, 또한 국방기술의 지속적인 연구개발 노력 덕분에 몇몇 분야에서 세계적인 최첨단의 기술제품들을 독자적으로 개발, 생산할 수 있는 능력을 보유할 정도가 되었다. 막대한 인적, 물질적

손실의 대가를 치르고 다시 소생하게 된 헝가리 방산업체들은 과거보다 더 효율적이고 유연하게 되었으며, 세계경제에 더 깊숙이 통합되게 되었다.

2000년대부터 내수 주문과 해외로부터의 방산국제협력 요청이 크게 증가하고 있다. 특히 헝가리 국내경제의 회복, 그리고 NATO회원국 가입은 헝가리의 방위산업을 아주 빠른 속도로 발전시키는 원동력이 될 것이다.

【출처: Yudit Kiss, The Transformation of the Defense Industry in Hungary(Bonn: BICC. 1999)의 전체 내용을 요약】

## 2. 러시아의 방위산업 구조혁신(실패사례)
### - 정부의 방위산업정책을 중심으로 -

1980년대 말, 소련의 국방계약자defense complex는 대략 3,000여 개의 직접적인 국방계약자들과 10,000개의 하도급subcontractors업체들로 이루어져 있었다. 이 가운데 대략 3/4이 러시아 내에 있었다. 1990년대 초반에 러시아 정부는 초과 과잉생산 능력을 없애고, 사활적으로 중요한 설계부문 및 제조업체들을 보호하기 위한 하나의 방법으로 방위산업 구조조정 노력을 기울이기 시작하였다.

### ■ 실패한 방위산업 구조조정 정책의 역사
러시아 정부의 방위산업 구조조정 프로그램들은 방위산업 기반을 축소, 재조직화하고, 제도를 개혁하고, 국방획득분야에서 국가와 산업 사이의 관계를 변화시키는 데 목표를 두었다.

1994년 후반에 국방당국은 방산 구조조정 프로그램을 만들었는데, 그것은 국방기업들을 획득계약, 연방보조금, 그리고 상업용 활동에 대한 접근과 관련해서 각각 서로 다른 권리를 가진 세 가지 주요한 그룹들로 나누는 것이었다. 이를 통해 국방당국에 종속된 기업들의 숫자를 1/3 이상 줄이고, 동시에 무기체계 및 장비 생산을 50% 이상 축소시키는 계획이었다.

○ 예산을 완전히 지원 받는 특혜를 부여받은 국가소유기업
○ 공사(public & private)의 혼합된 소유권ownership 및 상대적으로 큰 상업적 자유를 가진 국방계약자
○ 국방복합체의 규정에서 완전히 해방된 시장주도형 자유기업

1995년 방위산업 합병을 시도하기 위한 첫 번째 조치들이 이루어졌다. 금융산업그룹(financial-industrial groups: FIGs)과 국가 소유기업을 포함한 산업합병의 몇 가지 구조조정 대안이 마련되었다. 비록 개혁이 어떤 강력한 조치들 - 폐쇄, 파산, 국가기금 제공 및 국방계약을 수행하기 위한 권리와 관련된 기업들 사이의 차별화 - 을 포함하지는 않았지만, 개혁작업은 특혜를 부여받은 기업들의 목록에 포함되지 않았던 기업들의 강한 저항에 부딪쳤다. 특히 개혁의 초안은 러시아정부 경제개혁의 기본적인 원칙과 상충되는 것이 많았다. 합병을 당하게 된 강력한 시장적 지위를 가졌던 몇몇 기업들 - 주로 무기수출업체들 - 은 권력, 자산 그리고 운영상의 의사결정에 관한 권리를 차지하기 위해 서로간에 격렬한 투쟁을 벌였다.

이것은 러시아정부의 수많은 구조조정 노력을 가로막았다. 특히 구조조정 조치들을 중지시키려는 다양한 방면으로부터의 정치적 압력은 정부의 구조조정정책에 많은 제약을 가했다. 이로 인해 결국 구조조정 노력이 실패로 끝나버리고 말았다.

1997년에 들어서면서 방위산업의 통제 권한이 경제부로 넘어갔다.

이것은 방산업체의 개방 및 민군통합으로 나아가기 위한 조치로 간주되었다. IMF 금융위기가 오기 바로 전인 1998년 7월, 러시아정부는 새로운 방위산업 구조조정 프로그램을 만들었다. 놀라운 것은 이 프로그램이 중앙과 지방정부 사이의 협력을 통해 만들어졌다는 사실이다. 대규모 방산업체들을 보유한 지역들은 구조조정에 관한 실무그룹에 참여하도록 요청받았다. 오랜 협상을 통해 방산업체로 남아 있기로 한 기업들의 숫자는 초기에 계획된 300개에서 600개로 확대되었고, 지역들은 민영화, 혹은 청산 및 파산 처분을 당할 방산업체들의 목록과 더불어 국방계약자로서 방산업체들을 선택하는 데 영향을 끼칠 수 있는 권리를 부여받았다.

1998년의 구조조정 프로그램의 내용 가운데 주목해야 할 몇 가지는 다음과 같다.

- ○ 방산 핵심업체를 설립하고, 그 업체에 대해 국가는 획득계약 및 이윤의 적절한 수준을 보장하고, 또한 무기수출을 촉진하는데 많은 지원을 한다.
- ○ 방위산업의 합병작업은 통합 및 생산능력과 인력의 재배치를 통해 달성한다.
- ○ 핵심업체들에 포함되지 않은 업체는 민영화한다.

위의 구조조정 프로그램 내용 가운데 논쟁이 되었던 것은 정부가 소위 방산 핵심업체 — 정부로부터 계약 및 예산지원의 특혜를 받는 기업 — 를 창출했던 방법이었다. 핵심업체들은 연구센터 및 주도적인 R&D 조직과 더불어 대내 및 대외 무기시장을 위해 일할 수 있는 연속생산(serial production) 능력을 보유한 큰 기업들로 구성되었다. 자산현황과 관련하여, 러시아 국방부는 국가단일업체(연방예산으로부터 완전한 기금지원을 받는 기업들) 혹은 주주의 형태로 핵심업체들에 대한 강력한 통제를 고집하였다.

이러한 노력을 통해 몇 가지 진보가 이루어지기는 하였지만, 중요한 보상기금(예: 회사폐쇄 혹은 재배치를 하는데 소요되는 기금, 그리고 기업에서 국가로의 사회적 자산의 이전 등)을 요구하는 프로그램과 관련된 것은 제대로 이루어진 것이 없었다. 1998년의 연방예산 가운데 US\$339 million을 방위산업 구조조정에 충당하기로 계획되어졌지만, 이 돈 가운데 아주 적은 액수만 실제로 지출되었다.

1998년의 IMF 금융위기, 남유럽(Southeast Europe)에서의 NATO 행위에 대응하기 위한 군사정책의 변화, 2차 체첸Chechen전쟁 시작 등으로 인해 방위산업에 관한 관심이 고조되었다. 그러나 이러한 관심이 지속적인 개혁을 통한 방위산업 육성이 아닌, 냉전시대의 전통적인 고립된 형태의 통제구조로 되돌아 가버리는 결과를 초래하였다. 1999년 가을, '군산문제에 관한 국가위원회'(State Commission on Military-Industrial Affairs)가 주된 방위산업 조정기관으로 설립되어졌고, 그 산하에 5개 분야에 걸친 구체적인 하위기관들이 만들어졌다.

2000년대 중반에 들어서면서부터 방위산업의 국가통제는 더 많은 변화를 겪었다. 방위산업은 새롭게 설립된 산업과학기술부(Ministry of Industry, Science and Technology), 그리고 이보다 먼저 설립되었던 많은 기관들의 합동통제하에 놓이게 되었으며, '군산문제에 관한 국가위원회'에 의해 최종적으로 조정되는 구조로 완전히 바뀌게 되었다.

현재 푸틴정부 하에서의 방위산업 구조조정 노력은 대단히 느린 속도로 진행되고 있다. 방산업체의 폐쇄, 합병, 전환, 감축은 러시아 방위산업을 합리화하기 위해 반드시 실행해야만 하는 조치들이다. 하지만 푸틴정부는 이러한 조치들을 제대로 실행에 옮기지 못하고 있다. 그 이유는 방산업체들과 지역으로부터의 반대가 매우 강하고, 또한 러시아 정부가 공장폐쇄, 해고, 자산 이전에 필요한 재원을 구하지 못하고 있기 때문이다. 그러나 이해하기 어려운 것은 러시아정부 스스로 방산업체의 민영화를 못하게 막고 있으며, 또한 방위산업 부문에 새롭게 진출하고자 하는 민간기업들의 진입을 막고 있다는 사실이다. 이로 인해 현재 러시아 방위산업은 기술수준을 증대시키거나, 아니면 러시아 경제회복의 동력으로서의 역할, 그 어느 쪽도 제대로 하지 못하고 있다. 러시아 방산업체 내에 단지 1/5 정도가 안정성과 장기적 생존력의 징후를 보여주고 있을 뿐 나머지는 개점휴업 상태나 다름이 없다.

지금까지 러시아 정부가 추진해 왔던 개혁 실험들은 과잉능력, 재원의 제약, 그리고 불확실성의 기본적인 문제들을 조금도 해결하지 못했다. 그럼에도 불구하고 푸틴정부가 대량감축 및 방위산업 자산의 고통스러운 병합의 길을 선택할지 혹은 계속적으로 개혁을 연기할 것인지 여전히 불명확하게 남아 있다.

【 출처: Ksenia Gonchar, *Russia's Defense Industry at the Turn of the Century*(Bonn: BICC, 2000)의 전체내용을 요약 】

# 제 3 부

# 국방획득개혁

# 제 1 장
# 무기체계 획득전략, 과정 그리고 조직구조의 개혁

무기체계 획득 프로그램의 효율적이고 효과적인 관리는 획득인력들에게 전략적인 능력, 첨단 무기체계에 대한 기술적 지식, 그리고 획득관리에 관련된 고도의 전문지식과 정치적인 통찰력을 요구한다.[1] 우리 군이 지금까지 개별 무기체계 획득 프로그램을 수립, 집행해 오면서 초래한 결과들 - 비용초과, 성능저하, 도입지연 - 은 한편으로는 잘못된 획득전략, 과정 그리고 조직구조상의 문제로 인해, 또 다른 한편으로는 대통령, 정치인 및 고위국방관료들의 정책과정에의 과도한 권력과 영향력 행사로 인해 발생한 것이다.[2] 여기에서는 전자의 원인에 주된 초점을 두고 논의를 전개한다.

우리 군의 무기체계 획득전략, 과정 그리고 조직구조는 냉전시기, 즉 위협의 원천을 비교적 쉽게 식별할 수 있는 시기에 개발되어진 것으로, 주로 대규모 지상군 위주의 군 구조를 안정적으로 뒷받침할 수 있는 방

---

1 Wilbur D. Jones, Jr., *Congressional Involvement and Relations: A Guide for Department of DEfense Acquisition Managers, 4th Edition*(Fort Belvoir: Defense System Management College Press, 1996); Ned Kock and Frederic Murphy, *Redesigning Acquisition Processes: A New Methodology Based on the Flow of Knowledge and Information* (Fort Belvoir: Defense Acquisition University Press, 2001); George Cho, Hans Jerrell, William Landay, *Program Management 2000: Know the Way* (Fort Belvoir: Defense System Management College Press, 2000); Theo Farrell, *Weapons Without a Clause: The Politics of Weapons Acquisition in the United States* (London: MacMillan Press Ltd, 1997).

2 대통령, 정치인, 그리고 고위 국방관료들의 무기체계 획득과정에의 과도한 권력과 영향력 행사에 관한 논의에 대해서는, 김종하, 「무기획득 의사결정: 원칙, 문제 그리고 대안」 수정증보판(서울: 책이된 나무, 2001)을 참조.

향에 초점을 두고 그 역할을 수행해 왔다. 그동안 수차례에 걸친 획득개혁acquisition reform[3]을 통해 부분적으로 그 내용이 수정되기도 하였지만, 여전히 대칭적 위협뿐만 아니라 미래의 불확실한 비대칭적 위협에 대비한 동시 군사력 건설에는 한계를 보이고 있다. 이러한 한계를 극복하기 위해서는 빠른 시일 내에 과거 및 현재와 뚜렷이 구별되는 완전히 새로운 종류의 획득전략, 과정 그리고 조직구조가 필요한 것이다.

비용-효과적인 무기체계 획득을 통해 우리 군을 빠른 시일 내에 첨단 과학기술군으로 육성하기 위해서는 새로운 획득전략이 가장 우선적으로 마련되어져야 하며, 그것을 토대로 과정과 조직구조가 마련되어져야 하는 것이다. 이렇게 해야만 소위 '더 좋게'better, '더 싸게'cheaper, '더 빠르게'faster 그리고 '더 현명하게'smarter[4] 국가안보에 절대적으로 필요한 무기체계를 획득할 수 있게 되는 것이다.

본 장은 현재 우리 군의 획득전략, 과정 그리고 조직구조상의 문제점을 분석하고 새롭게 적용할 수 있는 획득전략, 과정 그리고 조직구조를 제시하는 데 일차적인 목적이 있으며, 이를 통해 우리 군이 현재 및 미래의 국가안보적 위협에 대처하는 데 훨씬 대응력이 높은 무기체계를 획득하는 데 실질적인 도움을 주고자 하는데 이차적인 목적이 있다.[5]

이런 점에서 본 장은 크게 두 가지 관심영역, 즉 실증적 관심영역(현

---

3 지금까지 획득개혁을 다루었던 중요한 작업들로는 방위력개선 제도개선(1996년 12월), 국방개혁(1998년 4~12월), 정부경영진단(1995년 5월), 자체 조직개편(1999년 12월), 자체 조직개편(2001년 12월) 등을 들 수 있다.

4 이에 대해서는, Mark Lorell, Julia Lowel, Michael Kennedy, Hugh P. Levaux, *Cheaper, Faster, Better?: Commercial Approaches to Weapons Acquisition* (CA: Rand 2000), MR-1147-AF를 참조.

5 본 장에서는 국방획득관리규정(훈령 제733호)에서 명기한 무기체계의 개념 - 하나의 무기체계(장비포함)가 부여된 임무를 달성하기 위하여 필요한 인원, 시설, 소프트웨어, 종합군수지원 요소, 전략, 전술 및 훈련 등으로 성립된 전체체계 - 에 따른 획득전략, 과정 그리고 조직구조를 개혁하는 방안을 마련하는 데 연구의 초점을 둔다. 따라서 구체적인 무기체계의 효과성(이동성, 기동성, 화력, 방호, 은밀성, 자활성) 및 효율성(인식, 협조, 융통성, 경제성, 지원력)과 같은 전문적이고 기술적인 문제에 대해서는 다루지 않는다.

재 우리 군의 무기체계 획득전략, 과정 그리고 조직구조는 어떻게 되어 있는
가? — 사실을 다루는 영역)과 규범적 관심영역(우리 군의 무기체계 획득전
략, 과정 그리고 조직구조를 개혁하기 위해 무엇을 해야 하는가? — 가치를 다루
는 영역)을 동시에 고찰하는 내용으로 구성되어져 있다.

## :: 무기체계 획득전략 및 과정

### 1. 이상형의 모델

군 현대화를 위한 무기체계 획득은 국방부에 의해 규정된 일련의 국
방·군사정책의 지침 하에서 합참이 군사전략을 수립하는 단계, 즉 어떻
게 군사력을 건설할 것인가라는 질문을 제기하면서 본격적으로 시작된
다. 현재 요구되는 우리 군의 군사전략적 임무는 무엇인가? 수많은 군사
적 임무가 있겠지만, 가장 일차적 임무는 적(예: 북한)으로부터의 직접적
인 군사적 공격을 억지하거나 저지하는 데 있다. 이차적 임무는 국내에
서 발생할 수 있는 테러공격을 저지하고, 국외에서는 인도주의적 평화유
지활동(예: 코소보 지역)을 하는 것이라 할 수 있다.

이러한 군사전략상의 임무는 구체적인 작전전략적 차원의 목표로 세
분화할 수가 있다. 예를 들어 군사전략적 임무로부터 유래하는 작전적
목표들로는 다음과 같은 것을 들 수 있다(물론 이러한 작전적 목표들은 구
체적인 전술적 임무로 세분화가 가능하다).

- ○ 적의 포병공격에 대비
- ○ 적의 레이더를 무력화
- ○ 지뢰를 제거

○ 전투지역에서의 수색 및 정찰

　○ 아군에 대한 군수지원

　이처럼 세분화를 구체적으로 하면 할수록 그러한 임무를 달성하는 데 필요한 대안들, 즉 무기체계의 선택을 구체적으로 생각해 낼 수 있을 것이다. 이것은 전략수립의 다섯 가지 차원, 즉 안보목표, 안보전략, 군사전략, 작전전략 그리고 전장전략(전술) 가운데서 군사전략, 작전전략, 전장전략(전술)의 하향식top-down 전략수립 단계를 따로 떼어내어 좀 더 세분화해서 설명하는 것이다. 이러한 하향식 전략수립 단계를 군 현대화 과정, 즉 무기체계 획득과정의 이상형ideal-type 모델model로 간주해도 무리는 없을 것이다.

　1단계: 군사전략가들은 군사력에 대한 요구를 설정한다.

　군사전략가들은 군사전략상의 목표를 반드시 달성하기 위해 필요한 일차적인 군사적 임무를 세분화하는 데 책임이 있다. 물론 이러한 군사적 임무는 그보다 상위차원에서 결정되는 전략목표에 반드시 부합되도록 설계되어져야 한다. 또한 전략가들은 군의 지휘관들과 전략참모들의 도움으로 군사력이 준비해야만 하는 것이 무엇인지를 찾아내어야 한다.

　이처럼 군사능력에 대한 요구를 정하는 전략조직들은 국방부와 합참이지만, 전략수립의 최종적인 권한은 합참이 가진다. 이처럼 전략가들이 결정한 군사적 임무들은 군을 현대화하는 과정에서 준거의 틀로 사용된다.

　2단계: 군사력 건설 구상가들은 선택 가능한 옵션option을 설정한다.

　위의 군사전략가들에 의해 규정된 총체적인 전략 환경, 야전의 지휘관들이 직면하는 작전적 현실, 새롭게 등장하는 무기체계의 기술들을 이해하려는 집중화된 노력을 기울이면서 군사력 건설 구상가들은 작전적 임무를 달성하기 위한 개념을 수립한다.

이들은 다양한 접근법들의 작전적, 기술적인 잠재성을 고려한 후에 수립되어진 몇 가지 개념들을 가지고, 현존하는, 혹은 새롭게 부상하는 기술과 구체적인 전장전략(전술)의 관점에서 더 세밀한 정의를 내릴 가치가 있는지 없는지를 결정한다.

이 2단계는 작전적으로 적절하고, 기술적으로 실행가능하고, 그리고 후속군수지원을 비롯한 성능개량을 통해 더 나은 발전이 가능한 무기체계들의 옵션option을 만드는 과정이라 할 수 있다.

3단계: 고위 의사결정자들은 이용 가능한 옵션들 가운데 선택을 한다.

고위 의사결정자들은 이용 가능한 옵션들 가운데 어떤 것을 집행할 것인지를 선택한다. 이 과정에서는 비용이 고려되고, 요구되는 인력과 훈련에 관한 함의가 그려지고, 다양한 임무에 대한 특별한 개념의 적절성이 토론되고, 또한 관리업무와 군사적 임무의 상대적 중요성에 대한 판단이 내려지게 된다.

고위 의사결정자들은 전략가들에 의해 마련된 군사적 요구와 군사력 건설 구상가들에 의해 마련된 개념적 옵션을 결합하여 어떤 군사적 임무와 관리업무를 추진할 것인지, 어느 정도의 재원을 사용할 것인지에 관련된 선택을 하게 된다.

4단계: 무기체계의 제공자(육군·해군·공군)가 결정을 집행한다.

군 현대화 과정은 획득인력들이 고위 의사결정자들에 의해 만들어진 선택에 따라 실제 집행할 때 완성되어진다. 선택된 무기체계를 개발하는 데 착수하고, 그것을 완성 및 획득하여 실제로 야전에서 사용하는 지휘관들에게 제공한다. 각 군은 그들 각각의 군을 조직화하고, 인력 및 훈련을 제공하고 그리고 무기체계 및 장비를 유지관리하는 데 최종적인 권한과 책임이 있다. 또한 선택된 새로운 무기체계의 개념과 관련 무기체계가 작전적 기능을 수행하는 데 필요한 전술교리를 개발하는 데도 책임이 있다.

위에서 묘사한 것과 같이 무기체계 획득과정을 구조화하는 것은 이러한 과정에서 수행해야만 하는 기능을 특히 강조한다. 이러한 기능을 강조함으로써 우리는 그때 이러한 기능을 수행하는 데 있어 다양한 조직들에 의해 수행되는 역할을 고려할 수 있게 된다. 우리 군의 무기체계 획득과정에 참여하는 대표적인 조직들로는 국방부, 합참, 소요군 그리고 계약업체(방위산업체)를 들 수 있다.

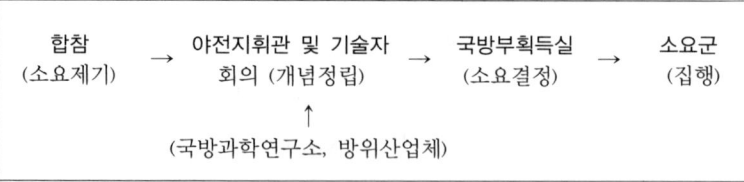

〈그림 1〉 무기체계 획득과정의 이상형 모델

이처럼 기능에 관해 먼저 생각하고, 그 다음에 조직에 관해 생각하는 것은, 현재 우리 군의 획득체계처럼 조직에 관해 먼저 생각하고 그리고 획득관련 조직들의 요구와 바람을 충족시키는 기능을 규정하는 것보다 훨씬 더 합리적인 사고이다.

이러한 사고는 주요한 군사적 임무를 어떻게 달성하는가에 관한 새로운 개념을 수립하는 문제의 중요성을 자연스럽게 강조한다. 또한 이것은 개념개발의 목표가 어떤 주어진 기술을 적절히 사용하는 방법을 찾아내는 것이 아니라는 사실을 강조한다. 오히려 개념개발의 과정은 전략가에 의해 세분화된 군 소요와 함께 시작하며, 이러한 소요를 충족시키는 데 도움이 되는 무기체계의 기술을 찾아내는 방향으로 진행된다는 것을 의미하는 것이다.

군사적 임무를 충족시키는 개념을 수립하는 것은 무기체계의 기술을 적절히 묘사하고, 어떻게 그런 무기체계가 야전에서 운용되어져야 하는지 묘사할 것을 자연스럽게 요구한다. 이것은 군사전략에 따라 무기체계 획득이 이루어져야 하며, 그 반대가 아니라는 사실을 특히 강조하는 것이다. 이에 관해서는 뒤에서 충분한 설명이 있겠지만 이 점을 이해하는 것은 대단히 중요하다.

## 2. 현 접근방식의 문제점

불행하게도 현재 우리 군의 경험적인 무기체계 획득은 위에서 묘사한 이상형의 획득모델과는 거리가 멀다. 현재 우리 군의 무기체계 획득은 위에서 묘사한 하향식 접근방식을 거꾸로 적용하고 있다. 아주 단순하게 경험적인 우리 군의 무기체계 획득과정을 그려보면 다음과 같다(〈그림 2와 3〉을 참조).

국방부 획득실 산하 획득정책관실에서는 〈그림 2와 3〉을 다음과 같이 간략히 묘사하고 있다.

먼저 육·해·공군이 각기 필요한 무기체계의 소요를 제기하면 합참은 합동작전 운용측면에서 그 무기체계의 필요성과 갖추어야 할 각종 성능을 결정한다. 이어 국방부는 해당무기체계를 연구 개발할 것인지, 외국에서 기술도입하여 국내에서 생산할 것인지 또는 외국에서 완제품을 직도입할 것인지 등을 결정한다(이것을 획득방법 결정이라 한다). 이때 국내연구개발로 획득방법이 결정되면, 국방과학연구소(또는 방산업체)의 연구개발

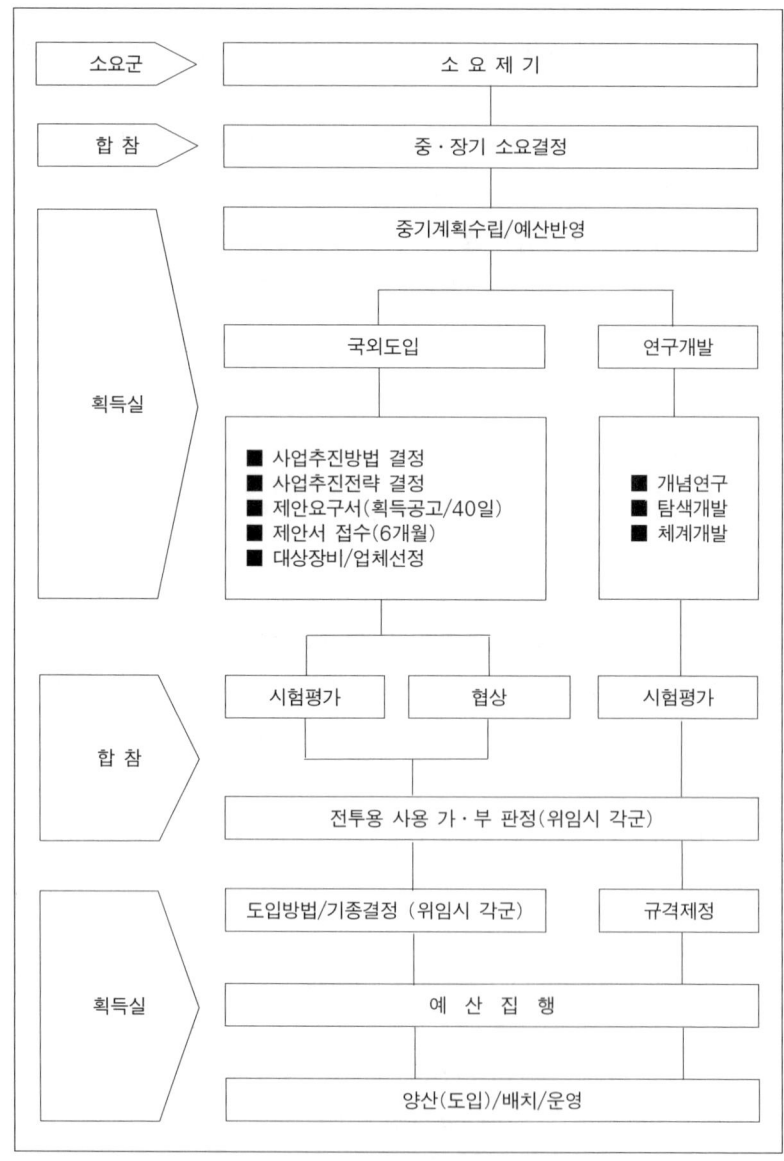

〈그림 2〉 **획득업무 수행절차**

출처: 국방부 획득정책관실, 「획득업무수행절차」, http://www.mnd.go.kr.

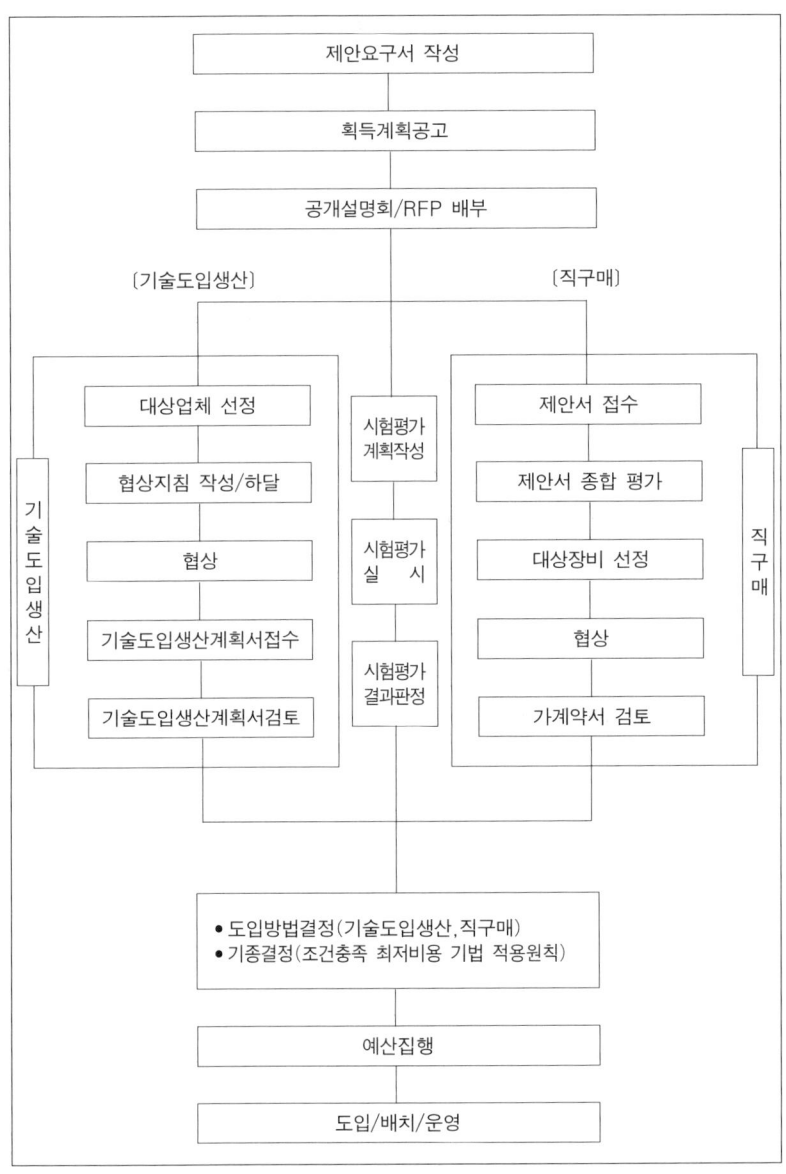

〈그림 3〉 **국외도입사업 추진 절차**

출처: 위와 동일.

과정을 거쳐 최종적으로 국내방산업체에서 생산하여 소요군에 배치하게 되며, 국외도입으로 결정될 경우에는 정해진 절차에 따라 무기체계 획득 계획 공고, 공개설명회 개최, 업체의 제안서 평가, 대상장비 선정, 시험평가, 협상 등을 거쳐 최종적으로 공개입찰 등의 방법을 통해 가장 적합한 무기체계의 기종을 결정하여 도입, 배치하게 되는 것이다.[6]

현재 우리 군의 경험적인 무기체계 획득은 요구되는 군사적 임무와 업무를 체계적으로 세분화하는 전략가들에 의해 시작되는 것이 아니라, 오히려 무기체계 획득 집행업무를 책임지고 담당해야 할 각 군(육·해·공군)의 소요제기로부터 시작되어진다. 각 군이 소위 군작전요구성능 ROC: Required Operational Capability을 작성해서 합참에 그것을 제출하면, 합참이 검토해서 소요결정을 내리는 것이다.[7] 그러나 각 군에서 작성하는 요구성능이란 것은 합동작전(협력작전)을 위한 무기체계가 아닌 각 군의 구체적인 작전적 요구를 충족시키는 데 적합한 특별한 무기체계만을 묘사하고 있다는 데 문제의 심각성이 있는 것이다. 따라서 어느 군이 군작전요구성능서를 작성하느냐에 따라 곧바로 특정의 무기체계가 결정되어 버리고 마는 것이다.

이에 관해 국방부가 국회국정감사 요구 자료로 국회국방위원회에 제출한 통합전략 소요 및 검증절차에 관련된 내용을 보면 다음과 같이 묘사되어 있다.

---

6 국방부 획득실, 획득정책관실, "무기체계 어떻게 도입/배치하나(해설)" (2003년 3월 17일), www.mnd.go.kr; 보다 자세한 설명에 대해서는, 국방부, 「국방획득관리규정」(훈령 제733호), 2003년 5월 13일을 참조

7 우리 군의 현행 무기체계 소요제기 및 결정체계의 문제점에 대해 국방연구원의 서정해 연구위원은 "현재의 절차는 내용면에서 합리성과 과학적 분석이 부족하여 사업의 지연이나 비용증가의 원인이 됨은 물론이고, 기술축적 미흡과 방산기반의 약화를 고질화시키고 있다"고 주장하고 있다. 구체적인 내용에 대해서는, 서정해, "우리 군의 소요제기/결정체계 혁신방안", 「주간국방논단」, 제951호(03-28), pp. 1~12를 참조.

합참의 분석 전문부서인 전력분석실에서는 통합전력 소요창출을 위해 각 군/기관에서 제기한 신규전력소요 및 중·장기전력 소요에 대해 합동 전장운영개념에 입각한 소요의 타당성과 소요제기 전력의 중복성을 검토하고, 가용예산 범위 내 획득가능 여부를 분석, 평가하여 소요종합부서인 전략기획참모본부를 지원함으로써 기획체계의 소요결정단계에 반영하게 되며, 또한 전력화되었거나 야전 운영 중에 있는 사업에 대하여 현장 확인을 통한 문제점 분석 및 개선요구를 한 후, 성능개량 및 유사사업에 반영함으로써 현존전력을 극대화하고, 미래전력의 효율성을 제고하고 있습니다.[8]

문제는 이런 식으로 무기체계 획득이 이루어지게 될 경우, 통합전력 발휘를 위해 신중한 고려대상이 될 수 있는 잠재적인 무기체계의 개념범위를 좁혀버리는 결과를 초래하게 된다는 사실이다. 간단히 말해 합참에 의해 구상되는 광범위한 작전개념과 그에 부합되는 무기체계의 옵션들 options이 만들어지기도 전에 각 군에 의해 미리 특정의 무기체계 선택이 이루어져 버리게 되고 마는 것이다. 위에서도 지적하였지만 군작전요구성능이란 것은 전형적으로 특정 군만의 요구사항을 반영하는 것들, 즉 전투기, 잠수함, 전차 등이다. 따라서 육·해·공군 간의 통합전력발휘를 극대화하는 데 필요한 선택 가능한 잠재적인 무기체계 도입은 한마디로 물 건너가 버리고 마는 것이다.

이처럼 합참이 합동작전을 수행하는 데 필요한 광범위한 범위의 무기체계의 대안선택을 둘러싼 경쟁이 소요제기 단계부터 배제되어 버린다면, 통합전력발휘를 극대화하는 데 필요한 소요창출은 어떻게 할 수 있겠는가? 이것은 마치 각 군이 소요 제기한 전차, 전투기, 잠수함을 가지고 합동전장운용 개념에 끼워 맞추는 식이다. 이것은 쉬운 일을 오히려 어렵게 하는 것이나 다름이 없다. 합참이 삼군 간의 통합작전전략을 수립

---

8 국방부, 「2000년도 국정감사요구자료(I)」(2000년 10월), p. 251.

할 때 필연적으로 이러이러한 전략에는 이러이러한 무기체계가 필요할 것이라는 것을 어느 정도는 알 수 있게 된다. 그렇다면 이렇게 구상한 무기체계를 소요제기해야만 더 합리적인 소요가 아니겠는가?

물론 현재 및 미래전의 특성이 개별군의 단독작전에 의해 수행되어진다면, 그리고 기존 무기체계의 성능개량에 관한 것이라면 현재 우리 군의 무기체계 획득방식이 크게 잘못된 것으로 볼 수는 없다. 하지만 현재 및 미래전의 특색이 육군, 해군, 공군간의 합동작전 형태로, 그리고 불확실한 비대칭적 위협에 대처할 수 있는 군사력 건설을 요구할 경우, 현재 우리 군의 무기체계 획득방식은 완전히 잘못된 것이라 말할 수 있는 것이다.

이러한 맥락에서 볼 때 우리 군의 무기체계 획득과정은 위에서 언급한 이상형의 모델에 따라 반드시 재설계되어져야만 하는 것이다. 이를 위해서는 두 가지 변화가 절대적으로 필요하다.

첫째, 미래의 불확실한 비대칭적 위협에 대비하고, 삼군 간의 합동전력 발휘를 극대화하기 위한 무기체계를 획득하기 위해서는 혁신적인 군사전략과 새롭게 등장하는 무기체계의 기술과 아이디어idea를 이용할 수 있는, 즉 새로운 작전개념과 무기체계 개념수립을 조장할 수 있는 과정과 조직이 절대적으로 필요하다.

둘째, 다소 위험이 따르는 접근이기는 하지만 고위 의사결정자들에게 잠재적으로 가치 있는 작전개념과 그에 부합되는 무기체계 개념을 제시하는 노력들이 지속적으로 이루어져야 하는 것이다.

## 3. 새로운 접근

야전군(육 · 해 · 공군의 전투부대들), 국방과학연구소ADD, 방위산업체들로부터 차출된 팀team으로 구성된 군사력 구상가들은 전략가들에 의해 제공되는 군사전략, 작전전략 그리고 전장전략(전술) 개념에 따라 그에 부합할 수 있는 체계 및 운용개념에 대한 새로운 아이디어들idea을 지속적으로 만들어내고, 또한 진화하는 기술적 기반에 의해 제공되는 기회와 전투원들에 의해 제기되는 요구를 체계적인 방법으로 분석, 평가하는 능력을 가지고 있어야 한다. 특히 군의 작전능력을 극대화하는 데 도움이 되는 첨단 무기체계의 기술이라고 생각되는 체계개념 매뉴얼menual을 작성할 수 있어야 한다. 이 매뉴얼은 이러이러한 무기체계가 개발된다면 전투원들에게 매우 가치가 있을 것이라고 생각되는 아이디어들을 일목요연하게 정리, 수록한 것으로, 예산, 우선순위, 교리, 또는 어떤 다른 정치적 고려 조건들에 의해 제약받지 않도록 해야 한다. 간단히 말해 그것은 '기회의 메뉴'menu of opportunity로 생각해야 하는 것이다.

군사력 건설 구상가들은 미래에 우리 군이 갖추어야 할 군사능력을 합리적으로 결정하기 위한 전투실험을 추진할 수 있는 권한을 또한 가지고 있어야 한다. 이러한 전투실험을 통한 결과를 토대로 고위 의사결정자들은 무기체계의 합리적 소요를 결정할 수 있게 되는 것이다.

고위 의사결정자들은 군사력 건설 구상가들에 의해 제공되는 매뉴얼과 실험결과들 가운데 작전적 요구에 잘 대응하고, 가용예산의 맥락 하에서 충분히 실행 가능한 개념들을 우선순위에 따라 선택하면 되는 것이다. 바로 이것이 고위 의사결정자들(획득실장. 국방부 장관)의 가장 중요한 임무이다. 고위 의사결정자들이 합리적인 판단을 내리는 데 필요한 최소한의 문서는 다음과 같은 세 가지 종류만 있으면 충분하다.

- 제시된 무기체계의 기대비용을 측정하는 문서
- 기대되는 작전능력, 작전개념의 묘사와 더불어 그러한 능력들의 가치에 관한 평가서
- 무기체계의 주요한 특질을 식별하고, 성능입증 결과를 제공하는 데

필요한 시험활동, 그리고 다음 단계의 의사결정으로 넘어가는 것을 보장하고, 또한 다음 단계의 의사결정과정에서 발생할 가능성이 높은 여러 활동들을 기록한 문서

　이러한 문서들은 국방부 내의 고위 의사결정자들이 쉽게 이해할 수 있도록 만들어져야 한다. 그래야만 합리적인 선택을 할 수 있다. 이러한 문서들은 국방부 획득실에서 최종적인 권한을 가지고 검토해야 한다. 국방부 획득실 내의 각 국에서는 검토의 초점을 작전능력 및 그러한 능력의 적절성, 비용의 측정과 재원의 이용가능성 그리고 무기체계 개념의 기술적인 실행가능성 등에 두어야 할 것이다. 이렇게 검토된 결과를 토대로 획득실장 및 국방부 장관은 가장 우선순위가 높은 개념들을 선택하면 되는 것이다.

　여기에서 우선순위가 높은 개념들은 주로 잘 이해할 수 있는 작전개념과 기술적 위험이 낮은 무기체계 개념이며, 우선순위가 가장 낮은 개념들은 이해하기 어려운 작전개념과 기술적 위험이 높은 개념들이다. 그러나 우선순위가 낮은 대안이라고 해서 무조건적으로 폐기처분 되어서는 안 된다. 왜냐하면 비록 고위 의사결정자들이 보기에는 선택의 우선순위가 낮은 개념들일지라도, 그것은 군사력 건설 구상가들에 의한 지속적인 전투실험을 통해 그 효용성을 인정받을 수 있고, 또한 언젠가는 우선순위가 높은 개념으로 변화될 수 있는 가능성이 있기 때문이다. 예를 들어 합참에 의해 시가전urban warfare을 수행하는 전략이 수립되고 그러한 전략에 따라 군사력 건설 구상가들이 시가전을 수행하는 데 필요한 무기체계를 생각해 내었다고 가정해 보자. 이때 군사력 건설 구상가들은 여러 가지 체계개념들을 만들어낼 수 있을 것이다. 이러한 개념들은 실험을 통해 그 결과를 산출해 내어 우선순위에 따라 서열화를 하겠지만, 서열화가 낮다고 해서 그러한 개념이 잘못되었다고 말할 수는 없는 것이다.

만약 어떤 프로젝트project가 비교적 성숙된 작전개념과 무기체계 개념을 가진다고 판단될 경우, 즉 위험과 불확실성이 적고, 국내의 방위산업체들에 의해 기대되는 생산운용이 비교적 크다고 고위 의사결정자들이 판단하여, 'OK' 승인을 하게 될 경우, 그때 그 프로젝트는 곧바로 각 군에 의해 획득집행에 들어갈 수 있게 될 것이다. 이때 고위 의사결정자들에게 요구되는 능력은 이렇게 선택된 체계개념을 어느 군이 집행할 것인가를 합리적으로 결정하는 것이다. 이는 별로 어렵지 않은 결정이다. 왜냐하면 체계획득 및 운용과정에서 작전적 측면에서 가장 전문성이 있는 군이 그것을 집행하도록 하면 되기 때문이다. 지금까지의 설명을 간단히 요약해 보면 〈그림 4〉와 같다.

현재 우리 군의 획득전략 및 과정은 삼군 간의 합동전력발휘 그리고 불확실한 비대칭적 위협에 대비한 무기체계 개념의 초기 개발 및 획득을 못하게 막고 있다. 통합전력 발휘나 불확실한 비대칭적 위협에 대비한 개념들은 원래 그 본질상 중요한 위험과 불확실성을 내포할 수밖에 없는 것이다. 현재 이러한 획득방식을 가로막고 있는 주요한 메커니즘 가운데 하나가 바로 나눠 먹기식 무기획득 예산 배정이다. 나눠 먹기식으로 할당된 예산은 위험회피식 무기체계 획득을 자연스럽게 각 군에게 요구한다. 즉 미래를 위해 필요한 어떤 새로운 무기체계보다는 미국이나 유럽

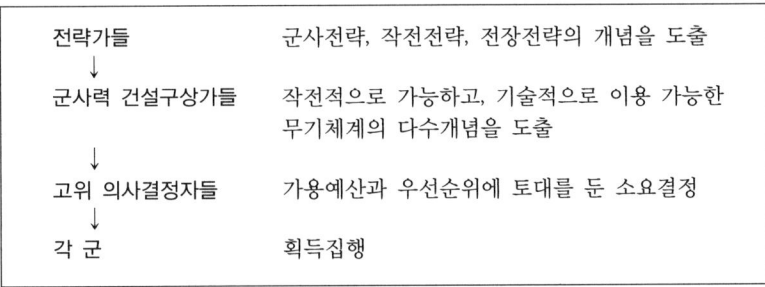

〈그림 4〉 **무기체계 획득과정의 이상형 모델**

의 군사선진국들에 의해 기존의 안정성이 보장된 무기체계만을 획득하는 방식을 추구하게끔 만드는 것이다. 지금까지 우리 군이 도입한 대부분의 무기체계가 해외로부터 도입된 것이라는 사실이 이러한 주장을 명백히 입증하고 있다.[9]

이러한 문제를 해결하기 위한 하나의 대안으로 무기체계 획득 프로그램의 수립단계는 위에서 언급한 네 가지 단계의 하향식 의사결정에 따라 이루어져야 하며, 집행단계는 작전적 전문성을 가진 군이 책임과 권한을 지는 방식으로 해야 하는 것이다. 그래야만 전략에 토대를 둔 무기체계 획득을 할 수 있게 되는 것이다. 현재 우리 군의 무기체계 획득은 무기체계를 도입하고 전략을 거기에 끼워 맞추는 식이다. 이것은 반드시 바뀌어져야만 한다. 즉 각 군 간의 나눠 먹기식 무기체계 획득을 지양하고 명확하게 수립된 전략의 우선순위에 따른 무기체계 획득으로 바뀌어져야만 하는 것이다.

## :: 무기체계 획득 조직구조의 개혁

우리 군을 현대화하기 위한 획득전략 및 과정에 있어서의 근본적인 변화들은 관리하는 업무의 본질에 큰 영향을 줄 것이며, 합참 및 국방부 획득실이 이러한 기능들을 적절히 수행하기 위해 어떻게 새롭게 조직되어져야 하는지를 자연스럽게 가르쳐 준다.

여기에서는 획득전략 및 과정을 적절히 집행하고 관리하기 위해서 합참 및 국방부 획득실에서 반드시 제공해야 하는 몇 가지 기능적인 관계들을 조사할 것이다. 하지만 합참 및 국방부 획득실을 위한 어떤 완전하

---

9 해외로부터 도입되는 무기체계의 경우, 품목수 기준으로는 72% 이상, 주요 분야의 경우에는 80% 이상을 차지하고 있다.

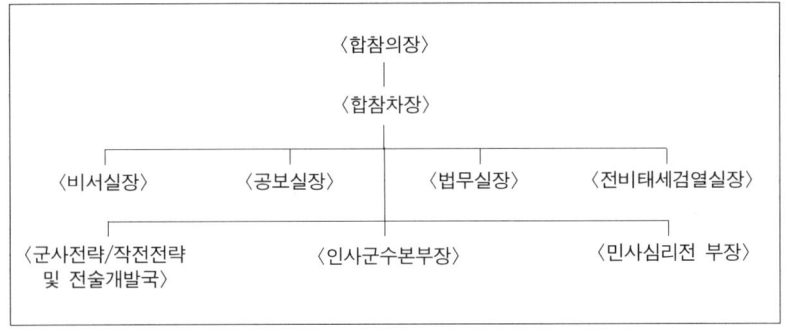

〈합참의장〉

〈합참차장〉

〈비서실장〉　　　〈공보실장〉　　　〈법무실장〉　　　〈전비태세검열실장〉

〈군사전략/작전전략
및 전술개발국〉　　　　　〈인사군수본부장〉　　　　　〈민사심리전 부장〉

〈그림 5〉 **새로운 합참의 조직구조**

고 새로운 조직을 규정하거나, 혹은 이러한 특별한 기능들이 어떻게 전 조직에 적합한지를 입증하지는 않을 것이다.

## 1. 합참조직의 개혁

합참의 주요기능은 군사전략을 수립, 발전시키고, 군사력 건설 소요제기 및 결정, 그리고 군사력 운용에 관련된 업무를 수행하고 있다. 그 임무는 군령에 관하여 국방부 장관을 보좌하며, 국방부 장관의 명을 받아 전투를 주 임무로 하는 각 군의 작전부대를 지휘, 감독하고, 합동작전 수행을 위하여 설치된 합동부대를 지휘, 감독하여 합동 및 연합작전 등을 수행한다.[10]

합참이 수행하는 이런 중요한 기능과 임무를 고려할 때, 합동작전을 극대화할 수 있는 무기체계를 획득하기 위해서는 현재의 합참 조직 내에 〈군사전략/작전전략 및 전술개발국〉을 따로 신설하는 것이 필요하다. 물론 현재 합참 내에는 군사전략, 작전전략 그리고 전술개발을 하기 위해 구성된 기관들이 있다. 하지만 정보본부, 작전본부, 전략기획, 지휘통신

---

10 합동참모본부(2003), http://www/jcs/go.kr/index2.html.

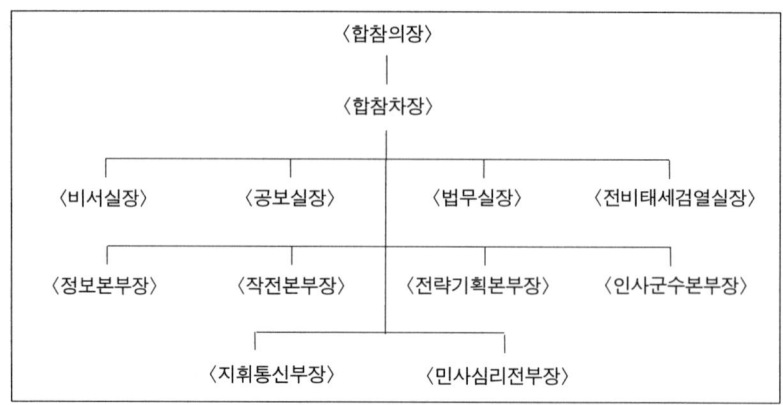

〈그림 6〉 현재 합참의 조직구조

출처: 합동참모본부(2003), 조직/편성, http://www.jcs.go.kr/index2.html.

부를 합쳐 〈군사전략/작전전략 및 전술개발국〉의 명칭을 가진 단일부서로 재편성하는 것이 더 바람직하다. 이렇게 함으로써 불필요한 인력, 특히 장성계급의 인플레 현상을 방지할 수도 있는 것이다.

## 2. 국방부 획득실 조직의 개혁

현재 국방부 획득실 내의 기관들은 획득실장, 획득정책관, 군수관리관, 연구개발관으로 조직되어 있다(〈그림 7〉을 참조).

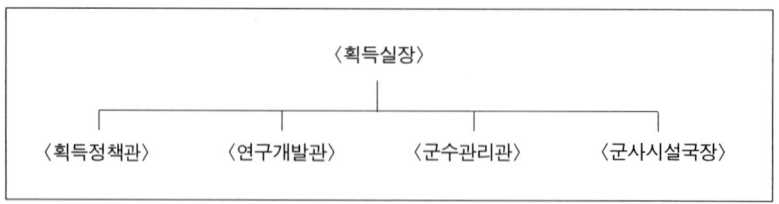

〈그림 7〉 현재 국방부 획득실의 조직구조

출처: 국방부(2003), 조직과 업무, www.mnd.go.kr.

국방부 획득실에서 수행하는 다섯 가지 주요한 활동들을 살펴보면 다음과 같다.

- ○ 새로운 무기체계의 기술을 찾아낸다.
- ○ 선택된 무기체계 기술의 총체적 체계와 하위체계를 입증한다.
- ○ 새로운 체계개념과 새로운 운용개념들을 수립하고 정의하는데 참여한다.
- ○ 무기체계 획득과정을 총체적으로 관리한다.
- ○ 군의 현대화를 위한 무기체계 획득에 관련된 전반적인 문제들에 관해 국방부 장관에게 자문을 수행한다.

이러한 활동들에 기초하여 현재 국방부 획득실은 아래에서 논의되는 것과 같은 새로운 조직으로 바뀌는 것이 바람직하다. 이러한 활동들을 묘사하는 일련의 기능과 관계들은 〈그림 8〉과 〈그림 9〉에 잘 나타나 있다.

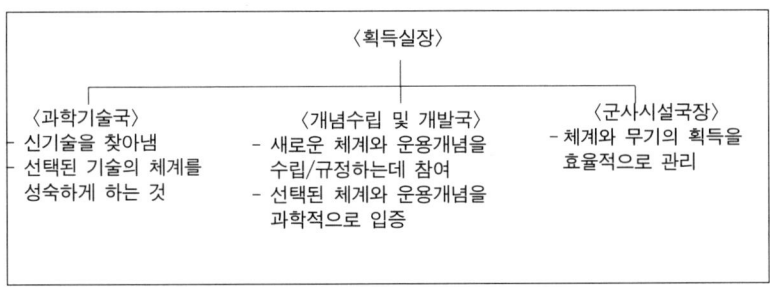

〈그림 8〉 새로운 국방부 획득실 조직구조(1)

〈과학기술국〉은 새로운 무기체계의 기술을 찾아내고 발전시키는 것이외에도, 〈개념수립 및 개발국〉에서 식별한 무기체계의 기술을 성숙화시키는 데도 책임을 진다.

〈개념수립 및 개발국〉은 각각의 임무분야와 다중적인 임무분야에 걸쳐 개념들을 수립, 평가, 정의하는 특권을 가진다. 다시 말해서 획득실 내의 국들 가운데 최고의 권위를 가진다는 것을 의미한다. 그러한 특권은 체계개념 및 입증 그리고 작전개념들을 포함한다. 따라서 〈개념수립 및 개발국〉은 〈그림 8〉에서 보이는 것처럼 이러한 이중적인 책임을 가지고 있는 것이다.

〈작전개념부〉는 임무분야에 의해 조직화되는 반면에, 〈체계개념 및 입증부〉는 광범위한 체계범주에 의해 조직화되는 것이다. 〈체계개념 및 입증부〉는 현재 국방연구원의 〈무기체계 연구실〉을 그대로 옮겨와도 사실 무방하다(실제로 국방연구원의 〈무기체계 연구실〉은 효율적인 업무수행을 위해 국방부 획득실로 옮기는 것이 더 바람직하다). 각 부서는 군의 능력을 통합하고, 그들을 더 효과적으로 만들기 위한 새로운 방법들을 지속적으로 탐색하고 평가해야 할 것이다.

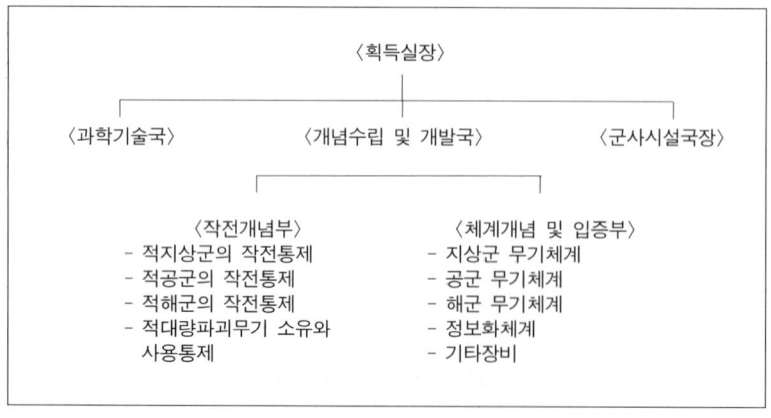

〈그림 9〉 **새로운 국방부 획득실 조직구조(2)**

미래의 군사력 소요를 충족시키기 위한 새로운 방법을 제시하기 위해서는 작전가와 개발자(방위산업체 포함) 간에 컨소시엄consortium을 구성하여 개념수립 업무를 수행하는 것이 가장 효율적이고 효과적이다.

개념선택 집단은 기술적으로 가능한 것이 무엇인지 잘 아는 기술자들과 작전적으로 유용한 것이 무엇인지 잘 아는 작전가들 사이의 상호작용적인 파트너십partnership으로 구성되어져야 한다. 물론 작전가들이 이러한 집단을 이끄는 주된 책임을 맡아야 할 것이다. 각 군의 야전사령부로부터 차출된 작전가들과 국방과학연구소 및 방위산업체로부터 차출된 개발수립자, 작전개념에서의 각각의 기능적인 분야에 적합한 과학자, 기술자 그리고 규정된 개념에 대해 가능한 역대응countermeasures을 찾아낼 수 있는 전문가들로 구성된 개념선택 집단은 무기체계 획득에 있어 최상의 결과를 산출하게 될 것이다.

〈획득실장〉은 〈과학기술국〉에 기술적인 성숙에 관련된 과학기술 로드맵roadmap을 계획하고 지원하는 업무를 맡길 수가 있다. 보다 더 기술적으로 성숙한 개념에 대해서 각 국은 기술적인 실행가능성, 작전적 실행가능성 그리고 개념적 성숙성을 평가하기 위한 부차적인 공학연구, 특히 교리, 지휘, 통제, 통신 등과 같은 이슈들을 입증하는 역할을 수행할 수도 있을 것이다.

〈작전개념부〉는 선택된 개념들에 대한 상세하고 세부적인 '목표 대 목표' 기획을 수행하고, 더 상세하게 숫자를 평가하고, 설계와 지원의 문제, 즉 합동지휘 및 군수지원과 같은 요소를 고려하는 역할을 수행하는데 주된 책임을 진다.

〈체계개념 수립 및 입증부〉는 어떤 구체적인 임무나 업무를 성취하는데 있어 필요한 새로운 디자인이나 개념의 유용성을 탐색하고, 또한 몇 가지 통합된 기술의 특별한 적용을 입증할 수 있도록 하는 데 주된 책임을 진다.

마지막으로 국방기관이란 것은 원래 국방조직에 대한 큰 효율성을 가져오기 위해 만들어지는 것이다. 따라서 과도한 능력을 제거하고, 가장 모범사례적인 해결책을 선택하고 그리고 규모의 경제를 실현하는 것, 바로 이것이 조직개혁의 핵심인 것이다.

## :: 결 론

지금까지 제시된 개략적인 개혁내용의 핵심사항을 요약해보면 다음과 같다. 현재 우리 군의 무기체계 획득전략 및 과정은 다음과 같이 바뀌어져야 한다.

- 국방부 및 합참(소요제기): 안보전략, 군사전략, 작전전략, 전장전략의 개념을 도출한다.
- 육군, 해군, 공군, 국방과학연구소, 방위산업체 등으로부터 차출된 사업팀(개념정립): 작전적으로 가능하고 기술적으로 이용 가능한 무기체계의 다수 개념을 도출한다.
- 국방부 획득실(소요결정): 가용예산과 우선순위에 토대를 둔 소요를 결정한다.
- 육군, 해군, 공군(획득집행): 무기체계 획득을 집행한다.

이렇게 되어야만 전략에 토대를 둔 무기체계 획득을 할 수 있게 된다. 현재 우리 군의 무기체계 획득은 무기체계를 도입하고 전략을 그것에 끼워 맞추는 식으로 되어 있는데, 이것은 빠른 시일 내에 바뀌어져야 한다.

획득전략 및 과정에 있어서의 근본적인 변화는 관리해야 할 업무의 본질을 변화시킬 것이며, 어떻게 국방부, 합참, 각 군, 방위산업체들이 이러한 기능을 수행하기 위해 조직되어져야 하는지를 가르쳐 준다. 다음의 기능적인 책임을 포함하는 획득조직이 미래를 대비하는 군 현대화 과정에 필요하다.

○ 합참 내에 군사전략, 작전전략 및 전술개발국 신설: 군사전략, 작전전략 그리고 전술을 개발하는 책임을 진다.
○ 국방부 획득실에 과학기술국 신설: 새로운 무기체계의 기술을 찾아내는 책임을 진다. 우리 군의 작전현실에 부합하는 무기체계의 기술을 선정하는 능력이 핵심이 된다.
○ 국방부 획득실에 무기체계 개념수립과 개발국 신설: 각각의 업무 분야에서 무기체계 개념을 수립, 평가하고 규정하는 권한을 가진다.
○ 국방부 획득실에 획득국 신설: 무기체계의 획득을 궁극적으로 감시, 통제하는 책임을 진다.

이처럼 기능에 관해 먼저 생각하고 조직에 관해 생각하는 것은 현재 우리 군의 획득체계처럼 조직에 관해 먼저 생각하고 획득관련 조직들의 요구와 바람을 충족시키는 기능을 규정하는 것보다 더 합리적인 사고이다.

이러한 개혁적인 내용은 획득개혁을 둘러싼 청와대, 국방부, 합참, 각 군, 방위산업체들의 이해관계 때문에 실제 경험적인 획득현실에 곧바로 적용하여 실행하는 데에는 다소 위험이 따르는 접근이 될 수도 있을 것이다. 하지만 현재 우리 군의 무기체계 획득을 둘러싸고 파생되는 다양한 문제들 - 비용초과, 성능저하, 도입지연 등 - 을 개선하는 데 상당한 도움을 줄 수 있을 것이다.

이와 더불어 육·해·공군대학, 참모대학, 그리고 국방대학교 관리대학원에서 국방획득관리defense acquisition management를 공부하고 있는 인력들에게 유익한 정보, 특히 획득개혁을 새로운 시각으로 조망할 수 있는 기회를 제공해 줄 수 있을 것이며, 또한 현재 추진되고 있는 국방개혁defense reform의 주요 참고자료로, 특히 획득개혁의 대상으로 무엇을 포함시키고, 제외할 것인가를 구체적으로 파악하는 데 많은 도움을 줄 수 있을 것이다.

# 제2장
## 국방획득체계 개혁상의 문제점 분석 및 개혁을 위한 합리적 대안 모색

국방획득체계defense acquisition system는 국가안보적 위협에 대처하기 위해 군에 의해 사용되어지는 무기체계, 정보기술체계 그리고 기타 장비의 획득을 위한 프레임워크framework를 제공한다. 우리 군은 이러한 국방획득체계를 통해 매년 다양한 획득 프로그램들을 수립, 집행해 오고 있다. 그러나 획득체계 비용의 초과, 무기체계의 도입지연과 성능결함 등의 문제들을 주기적으로 발생시키고 있다.

이런 문제들을 개선하기 위해 지금까지 다양한 개혁조치들이 시행되어져 왔지만, 그럼에도 불구하고 여전히 무기체계의 획득 비용이 너무 과도하게 소모되고, 무기체계를 야전에 배치시키는데 너무 오래 걸리고, 또한 기대한 것만큼 무기체계의 성능도 좋지 않은 문제점들은 제대로 해소되지 못하고 있는 실정에 있다.

최근에는 국방획득 프로그램의 집행과정에서 발생되는 이러한 낭비와 비효율의 문제들을 철저히 감시하겠다고 시민단체 - 군수비리추방협의회(군추련) - 까지 생겨나게 되었다.[1] 그러나 이런 시민단체가 낭비와 비효율 뒤에 숨어 있는 국방획득체계의 실제적인 문제들 - 준비태세, 무기체계의 성능 그리고 비용·효과성 - 을 제대로 밝혀낼지는 미지수이다.

---

[1] 이에 대한 언론의 보도내용에 대해서는, 「한국일보」, 2000년 7월 11일자를 참조.

지금까지 국방부 주도로 수립, 집행돼온 획득개혁 조치들은 "더 싸게", "더 빨리", "더 좋은"[2] 무기체계를 획득하는 방향으로 개혁을 하지 못했다. 왜 그랬을까? 이에 대한 답은 크게 두 가지로 유추해 볼 수 있을 것이다. 그 가운데 하나는 획득과정을 둘러싸고 발생되는 행위자들 간의 이해관계가 얽히고 섥켜 있기 때문에 개혁을 하더라도 서로에게 큰 피해를 주지 않는 방향으로 갈 수 있는 아주 손쉬운 해결책만을 찾아 실행하였거나, 아니면 획득과정에서 발생되는 실제문제들의 원인을 제대로 규명하지 못했거나, 이들 두 가지 이유 가운데 하나일 것이다.

　이유가 무엇이든지 간에 한 가지 분명한 것은 획득체계의 운용과정에서 파생되는 다양한 문제들을 해결하기 위한 대안은 분명 과거와는 다른 방법으로 찾아내어야 하고 또한 다른 방식으로 분석되어져야만 한다는 것이다. 이를 통해서만 우리는 국방획득체계의 패러다임(일을 수행하는 방법)을 바꾸는 진정한 의미의 개혁을 할 수가 있기 때문이다.

　본 장의 목적은 우리 군의 국방획득체계 개혁상의 문제점들을 분석하고, 이러한 문제들을 해결하는 데 도움이 될 수 있는 적절한 대안을 모색하는 데 있다.

　문제해결을 위한 효과적인 대안들을 제시하기 전에 어떤 문제의 이론적 평가는 상당히 중요하다. 왜냐하면 이론적 틀 내에서 현재 우리 군의 국방획득체계를 고찰하는 것은 획득과정상의 결함을 우리가 제대로 이해하는 데 도움을 주고, 획득과정을 움직이는 투입물들inputs과 그러한 과정의 산출물들(outputs: 비용초과, 무기체계의 성능결함 및 도입지연 등)에 관한 이해를 촉진시킬 수 있기 때문이다.

　시스템적 사고의 분석틀analytical framework을 가지고 우리 군의 획득체계를 살펴보게 되면, 우리는 획득과정을 변화시키고 지금까지의 산출물들

---

2 더 싸게(cheaper), 더 빨리(faster), 더 좋은(better)이라는 슬로건(slogan)은 영국과 미국 등의 국방획득개혁에서 주로 사용되는 표현이다.

을 변화시키기 위해서는, 그러한 결과를 산출한 획득과정에 대한 투입물들을 찾아내어야만 한다는 것을 잘 알 수 있을 것이다(《그림 1》을 참조). 투입물들을 정확히 찾아냄으로써만이 획득과정이 명백하게 분석되어질 수 있고, 그것의 논리적 근거(근본적인 원인)의 완전한 이해가 이루어질 수 있기 때문이다. 산출물들을 만들어내는 투입물들을 분석, 평가하여 문제의 원인이 무엇인지 밝혀내고 해결을 위한 대안을 제시함이 없이는 획득과정은 절대로 변화하지 않는다. 왜냐하면 적어도 이론상으로 볼 때 그것이 시스템system의 본질이기 때문이다.

## :: 국방획득체계의 목표

국방획득체계를 통해 우리 군이 진정으로 달성하려고 하는 목표는 무엇인가? 아마 달성하고자 하는 목표들은 무수히 많겠지만, 이 가운데 몇 가지 핵심적인 요소들만 지적해 보면 다음과 같다.

### ■ 성능우위
적이 보유한 것보다 성능이 뛰어난 무기체계를 획득하려는 욕망은 크게 두 가지 원천에서 제기되어진다. 첫째, 적으로부터의 특별한 위협에 대처할 수 있도록 전략적 대응력과 전술적 기민성을 강화시키기 위한 욕망, 둘째, 잠재적인 적들에 대한 전장에서의 우위를 달성하는 데 필요한 무기체계를 획득하려는 소요군의 일반적인 욕망에서 비롯된다.

### ■ 비용절감
무기체계의 획득비용이 적게 들면 들수록 양적으로 더 많은 무기체계를 획득할 수 있고, 또한 후속 군수지원을 위한 비용, 특히 부품이나 기타 장비를 도입하는 비용을 마련하는 데도 요긴하게 사용할 수도 있다. 따라서 비용절감은 제한된 국방재원의 맥락에서 볼 때 매우 중요한 목표라 할 수 있다.

### ■ 획득주기의 단축

군이 작전을 위해 보유할 만한 가치가 있는 무기체계는 즉시 획득하는 것이 군사전략적 가치를 증대시킨다. 획득주기가 길면 길수록 무기체계의 비용은 증가하기 마련이다. 획득주기 그 자체가 바로 "돈"인 것이다. 사실 지금까지 우리 군의 획득경험으로 보건대 획득주기가 길다고 해서 합리적 의사결정을 할 수 있는 것도 아니다. 예컨대 기종결정에만 10여 년이 소모된 KFP 사업을 보더라도 이러한 사실을 잘 알 수 있을 것이다.

### ■ 위험의 감소

획득과정에서 구체적인 획득 프로그램의 불안정성을 감소시킬 수 있는 능력을 구축하여 무엇인가 잘못될 수 있는 가능성을 감소시킨다. 이것은 급작스럽게 주계약업체를 변경하거나, 혹은 무기체계의 기종을 변경하는 위험을 방지하기 위해서 꼭 필요한 목표라 할 수 있다.

### ■ 통제의 강화

대통령 및 국회 국방위원회 위원들이 획득과정에서 일어날 수 있는 문제들에 대해 적절한 주의 혹은 경고를 하고, 문제를 개선시키기 위해서 의사결정과정에 개입하는 수단을 가질 수 있도록 허용하는 것이다.

### ■ 통합과 상호운용성의 증대

특정의 단일군(예: 공군)에 의한 무기체계의 획득은 반드시 타군들(예: 육군과 해군)의 무기체계와 군사·기술적으로 상호작용할 수 있어야 한다. 이것은 3군 간의 통합전력을 극대화하기 위해서, 그리고 무기체계의 획득시 각 군 간의 중복투자를 방지하기 위한 예산의 효율적 사용을 위해서도 절대적으로 필요한 목표이다.

## ■ 국내방위산업의 육성

국내방위산업의 사업성을 지속적으로 보장하고, 미래에 필요한 무기체계와 장비를 생산할 수 있는 토대를 국내 방위산업체들이 갖출 수 있도록 보장하는 것이다.

## ■ 공평성, 투명성 그리고 정당성의 확보

국방획득 의사결정과정에 참여하는 행위자들 모두는 공평하게 취급되어져야 한다(공평성). 또한 국방획득사업은 그 본질상 국가의 주요한 공공정책 프로그램이기 때문에 그 의사결정과정이 투명하게 진행되어야 하며(투명성), 그리고 모든 결정과 절차는 관련 이해관계자들 뿐만 아니라 납세자들과 그들의 대표기관인 국회에 의해 획득사업의 정당성이 분명히 보장되어져야만 한다(정당성).

## ■ 사회경제적인 파급효과의 증대

국방획득은 사회경제적인 파급효과(예: 민군겸용 기술개발 및 기술이전)가 큰, 즉 국가이익을 극대화할 수 있는 방향으로 이루어져야 한다.

우리 군이 국방획득체계를 통해 달성하려는 주요한 목표들은 위에서 언급한 9가지 요소들이 대표적이라 할 수 있다. 그러나 국방획득체계는 그 본질상 서로 경쟁하며 가끔씩 모순적인 이런 목표들 사이의 상충 trade-off을 획득과정에서 보이게 된다. 왜냐하면 획득과정에 참여하는 행위자들은 국방획득체계가 상정하고 있는 위의 목표들 가운데 한두 가지만을 우선순위로 설정하여 그 목표만을 달성하려는 개인적 이해를 가지고 있기 때문이다.

## :: 국방획득과정에 참여하는 행위자들의 목표

그렇다면 획득과정에 참여하는 행위자들이 가장 가치를 두는 목표, 혹은 우선순위는 무엇인가? 물론 이러한 가치는 매우 주관적이고, 또한 각 행위자들이 그것을 엄밀하게 정의하여 외부적으로 표출하는 것이 쉽지는 않을 것이다. 획득과정에 참여하는 행위자들이 가장 가치를 두는 목표는 다음과 같다.

■국방부

획득과정에서 발생할 수 있는 위험 − 무기체계의 비용초과, 성능결함, 도입지연 − 을 가능한 한 최소화하고, 모든 획득프로그램들이 소요제기와 결정시 수립된 목표달성을 향해 올바로 나아가도록 하는데 있다.

■합 참

육·해·공군 간의 통합전력을 극대화할 수 있는 상호 운용능력이 뛰어난 무기체계를 획득하는 데 주된 관심이 있다.

■국방부 획득실(사업관리자들)

사업관리자들의 최고 가치는 획득사업을 효율성(비용), 효과성(목표달성) 그리고 책임성(국가이익)의 맥락에서 성공적으로 관리하는 데 있다. 획득사업의 성공과 실패여부는 그들의 명성과 불명예, 그리고 진급 등에 지대한 영향을 미칠 수 있을 것이다. 바로 이러한 이유 때문에 특정 무기체계의 경우, 그 타당성(효율성과 효과성)에 대한 논란이 있는 데도 불구하고 사업관리자들은 그 사업이 계속 살아남도록 하기 위해 필사적으로 노력하는 것이다. 육군의 공격용 헬기사업, 해군의 209개량형 잠수함사업, 공군의 CN-235 중형수송기 사업 등에서 소요군의 사업관리자들과 국방부 획득실의 사업관리자들이 보여주는 행태는 대표적 사례들이라 할 수 있다.

### ■ 소요군(육·해·공군)

소요군의 최고가치는 작전요구성능ROC을 충족시키는 무기체계를 그들이 원하는 시기에 획득하는 데 있다. 소요군에게 있어 획득비용acquisition cost이나 기술이전technology transfer과 같은 요소들은 사실 획득과정에서 부차적인 문제들일 뿐이다. 왜냐하면 이들 문제들은 무기체계를 야전에서 실제 사용했을 때, 무기체계가 제대로 성능발휘를 못해 군사전략적 효용가치를 인정받지 못한다면 아무 소용이 없기 때문이다.

### ■ 국 회(정치인들)

획득프로그램에 투입되는 예산이 효율적으로 사용되고 있는가(효율성의 관점), 소요군의 작전요구를 충족시킬 뿐만 아니라(효과성의 관점), 사회경제적 파급효과(예: 기술이전을 통한 기술개발능력 향상)와 같은 국가이익을 극대화할 수 있는 무기체계를 도입했는가(책임성의 관점)와 같은 문제에 관심을 기울인다.

### ■ 방위산업체

획득과정에서 방위산업체들이 표명하는 최고의 가치는 두말할 나위 없이 그들의 이윤을 극대화하는 데 있다. 특히 이들은 각종 획득프로그램에 참여하여 가급적 많은 이윤을 남김으로써 그들 방위산업체의 기반을 지속적으로 유지하는 데 지대한 관심을 가지고 있다. 바로 이러한 이유들 때문에 방위산업체들은 가급적 국회나 감사원, 국방부나 소요군으로부터의 경영간섭을 최소화하는 데 지대한 관심을 가지게 된다.

이처럼 획득과정에 참여하는 행위자들은 국방획득체계가 상정한 목표들 가운데 대략 1~2개에만 최우선적 가치(개인적 이익 극대화의 믿음)를 두기 때문에, 그리고 이들 행위자들이 가진 바로 이러한 상이한 가치들 때문에 국방획득체계를 개혁한다는 것은 이들 행위자들에게 있어서 그들이 가장 소중히 여기는 장기적인 가치를 가능한 한 크게 만드는 방향으로 재설계되기를 원하는 문제와 같은 것이라 할 수 있다. 만약 그들이 원하는 방향으로 획득체계의 개혁이 이루어지지 않아 조금이라도 그들의 이익을 증진시키는 데 실패했다고 느낀다면 아마 책상을 뒤집어 버리고 개혁에 적극적으로 반대하거나 획득개혁에 문제가 있다고 떠들어댈 것이다.

## :: 국방획득체계 개혁상의 문제점 분석

사실 획득개혁이란 것은 마치 장님이 코끼리를 만지는 것과 같은 문제를 드러낼 수밖에 없다. 각 행위자들은 그들이 만지는 가장 가까운 부분(가치)으로 전체를 특징지어 버리는 행태를 주로 보이기 때문이다. 예를 들면 방위산업체의 경우, 획득체계의 개혁이 그들에게 더 많은 이윤을 보장해주고, 가급적 외부(예: 국방부와 정치권)로부터의 경영통제와 간섭을 최소화시키는 방향으로 이루어지기를 갈망할 것이다. 반면 국회의 경우, 획득체계의 감시를 좀 더 투명하게 잘하고 비용손실을 막는 제도적 장치를 강화하는 방향으로 개혁이 이루어지기를 원할 것이다. 소요군의 경우에는 그들이 원하는 무기체계를 빨리 도입해서 작전능력을 강화시키는 방향으로 획득개혁이 이루어지기를 갈구할 것이다.

이처럼 획득체계를 개혁하는 의사결정이란 것은 매우 어려운 선택의 문제인 것이다. 이것이냐 저것이냐의 양자택일의 이분법적인 선택의 문제가 아닌 것이다. 획득과정에 참여하는 행위자들의 가치 가운데 어느 한 가지에 강조점을 두어 개혁정책을 수립하다 보면 자연히 나머지 가치들의 요소는 약화되게 마련이다. 반면에 이들 행위자 모두에게 혜택을 주는 방향으로 초점을 맞추다 보면, 과거와 다름없이 무기체계의 질이 낮거나 획득비용이 올라가거나, 어쩌면 두 가지 경우 모두가 일어날 수가 있을 것이다.

만약 획득체계의 개혁이란 것이 이들 행위자들의 이익을 극대화시켜 줄 수 있는 방향으로 나아간다는 보장만 있다면, 이들 행위자 모두는 획득개혁이 필수적이라고 생각할 수도 있을 것이다. 그러나 대부분의 행위자들은 구체적이고 실제적인 부분에서의 획득개혁에는 매우 소극적인 태도를 보이게 된다. 왜 그런가? 획득개혁의 본질은 바로 바람직한 목표들 사이의 이율배반에 있다는 것을 이들 행위자들은 본능적으로 잘 알고 있기 때문이다. 이율배반이 존재한다는 사실은 획득개혁을 통한 변화란 것이 절대로 공짜로 얻을 수 없다는 것을 의미한다. 개혁이란 것은 항상 여러 가지 범주의 해결하기 어려운 문제를 제공하기 마련이다. 여기에는 다음과 같은 것들이 포함된다. 비용과 이익의 측정문제, 행위자들의 심리파악문제, 선택을 잘못했을 경우의 문제, 그리고 시간과 관련된 문제 등이다.

획득체계의 개혁이란 것이 그 본질상 바람직한 목표들 사이의 이율배반을 포함하기 때문에 그것이 주기적으로 반복하는 경향을 보일 수밖에 없는데 이것은 지금까지 우리가 경험한 획득체계의 개혁 역사를 보면 그리 놀라운 사실은 아닌 것이다. 만약 우리가 비용과 가치(이익)를 완전하고 정확하게 측정할 수만 있다면 거의 모든 상황에서 현명한 개혁을 해 나갈 수 있을 것이다. 그러나 그렇게 하는 것은 단지 이상형ideal-type의 목표일 뿐이다.

이러한 맥락에서 볼 때, 필자는 획득체계를 개혁하는 데 있어 지금까지 우리 군이 보여준 노력들은 - 획득절차를 줄이고, 획득관리규정을 바꾸고, 그리고 전문화된 획득조직(획득실)을 창설하는 것 등 - 나름대로의 가치는 있겠지만 효과는 그다지 크지는 않을 것이라 생각한다. 왜냐하면 또다시 이율배반이 일어날 것이며, 시간이 흐르면 또 다른 개혁을 불러오기 때문이다. 모든 개혁의 본질은 비용과 가치의 끊임없는 긴장관계에 있는 것이다. 이를 좀 더 구체적으로 살펴보자.

첫째, 앞에서 살펴본 것처럼, 국방획득체계의 목표들 사이의 상충관계는 항상 논쟁이 될 수밖에 없는 속성을 가지게 된다. 왜? 획득체계의 개혁을 통한 변화의 효험성과 타당성은 보통 불확실한 반면에, 개혁에 수반되는 정치적 비용political cost은 너무나 명백하게 드러나기 때문이다. 따라서 개혁을 하는 데 있어 발생되는 수많은 문제들은 사실 개혁을 통한 변화를 극도로 두려워하는 행위자들의 문화와 태도로부터 유래하는 것이 일반적이다.

둘째, 말이 아닌 실제의 개혁조치는 정치적 비용을 필요로 한다. 왜냐하면 개혁 그 자체는 항상 상충관계를 요구하기 때문이다. 따라서 개혁 때문에 피해를 보는 행위자들은 반드시 정치적으로 설득되어져야만 한다. 포기해야 하는 것이 얻는 것보다 더 가치가 있는가, 없는가? 사실이러한 질문은 그 본질상 막대한 정치자본의 투자를 요구하게 한다. 그러나 문제는 어떤 행정부도 이러한 방법을 사용하는 데 필요한 정치자본을 충분히 갖고 있지 못하다는 데 있다. 따라서 값싸게 개혁을 달성하는 방법은 없다는 것을 잘 알면서도, 정작 개혁을 할 때면 정치적 비용이낮은 방법을 선호할 수밖에 없는 것이다.

셋째, 국방부는 획득체계의 개혁에 수반되는 모든 정치적 비용을 포함하여 실질적인 개혁 그 자체도 그들의 눈에는 그렇게 매력적으로 보이지않으며, 오히려 불필요한 것으로 생각한다. 그런 까닭에 의도적이든 그렇지 못하든 간에 국방부는 단순히 수사적인 단계에 멈추어 서서 획득체계의 개혁에 대해 무엇을 할 것인가만을 국민들에게 앵무새처럼 반복적으로 말하는 것이다. 개혁에 대한 여론 때문에, 새로운 행정부가 들어설 때마다 국방획득체계의 개혁에 대해 무엇이든 국민들에게 보여주어야만 하는데, 이렇게 하는 데 있어 가장 정치적 비용이 낮으면서도 가장 효과적인 도구가 바로 정치적 수사이기 때문이다. 이렇게 본다면 개혁에 대한 정치적 비용 때문에 국방부는 적극적인 개혁단계로는 결코 움직이지 않을 것으로 예상할 수 있게 되는 것이다. 그러나 문제는 정치적 비용이 낮은 개혁은 효과도 그리 크지 않다는 데 있다.

바로 이러한 이유 때문에 필자는 군 최고 통수권자인 대통령이 국가의 공공정책상의 최고 우선순위로 국방획득체계의 개혁을 상정하여 실제로 책임감을 가지고 개혁을 주도적으로 집행하지 않는 한, 결코 획득체계의 개혁은 이루어지지 않을 것이라고 생각한다. 왜냐하면 개혁을 어디서부터 시작하고 개혁에 수반되는 정치적 비용을 얼마나 사용할 것인지를 궁극적으로 결정할 사람은 대통령밖에 없기 때문이다. 만약 대통령이 적극적으로 획득체계의 개혁에 나서지 않는다면, 그러한 개혁은 아주 낮은 비용수준에서만 이루어질 것이다. 따라서 과거처럼 국방부가 주체가 된 개혁의 효과는 지극히 낮을 수밖에 없을 것이며, 다람쥐 쳇바퀴 돌 듯 극히 낮은 효과만을 가진 개혁조처만 주기적으로 반복되어질 것이다. 이것은 지금까지 우리가 충분히 경험한 것이다.

이러한 맥락에서 볼 때, 군 최고 통수권자인 대통령이 주체가 되어 획득체계의 개혁에 적극적으로 나서야 하는 것이다. 개혁과정에서 대통령이 가장 초점을 두어야 하는 것은 바로 획득문화acquisition culture를 새롭게 정립하는 것이다. 새롭게 정립된 획득문화의 토대 하에서 대통령은 국방부장관이 아닌, 국방부 획득실장 및 그 산하의 사업관리자들에게 획득프로그램들을 독자적으로 수립, 집행할 수 있는 권한과 책임을 부여해야 하는 것이다. 이렇게 했을 때만이 진정한 의미의 국방획득체계의 개혁을 할 수가 있는 것이다. 그렇다면 획득체계의 개혁을 어떤 식으로 해야 하는가를 다음 장에서 자세히 살펴보기로 하자.

## :: 국방획득체계의 개혁을 위한 합리적 대안 모색

획득체계를 개혁하기 위해서는, 우선 획득체계가 어떻게 작동하는가를 제대로 이해해야만 한다. 이를 위해서 우리는 데이비드 이스톤David Easton의 정치체계의 단순모델을 응용한 획득체계 모델을 그려보기로 한다.

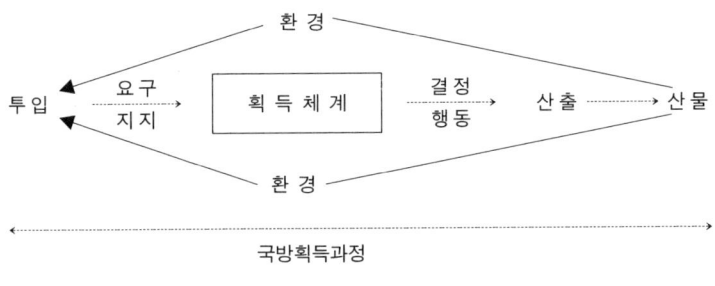

〈그림 1〉 **국방획득체계모델**

단순 체계모델은 어떤 투입물이 들어가면 분명히 예측할 수 있는 어떤 산출물이 나와야 한다는 것을 가정한다. 특히 획득과정에 외부적 간섭이나 방해요인만 없다면 똑같은 투입물은 똑같은 산출물을 지속적으로 만들어 내게 된다. 예를 들면 A(B)라는 투입물이 입력된다면 A(B)라는 산출물이 나오게 된다.

이러한 단순 체계모델은 경험적인 국방획득과정에서 실제로 사용된다기보다는 오히려 사후 획득과정을 분석하고 평가하는 데 도움을 주는 접근법이다. 체계, 즉 시스템system의 가장 본질적인 특질은 그것이 상호 작용하는 부분으로 구성되어져 있으며, 그 각 부분은 그 자체의 이해를 가지고 있다는 것이다. 이것이 체계모델의 핵심이며, 획득개혁에 관한 분석에 있어 핵심적인 요소라 할 수 있다.

그렇다면 획득체계에 대한 투입은 무엇인가? 투입은 요구와 지지로 구성되어져 있는데 이 가운데서 요구란 것은 획득체계에 대하여 가치의 권위적 배분을 요구하는 개인 및 집단의 행위를 말하며, 지지란 것은 납세, 즉 국방비를 말한다. 우리가 효율성과 책임성의 목표를 달성하기 위해서는 획득체계에 대한 투입을 평가하고 필요하다면 투입을 변경할 수도 있는 체계로 만드는 것이 필요하다. 만약 이러한 노력들이 실제로 가능해진다면 더 효율적이고 효과적인 획득과정을 이룰 수 있게 된다. 투입요소 중 요구를 구체적으로 살펴보면 다음과 같은 요소로 구성되어져 있다.

## 1. 획득문화

획득문화란 획득과정에 참여하는 행위자들의 행동양식으로 규정할 수 있다. 획득과정에 참여하는 행위자들은 공식적 규칙(개인의 행위와 안정된 질서를 위해 존재하는 규칙: 법규와 규정)과 비공식적 규칙(행위를 직접적으로 통제하는 규칙: 규범과 역할)들, 그리고 그들만의 독특한 가치체계에 따라 정책행위를 하게 된다. 그러한 과정 속에서 다양한 역할과 규칙들이 규정되어지게 된다. 특정한 획득 프로그램의 생존여부는 획득과정에 참여하는 행위자들의 가치체계의 차이로 인해 드러나는 이해관계에 따라 실제로 결정되어지게 된다. 앞에서도 언급하였지만 분석의 편의를 위해 이러한 가치에 대해 다시 한번 더 살펴보면 다음과 같다.

첫째, 군(소요군, 국방부, 합참)은 획득 프로그램이 그들이 수립한 국방·군사정책상의 목표를 달성할 수 있도록 진행되기를 기대한다.

둘째, 계약업체(방산업체)는 방위산업을 계속 유지할 수 있고 또한 이윤도 많이 창출할 수 있는 방향으로 획득 프로그램이 이루어지기를 기대한다.

셋째, 국회(감사원 포함)는 획득 프로그램의 문제점을 발견하고 수정하기를 원하며, 획득 프로그램이 국민의 공공정책적 요구를 충족시키는 방향으로 이루어지기를 기대한다.

넷째, 사업관리자(획득실)는 그들이 집행하는 획득 프로그램이 성공적으로 이루어져 그들의 사업수행능력을 대내외적으로 인정받고, 이로 인해 사업관리자로서의 명성이 유지되기를 기대한다.

이들 행위자들은 바로 이러한 그들만의 독특한 가치를 뚜렷이 표명하면서 획득과정에서 그들의 이러한 이해가 충분히 반영되어지도록 영향력과 권력을 행사하게 된다. 이때 투입물은 획득문화를 비롯한 바로 이런 행위자들의 가치체계들인 것이다. 우리가 만약 획득과정에 참여하는 수많은 행위자들의 가치와 이해관계가 상충된다는 점을 고려한다면, 적어도 이론상으로는 현재 우리 군의 국방획득체계와 그 과정은 이들 행위자 모두의 가치를 반영하면서 이루어지고 있다고 말할 수 있을 것이다. 만약 획득체계에서의 중요한 변화가 일어난다면 이는 필연적으로 이들 행위자들의 가치체계에 영향을 미치게 되기 때문에, 그들은 현재의 획득체계가 급작스럽게 다른 체계로 바뀌게 되는 것을 선호하지는 않을 것이다. 예컨대 획득과정에 참여하는 대부분의 행위자들이 현재의 국방획득체계와 그 과정이 비효율적으로 작동되고 있다고 이구동성으로 말하지만, 그럼에도 불구하고 획득체계가 변하지 않고 남아 있는 근본적인 이유 중의 하나가 바로, 획득체계가 그렇게 만족스럽지는 못하지만 그런대로 그들의 선호를 반영하는 방식으로 작동하고 있기 때문이다.

이러한 맥락에서 볼 때 획득체계에 대한 개혁요구, 그리고 변화는 획득과정에 참여하는 행위자들이 누리고 있는 특별한 이해관계를 극복하는데서 시작되어진다는 것을 잘 알 수 있을 것이다. 즉 엄밀한 의미의 획득개혁은 누가 무어라고 하든지 간에 현재 기득권을 누리고 있는 이들 행위자들에 의해 반드시 지지되어져야만 가능한 것이다. 개혁을 하는 데 있어 이 점을 이해하는 것은 너무나 중요하다.

획득과정에 있어 투입물들은 쉽게 변할 수 없는 속성을 가진다고 볼 수 있다. 왜냐하면 현재 우리 군의 획득과정은 이들 행위자들의 요구를 그런대로 충족시켜주고 있기 때문이다. 실제로 획득과정에 가장 강력한 영향을 끼치는 요인은 바로 정치권력, 특히 대통령의 권력이다. 권력은 제한된 획득자금의 배분에 영향을 끼칠 수 있는 가장 중요한 요인이다. 따라서 누가 권력을 가졌는가가 획득과정, 특히 주계약업체 선정과 무기 체계의 기종결정과정에서 중요한 변수가 되는 것이다. 국방예산 가운데 가장 자유재량적으로 사용할 수 있는 것이 바로 무기나 장비획득에 투입 되는 자금이다. 특히 이 돈은 무기중개상이나 방산업체로부터 암암리에 경제적 후원(?)을 받는 정치인들의 구미를 당기는 것이다. 우리가 획득과 정에서 주요한 행위자로 바로 이러한 정치인들을 포함시키는 것은, 바로 이러한 정치인들과 무기중개상들 및 방산업체들과의 관계 때문이다. 예 산삭감은 이들 행위자들이 제한된 국방예산을 두고 서로 치열한 경쟁을 하게 만든다.

따라서 획득체계를 개혁하기 위해서는 반드시 정치의 역할을 새롭게 재정립해야 하는 것이다. 사실 정치적 영향력을 평가함이 없이는, 현재의 획득과정을 개혁하기 위한 어떠한 시도도 실패할 것임은 불을 보듯 자명 한 것이다. 정치인들, 그리고 국방부 내의 고위 군관료들과 군수뇌부들 (육·해·공군의 참모총장)의 획득과정에의 과도한 개입과 간섭행위(예: 주계약업체 선정이나 무기체계의 기종결정)와 같은 지나친 권력남용 문제를 법적으로 규정하여 개선하지 않는다면, 사실상 획득체계의 진정한 개혁은 절대로 이루어지지 않을 것이다. 왜냐하면 필자가 앞에서 수없이 지적하였지만 획득체계는 그 속성상 투입이 변하지 않으면 시스템 자체가 변하지 않기 때문이다.

규제와 통제, 예산배정, 보고와 승인 등을 수행할 때 행사되는 권력은 획득과정에서 가장 영향력이 있는 투입물들이다. 따라서 효과적인 획득체계의 개혁은 바로 정치와 획득과정 사이의 관계에 있어 근본적인 변화를 요구하는 것이라 할 수 있다. 만약 획득체계의 개혁을 통한 변화가 정치적 측면에서 만들어지지 않는다면, 지금까지 국방부 주도의 획득개혁의 역사를 볼 때 아마도 또 다른 실패를 맛볼 것이다. 정치는 획득게임에 있어 중요한 요인으로서 무시되어질 수 없는 것이다. 결국 이러한 게임의 룰을 바꿀 수 있는 사람은 군 최고통수권자인 대통령 밖에는 없다.

최근의 국방부 주도의 획득체계를 개혁하기 위한 다양한 정책적 조치들을 살펴보면, 주로 무기체계 획득절차를 간소화하고, 비용평가방법을 개선하고, 획득조직을 새로이 창설하고, 획득인력들을 국방대학교에서 전문적으로 교육, 훈련시키는 것들에 주로 초점을 맞추어 왔다. 그러나 이러한 범주의 개혁조치들은 과거와 똑같이 실망스러운 결과를 초래할 것임에 틀림이 없다. 물론 원칙상으로 볼 때, 획득절차를 간소화시키고, 새로운 획득조직을 창설하는 노력들은 획득비용과 획득주기를 개선시키고, 계약관행을 더 효율적으로 만들고, 그리고 경쟁을 촉진시킨다는 장점이 있는 것은 사실이다.

하지만 이러한 개혁조치들이 여전히 획득 프로그램의 성공에 긍정적 영향을 미치는 요인들과 부정적 영향을 미치는 요인들을 제대로 명확히 구분하여 제시된 대안은 아니다. 왜냐하면 획득 프로그램의 성공과 실패 요인을 명쾌하게 식별하는 데 실패하면 항상 문제가 된 이후에 비용과 스케줄에 지속적인 관심사를 초래하게 하는 문제를 발생시키게 되기 때문이다. 비용초과나 스케줄 지연의 문제는 엄밀하게 말해서 정책의 결과

이지 원인이 아닌 것이다.

획득 프로그램들이 성공하는 데 도움이 되는 요소들은 획득요소와 자원요소로 크게 구분해 볼 수 있다. 획득요소들로는 명확하게 정의된 소요, 획득전략, 야전에 배치되었을 때 잘 작동하는 무기체계 그리고 획득 프로그램의 안정성이다. 반면 자원요소들로는, 우수한 획득인력, 사업관리자의 책임과 권한, 팀 개념 그리고 사업관리자의 기술과 같은 요인들을 들 수 있다.

## 2. 획득요소

### ■ 명확하게 정의된 소요

소요란 것은 소요군(육·해·공군)에서 그들의 작전능력을 극대화하는 데 필수적인 무기체계를 공식적으로 묘사한 것을 말한다. 소요를 묘사하는 데 있어 가장 중요한 것은 무기체계의 생산을 지연시키거나, 높은 비용을 초래할 수 있는 과장된 소요를 피하기 위해 노력해야 한다는 것이다. 소요제기시 이보다 더 중요한 것은 없을 것이다. 과거의 경험으로 볼 때, 무기체계의 성능에 결함이 있거나 획득주기가 너무 길어 비용초과를 경험하는 무기체계들은 주로 설계나 생산하는 과정에서 많은 변화, 특히 소요군에 의해 주도되는 변화를 경험한 적이 있는 무기체계들이 대부분이었다는 사실이다. 대표적인 예가 공군의 CN-235 중형수송기 사업이다.

이와 더불어 명확한 소요평가를 하지 못하면 외부적 개입을 자주 불러 일으키게 된다. 과학적이고 합리적인 소요를 하게 되면 외부에서 그러한 소요판단에 대해 시비를 걸지 못하지만 비과학적인 소요제기는 외부에서 간섭하여 무기체계의 기종을 바꾸거나 규모를 축소한다 하더라도 할 말이 없게 된다. 한국의 경우 군수뇌부 및 정치권 등에서 이런 개입을 하는 경우가 많은데 이것이 가능한 이유도 사실 우리군의 소요판단이 과학화되어 있지 못하기 때문이다.

## ■ 획득전략

획득전략은 획득 프로그램의 목표들을 달성하기 위해 마련되어지는 것이다. 그러나 획득전략은 사업관리자가 처한 대내외적 상황과 가용자원에 크게 의존할 수밖에 없는 속성을 가진다. 따라서 사업관리자는 획득 프로그램의 수립과 집행시 자원과 지원이 이용 가능한지를 평가하기 위해 대내외의 환경, 즉 외부의 규제자들과 국방획득관리규정에 의해 획득 프로그램에 주어진 다양한 제약조건들과 부딪히는 어려움 속에서도 획득 프로그램의 목표달성을 위해 노력해야 되는 것이다.

## ■ 야전에 배치되었을 때 잘 작동하는 무기체계

획득 프로그램 성공의 궁극적인 시험과 결정은 획득된 무기나 장비가 야전환경에서 군사작전을 수행하는 데 무리없이 잘 작동되고 작전임무를 제대로 달성하느냐에 달려 있다. 획득이 지연되거나 비용이 초과되는 것은 사실 획득과정에서 빈번하게 일어나는 일시적인 문제이다. 이러한 문제들은 일단 무기체계가 야전에 배치되면 저절로 잊혀지게 된다. 물론 이러한 문제에 대해 전혀 관심을 기울일 필요가 없다는 의미는 아니다. 획득 프로그램을 잘 진행시키기 위해서는 사전에 획득지연이나 비용초과에 관련된 문제들을 적절히 관리해야만 한다. 그러나 소요군의 주된 관심사는 무기체계가 야전에 배치되었을 때 잘 작동되는가이지, 비용이나 획득지연은 사실 부차적인 문제인 것이다.

획득지연이나 비용초과는 아무리 소요제기를 과학적으로 한다 하더라도 발생할 수밖에 없는 문제이다. 미국과 영국의 경험이 이를 증명하고 있다. 따라서 이 문제를 완전히 치유할 수 있는 어떤 이상형의 방법을 찾는데 시간과 비용을 들이기보다는, 오히려 최소와 최대 범위를 설정하여 그 범위 내에서 획득비용과 획득주기를 고려하는 방향으로 사업이 이루어지도록 노력하는 것이 더 바람직하다고 생각한다.

■ 안정성

이동하는 목표물을 정조준하여 맞추기가 어려운 것처럼 사업관리자가 안정성이 결핍된 획득 프로그램을 적절히 관리한다는 것은 정말 어렵다. 소요, 예산 그리고 자원의 변화들은 사실상 획득 프로그램의 기획과 실행을 어렵게 하는 주된 요소들이다. 그렇다 하더라도 사업관리자는 가능한 한 획득 프로그램의 안정성을 유지하기 위해 노력해야 하며, 프로그램의 안정성이 위협받을 때는 적절히 그 변화를 관리해야만 한다. 이를 위해서 사업관리자들은 안정성을 유지하는 데 도움이 될 수 있는 외부지원을 얻을 수 있는 토대를 구축하기 위해 적극적으로 행동해야 한다. 실제로 대부분의 획득 프로그램에서 나타나는 불안정성은 어떤 국가든지 가지고 있는, 그리고 해결하기가 매우 어려운 고질적인 문제이다. 그렇다면 획득프로그램의 안정성을 창출하기 위해 각 군 및 획득실의 사업관리자들은 어떻게 행동하여야 하는가?

첫째, 사업관리자들은 몇 가지 주요한 획득목표들을 명확히 설정해야만 한다. 그것은 바로 소요군의 요구조건과 일치되는 명확한 획득전략이다. 솔직히 현재 국방부 획득실과 각 군의 사업관리자들은 이것을 제대로 하지 못하고 있다.

둘째, 무기체계의 소요제기와 결정시 무기체계의 최대성능과 최소성능의 조건하에 비용, 스케줄, 그리고 성능평가가 수립되어져야만 한다. 이를 위해서는 군작전요구성능ROC의 탄력적 운용이 필수적이다.

셋째, 잘 훈련받고 경험이 풍부한 획득인력이 획득 프로그램의 목표들을 달성하기 위한 사업들에 배치되어져야 한다.

넷째, 어떠한 획득 프로그램이라도 그것이 기존에 설정된 목표를 달성하는 데 실패했다는 명확한 증거가 드러나지 않는 한, 기획단계에서 승인받은 재원은 반드시 제공되어져야만 한다.

다섯째, 사업관리자들은 어떠한 일이 있더라도 획득업무를 완수하기 위한 의무를 반드시 실현해야만 한다. 실제로 획득 프로그램의 안정성은 목적의 불변constancy of purpose과 동일한 개념이다. 효율성, 효과성 그리고 책임성의 목표를 달성하는 데 있어 유일하게 가장 중요한 공헌자는 바로 목적의 불변이다. 가끔 사업관리자가 거의 통제할 수 없는 외부적 요인들(정치권 및 군수뇌부의 개입과 간섭)이 획득 프로그램의 안정적인 추진에 영향을 끼치게 된다. 실제로 이러한 문제는 우리 군의 획득과정에서 한 번도 빠지지 않고 나타나는 고질적인 병폐 중의 하나이다. 그러나 사업관리자들은 이런 어려움 속에서조차도 목적의 불변을 입증할 수 있는 태도를 견지해야만 하는 것이다. 비록 이로 인해 군복을 벗는 한이 있더라도 말이다.

## 3. 자원요소

### ■ 우수한 인력

잘 교육받고 훈련받은 인력은 획득 프로그램의 목표를 달성하는 데 필수적이다. 따라서 획득 프로그램을 집행하는 데 있어 적절한 획득인력 수급의 안정과 지속성이 필요하다고 할 수 있다. 이러한 인력수급은 현재 우리나라처럼 국방부 내의 고위관료들이나 청와대 차원에서 결정하는 것이 아니라, 사업관리자들 스스로 할 수 있도록 권한을 부여해야만 한다. 성공적인 사업관리자들은 재능 있는 인력을 고용하고 개발하는 데 앞장서게 마련이다. 또한 그들을 응집력이 있는 사업팀으로 변형시키는 능력을 가지고 있으며, 획득 프로그램의 목표를 달성하는 데 있어 팀에 동기를 부여하는 역할도 수행할 수 있는 능력 또한 가지고 있다.

## ■ 사업관리자의 책임과 권한

사업관리자는 획득 프로그램의 성공과 실패에 전적으로 책임이 있다. 그러나 앞에서 지적한 것처럼 획득과정에는 사업관리자들의 통제를 넘어서는 많은 외부적인 개입요인들이 있다. 이에 대한 해결책은 사업관리자가 획득 프로그램의 성공을 보장하기 위한 책임과 권한을 전적으로 보장하는 대안을 마련하는 데 있다. 사업관리자가 경력이 쌓이면 진급해서 좀 더 높은 책임을 맡는 것처럼 그런 책임에 상응하는 권한도 주어져야 하는 것이다. 권한은 주어지지 않으면서 문제가 생기면 책임지라는 식의 문제해결방식은 잘못되어도 크게 잘못된 것이다.

## ■ 사업관리자의 전문적 능력과 기술

사업관리자의 전문적 능력과 기술은 획득 프로그램을 성공시킬 수도 있고 실패하게 만들 수도 있는 주된 요인이다. 리더십, 의사소통기술, 관리능력, 그리고 교육의 결합은 매우 중요하다. 사업관리자는 또한 높은 수준에서 획득 프로그램을 위한 지지를 받을 수 있는 능력을 가져야 한다. 팀원들에게 동기를 부여하고, 그리고 목표의 성공적인 달성을 향해 프로그램을 관리할 줄도 알아야 한다. 사업관리자는 말 그대로 획득 프로그램을 관리하는 권한을 가진 최고 수준의 전문가인 것이다.

사업관리자가 획득문화를 만들고, 큰 그림의 획득전략에 프로그램의 초점을 맞추기 위한 가장 효과적인 방법은 결과지향적인 사업관리를 하는 데 있다. 결과지향적인 사업관리자는 그가 추진하는 획득 프로그램의 주인이라는 의식을 가지고 있다. 따라서 사명감을 가지고 또한 그러한 사명감을 사업팀에 전달하며 성공적인 획득 프로그램을 완수하는 데 초점을 두는 조직 환경을 창출한다. 확실히 사업관리자의 능력은 획득 프로그램의 성공에 있어서 가장 핵심적인 요소이다. "군수는 국방의 살림살이"라는 국방일보 기사에 등장하는 유병문 대령에 관한 일화를 들어보자.

부대에서 유 대령은 항공업무의 달인, 억척보두 항공맨으로 불린다. 항공업무에 관한 한 그를 따를 사람이 없고 무엇이든 유 대령의 손만 거치면 안 되는 일이 없을 만큼 치밀하고 끈질긴 면이 많아서이다. 유 대령은 팀워크와 인화단결, 프로정신을 강조하며 솔선수범하는 간부로 유명하다. 항공장교로서의 오랜 경험과 노하우를 토대로 각종 제도개선의 길을 먼저 찾아 안내해 주면 과원들이 믿고 따를 수 있다는 소신은 곧 엄청난 국방예산 절약으로 이어진다. 유 대령이 지난 3년간 각종 항공관련 제도개선을 통해 얻은 예산 절감액은 277억여 원 …… 예를 들어 500MD 헬기의 정기·특별검사를 통합해 절감되는 예산은 한해 평균 5억 원에 달한다 …… 유 대령의 집념은 지난 98년 10월 15일 군 사상 처음으로 미 항공기 제작사로부터 20억 원을 받아낸 것에서 분명하게 확인된다. 당시 코브라헬기가 불시착하는 사건이 발생해 사고원인을 분석한 결과 제작사의 과실을 발견하고 끈질기게 협상을 거듭해 수리 부속 전량(20억여 원)에 대한 보상을 받아냈다.[3]

　　위의 유병문 대령의 경우는 선진 외국의 군에서도 찾아보기 어려운 뛰어난 사업관리자임에 틀림이 없다. 경험적으로 볼 때 성공적인 획득 프로그램들은 위의 유병문 대령의 경우처럼 모든 형태의 청중들과 의사소통할 수 있는 능력을 가진 사업관리자들을 분명히 가지고 있다. 그들은 사업을 관리하고 일을 수행하는 데 필요한 권한을 가지고 양질의 획득인력을 고용한다. 이러한 점에서 볼 때 한 가지 중요한 사업관리자 기술은 외부환경을 다루는 것이다. 사업관리자는 어떤 사업관리자가 동의할 수 없는 그 무엇을 요구할 때, 그러한 행위의 반향이 어떠할 것인지 자세히 이야기할 수 있는 용기를 가지고 있어야 한다. 만약 그 사람이 권력을 이용하여 압력을 행사한다면, 사업관리자는 획득 프로그램의 지휘계통상에 있는 모든 사람들에게 누가 그러한 변화를 요구했는지 알리

---

3 「국방일보」, 2000년 7월 7일, 3면.

겠다고 하면, 아마 그 사람은 더 이상 말을 못할 것이다.

국방부장관 및 각 군 참모총장은 사업관리자들에게 "안돼(No)"라고 말할 수 있다. 그리고 그들은 획득 프로그램에 대해 권력과 영향력을 행사하여 다양한 문제를 야기시킬 수도 있다. 그러나 "돼Yes"라고 말할 권한 또한 가지고 있지 않다. 따라서 사업관리자는 현존하는 획득체계와 관료주의를 다루기 위한 기술과 이해력이 필요하고, 그러한 시스템에서의 변화에 적응하기 위한 능력 또한 필요한 것이다.

### ■ 통합팀

사업관리자는 모든 획득인력들이 획득 프로그램의 목표를 달성하기 위해 관리할 수 있도록 해야 한다. 이러한 팀정신은 목적의 일관성을 증진시키고, 목표달성만을 위해 일하는 일체화된 조직문화를 창출시키는 주된 요소이다. 소요군과 계약업체를 포함하는 통합팀의 형성은 의사소통을 촉진시키고, 획득과정에서 발생하는 다양한 문제들을 찾아서 해결하는 데 있어 공동접근을 하는 데 도움을 줄 수 있다. 즉 소요군, 획득실 그리고 방산업체에서 차출된 요원들이 팀을 구성하여 특별한 획득 프로그램(예: 잠수함사업)이 종결될 때까지 책임을 부여하여 그들이 사업을 이끌 수 있도록 하는 것이 필요하다. 이를 통해 군관료들은 민간의 경영기법을 배울 수도 있고, 방산업체는 군의 사업운용방식을 또한 배울 수 있게 된다. 이렇게 함으로써 서로가 서로를 이해할 수 있는 문화를 창출할 수 있게 되는 것이다.[4]

---

4 실제로 미국의 경우, Joint Direct Attack Munitions 사업에서, 군과 방위산업체에서 차출된 요원들이 팀을 만들어 2년 가까이 같이 근무하면서 위의 사업을 성공적으로 수행한 사례가 있는데, 이 사업은 획득개혁에 있어 진일보한 사례로 평가받고 있다. 이에 대해서는, Cynthia Ingols and Lisa Brem, *Implementing Acquisition Reform : A Case Study on Joint Direct Attack Munitions* (Fort Belvoir : Defense System Management College, 1998)을 참조.

## :: 결 론

지금까지 국방획득체계를 개혁하는 데 발생하는 다양한 문제들을 이론적인 차원에서 분석하였고, 이러한 문제들을 해소할 수 있는 데 도움이 되는 몇 가지 대안을 제시하였다.

국방부는 지금까지 국방획득체계를 개혁함에 있어 발생할 수 있는 정치적 비용의 문제 때문에 항상 값싼 개혁만을 추진해 왔다. 이로 인해 요란하기만 했던 개혁들은 애초에 설정한 목표들을 제대로 달성하지 못했다. 특히 왜 목표달성에 실패했는지에 대한 정확한 인식과 냉혹한 자기성찰을 국민들에게 지금껏 제대로 보여주지 못했다.

바로 이러한 이유 때문에 획득체계의 개혁은 군 최고통수권자인 대통령이 개혁에 대한 확고한 의지를 가지고 확실하고 공정한 원칙과 기준에 따라 처리하는 것이 핵심이다. 그것은 바로 효율성, 효과성 그리고 책임성의 원칙이다. 이러한 원칙은 '더 싸게', '더 빨리', '더 좋은' 무기 및 장비를 획득하는 방향으로 우리를 인도할 것이다. 그렇지 않고 대통령이 지금처럼 획득개혁을 국방부에게만 맡겨 놓을 경우에는, 언제나 그랬던 것처럼 획득개혁은 새로운 행정부가 들어설 때마다 주기적으로 반복되어질 것이다. 단지 수사적인 단계에서만 말이다.

# 제 4 부

# 획득전략

# 제1장
# NCW 대비 국방획득체계 개선

국방부는 지난 10여 년 이상 수차례의 획득개혁[1]을 단행하였으나, 그 런 노력의 가시적이고 실질적인 성과는 대단히 미흡하였다. 예를 들어, 방위력개선 제도개선(1996년 12월), 국방개혁(1998년 4월 12월), 자체 조직개편(1999년 12월), 자체 조직개편(2001년 12월) 등을 들 수 있다. 이 처럼 획득개혁의 성과가 미흡했던 이유는 개혁의 초점을 주로 획득을 실행하는 기계적인 방법, 즉 과정과 절차 process & procedures 를 개선하는 데 에만 초점을 두었기 때문이다.[2]

이런 점을 적절히 인식, 2003년 등장한 노무현 정권은 〈국방개혁 2020〉[3] 의 하위개혁의 하나로 획득개혁을 단행하였고, 그 가시적인 결과로 2006 년 1년 4일, 방위사업청이라는 새로운 단일 획득조직 － 국방획득관리체계 － 을 탄생시켰다. 그동안 국방부 및 각 군이 담당해온 무기체계 획득관련

---

1  '획득'(acquisition)은 무기체계의 설계(design), 개발(development), 시험(test), 계약(contracting), 생산(production), 배치(deployment), 군수지원(logistics support), 개량(modification), 그리고 폐기처분(disposal)까지 포괄하는 개념이다. DAU, *Introduction to Defense Acquisition Management*(DAU Press, 2005), pp. 1~2. 방위사업법에서는 "군수품을 구매, 또는 연구개발, 생산하여 조달하는 것"으로 좁게 정의하고 있다.

2  이에 관한 자세한 내용은, 김종하, "무기체계 획득전략, 과정 그리고 조직구조의 개혁", 「군사논단」(2003), 통권 제36호, 가을호를 참조.

3  국방개혁 2020은 현대전 양상에 부합하는 군 구조/전력체계를 구축, 국방의 문민기반 확대, 저비용/고효율의 국방관리체제로의 혁신, 시대상황에 부응하는 병영문화 개선 등을 4대 개혁 중점으로 설정하면서 구체적으로 19개의 대 과제(군 구조분야 5개, 국방정책/운영분야 11개, 병영문화 3개)와 77개의 소과제(군 구조분야 29개, 국방정책/운영분야 39개, 병영문화 분야 9개)를 선정하여 추진하고 있다.

계획, 예산, 집행, 그리고 분석·평가업무의 총괄수행은 물론, 무기체계와 패키지package로 진행되는 시설사업, 중앙조달, 군수물자의 계약업무 등을 총괄적으로 수행할 수 있는 조직이 생겨나게 된 것이다.

그러나 총체적인 획득체계는 고도로 상호연계된 구조이기 때문에, 효과적인 개혁은 소위 'Big Three' — 소요Requirements, 획득Acquisition, 예산Budget체계 — 로 불리는 세 개의 서로 맞물려 돌아가는 톱니바퀴 모두를 함께 개선해야 실질적으로 가능하다고 할 수 있다. 소요, 획득, 예산체계를 구체적으로 설명하면 다음과 같다.

첫째, (합동)소요창출체계(합참, 각 군본부 등)는 준비태세의 결함이나 첨단무기체계의 기술 등 전투원이 필요로 하는 것이 무엇인지를 찾아내는 체계로, 안보적 위협과 기술적 기회를 탐색·결정하는 데 도움을 준다.

둘째, 계획/예산체계(방위사업청, 국방부)는 시간과 재원을 배분하는 체계로, 획득사업의 시작시점과 규모를 결정하는데 도움을 준다.

셋째, 획득관리체계(방위사업청)는 전투원의 요구를 지속적으로 신뢰하며 사용할 수 있는 형태로 제공해 주는 체계로, 무기체계의 개발 및 획득방법을 결정하는 데 도움을 준다(〈그림 1〉을 참조).

여기에서 하나의 톱니바퀴 내부의 문제에 초점을 두고 개혁을 하는 것은, 하나 혹은 다른 두 톱니바퀴에 의도하지 않는 결과를 초래하게 된다. 특히 하나의 톱니바퀴 과정 내에서 일하는 인력의 경우, 그들의 개혁이 다른 톱니바퀴에 영향을 끼치는 결과(효과)를 제대로 인식하지 못하거나, 혹은 그것에 관심이 없을 수도 있는 가능성이 존재한다.

이 때문에 '획득관리체계'라는 톱니바퀴 하나에 초점을 두었던 개혁의 결과, 즉 방위사업청 신설은 과거 정권의 획득개혁보다는 훨씬 더 광범위하고 포괄적인 차원의 개혁으로 볼 수 있으나, 획득에 내재된 근원적이고 본질적인 차원의 '장애'impediments를 해소하지는 못했다. 특히 '소요·획득'의 두 톱니바퀴가 맞물려 돌아가고 있다는 사실을 간과한 채

개혁을 급속하게 추진한 결과 비록 의도한 것은 아니었지만, 군의 소요 창출체계, 특히 소요관련 조직구조에 큰 부정적 영향을 끼쳤다.

이 때문에 각 군 본부 내 소요인력 및 방위사업청의 획득인력들은 향후 1~2년 동안에 걸쳐 '소요-획득'이라는 두 톱니바퀴가 서로 잘 맞물려 매끄럽게 돌아갈 수 있도록 '닦고', '조이고', '기름 치는' 역할을 수행해야 하는 것이다. 왜냐하면 두 개의 톱니바퀴, 더 나아가 세 개의 톱니바퀴가 제대로 돌아가지 못할 경우, 국방획득을 둘러싼 '효율성'efficiency과 '책임성'accountability의 문제를 과거보다 더 심화시킬 가능성이 존재하기 때문이다.[4]

이런 맥락에서 본 장은 앞으로 '미래전 수행'의 핵심인 '네트워크 중심전'NCW[5]에 대비, 우리 군의 '국방획득체계'defense acquisition system를 개선시키는 데 필요한 대안을 모색하는 데 목적이 있다.

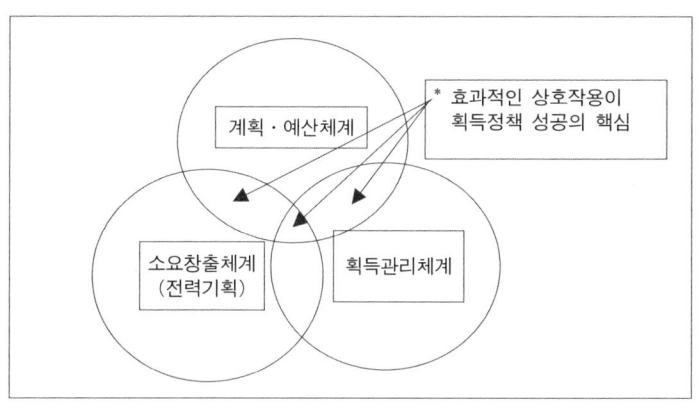

〈그림 1〉 소요, 획득, 예산체계 간의 관계

---

4 국방획득에 있어 효율성과 책임성에 관한 논의는, 김종하, 「무기획득 의사결정: 원칙, 문제 그리고 대안」(서울: 책이된 나무, 2001), pp. 36~41을 참조.
5 NCW는 아군(육/해/공군)을 네트워크로 연결, 적의 움직임을 실시간으로 파악, 단 한번의 정확하고 신속한 공격으로 승리를 거두는 전쟁으로, 이것을 가능케 하는 핵심이 바로 C4ISR 이다.

## :: 국방획득개혁시 고려해야 할 핵심적 질문

이런 점을 적절히 인식한다면, 앞으로 소요 및 획득관련 인력들이 향후 획득개혁의 방향을 설정할 때, 반드시 고려해야만 하는 핵심적인 질문은 아래의 네 가지로 자연스럽게 요약할 수 있을 것이다.

첫째, 위협에 대처하기 위한 소요를 어떻게 '작전환경'operational environment 의 관점에 따라 과학적으로 산출할 수 있겠는가?(소요창출체계상의 질문)

둘째, 현재의 획득체계를 통해 최첨단의 무기체계 및 장비를 지속적으로 개발·생산·획득할 수 있겠는가?(획득관리체계상의 질문)

셋째, 미래전에 대처하는 데 필요한 무기체계를 획득하는 데 있어 과연 지금처럼 긴 획득주기를 가진 획득체계를 그대로 사용할 수 있겠는가?(소요창출 및 획득관리체계상의 질문)

넷째, 유한한 자원을 놓고 국방과 사회적 우선순위가 경쟁하는 예산적 환경 속에서 어떻게 설득력 있게 그러한 요구를 세분화하여 국민들을 설득할 수 있겠는가?(계획·예산체계상의 질문)

어떻게 이 질문들에 답을 하는가, 즉 질문에 대한 답을 어떻게 제시하느냐에 따라 총체적인 획득개혁의 방향은 달라질 것으로 생각되며, 또 그것의 결과로서 나타나는 산출물outputs도 서로 상이할 것으로 판단된다. 특히 이 질문들은 획득개혁의 성공을 판단하는 지표라 할 수 있는 '비용'cost, '성능'performance, '일정'schedule의 균형을 달성해 나가는 과정 속에서 생성되는, 그리고 획득인력으로 업무를 수행하는 한, 끊임없이 등장하게(직면하게) 될 수밖에 없는 주제다(〈그림 2〉 참조).

그 핵심은 '능력기반획득'capability-based acquisition과 '효과기반획득'effects-based acquisition의 장점을 절충적으로 잘 결합·수렴하여, 사업 및 기술관리를 해 나가는 기법을 지속적으로 창출해 내는 데 있다.[6]

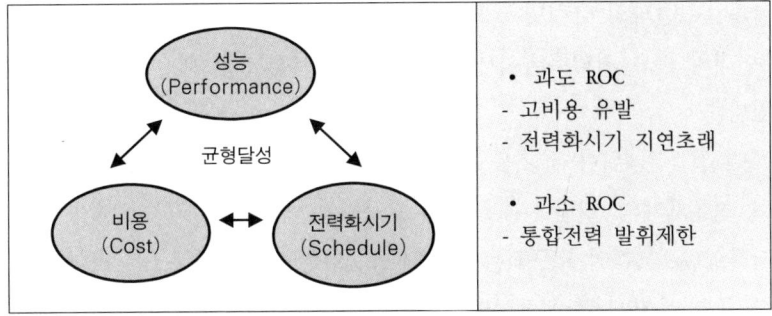

<그림 2> 성능, 비용, 일정(전력화시기) 간의 관계

출처: 김종하, 「획득전략: 이론과 실제」(서울: 북코리아, 2006), p. 49.

## :: 국방획득에 있어 세 가지 접근법[7]

### 1. 위협기반획득 threat-based acquisition

위협기반획득은 '플랫폼중심획득' platform-centric acquisition으로 불리는 전통적 소요·획득접근으로, 냉전시절 구소련을 비롯한 공산국가들로부터의 군사적 위협에 대비한 군사력 건설방식이다. 이 접근은 소요군이 요구되는 능력을 매년 식별할 수 있고, 구체적이고, 예측가능하고, 그리고 분명한 위협에 대처하기 위한 어떤 시스템이 만들어질 수 있다는 전제에 토대에 둔다. 예를 들어 미국의 2~1/2 전쟁(1960년대), 1~1/2 전쟁(1970

---

6 최근 미국에서도 획득사업관리에 있어 능력기반 및 효과기반획득의 장점을 수렴하려는 노력을 기울여야 한다는 주장이 제기되고 있다. 이에 대해서는, Paul J. Judge, "Planning Convergence", *Joint Force Quarterly*, Issue 47, 4th Quarter 2007을 참조.

7 '국방획득에 있어 세 가지 접근법'의 내용은 김종하, "획득접근의 진화에 대한 경험적 사례: 미국의 MD 체계", 방위사업청 사업관리본부 초청강연 발표논문(2006년 4월 17일)에서 많은 부분을 인용하였음을 밝혀둔다.

년대), 소련과의 다정면 글로벌 전쟁(1980년대), 그리고 유럽과 아시아 두 개의 주요 지역우발사태 등에 대비한 전쟁기획(1990년대)을 들 수 있다.[8]

이 접근은 '위협'threat[9]을 묘사하고, '임무요구'mission need[10]를 정당화하고, 현존체계의 '결함'shortcomings을 묘사하는 대단히 지루하고 성가신 '문서작업'paper-work이 요구되는 대단히 공식화된 의사결정구조를 가지고 있다. 특히 무기체계 및 장비의 '성능'performance수준은 구체적인 위협에 비추어 세밀하게 설정된다(예: 군요구능력, ROCRequired Operational Capability). 이 때문에 위협기반획득은 외형적으로 볼 때, 단일 서비스service, 그리고 각 군별 단일 플랫폼, 즉 네트워크로 연결되지 않은 무기체계에는 상당히 잘 작동되는 것처럼 보인다.

그러나 현실적으로 적의 '의도'intentions와 '프로그램'program에 관한 충분한 정보와 지식을 갖추기는 사실상 불가능하다(예: 북한의 대포동 미사일).[11] 또한 급속하게 변화하는 '위협', 진화하는 '기술', 그리고 불확실한

---

8 Paul K. Davis, David Gompert, Richard Kugler, "Adaptiveness in National Defense: The Basis of a New Framework", *Issue Paper*, August 1996, p. 2.

9 위협(threats)은 아군의 임무달성을 제한하거나 무력화시킬 수 있는, 그리고 무기체계 및 장비의 효과성을 감소시킬 수 있는 적의 잠재적 강점, 능력, 그리고 전략목표의 집합을 의미한다.

10 임무요구(mission need)는 부여받은 임무를 수행하거나, 임무를 수행하기 위한 현존능력의 결함을 개선하기 위해 요구되는 작전(운용)능력, 혹은 새로운 기술의 사용을 통해 현존능력의 결함, 혹은 새로운 능력을 제공하기 위한 기회의 두 가지 의미로 사용된다.

11 1998년 8월 31일, 북한은 동해상으로 대포동-1 탄도미사일을 발사함으로써 한·미정보당국을 경악시켰는데, 이것은 북한이 '대륙간사거리'(intercontinental range)를 날 수 있는 능력을 가지고 있음을 명백하게 입증시킨 것이다. 물론 이런 미사일 발사 사건 자체는 어느 정도 예견 가능한 것이었지만, 미사일의 세련화, 즉 알래스카(Alaska) 및 하와이(Hawaii)에 도달할 수 있을 정도로 충분히 개량할 수 있는 3단계 '고체연료로켓'(solid fuel rockets)은 아니었기 때문에, 미정보당국은 이 미사일을 '중거리능력'을 갖춘 미사일로 간주하였고, 그것의 후속 미사일인 대포동-2를 '대륙간 사거리'를 충분히 제공할 수 있는 능력을 갖춘 미사일로 판단하였다. 그러나 대포동-1 미사일 발사는 아시아 지역을 벗어난 목표물에 대한 치명적인 생화학 탄두를 전달할 수 있는 잠재력을 보여주었는데, 이것은 북한이 향후 15년 동안 미국을 위협할 수 없다는 미정보당국의 정보평가와는 직접적으로 모순되는 것이

'시간의 범위'는 오랜 검토 및 조정과정을 요구하는 위협기반획득을 방해하는 요인으로 작용한다(〈그림 3〉 참조).[12]

사실 기술의 발전속도가 빠른 현대에 장기간에 걸쳐 획득사업을 추진할 경우, 그 결과가 구체화되기도 전에 진부화될 가능성이 있다. 예를들어 개발된 체계가 최종적으로 소요군에 전달될 때, 기술은 빈번하게 '시스템 설계'system design[13]를 넘어 진부해 버리고, 이로 인해 최초 소요 original requirements와 해결책을 무의미하게 만들고, 또 검토review와 조정 coordination과정이 너무 길고, 심지어 소요가 승인되어진 이후조차도 실제로 배치되기 전 수년간 동결상태로 있는 경우가 빈번하게 발생한다. 이긴 기간을 통해 위협은 변하고 기술은 훨씬 더 발전해 버리는 상황에 직면하게 되는 것이다.

이런 이유로 인해 합동전투원에게 요구되는 미래능력에 적합하지 않은 무기체계 및 장비를 공급하거나, 획득결정시 관련체계간의 '상호운용성'interoperability을 고려하지 않고 각 군별 단일 플랫폼의 획득관점에서 개발함으로써 자원의 중복에 의한 낭비적 요소가 많이 발생하는 문제가 있는 것이다.[14]

---

었으며, 무기체계를 건설하는 데 있어 매우 예측가능한 수단에 의존하는 한계와 잠재적 위험을 뚜렷이 보여주는 대표적 사례로 지적할 수 있다. Timothy J. Biggs and Raymond V. Stuchell, "Capability-Based Acquisition: Key Factor in Meeting 21st Century Threat", *Program Manager*, Vol. XXXII, No. 5(September-December 2003), pp. 23~24.

12 '무어의 법칙'(Moore's Law): 마이크로칩(microchips)의 처리능력은 18개월마다 2배, '피버의 법칙'(Fiber's Law): 커뮤니케이션(communications)능력은 9개월마다 2배, 그리고 '디스크 법칙'(Disk Law): 기억저장량은 12개월마다 2배로 늘어난다와 같은 세 가지 법칙은 기술속도를 단적으로 보여주는 표현들이다.

13 임무요구를 충족시키는 데 있어 통합된 전체로서 작동하는, 혹은 작동되어지는 쪽으로 방향된 하드웨어 및 소프트웨어의 일반적인 성능, 능력, 특질의 맥락에서 표현되어지는 개념을 의미한다.

14 일례로 미군의 M1전차의 경우, 1963년 개발부터 1982년 야전배치까지 무려 19년이 소요되었다.

| 체계<br>(System) | 주요한 구조적<br>소재 및 플랫폼 | ⇨ | 15~30년 |
| | 기계체계 및 무기 | ⇨ | 10~15년 |
| | C4ISR 하부구조 | ⇨ | 5~8년 |
| 구성품<br>(Components) | 센서 | ⇨ | 3~5년 |
| | 커뮤니케이션 | ⇨ | 1~3년 |
| | IT 하드웨어 | ⇨ | 0.5~2 |
| | IT 소프트웨어 | ⇨ | 0.5~1 |
| 구성품 수준<br>솔루션<br>(Components<br>Level Solutions) | 급조 폭발물 | ⇨ | .01~1 |
| | 차량폭탄 | ⇨ | .01~1 |
| | ? | ⇨ | ? |

〈그림 3〉 기술 사이클 시간(Technology Cycle Times)

출처: John V. Farr, William R. Johnson, and Robert P. Birmingham, "Multitiered Approach to Army Acquisition," Defense Acquisition Review Journal (April-July 2005), Vol. 12, No. 2, p. 236.

이러한 위협기반획득의 딜레마dilemma를 조금이나마 극복하기 위해 나온 것이 바로 '물리기반획득'physics-based acquisition이다. 물리기반획득은 가능한 한 빨리 '초기운용능력'initial operational capability을 야전에 배치시키고, 통합된 '블록개선'block improvements과 더불어, 2년 간격으로 기술을 향상upgrade시키는 데 목표를 두는 '진화론적 획득'evolutionary acquisition접근과 연계한 것이다.

결론적으로, 위협기반획득을 채택하고 있는 국가들의 경우, 통상 민간의 최신기술 및 사업관리기법을 도입하거나, 혹은 획득과정 및 절차의 간소화 등과 같은 조치를 통해 더 좋게better, 더 빠르게faster, 더 저렴하게cheaper의 세 가지 가치를 구현하는 경향을 가지고 있다.

## 2. 능력기반획득capabilities-based acquisition

능력기반획득은 어떤 위협이란 것이 구체적이고 특별한 무기체계, 혹은 구체적인 '지리적 지역'으로부터 오는 것이 아닌, 오히려 적이 개발하거나 혹은 배치할지도 모르는 '능력'capabilities[15]으로부터 발산되는 것으로 본다.[16] 위협기반이 어디에where라는 질문에 초점을 두는 것이라면, 능력기반은 어떻게how라는 질문에 초점을 두는 것이다.

현재 미국이 채택, 운용하고 있는 '합동능력통합개발체계'JCIDS는 능력기반획득의 전형적인 모델이다. 이것의 주된 초점은 합동군이 모든 군사작전을 수행하는 데 필요한 능력을 보장하는 것으로, 통합되고 상호운용적인 합동전투능력의 필요성을 강조한다.[17] 특히 능력기반획득은 '네트

---

15 능력은 임무 목표를 달성하기 위한 시스템 능력의 척도를 의미하는 것이다. 시스템 능력은 지휘 및 통제(command & control: C2), 훈련(trainning), 플랫폼(platforms), 교리(doctrine) 등을 포함한다.

16 U.S. Department of Defense, *Quadrennial Defense Review Report* (Washington, D.C., September 30, 2001). http:/www.defenselink.mil/pubsqdr2001.pdf; 능력기반 소요/기획에 대해 잘 정리한 글에 대해서는, Paul K. Davis, *Analytic Architectures for Capabilities-Based Planning, Mission-System Analysis, and Transformation* (Santa Monica: Rand, 2002); Sharon L. Caudle, "Homeland Security Capabilities-Based Planning: Lessons from the Defense Community", *Homeland Security Affairs*, Vol. I. Issue 2 (2005)를 참조.

17 Chairman of the Joint Chiefs of Staff Manual 3170.01B, *Operation of the Joint Capabilities Integration and Development System*, May 11, 2005, GL-5.

워크 중심전'NCW의 원칙을 적용하여, 구체적인 각 군의 플랫폼platforms에 초점을 두는 것이 아니라, 오히려 그런 플랫폼의 효과적인 능력을 더 큰 전체 속으로 통합(system of systems: 복합체계)[18](〈도표 1〉 참조)하는 데 초점을 둔다. 여기에서는 '정보작전'information operations과 '전술데이터링크'tactical data link의 중요성이 특별히 강조된다.[19]

보다 더 구체적으로 말하면, NCW가 강조하는 전력의 원천은, 첫째 정보의 공유를 강조하는 견실한 네트워크 세력, 둘째 정보공유 및 통합에서 유래된 강화된 정보의 질과 상황인식, 셋째 지속성과 신속한 지휘로 이끌 '자기동조성'self-synchronization의 요소로, 이 세 가지를 복합시킴으로

---

18 정보/감시/정찰(ISR)+지휘통제(C4I)+정밀유도무기(PGMs)를 연동시키는 복합체계(system of systems)에서는 '상호운용성'(interoperability)이 강조되며, 이것을 효율적으로 측정해 볼 수 있는 방법의 하나로 M&S(Modelling & Simulation)가 적극적으로 활용되고 있다.

19 Robert David Steele, *Information Operations: Putting the "I" Back into Dime*, February 2006, http://www.StrategicStudiesInstitute.army/mil/; 정보작전(information operation)은 항공우주 우세의 핵심요소인 '정보우세'(information superiority)를 달성하고 유지하기 위한 작전을 의미한다. 전술데이터링크는 합동전술정보분배시스템(JTIDS: Joint Tactical Information Distribution System)으로 불리우며, Link 16(미국)이 대표적이다. 각 플랫폼 간 네트워크화시 전투력 및 전쟁수행속도가 대폭 증가하게 된다. 전투력 증가사례를 보면, 1990년대 중반, 합동전술정보분배시스템의 다년간에 걸친 평가는 네트워크화된 F-15C 전투기와 AWACS (공중경보 및 통제시스템)기가 데이터링크를 경유해 하나의 전술레이더 상황을 공유함으로써 공대공 전투능력의 100% 증가를 보여주었다. 주간교전에서의 살상률(kill ratio)은 2.62배 증가(3.1 : 1에서 8.11 : 1)했고, 야간교전에서의 살상률은 2.6배(3.62 : 1에서 9.4 : 1) 증가한 것으로 나타났다. 이런 데이터는 10,000회 이상의 출격과 15,000시간 이상의 비행결과를 통해 수집된 것이다. 그리고 전쟁수행속도 증가사례를 보면, 걸프전(1991) 당시 LACM 파괴 과정은 수일, 코소보전(1999) 10분, 이라크전(2003) 45분이 소요되었다.(1010년경 10분 정도로 단축이 예상되고 있다.), Mike Mullen, "Capture Vision", Proceedings, April, 2002, p. 37. 또 걸프전에서 공격표적의 80%는 항공기 출격 이전에, 20%는 출격 이후에 선정, 코소보전(1999)에서는 항공기 출격 이후 표적점 선정비율 40%, 아프가니스탄전(2001)에서는 출격 이후 표적점 제공이 80% 수준에 달한다. 그리고 B2 Sprit 스텔스 폭격기는 16기의 JDAM을 장착, 16개의 다른 목표물을 동시에 공격, 짧은 시간에 더 많은 표적을 파괴하였다. Merrill McPeak, "Precision Strike: The Impact on the Battlespace", *Military Technology*(May 1999), pp. 20~24.

써 전투력을 대폭 강화하게 되는 것이다. 즉 네트워크로 연결된 부대로 하여금 적보다 빠르게 관측하고 판단하고 결정하고 행동하는 것을 가능케 하는 것이다.[20]

〈도표 1〉 **복합체계**(system of systems)

| 정보·감시·정찰 체계 | 지휘·통제체계 | 정밀타격체계 |
|---|---|---|
| AWACS | CGCS | SFW |
| RIVET JOINT | JSIPS | TLAM(BLK III) |
| JSTARTS | DISN | ATACMS/BAT |
| HASA | C4IFTW | SLAM |
| SBIR | TADIL J | CALCM |
| TIER 2+ | TACSAT | AGM-130 |
| TARPS | JWICS | HARM |

출처: Theodor W. Galdi, "Revolution in Military Affairs: Competing Concepts, Organizational Responses", Outstanding Issues (Washington, D.C.: December 11, 1995), http://www.fas.org/man/crs/95_1170.html.

능력기반획득의 기초는, 가능한 것을 식별하고, 개발이 실행가능한지를 결정하고, 이후 계획하고, 설계하고, 개발하고, 더 큰 '구조'architecture속으로 통합하는 것이다. 이것은 이용가능하고, 군사적으로 유용한 능력에 토대를 둔 체계를 제공하기 위해, 그리고 수년에 걸쳐 동시에 진화하는 체계, 구성품, 부품에 대해 설계된 반복적 과정이며, 그것은 새로운 기술이 등장함으로써 능력과 성능을 향상시키는, 즉 현재 가용한 기술을 기초로 운용 가능한 네트워크를 개발한 다음에 지속적으로 발전시켜 나가는 방식인, '나선형 개발'spiral development을 통해 구현하는 것이다. 능력기

---

20 "몇 분 이내에 표적을 탐지해 파괴하는 능력은 NCW의 상징이며, 이것의 가장 중요한 기초는 바로 자동화 소프트웨어기술이며, NCW의 잠재성을 파악하는 데 대단히 중요하다." 월간항공 편집부, "네트워크 중심전에 중요한 자동화 소프트웨어", 「월간항공」(2004년 6월), pp. 30~33. 만약 우리 군이 현재의 위협기반 획득접근에서 능력기반 획득접근으로 전환한다고 가정할 경우, 현 방위사업청 내 사업관리본부에서 소프트웨어 획득관련 업무를 수행하는 부서가 획득사업에 있어 가장 중요한 역할을 수행하게 될 것이다.

반 획득이 적용된 대표적 획득사업 사례로 고고도 장거리 무인기인 글로벌 호크Global Hawk개발을 들 수 있다.[21]

능력기반획득의 장점은 위협기반획득과 달리 개발의 거의 마지막 단계에 가서야 무기체계 및 장비에 무슨 문제가 있는지를 식별할 필요가 없다는 것이고, 또 위협과 임무요구에 토대를 둔 공식적 소요가 설정되어진다 할지라도, 원래 무기체계는 변화하는 요인들 - 국내 및 국제정치, 예산적 제약, 위협의 본질과 수준에 대한 국민들의 인식 - 에 토대를 두고 획득되어지는 경우도 빈번하다는 불안정한 현실을 인정하고 있다는 것이다.

결론적으로 능력기반획득은 무기체계 개발 사이클 및 비용단축, 그리고 생산과 개발을 구분하는 여러 조치들을 통해 '유연성 및 대응성'flexibility & responsiveness의 가치를 구현하는 경향을 가지고 있다. 그리고 능력기반획득은 NCW 하에서 수행되는 미국의 새로운 전쟁수행교리 가운데 하나인 '효과기반작전'effects-based operations: EBO을 강화하기 위한 조치이며, 이를 통해 궁극적으로 효과기반획득을 구현하는 기본적인 토대를 구축하는 데 목적을 가지고 있다.

〈도표 2〉 위협기반과 능력기반획득에서 사용하는 중요한 기술 및 사업관리기법

- 통합제품 및 과정개발(Integrated Product & Process Development)(1993): 설계, 제조, 그리고 지원과정을 극대화하기 위해 다분야 팀을 통해 모든 필요한 활동을 동시에 통합하는 관리기술
- 공개체계접근(Open Systems Approach)(1995): 다양한 기술원천을 허용, 활용하는 접근(구성품, 부품, 민간·군용 등의 새로운 기술을 삽입)
- 공군번개접근(AF Lightning Bolts Approach)(1995): 획득 사이클 시간을 50%까지 단축(RFP 과정을 단축, 관리절차를 간소화)

---

21 나선형 개발 사례를 세밀하게 묘사한 글에 대해서는, 월간항공 편집부, "고고도 장거리 무인기 Global Hawk", 「월간항공」(2006년 11월), pp. 12~13을 참조.

- 첨단개념기술시험프로그램(Advanced Concept Technology Demonstration Program (ACTD: 1995): 기술속도 증가
- 진화론적 획득(Evolutionary Acquisition)(1996): 시차별 소요 및 블락 업그레이더로 설계된 획득
- 시뮬레이션기반획득(Simulation-Based Acquisition)(1996): 미육군에서는 SMART (Simulation and Modelling for Acquisition, Requirement & Training)라는 용어를 사용
- 최상가치계약(Best-Value Contracting: Consideration of Cost-Performance Trade-Offs)(1996): 비용, 성능, 일정 요소에 토대를 둔 국방부에 대해 가장 좋은 가치를 부여하기 위해 계약상의 유연성을 제공하고, 계약 시 주요한 성능기준을 감소시킴으로써 계약자가 유연성과 창의성을 발휘
- 알파계약(Alpha Contracting)(1997): 정부와 산업 사이에 초기대화에 의해 제안서 개발을 간소화하는 것으로, 산업체와 정부가 함께 일을 함으로써 일정을 단축시키는 데 목표
- 기술준비태세(Technology Readiness Level)(1999): 기술성숙도를 측정하는 지표
- 나선형개발(Spiral Development)(2001): 현재 가용한 기술을 기초로 운용 가능한 네트워크를 개발한 다음에 지속적으로 발전시켜 나가는 방식
- 총소유권비용(Total Cost of Ownership)(2003): 일정기간 소유하는 데 지출되는 총비용

출처: Monitor Government Venture Services, LLC, *Appendix D Defense Acquisition Performance Assessment Project Report: A Baseline Literature Review*, 2005, pp. 33~38.

## 3. 효과기반획득 effects-based acquisition

효과기반작전은 '네트워크 중심전'NCW의 부산물spin-off[22]로서, 모든 전쟁시 아군이 가용한 모든 군사/비군사적 능력을 상승적으로 적용하여 적으로부터 아군이 원하는 전략적 결과나 효과를 달성하는 과정이다. 그것은 적의 능력을 파괴하기보다는 통제(전략적 사건들에 미치는 적의 영향력을 아군이 지배할 수 있는 능력을 의미하며, 개별적인 전술적 조치들까지 모두 다룰 수 있는 능력을 의미하지는 않는다)하기 위해 힘을 사용하는 것이 매우 중요하며, 적을 제거하기보다 적의 전투력을 무력화하는 것이 더 효과적

---

[22] Milan N. Vego, "Effects-Based Operations: A Critique", *Joint Force Quarterly*, Issue 41, 2nd Quarter 2006, p. 51.

이라는 생각에서 나온 개념이다.[23]

효과기반획득은 효과기반작전EBO의 5대 영역(전투지원, 전력투사, 정밀
교전, 본토 및 기지방어, 통합전장)(〈도표 3〉 참조)에 중점을 두고, 군사력을
건설하는 방식이다. 작전을 수행함에 있어 어떤 효과가 발생할 것인가?
역으로 어떤 효과를 얻기 위해서는 어떤 작전을 수행할 것인가 등에 관
한 질문, 즉 작전효과의 소요에 토대를 두고 획득을 하는 접근방식이다.

미(美)국방부는 현재 미국의 방위산업이 미래 2020년대에 NCW 하에
서의 EBO를 수행하는 데 필요한 무기체계 및 장비, 그리고 물자를 적시적
소에 신속히 지원할 수 있는 효과기반 산업구조로 변화하는 작업을 추진
중에 있다. 그 핵심은 첫째, 방위산업기반을 작전효과에 초점을 두는 혁신
적 방식으로 재편성하고 둘째, NCW 개념을 토대로 예산편성 및 획득을
결정하며 셋째, 신기술을 무기체계로 신속히 투사하게 만드는 것이다.[24]

〈도표 3〉 효과기반작전의 5대 영역

| 전투지원 | 군을 장비하고 이를 전구(theater)까지 이동시키는 기능 | 다목적 헬리콥터, 화생방 탐지기 등 |
|---|---|---|
| 전력투사 | 어디에서나 작전수행을 가능하게 해 주는 기능 | 수송, 군수, 기동자산 등 |
| 정밀교전 | 표적을 정확히 타격하는 기능 | 전술미사일, 타격무기 & 무인항공기, 전술공군 프로그램, JSF 프로그램, 전투기 및 폭격 프로그램, 지상타격 등 |
| 본토 및 기지방어 | 전개된 부대를 유지하고 본토의 안전을 보장하는 기능 | 전략억제력, 대공 및 미사일 방어 등 |
| 통합전장 | NCW를 수행하는 데 필요한 가장 핵심적인 기능 | 감시 및 정찰자산, 지휘통제자산, 자동표적인지시스템 등 |

---

23 David A. Deptula, 김태훈 역, "효과기반작전: 전쟁의 본질적 변화", 「항공전략」, 93호(2002), p. 37.

24 Office of the Deputy Under Secretary of Defense(Industrial Policy), *Transforming the Defense Industrial Base: A Roadmap* (DoD, 2003); --------, *The Vertical Lift Industrial Base: Outlook 2004-2014* (DoD 2004).

현재 미방산업체들은 대기업, 중소기업 할 것 없이 공중이나 지상, 육, 해, 공군 등과 같은 기능이나 군 분류에 상관없이 작전효과의 소요에 요구되는 무기체계 기술을 개발하는 업체로 전환 중에 있다. 사실 이러한 효과기반 방산구조로의 전환은 혁신적이고 진취적인 민수업체들에게 전투의 기능과 조달활동 영역을 명확히 인식하도록 도움을 확실히 제공하고 있다.

결론적으로 효과기반획득은 궁극적으로 소요 · 획득에서의 '속도' speed, 혹은 '신속한 기술삽입'technology insertion의 가치를 구현하는 경향을 가지고 있다.[25]

## :: NCW 대비 국방획득체계 개선방향

위협기반, 능력기반, 효과기반과 같은 다양한 획득접근을 이해한다면, 우리 군의 획득개혁 목표를 성공적으로 달성하기 위한 '긴급명령' - 군을 현대화(혹은 변혁)시키는 데 있어 과거보다 더 혁신적이고, 더 효과적이고, 그리고 더 효율적인 방법을 발견해야만 하는 의무 - 이 획득인력들 앞에 놓여 있다는 사실을 피부로 생생히 느낄 수 있을 것이다.

이런 점을 인식, 앞으로 우리 군이 관심을 가지고 개혁해야 할 몇 가지 국방획득관련 정책발전 과제를 제시해 보면 다음과 같다.

---

25 신속한 기술삽입의 사례에 대해서는, Sue C. Payton, "Nine Technology Insertion Programs That Can Speed Acquisition", *Defense AT&L*, Vol. XXXV, No. 1 (January-February 2006)을 참조.

## 1. 소요-획득의 연계 강화

방위사업청 신설 이후, 소요제기와 소요결정 기능은 제복을 입은 군인이, 그 외 획득관련 기능 기능은 민간주도의 방위사업청에서 수행하고 있다. 소요창출체계는 국방획득의 첫 단계에 해당된다. 이것은 우리가 셔츠를 입을 때 첫 단추를 끼우는 것과 같은 것이다. 첫 단추를 잘못 끼우면 처음부터 다시 끼워야 하듯이, 소요창출을 잘못하게 되면 획득관리체계 및 예산체계에도 부분적으로 영향을 끼치게 된다. 따라서 군의 소요창출에 대한 풍부한 경험을 가진 인력은 획득관련 업무를 수행하는 데도 도움이 되는 것이다. 그리고 과학적 소요요청, 소요제기 및 소요결정을 지원하는 데 필요한 과학적 소요분석 수단이 미비할 경우, 아무리 획득관리를 잘 하기 위해 노력해도 성능결함, 비용초과, 도입지연 등과 같은 문제를 피할 수 없게 된다.[26]

첫째, 소요-획득분야 인력순환(순환근무)이 잘 이루어지도록 해야 한다.

방위사업청 신설 이후 현재 우리의 획득구조는 각 군, 합참, 국방부 내 제복을 입은 군인들은 소요제기·결정업무에 종사하고, 방위사업청 내 군인 및 민간 획득인력들은 군이 소요제기 및 결정한 무기체계 및 장비를 획득하는 업무를 수행하는 다소 단절되고 이원화된 체제를 유지하고 있다. 이런 구조에서 문제가 되는 것은 방위사업청 내 현역인력들에 대한 인사관리체제이다.

현재 10%만 일반형으로 보직하고, 나머지는 모두 특수형(前 전문형)으로 보직하고 있다. 일반형이란 순환보직을 하는 사람으로 주로 야전부대나 각 군 본부에서 근무하던 사람들이 근무하는 자리다. 그런데 이들을 제외한 대부분은 특수형이라고 하여, 지휘관 보직시 잠시 야전에 근

---

26 김종하, "국방획득 개혁과 인력양성", 「조선일보」, 2005년 1월 18일.

무하는 것을 제외하고는 대부분 방위사업청 내부에서만 순환보직을 하도록 되어 있다. 이것은 다음과 같은 이유 때문에 문제가 있다.

전문성 향상을 위해서는 한 곳에서 오래 근무하여야 한다는 주장인데 이는 오히려 업무추진의 효율성을 저해하고, 각 군 본부와의 유기적인 협조를 방해하며, 방위산업체들과의 관계에서도 그릇된 관행만 조성시킬 가능성이 크다. 무엇보다도 야전에서 어떤 물자와 장비가 필요한지에 대한 감각이 떨어져 군의 정서와 전혀 다른 업무를 수행하게 될 것이다.[27]

바로 이러한 이유 때문에, 방위사업청 내에서 사업관리 업무를 수행하고 있는 현역 군인들의 경우, 군인으로서의 고유 여건을 갖추기 위해서는 계급에 맞는 전문군사교육 과정을 반드시 이수해야 하고, 이러한 요건을 바탕으로 야전부대와 순환보직을 할 수 있도록 하는 것이 바람직하다. 야전에서 무기체계가 어떻게 운용되고 있는지, 어떤 문제점이 있는지를 실제 경험한 인력이 획득관련 업무를 맡을 경우, 더 나은 무기체계를 획득할 수 있음은 자명한 것이다.

따라서 특수형으로 분류된 인력들도 국방부, 합참, 각 군의 야전부대 등을 주기적으로 순환보직토록 하는 것이 바람직하다. 이를 위해서는 각 군 본부 및 방위사업청의 인력정책이 모순되지 않도록 각 군 본부 및 방위사업청 간의 특수형 인력운용에 대한 긴밀한 협조가 있어야 할 것이다. 예를 들어, 방위사업청에서 다연장 로켓포MLRS 사업경험을 가진 특수형 인력이 야전의 MLRS 부대로 보직되어 실제 그것이 어떻게 운용되고 어떤 문제점이 있는지를 경험하는 것과 그것과 전혀 상관없는 야전에서 지휘관 보직을 수행하거나, 아니면 다른 곳에서 업무를 수행한 후, 다시 방위사업청으로 돌아와 획득사업 업무를 한다고 생각해보자. 누가 더 소요군의 요구를 더 만족시키는 무기체계를 획득할 수 있겠는가? 조금만 생각하면 훨씬 더 나은 현역인력 활용에 관한 대안을 만들 수 있는 것이다.

---

27 이경재, 「획득기획의 이론과 실제」 (서울: 대한출판사, 2007), p. 257.

둘째, 과학적 소요요청, 소요제기 및 소요결정을 지원하는 과학적 소요분석 수단 마련을 위해 노력해야 한다.

소요제기 및 결정에서의 합리성과 현실성을 제고하기 위해서는 과학적 분석체계를 구축해야 한다. 합참·각 군·기관·학교는 국방모의분석체계(각종 분석모델, 데이터베이스, 기반체계)를 구축하여 소요분석과 전투시험을 지원하도록 하는 것이 필요하다. 그리고 합참도 중장기적으로 자체의 소요제기 및 전투실험을 담당할 조직을 별도로 편성하여 운영해야 한다.[28] 이를 위한 전문인력 및 예산확보를 위해 국방부가 많은 관심을 가지고 많은 노력을 기울여 나가야 할 것이다.

## 2. 방위산업기반의 변환 강화

위에서 언급한 소요-획득체계의 연계를 강화하고, 소요·획득인력의 전문성을 강화하는 것과 더불어 생각해야 할 중요한 정책적 과제 가운데 하나가 바로 국내 '방위산업기반'Defense Industrial Base을 변환시켜 나가는 것이다.

그 핵심은, 첫째 방위산업기반을 '작전효과'에 초점을 두는 혁신적 방식으로 구조를 재형성하고, 둘째 NCW 개념을 토대로 예산편성 및 획득을 결정할 수 있도록 의사결정과정을 구조화하고, 셋째, 연구개발 및 사업관리 의사결정과정의 투명성을 강화, 방위사업의 가시성을 확보하고, 안정적으로 자금조달을 할 수 있도록 투자과정을 제도화하는 것이 필요하다.

첫째, 방위산업기반을 '작전효과'에 초점을 두는 혁신적 방식으로 구조를 재형성해야 한다.

---

28 서정해, "우리 군의 소요 제기·결정체계 혁신 방안", 「주간국방논단」(2003년 7월 14일), 제951호(03-28), p. 10.

국내 방위산업기반을 단순한 체계조립이나 부품조달로 국한해서는 안 되며, 핵심기술 및 부품을 자체 생산할 수 있도록 국내 연구개발 중심의 무기체계를 우선적으로 획득할 수 있도록 해야 한다. 이를 위해서는 국내 방위산업기반을 무기체계, 플랫폼, 혹은 사업 중심으로 인식하지 않고, '효과기반작전'EBO의 5대 작전효과 ― 전투지원, 전력투사, 정밀교전, 본토와 기지방어, 통합전장 ― 을 위한 소요를 충족하는 공급자로 인식하는 것이 필요하다.

효과기반작전의 5대 영역에 따라 방위산업기반을 재편성하는 것은 소요와 능력, 그리고 전장에 대한 이해의 폭을 넓히고, 군사력 건설방법에 대한 사고방식과 관점의 변화를 초래하는 것이다.[29] 효과기반작전에 기초한 영역별 분류는 국방부내 의사결정자들뿐만 아니라, 방위산업체들에게도 방위산업기반에 대한 사고방식과 관점의 변화를 분명히 가져올 것이다. 특히 방산업체들은 능력이나 연계성에 있어 서로 관련 있는 사업을 쉽게 확인할 수 있고, 신기술을 다양하게 적용할 수 있는 기회를 제공받을 수 있을 것이다. 또한 어디에서 능력과 기술에서 격차가 나는지, 그 격차를 어떻게 메울 수 있는지 잘 알 수 있게 될 것이다.

그러나 무엇보다 중요한 것은 효과기반에 토대를 둔 방위산업기반 전환은 혁신적이고 진취적인 민수업체들에게 전투의 기능과 조달활용 영역을 명확히 인식하도록 하는 데 큰 도움을 줄 것이다.

둘째, NCW 개념을 토대로 예산편성 및 획득을 결정할 수 있도록 의사결정과정을 구조화해야 한다.

소요·획득 의사결정시 무기체계가 가진 단일 성능이나 효과만을 보고 확보할 것이 아니라, 전력구성의 통합관점에서 네트워크로 연결되어

---

29 이에 관한 자세한 내용은, Lynne C. Thompson & Sheila R. Ronis, *The U.S. Defense Industrial Base: National Security Implications of a Globalized World*(National Defense University Press, 2006)를 참조.

작전효과를 극대화할 수 있는 방향으로 검토해야 한다. 이것은 2012년 전시작전통제권 전환으로 인한 우리 군의 독자적 군사능력 확보[30], 더 나아가 육·해·공 합동작전 능력발전을 위해서도 대단히 중요한 대안이다. 신규 무기체계의 추가 확보와 더불어 기존에 보유하고 있는 전력 가운데서도 성능개량사업을 통해 네트워크로 연결될 수 있는 분야에 대한 사업도 병행해서 추진해야 할 것이다.

그리고 획득 및 예산배정 절차를 효과기반 5대 작전영역으로 조직화하여, 기존 및 신규 무기체계 간 작전적 중첩을 최소화하고, 전력구성의 통합관점에서 작전효과를 극대화할 수 있는 방향으로 의사결정과정을 구조화해야 한다. 이를 위해서는 효과기반작전 영역에 따라 전문위원회를 구성할 필요가 있으며, 이곳에서는 다음과 같은 업무를 수행할 필요가 있다. 첫째, '합동작전'joint operation 측면에서 중요한 성과지표를 기준으로 삼아 전 영역에 적용할 수 있는 기술을 평가하고, 이를 통해 가장 우선적인 소요를 식별하는 작업을 수행하는 것이 바람직하다. 둘째, 각 무기체계 획득사업 간의 차이점과 중복되는 부분을 식별하고, 핵심기술과 능력을 개발하는 데 필요한 다양한 지원을 하는 것이다.

셋째, 연구개발 및 사업관리 의사결정과정의 투명성을 강화, 방위사업의 가시성을 확보하고, 안정적으로 자금조달을 할 수 있도록 투자과정의 제도화가 필요하다.

현재 국내 대부분의 방위산업체들은 국방연구개발에 필요한 자금을 마련하는 데 어려움을 겪고 있다. 이것은 방위산업시장에서 기대하는 수익률이 충분히 매력적이지 못하기 때문이다. 따라서 혁신적인 민수업체들에 자금을 지원하기 위해서는 국방예산과 별도로 독립된 벤처자본

---

30 전작전 전환으로 한국군이 한반도에서 벌어질 전쟁에서 주도적인 역할을 하게 되는 부분에 관해서는, B.B. Bell & Sonya L. Finley, "South Korea Leads the Warfight", *Joint Force Quarterly*, Issue 47, 4th Guarter 2007을 참조.

venture capital[31]이 활성화돼야 하고, 효과기반작전의 5대 영역에 걸친 사업에 자금을 투자하기 위해 투자과정의 제도화를 시행할 필요가 있다.

이를 위해 방위사업청은 방위산업기반의 가시성을 고위 국방의사결정자들에게 제공하기 위해 효과기반작전 영역별로 핵심기술 소요를 체계적으로 분석, 평가하고, 각 영역별로 주도적 능력의 목표를 식별하고, 각 능력을 위한 핵심기술이 무엇인지를 분석해야 한다. 여러 전문가 집단의 검토를 통해 각 군과 각 분야에서 전문가를 소집하여 분석하고, 성공적인 변환을 위해 향후 몇 년간 핵심적인 산업능력을 식별할 계획을 마련하는 작업을 추진해야 한다.

핵심능력 개발을 위한 방법론은, 1단계로 효과기반작전 5대 영역별 능력 선도목표 식별, 2단계로 임무영역별 기술개발 및 후보기술의 목록 작성, 3단계로 각 기술에 대한 묘사(기술원천, 최신기술, 미래 기대성과, 자금조달, 위험 등), 4단계로 목표에 따른 업체선별 및 한국의 주도권을 위해 타당한 핵심기술 선별, 5단계로 각 핵심기술에 대한 구체적 질문의 해답 제시(한국기술이 앞서 있는지, 혹은 뒤처져 있는지, 또는 한국의 산업기반 규모는 어느 정도이고, 해외 경쟁기업은 누구인지, 그리고 획기적 기술인지, 광범위한 적용가능성을 가졌는지, 수출규제 조항은 무엇인지 등)이다.

이러한 단계별 방법론은 방위산업체들에게 방위사업의 가시성을 제시할 수 있고, 연구개발로부터 무기체계의 기술적용에 필요한 자금을 보다 체계적이고 안정적으로 지원할 수 있다. 이렇게 할 경우, 신흥방산업체들은 개별사업이나 플랫폼을 수행하는 것보다 훨씬 더 나은 기회를 가질 수 있고, 국방부와 주계약업체는 누구와 계약을 해야 하는지를 쉽게 식별할 수 있게 된다. 그러나 무엇보다 중요한 것은 국방부 및 방위사업청 획득 의사결정자들이 '단일 무기체계' 사업과 '복합무기체계' 사업

---

31 국방연구개발사업의 벤처자본 적용에 관한 연구는, Bruce Held & Ike Chang, *Using Venture Capital to Improve Army Research and Development*, Rand Issue Paper, 2000을 참조.

모두에 영향을 주는 기술의 격차를 더 잘 확인할 수 있고, 이에 따라 복합적인 군사시스템의 작전효과를 배가하는 데 필요한 신기술 확보를 위해 필요한 자금의 요구가 용이해질 수 있는 것이다.

## 3. 소요·획득인력의 전문성 강화

소요−획득체계의 연계를 강화하고, 미래전에 대비한 방위산업기반의 변환을 제대로 유도하기 위해서는 소요·획득을 담당하는 인력들의 전문화된 능력이 필수적이다. 왜냐하면 그것이 없을 경우, 소요−획득이라는 두 톱니바퀴가 매끄럽게 돌아가도록 하는데 필요한 것이 무엇인지를 식별하는 능력이 떨어지게 되고, 또 전쟁양상, 경제, 과학기술 변화에 대한 전문지식이 없을 경우, 방위산업을 어떻게 변환시켜나가야 하는지에 관한 통찰력이 떨어질 수밖에 없기 때문이다.

그리고 현재 광범위하게 받아들여지고 있는 좋은 사업관리 기법이나 원칙들은 단지 상황적으로만 적절한 것이다. 변화하는 획득환경에서 현재의 '모범사례'best practices가 내일의 문제해결에 그대로 적용되리라는 보장은 사실상 없는 것이다. 따라서 소요창출, 생산, 계약, 종합군수지원, 소프트웨어, 사업 및 기술관리, 운영유지, 각종 법규 및 규정, 체계관리 등에 관련된 새로운 교육 프로그램이 지속적이고 반복적으로 획득인력에 제공돼야 하는 것이다. 이렇게 해야 획득인력이 지식과 경험을 결합해 혁신으로 연결시키는 방법을 계속 발전시킬 수 있게 되고, 이를 통해 올바른 정책판단과 합리적인 사업관리를 수행할 수 있게 된다.

첫째, 소요·획득인력의 전문성 강화를 위한 체계적이고 전문화된 교육체계를 구축해야 한다.

소요·획득인력의 전문성을 강화하는 데 가장 핵심사안인 교육체계의 중요성에도 불구하고, 한국의 경우, 선진국과 비교해 볼 때, 소요·획득인력에 대한 전문화된 교육체계, 즉 획득업무의 질을 향상시키기 위해 수준에 따라 교육대상 자격을 계급과 학위수준, 실무경력 수준에 제한을 두고 사업관리교육을 실시하는 그런 교육체계가 아직까지는 미흡한 실정에 있다.

미국의 경우, 1990년 11월 '국방획득인력개선법'DAWIA: Defense Acquisition Workforce Improvement Act을 제정, 무기체계 획득업무 전문분야를 11개로 설정하였으며,[32] 각 경력분야의 발전 토대를 제공하기 위해 교육, 훈련 및 경력기준의 3개 그룹인 '경력수준'Career Level을 설정하여 획득인력을 관리하고 있다. 따라서 획득전문 분야에 근무하는 요원들은 의무적으로 필요한 학위를 보유해야 하며, 사업관리 교육과 훈련 그리고 실무경험을 쌓아야만 차후 보직과 진출이 가능하도록 관리를 하고 있다(〈도표 4〉 참조).

〈도표 4〉 경력관리를 위한 기준 모형

| 수 준 | 교육대상 | 학 력 | 실무경력 |
|---|---|---|---|
| 초급(Level 1) | 현역: 위관<br>일반직: GS04-08 | 학사이상 | 1년 이상 |
| 중급(Level 2) | 현역: 중, 소령<br>일반직: GS09-12 | 석사이상 | 1~3년 |
| 고급(Level 3) | 현역: 중령 이상<br>일반직: GS13 이상 | 석사, 박사 이상 | 1~3년 |

출처: 김철환, 「국방획득 전문인력 관리방안」, (서울: 국방대학교, 2003), p. 43.

둘째, 체계적이고 전문화된 획득교육의 제도화를 위해 미국 및 프랑스 수준의 국방획득대학DAU을 창설하고, 또 민간대학과 연계하여 획득교육 프로그램을 활성화해야 한다.

---

[32] 미국의 획득관련 11개 전문분야는, ① 사업관리 ② 컴퓨터/시스템 획득, ③ 시스템 계획연구/개발공학, ④ 시험/평가공학, ⑤ 획득군수, ⑥ 계약/구매, ⑦ 생산품 관리, ⑧ 사업, 비용 예측, ⑨ 재무관리, ⑩ 품질보증, ⑪ 제조/생산이다.

그리고 미국의 경우, 획득관련 인력들에 대한 체계적이고 전문화된 교육을 위해 국방성 예하 획득훈련과정을 교육하는 각 학교들을 컨소시엄 형태로 구성, 국방획득대학교Defense Acquisition University: DAU를 설치하여 운용하고 있다. DAU의 목적은 국방획득체계의 효율적인 서비스를 위해 획득분야에 근무하는 군인과 군무원의 개인별 교육과 훈련을 제공하기 위한 것이며, 교육과정은 획득업무 수행에 요구되는 전문분야를 11개로 구분하고, 각 분야별 수준에 따라 단계적인 교육을 실시하고 있다.[33] 그리고 민간대학 교육과정에도 DAU에서 요구하는 일부 교육과정을 개설, 운영함으로써 획득인력들에 대한 교육기회를 제공하고 있다.

그러나 우리나라의 경우, 미국과 같은 획득인력관리에 관련된 법, 그리고 체계적이고 전문화된 교육기관이 없는 실정에 있다. 물론 국방대학교에 획득인력 양성교육 프로그램이 있기는 하나, 앞서 언급한 미국과 같은 선진국 수준의 전문화되고 체계화된 교육을 수행하지는 못하고, 기본교육 정도만 수행하고 있다(〈도표 5〉 참조). 현재 국방획득사업을 전담하고 있는 방위사업청 획득인력의 대부분이 획득관련 기본교육조차 이수하지 않은 상태에서 획득업무를 수행하고 있을 정도다.[34]

〈도표 5〉 국방무기체계 사업관리과정(기본과정)

| 구 분 | 교육기관 | 교육횟수/인원 | 교육주기 | 교육대상 |
|---|---|---|---|---|
| 내용 | 3주 | 연 5회/200명 (매기 40명) | 3.5~4.21<br>4.30~6.2<br>6.18~7.7<br>9.3~9.22<br>10.29~11.10 | • 전력증강사업분야 관리자급<br>  - 기본교육 미이수자<br>• 전력증강사업 신규 보직자<br>  - 현역: 대위-대령급 장교<br>  - 군(공)무원: 8~4급<br>  - 연구부서: 연구원-책임연구원<br>• 전력증강사업에 종사하면서 기본교육 미이수자 |

---

33 DAU 홈페이지, http://www.dau.mil/.
34 방위사업청, 「방위사업청 백서」 (서울: 방위사업청, 2005), p. 191.

| 대과목 | 세부과목 | 시 간 |
|---|---|---|
| 획득정책(12) | - 군사력 건설의 역사와 교훈<br>- 방위사업법<br>- 국방예산관리제도<br>- 국방기획관리 | 3<br>3<br>3<br>3 |
| 소요관리(9) | - 소요기획체계<br>- ROC<br>- DM&S | 3<br>3<br>3 |
| 전력업무관리(12) | - 국방전력발전업무체계<br>- C4ISR<br>- 연구개발사업관리<br>- 정보화사업관리 | 3<br>3<br>3<br>3 |
| 프로젝트관리(12) | - 프로젝트관리이론 및 기법<br>- 사업관리체계 및 절차<br>- 체계종합관리<br>- 시험평가업무 | 3<br>3<br>3<br>3 |
| 분석평가(10) | - 국방전력평가업무체계<br>- 소요단계 분석평가<br>- 획득/운영단계 분석평가<br>- 비용분석 성과관리 | 3<br>3<br>3<br>3 |
| 조달관리(12) | - 절충교역<br>- 국외조달<br>- 원가관리<br>- 국내조달 | 3<br>3<br>3<br>3 |
| 방산관리(9) | - 방산관리업무 | 3 |
| 군수관리(9) | - 전력화지원요소<br>- ILS 관리<br>- 품질관리 | 3<br>3<br>3 |
| 기타(26) | - 입교 및 수료식<br>- 교과 및 생활안내<br>- 현장학습<br>- 평가<br>- 체육<br>- 종합설문 | 3<br>2<br>14<br>2<br>3<br>2 |

출처: 국방대학교 인터넷 홈페이지, http://www.kndu.ac.kr.

따라서 빠른 시일 내에 방위사업청 산하, 혹은 국방대학교 산하에 미국과 같은 수준의 국방획득대학교를 설치, 획득관련 인력들을 체계적이고 전문적으로 교육시켜 나가야 하며, 기존 획득관련 인력을 지난 수년간에 걸쳐 교육시키고 있는 민간대학(예: 한남대학교) 등과 연계하여 교육훈련 프로그램을 적극 이용할 필요가 있다. 특히 한남대 국방전략대학원 국방획득관리학과에서 제공하는 석사학위 과정 교육내용은 미국과 프랑스의 국방획득대학DAU을 비롯한 미국 내 민간 경영대학원에서 제공하는 획득관련 교과내용과 비교해 볼 때 손색이 없는 수준으로 평가받고 있다(〈도표 6〉 참조).[35]

〈도표 6〉 한남대 국방전략대학원 국방획득관리학과교육내용

| 교과목 | 교육내용 | 강의<br>시간 |
|---|---|---|
| 기획·계획·<br>예산체계 | - 국방부가 활동을 하는데 소요되는 모든 재원들이 어떤 배분과정을 거쳐 제공되는지 연구<br>- 특히 국가전략(목표)과 전체로서의 국방예산(수단)이 어떻게 연계되는지를 논리적으로 이해하여 군의 국방획득 프로그램을 분석·평가하고, 산출물(outputs)을 조사하고, 전략대안(strategic alternatives)을 평가할 수 있는 전문능력을 발전시키는 데 초점 | 16 |
| 소요<br>기획론 | - 국방기획(defense planning)의 제분야 가운데 하나인 소요기획에 관한 전반적인 이해를 도모<br>- 동시에 획득 프로그램의 성공(비용, 일정, 기술)에 있어 가장 핵심적인 요소인 소요기획의 필요성 및 중요성을 강조 | 16 |
| 종합군수<br>지원론 | - 무기체계의 수명주기간 필요로 하는 제반 군수지원 요소를 적시, 적절하게 획득·유지하여 무기체계의 가동률을 최대화하고, 수명주기 비용을 최소화하는 데 필요한 전문능력을 발전<br>- 이를 위해 무기체계 및 비무기체계의 소요기획단계부터 설계·개발·획득·운영 및 폐기 시까지 전 과정에 걸쳐 제반 군수지원 요소를 종합적으로 관리하는 전문능력을 발전 | 16 |

---

35 일례로 지난 2006년에는 국방획득관리학과 계룡대 분원 학생 전원(11명)이 미국의 사업관리 전문가 시험에 합격하여, 공군의 군무원 1명을 제외하고 전원이 방위사업청에 우수인력으로 발탁되었다.

| 교과목 | 교육내용 | 강의<br>시간 |
|---|---|---|
| 국방획득<br>관리입문 | - 국방부의 국방획득정책 및 절차, 특히 소요창출체계, PPB체계,<br>획득관리체계의 상호작용에 중점을 두어 국방획득관리 전반<br>에 관한 기본적인 개념적 설명을 제공<br>- 이를 통해 우리 군의 소요/획득/군수인력들이 군을 무장하고<br>장비를 갖추게 하는데 혁신적이고, 효과적이고, 그리고 더 효<br>율적인 방법을 독자적으로 찾아내는 능력을 발전 | 16 |
| 방위산업<br>정책론 | - 국가방위를 목적으로 하여 군사적으로 소요되는 물자를 연구,<br>개발하거나 생산하는 데 종사하는 방위산업을 경험적 차원에<br>서 연구<br>- 이를 토대로 미래의 안보환경 및 기술발전 속도에 탄력적으로<br>대처할 수 있는 바람직한 방위산업정책 방향이 무엇인지 고찰 | 16 |
| 획득<br>전략론 | - 소요제기·결정된 무기체계 및 장비를 어떤 방법과 절차를<br>통해 비용-효과적으로 획득하는지를 이해<br>- 이를 통해 비용(cost), 일정(schedule), 성능(performance)에 부정적<br>인 결과를 초래할 수 있는 문제에 탄력적으로 대처할 수 있는<br>전략기획(strategic planning)능력을 발전 | 16 |
| 소요기획<br>문서작성 | - 다양한 소요기획접근법(RPA: Requirements Planning Approaches)을<br>숙지시켜, 육·해·공 합동성에 토대를 둔 '합동소요기획' 능<br>력을 발전<br>- 또 관련 문서들을 논리적·체계적으로 작성할 수 있는 독자적<br>인 능력을 발전 | 16 |
| 군수관리<br>개선 | - 유형적 군사력을 건설하고, 유지하며, 정비하는 군수관리에<br>대한 총체적인 이해를 도모<br>- 특히 미래전 양상변화에 발맞추어 탄약, 유류, 장비, 수리부속<br>등 전쟁긴요물자의 전시소요에 대한 개념을 재정의하고, 첨단<br>복합 무기체계의 효율적인 군수지원 등을 위한 군수지원(정비,<br>수송 등) 기반시설 확충을 도모할 수 있는 방법을 모색 | 16 |
| 국방획득<br>개혁론 | - 국가안보적 위협에 대처하기 위해 군에 의해 사용되는 무기체<br>계, 정보기술체계, 그리고 기타 장비의 획득을 위한 틀(framework)<br>을 제공하는 국방획득체계를 이론적, 경험적 차원에서 분석 | 16 |
| 국제<br>협상론 | - 다문화적(multi-cultural) 환경 속에서 복잡한 이슈들을 해결하는<br>데 필요한 협상을 기획하고, 준비하는 데 초점을 두는 방법을 연구<br>- 특히 협상관련 이론과 실무를 배우고 또 협상관련 당사자들의<br>행동과 목표를 감안하여, 어떻게 그리고 언제 협상기술을 실제<br>현장에서 적응시키는지를 배움으로써 협상능력을 발전시키<br>는 데 초점 | 16 |

| 교과목 | 교육내용 | 강의<br>시간 |
|---|---|---|
| 조달 ·<br>계약 관리:<br>이론과 실제 | - 효율적이고 효과적인 조달/계약체계의 원칙을 충분히 이해하<br>여 실제 현장에 곧바로 적용하는 것을 가능케 하는 방법을 연구<br>- 특히 조달기획(procurement planning), 시장조사, 시방서 작성 및<br>검토, 입찰방법, 평가기술, 기술 및 가격제안서 분석, 계약행정/<br>관리, 계약파기 등에 관한 실무훈련을 포함 | 16 |
| 품질<br>관리론 | - 군수품의 표준화 및 시험평가에 대한 기술지원 업무에 관한<br>전반적인 지식을 발전<br>- 특히 업체/품목별 위험도 관리, 전시 품질보증활동계획 수립<br>및 개선, 비용 · 일정 · 성능관리에 관한 전문능력을 발전시키<br>는 데 초점 | 16 |
| 시험 및<br>평가 | - 특정 무기체계가 기술상 또는 운용상으로 소요문서에 명시된<br>제반 요구조건을 충족시키는지를 확인하고 평가하는 기법을<br>이해<br>- 시험 및 평가 프로그램의 총체적 구조 및 목표를 기록한 시험<br>평가기본계획(TEMP: Test & Evaluation Master Plan)을 작성하는<br>능력을 배양 | 16 |
| 군사과학<br>기술론 | - 첨단 군사과학기술에 대한 과학적이고 체계적인 분석을 통해<br>우리 군이 보유한 최신 무기체계의 능력을 지속적이고 체계적<br>으로 극대화시켜 전투력을 향상<br>- 또한 보유 무기체계가 가진 기술적 한계에 대해 철저히 연구,<br>필요시 대응방안을 강구 | 16 |
| 첨단<br>무기<br>체계론 | - 현대전에서 사용되고 있는 각종 첨단 무기체계의 각종 특징과<br>장단점을 분석, 평가<br>- 특히 각종 첨단 무기체계의 체계능력(system capability)과 체계특<br>질(system characteristics)에 관한 총체적인 이해능력을 발전시키<br>는 데 초점을 둔다. | 16 |
| 국방 모델링<br>&<br>시뮬레이션<br>연습 | - 국방의사결정의 신뢰성을 향상시키고, 국방운영의 경제성과<br>효율성을 제고시키며, 시스템의 운용효과를 향상시키는데 도<br>움을 주는 M&S에 관한 이해를 발전<br>- 특히 전구 · 전쟁수준의 M&S 체계 및 임무/대대 수준에 M&S<br>체계를 어떻게 활용할 수 있는지 심층적으로 연구 | 16 |
| 국방의사<br>결정<br>분석기법 | - 국방과 국방정책 의사결정과정에서 직면하는 여러 가지 이슈<br>들을 과학적으로 분석<br>- 이를 발전시킬 수 있는 대안을 제시할 수 있는 전문능력을 발전 | 16 |

출처: http://nds.human.ac.kr/html/educ/educ_01.html.

셋째, 획득인력들이 획득사업 수행을 통해 체득하는 지식을 체계적으로 정리하고, 이를 관리·유지할 수 있도록 각군, 합참, 방위사업청 내에 '지식기반 국방획득' 관리시스템을 구축해야 한다.

지식기반 국방획득은 획득관련 인력과 조직이 효율적으로 지식을 공유, 창출하여 이를 통해 획득사업을 합리적으로 수행하는 것을 말한다. 무기체계의 소요제기에서 폐기처분에 이르기까지 수많은 단계에서 획득인력들이 시행착오를 통해 어렵게 체득해 자신의 머릿속에 들어 있는 지식, 즉 암묵지暗默知: tacit knowledge를 같거나 유사한 업무에 종사하는 인력과 공유한다면 어떤 유사한 사례가 발생했을 때 겪을 수 있는 시행착오를 줄일 수 있게 되고, 또 문제해결에 필요한 훨씬 좋은 대안을 마련할 수도 있게 된다.

이러한 지식기반 국방획득 관리시스템을 구축할 경우, 획득업무 수행 시 '핵심역량'을 식별해 그것에만 능력을 집중하는 것을 가능케 해 줄 것이다. 필수적인 핵심역량에만 노력을 집중하고, 부수적인 기능은 우수한 기관의 전문능력을 활용할 수 있도록 아웃소싱outsourcing하는 혁신을 단행할 경우, 획득관련 인력들이 자기 분야의 전문성을 발전시키는 데 더 많은 시간을 투자할 수 있게 될 것이다. 따라서 핵심역량 위주로 업무를 수행할 수 있도록 제도를 재설계해 통폐합된 조직을 다시 경량화하고, 여타 기능은 관련기관 또는 민간부문에 아웃소싱하는 방향으로 나가는 것이 바람직하다.[36]

---

36 김종하, "방위사업청을 '지식조직'으로", 「매일경제신문」, 2005년 12월 21일.

# :: 결 론

지금까지 국방획득관련 향후 정책 발전과제에 대해 논의했다. 본 글에서 논의한 획득개혁 시 고려해야 할 네 가지 핵심적 질문 — 첫째, 위협에 대처하기 위한 소요를 어떻게 작전환경의 관점에 따라 과학적으로 산출할 수 있겠는가. 둘째, 현재의 획득체계를 통해 최첨단의 무기체계 및 장비를 지속적으로 개발·생산·획득할 수 있겠는가. 셋째, 미래전에 대처하는 데 필요한 무기체계를 획득하는 데 있어 과연 지금처럼 긴 획득주기를 가진 획득체계를 그대로 사용할 수 있겠는가. 넷째, 유한한 자원을 놓고 국방과 사회적 우선순위가 서로 경쟁하는 예산적 환경 속에서 어떻게 설득력 있게 그러한 요구를 세분화하여 국민들을 설득할 수 있겠는가— 그리고 국방획득에 있어 세 가지 접근법, 즉 '위협기반획득', '능력기반획득', '효과기반획득'을 적절히 이해하게 될 경우, 국방획득관련 정책발전 과제를 찾는 데 많은 도움이 될 것이다.

이런 이해를 바탕으로 본 글에서 제시한 '소요-획득의 연계강화'(소요-획득 인력순환 개선, 과학적 소요분석 수단 마련), '방위산업기반의 변화 강화'(작전효과에 초점을 둔 방산기반 토대 구축, NCW 개념하 예산편성 및 획득결정구조의 전환, 안정적 자금조달을 위한 투자과정의 제도화), '소요·획득인력의 전문성 강화'(소요·획득인력에 대한 전문화된 교육체계 제도화, 국방획득대학 창설, 지식기반 국방획득 관리 시스템 구축) 등과 관련하여 제시된 구체적인 대안들은, 앞으로 우리 군이 미래의 불확실하고 복잡한 안보적 위협에 탄력적으로 대처하는 데 필요한 무기체계를 과거보다 더 좋게better, 더 빠르게faster, 더 싸게cheaper, 그리고 더 현명하게smarter 획득하는 데 많은 도움을 줄 것으로 확신한다.

# 제 **2** 장
# 효과기반작전(EBO) 구현을 위한 한국군의
# 전력증강 우선 추진과제

    냉전 이후에 벌어진 걸프전(1991), 코보소전(1999), 아프가니스탄전(2001), 이라크전(2003) 등은 전쟁수행방식이 '신속결정적·핵심표적동시공격적'인 양상으로 혁명적으로 변화되고 있음을 보여주었다. 이것은 정보·감시·정찰(ISR: 표적발견체계), 지휘통제(C4I: 결심체계), 그리고 정밀유도무기(PGMs: 타격체계) 관련 기술의 급속한 발전으로 인해 가능하게 된 것이다.

    ISR 자산의 전술적 감시능력은 과거 150km 정도에 불과했던 것이 이라크전에서는 2,000km까지 확대되었고, 탐지면에서도 걸프전에서는 전장의 15% 정도에 불과했던 것이 이라크전에서는 90%까지 탐지범위가 확대되었다. C4I체계의 발전은 지휘관의 의사결정 속도를 대폭 높였고, 또 PGMs의 발전은 2차대전 당시 오차범위가 3마일 이내였던 것이, 이라크전에서는 3m 수준으로 정확성이 증대되었다. 일례로 걸프전(1991) 당시, 토마호크 지상공격크루즈미사일$_{LACM}$의 '파괴과정'(kill-chain: 표적을 선정하여 표적을 파괴하기까지 걸리는 시간: ISR+C4I+PGMs)은 수일, 코소보전(1999) 101분, 이라크전(2003)에서는 45분이 소요되었고,[1] 또 "B-2 Spirit 스텔스 폭격기"는 16기의 JDAM을 장착, 16개의 다른 목표물을 동시

---

1 Mike Mullen, "Capture Vision", *Proceedings*, April 2002, p. 37. 2010년경 '파괴과정'은 10분 정도로 단축될 것으로 예상된다.

에 공격, 짧은 시간에 더 많은 표적을 파괴하였다.[2]

이런 신속결정적·핵심표적동시공격적 전쟁수행을 구현하는 데 있어 가장 중추적인 작전적 실행도구로써 2000년대 초에 등장, 현재 세계 각국의 군에서 가장 주목받고 있는 작전개념 가운데 하나가 바로 '효과기반작전'Effects-Based Operation: EBO이다. 이것의 전쟁수행 기본개념은 지식·정보를 기반으로, ISR 체계를 통해 전장을 가시화하고, ISR 체계와 C4I 체계를 연계시켜 실시간으로 적을 보면서 표적처리 시간을 단축시키고, 정밀타격전력으로 적의 핵심 '노드'node를 파괴(핵심표적 동시공격)하여, 이로 인해 적에 대한 심리적 마비효과를 유발시켜 아군이 원하는 대로 적의 행동변화를 야기시킴으로써 전쟁의 전략적·작전적·전술적 수준에서 설정한 목표를 달성하는 것이다.

'네트워크중심전'NCW: Network-Centric Warfare이 부가하는 '신속결정작전'RDO: Rapid Decisive Operations의 부산물spin-off[3]로 탄생한 EBO는, 현재 전 세계 대부분의 군에서 전쟁수행의 기본교리로 채택되어 운용되고 있다. 예를 들어, 2006년 미국의 '4개년 국방검토보고서'QDR는 병력의 '집중'mass 보다는, '효과'effects를 더 강조하는 필요성을 제기하고 있으며,[4] 나토NATO는 군 변혁을 이끌기 위한 방안의 하나로 EBO를 채택하면서, 군사작전에 있어 '효과'effects에 대한 이해는 작전환경에서, 부여받은 과업tasks 달성에 일차적 초점을 두는 대신, 바람직한 '효과'의 효율적·효과적인 달성에 초점을 두는 기본적인 사고방식을 대표한다고 강조하고 있다.[5] 그리고

---

2 Merrill McPeak, "Precision Strike: The Impact on the Battlespace", *Military Technology* (May 1999), pp. 20~24.

3 Milan N. Vego, "Effects-Based Operations: A Critique", *Joint Force Quarterly*, Issue 41, 2d quarter 2006(online), p. 51.

4 Department of Defense(DOD), *2006 Quadrennial Defense Review Report* (Washington, DC: DOD, February 6, 2006), p. 5.

5 Marvin Barnes, "Effects-based concepts face test in Turkey", ACT Operational Experimentation, February 14, 2006, www.act.nato.int/multimedia/articles/2006/060214mne4.html.

이스라엘 국방총장은 군 변혁은 '힘'power에 초점을 두기보다는 '효과'에 더 많은 초점을 두어야 함을 강조하고 있다.[6] 현재 한국 합참도 NCW 하에서의 효과기반작전을 합동작전 수행의 기본개념으로 채택, 운용하고 있다.[7] 이것은 EBO 개념이 세계 각 국의 군에서 '전투교리' warfighting doctrine를 변혁시키는 주된 요인으로 작용하고 있다는 사실을 뚜렷하게 보여주는 것이다.

본 장은 NCW 하에서 수행되는 주요 작전개념인 EBO가 어떻게 탄생하여 지금까지 발전되어 왔는지, 그리고 어떻게 그것이 실제 전쟁에서 적용되었는지 간략히 살펴보고, 이를 토대로 앞으로 한국군이 전쟁수행의 기본교리로 EBO 개념을 효율적·효과적으로 적용·운용하기 위해서는 어떤 무기체계를 우선적으로 획득해야 하는지를 살펴보는 데 목적이 있다.

## :: 효과기반작전Effects-Based Operations: EBO의 기원 및 발전

'효과'는 군사적·비군사적 행동으로 초래되는 물리적·행동적·심리적 결과, 혹은 사건을 의미하며,[8] 여기에서 "물리적 상태는 아군의 조치결과에 따른 상대방의 피해상태, 행동적 상태는 상대방의 행동변화, 심리적 상태는 심리변화를 의미"한다.[9] 그리고 '효과기반'이란 특정한 효

---

6 Robin Hughes, "Interview: Lieutenant General Moshe Ya'alon, Israel Defense Force Chief of Staff", *Jane's Defense Weekly*, November 17, 2004, p. 34.

7 한국 합참의 합동개념서는 효과기반작전을 '효과중심작전'으로, 육군의 지상전개념서는 '효과위주작전'이라는 용어로 대체하여 사용하고 있으나, 효과기반작전이 강조하는 것과 큰 차이는 없다. 용어상의 차이점에 대해 구체적으로 설명한 부분에 대해서는, 육군본부, 「지상전개념서: 네트워크 기반 동시·통합전」(대전: 육군본부, 2007), pp. 130~131을 참조

8 United States Joint Forces Command, *Effects-Based Operations White Paper Version 1.0* (Norfolk, VA: Concepts Department J9, 2001), p. 5.

과나 요망효과를 달성할 목적으로 취하는 '행동'action을 의미한다.

기존의 전쟁수행방식(소모전)에서 요구하는 효과는 주로 '파괴'나 적의 '영토정복'이라는 물리적 효과에 치중하였다. 그러나 EBO에서는 군사행동에 의한 물리적 혹은 직접적 효과뿐만 아니라, 간접적인 효과, 특히 심리적 효과에 더욱 관심을 집중하는 경향이 있다. 따라서 EBO는 '전쟁수행방식'에 있어 '심리적 측면의 중요성을 강조'했던 손자Sun Tzu나 클라우제비츠Carl von Clausewitz와 같은 군사사상가들의 생각에 기본적으로 동조하는 개념이라 할 수 있는 것이다.[10] 20세기 최고의 군사사상가들인 리델하트B.H. Liddell Hart나 줄리오 두헤Giulio Douhet 등도 적을 무력화시키기 위해 '간접전략'indirect strategy, 혹은 항공력으로 적의 중심을 타격함으로써 적의 행동에 영향을 끼치는 필요성을 강조했다.[11] 이런 심리적 접근의 요체는 적의 행동을 아군이 원하는 방향으로 유도하기 위한 것이라 할 수 있기 때문에, 크게 보면 EBO가 상정하고 있는 기본개념과 크게 다를 바 없는 것이다.

따라서 이런 역사적 관점에서 본다면, EBO란 것은 완전히 새로운 작전개념은 분명히 아닌 것이다. 단지 그것을 작전수행의 보편적 접근으로 지금까지 체계화·구체화하지 못했을 뿐인 것이다. 2001년경부터 '미합동군사령부'USJFCOM 차원에서 EBO 개념을 시험하고, 그것을 실행하기 위한 가장 좋은 방법을 추구하는 기초적인 논의가 진행되어 왔다. 그 결과로 2001년 10월 18일, 미합동군사령부에서 'Effects-Based Operations'이라는 제목의 백서White Paper를 출간하고, 연이어 각 군 학교기관의 EBO에 관한

---

9 육군본부, 「지상전개념서: 네트워크 기반 동시·통합전」, p. 154.

10 Tao Hanzhang, *Sun Tzu's Art of War*(New York: Sterling Publishing, 1987); Carl von Clausewitz, *On War*, ed. and trans. Peter Paret and Michael Howard (Princeton, NJ: Princeton University Press, 1976)을 참조.

11 Basil H. Liddell Hart, *Strategy* (New York: Praeger, 1972), pp. 338~339; Giulio Douhet, *The Command of the Air*, trans. Dino Ferrari (New York: Coward-McCann, 1942), p. 20.

합동작전 수준에서의 적용가능성에 대한 토론, 그리고 '합동전투센
터'Joint Warfighting Center에서 EBO에 관한 다양한 관념을 하나의 공통된 시
각으로 만들기 위해 노력하는 과정 속에서,[12] 그것이 NCW 환경하에서
신속결정작전을 수행하는 데 필요한 중요한 수단, 혹은 작전개념의 하나
로 탄생하게 된 것이다.

　　EBO 백서에 따르면, "EBO는 분쟁의 모든 수준에서 아군이 가용한 모
든 군사 및 비군사적 능력을 상승적 · 누적적으로 적용하여 적에 대해
아군이 원하는 전략적 결과나 효과를 달성하는 과정"[13]으로, 그리고 '한
미연합사령부'CFC는 그것을 "전술적 · 작전적 · 전략적 수준에서 전 범위
에 군사 및 비군사적 능력을 상승적 · 누적적 · 상호보완적으로 적용하여
적에 대해 요망하는 전략적 성과 혹은 효과를 달성하는 과정"으로 정의
하고 있다.

　　확실히 EBO는 한미연합사령부에서 강조하고 있는 것처럼, 전쟁의 각
수준, 즉 전술적, 작전적, 전략적 수준에서 사용되어질 수 있을 것이다.

　　첫째, 전쟁의 전술적 수준에서 EBO는 작전수행을 위한 '기획방법
론'planning methodology으로 활용될 수 있다. 전술적 기획방법론은 적을 공
격하기 위해 군사적 · 비군사적 수단 둘 다의 사용을 강조한다. 또한 EBO
는 어떤 복잡한 '적응체계'의 관점에서 적의 능력을 조망하고, 적의 약점
을 이용하는 것을 추구함으로써 효율적인 '표적화'targeting를 수행하기 위
한 수단으로 간주될 수 있다. 이런 관점은 바람직한 효과를 달성하기 위
해 적의 '하부구조'infrastructure 및 '지휘통제체계'Command-and-Control system의
중요한 '노드'를 파괴하는 데 초점을 둔다. 전술수준의 EBO는 연속적 ·
순차적인 공격보다는 동시공격을 가하는, 소위 '핵심표적동시공격'parallel

---

12 The Joint Warfighting Center, "An Effects-Based Approach: Refining How We Think about
　　Joint Operations", *Joint Force Quarterly*, Issue 44, 1st quarter 2007, p. 2(online).
13 United States Joint Forces Command, *op. cit.*, p. 5.

attack 수행을 그리는 것이다.[14] 핵심표적 동시공격을 수행하는 것은 정밀 무기 및 적 방공망을 제압하는 능력, 그리고 군사목표를 달성하기 위해 총체적 파괴보다 효과에 일시적 초점을 두는 작전개념을 요구하는 것이 다.[15] 효과기반 표적화는 2003년 '이라크 자유작전'Operation Iraqi Freedom에 서 '부수적 피해'collateral damage[16]를 최소화하기 위한 노력의 일환으로, 미 국을 비롯한 연합군에 의해 광범위하게 활용되었다.

둘째, 전쟁의 작전적 수준에서 EBO는 전쟁수행방식에 있어 '신속우 위'rapid dominance, 혹은 '충격과 공포'shock & awe[17]와 거의 유사한 작전개념 이라 할 수 있다. 전쟁수행시 적에 대한 신속한 우위를 달성하는 것은 적의 군사적 저항을 끝내도록 하기 위해 해상, 공중, 그리고 지상, 우주군 으로부터의 일련의 가차없는 타격의 사용에 의존한다. 예를 들어, 이라크 자유작전 초기, 수많은 표적들에 대한 크루즈미사일 타격 및 공중폭격은 지상군 공격과 거의 동시에 이루어졌다.[18] 그 결과 연합군은 빠른 속도로 이라크 수도인 바그다드Baghdad로 진격할 수 있었으며, 작전개시 거의 3 주만에 이라크 정권을 붕괴시켜 버렸다. 작전적 수준에서 EBO는 적응력

---

14 David A. Deptula, *Effects-Based Operations: Change in the Nature of Warfare* (Arlington, VA: Aerospace Education Foundation, 2001), pp. 3~6.

15 *Ibid.*, p. 7.

16 부수적 피해는 "적의 병력이나 군사시설에 대한 군사행동 내지는 공격의 결과로서 발생하는 군사적 혹은 비군사적 주변자원에 대한 피해"를 의미한다. 미공군본부, Air Force Manual 11~1, *Air Force Glossary of Standardized Terms* (HQ, USAF, 1989).

17 일반적으로 '충격과 공포'(shock & awe)작전은 주로 항공력에 의존하며, '항공우위'(air do-miance)의 신속한 구축 및 정밀유도무기(PGMs)의 높은 사용을 가정하는 전략이다. Timothy Garden, "Iraq: The Military Campaign," *International Affairs*, Vol. 79, No. 4 (2003), p. 705.

18 COL Greg Fontenot, Retired, U.S. Army, LTC E.J. Degen, U.S. Army and LTC David Tomm, U.S. Army, *On Point: The U.S. Army in Operation IRAQI FREEDOM* (Washington, DC: Office of the Chief of the Army, 2004), p. xxvi. 이라크 자유작전에서 항공력과 지상군 의 동시적용이 아닌, 연속적이고 단계적인 적용을 주장하는 논문에 대해서는, J.R. McKay, "Mythology and the Air Campaign in the Liberation of Iraq", *Journal of Military and Strategic Studies*, Spring 2005, Vol. 7, Issue 3(online)을 참조.

이 뛰어난 적을 다루기 위해 전구사령관과 캠페인campaign에서 다른 주요 행위자 사이의 협력을 요구한다. 야전에서 작전사령관과 전술사령관 사이의 상호작용과 네트워킹은 캠페인의 기획과 실행단계 둘 다에서 요구되어지는 것이다.[19]

셋째, 전쟁의 전략적 수준에서, EBO는 국력의 모든 요소들, 즉 정치적, 경제적, 외교적, 군사적 요소들을 적용하는 것으로 간주되어질 수 있다. 전략적 시각에서 볼 때, EBO 주창자들은 모든 자원의 통합은 캠페인의 효과성을 증진시킬 수 있다고 믿는 것이다.[20] 특히 역동적인 변화, 재원 제약, 급속한 기술적 진보와 같은 도전들은 국력의 다른 도구들과 완전히 통합된 작전환경의 시각을 요구한다. 전쟁에서의 승리는 목표를 향해 권력의 다른 도구들을 동시에 사용하여 우위를 휘두르는 능력에 달려 있는 것이다.

지금까지 EBO에 관한 논의는 원래 개념적으로 정의한 외교·정보·군사·경제DIME: Diplomacy, Information, Military, Economy 전체를 다루기보다는, 주로 군사적 수준(작전적·전술적 수준)의 협의적 개념에 초점을 더 많이 두고 있는 것이 사실이다. 그러나 앞으로 전장환경과 안보환경의 변화로 군사력의 응용범위가 대폭 확장될 경우(예: 4세대전쟁, 평화유지전 등), EBO의 적용대상과 범위는 전략적 수준으로까지 대폭 확대되어질 것이다.

---

19 Edward A. Smith Jr., *Effects Based Operations: Applying Network Centric Warfare in Peace, Crisis, and War*, CCRP Publication Series, Department of Defense, Washington, DC, November 2002, p. 26.

20 Dennis J. Gleeson, Gwen Linde, Kathleen McGrath, Adrienne J. Murphy, Williamson Murrary, Tom O'Leary and Joel B. Resnick, *New Perspectives on Effects Based Operations: Annotated Briefing*, Institute for Defense Analyses, Alexandria, VA, June 2001, pp. 11~15.

## :: EBO 적용 사례

앞에서 언급한 것처럼, EBO 수행의 기본개념은 지식·정보를 기반으로 정보·감시·정찰ISR체계와 지휘통제C4I체계, 그리고 정밀유도무기PGMs의 네트워크화, 소위 '복합체계'system of systems화를 통해 실시간으로 적을 보면서, 적의 핵심 '노드'node에 대한 동시공격과 정밀공격을 통해 우리가 요망하는 적의 행동변화를 야기시켜 전략적·작전적·전술적 목표를 달성하고자 하는 것이다.

성공적인 EBO는 전쟁수행에 있어 적의 핵심 '노드'를 정확하게 공격, 효과를 창출할 수 있는 첨단화된 '정보기술'의 적용을 그 무엇보다도 최우선적으로 요구한다. 걸프전 이후 지금까지 무인항공기UAVs 및 보조센서를 장착한 우주기반플랫폼과 같은 '탐(감)지기술'sensing technologies은 급속도로 발전되었다. 일례로 걸프전 당시 350x350 평방마일의 면적 내에서 의미 있는 표적의 15% 정도만을 탐지, 식별하였는데, 2003년 이라크전에서는 이것이 70%대로 대폭 향상되었다. 여기에다 다른 고도에서 작동하는 플랫폼에 '전자기파 스펙트럼'electromagnetic spectrum을 가로지르는 감지능력의 결합은 지속적 감시 및 표적화 수행을 가능케 하고 있다.

2003년 이라크 자유작전에서 '미국가정찰국'(NRO: National Reconnaissance Office: 미국의 모든 인공위성 프로그램의 설계에서 운영까지를 책임지고 있으며, 주 임무는 분쟁지역을 찾아내 경고하는 것이며, 군사작전을 지원하고 환경을 관측하는 역할을 수행)[21]은 첨단 KH-11급(전자광학 적외선 위성으로 몇 분 이내에 영상정보를 보낼 수 있는 능력을 보유)을 '가시광선 및 적외선 영상촬영 위성'visible & infrared imaging spacecraft 및 몇몇 '라르코스 전천후 영상촬영 위성'Lacrosse all-weather imaging radar spacecraft을 감시자산으로 활용했다. 이런 자산들은 고정시설물을 식별하고, 이라크 장갑차량을 탐

---

21 월간항공 편집부, "미국의 공중 스파이들(2)", 「월간항공」(2004년 10월), p. 31.

지하고, 고정 설치물 및 미사일 발사대 위치를 찾아내기 위해 24시간 정찰임무를 제공했다.

장거리, 또는 '고고도 무인기'UAV인 글로벌 호크(Global Hawk: 임무고도 17~22km, 38시간 체공)[22]는 타격조정 및 정찰자산으로 사용되어졌는데, 특히 이라크군의 공중방어 및 지대지 미사일의 위치를 찾아내는 데 효과적이었다. 글로벌 호크의 '정밀해상레이더'Synthetic Aperture Radar는 전자광학 및 적외선 레이더로 사진을 촬영하며 해상도는 30cm로 개인화기의 식별도 가능하다. 이런 능력 때문에 모래폭풍을 포함한 거친 날씨에서도 운용할 수 있는 이점을 가지고 있었다. 또 그것은 공중에 30시간 정도 체공할 수 있고, 단 한 번의 임무 동안 600개의 표적을 영사할 정도의 능력을 보유하고 있다.[23] 일례로 이라크전에서 24시간에 걸쳐, 단 한 대의 글로벌 호크는 50개의 지대공 미사일 발사대, 10여 개 이상의 SAM 포대, 그리고 대략 70여 대의 미사일수송차량을 찾아냈을 정도다. 중거리, 또는 중고도무인기인 프레데터(predator: 임무고도 8km, 15시간 체공)는 전자광학 및 적외선레이더로 사진을 촬영하여 실시간으로 정보를 제공하는, 감시 및 자동타격자산으로 사용되어졌다. 일례로 아프가니스탄전에 배치된 프레데터는 2001년 11월 중순경 고위 알 카에다 지휘관들의 위치를 정확히 파악하여 실시간 영상을 군 지휘부에 전송했으며, 헬파이어 미사일로 그들을 공격하기도 하였다.[24] 이라크전에서 프레데터는 이라크군의 진용 및 이동상황을 영상으로 지휘관의 노트북 컴퓨터로 전송할 정도로 발전했다. 이처럼 광범위한 지역의 상황인식능력을 제공

---

22 글로벌 호크의 기술적 능력에 대해 상세히 묘사한 글은, 월간항공 편집부, "고고도 장거리 무인기! Global Hawk", 「월간항공」(2006년 11월), pp. 10~25 내용을 참조.

23 Statement of General Tommy R. Franks, Combatant Commander, U.S. Central Command, to Armed Service Committee, U.S. House of Representatives (27 February 2002).

24 Kenneth Chang, "A Crafty, Deadly Predator", *The New York Times* (23 November 2001), p. B3.

하는 고고도 글로벌 호크와 전술감시를 제공하는 저고도 프레데터와 같은 무인기는 앞으로 미래전에서 효과적인 ISR 능력을 제공하기 위해 더 많이 전장에서 활용되어질 것으로 생각된다.[25]

그리고 미군은 감시 및 표적화를 증진시키기 위해 E-3A AWACS(적의 공중활동을 탐지하고 아군 전투기를 안내하는 역할), RC-135 Rivet Joint 및 EP-3 항공기(적의 레이더와 무선방출 신호를 탐지하고 위치를 식별하는 역할), U-2 (전략정찰 및 광범위한 지역의 감시를 제공하는 역할)와 같은 유인감시자산을 광범위하게 활용해,[26] 이라크의 메디나Medina, 바그다드Baghdad, 함무라비Hammurabi사단 등에 많은 타격을 가했다.[27] 특히 E-8C JOINT STARS는 '정밀해상레이더'SAR 및 '지상이동표적기'GMTI: Ground Moving Target Indicator를 통해 광범위하게 넓은 지역에서 움직이는 이라크군의 차량을 표적할 수 있었다. 이런 능력 자체는 효과적으로 그리고 훨씬 더 빠르게 싸우기 위한 적의 능력을 파괴하는 것을 가능케 하며, 전통적인 소모지향적 전투보다 위험상태에 덜 빠지게 하는 것이다.[28]

감지기술에 있어 또 다른 중요한 자원은 RC-135 Rivet Joint 항공기와 함께 전자 도청eavesdropping을 사용하는 '신호정보'signal intelligence로부터 나왔다. 전자도청은 사용자의 위치를 찾아내기 위해 이동전화송신 mobile-phone transmission을 위한 주파수를 선별하기 위해 사용되어졌다. 그런 전자적 능력은 SAM 및 SAM 발사대 소재를 찾아내거나,[29] 이라크군이 고

25 김종하, "미래전장 환경에 대비한 국방조직 발전방향", 김기정·이성훈·김순태 편, 「세계적 국방개혁 추세와 한국의 선택」(서울: 오름, 2006), p. 132.

26 보다 구체적인 내용은, Martin Streetly, "Airborne Surveillance Assets Hit the Spot in Iraq", *Jane's Intelligence Review*(1 July 2003)을 참조.

27 Williamson Murray and Robert H. Scales, Jr., *The Iraq War* (Cambridge, Mass: Harvard University Press, 2003), p. 174.

28 Price T. Bingham, "Head Off the Vehicles", *Aviation Week & Space Technology* (23 December 2002), p. 8.

29 Martin Cook, 'The Proving Ground for America's New "Warform", *Scotland on Sunday*, 23 March 2003.

주파무전기를 사용하는 것을 감지해 그것의 위치를 파악할 때 특히 유용하였다.[30]

<도표 1> 최근 전쟁수행 분석결과

| 구 분 | | 걸프 戰 | 코소보 戰 | 아프간 戰 | 이라크 戰 |
|---|---|---|---|---|---|
| 표적탐지율 | | 15% | --------------> | | 70% |
| 표적처리 | | 1~3일 | --------------> | | 40분 이내 |
| 정보 자산 | 유통속도 | 80분 | 20분 | | 2분 |
| | 감시/정찰 | 위성, UAVs, JSTARS 등 | UAV, 정찰위성 등 | 위성, 무인 항공기 등 | 위성, AWACS, UAVs 등 |
| 첨단 무기 | 사용비중 | 7.8% | 35% | 60% | 80% |
| | 첨단무기 | 스텔스, ATACMS | 흑연탄, 전자폭탄 | 벙커버스터탄, 동굴질식탄 등 | 열화우라늄탄, 전자기펄스탄 |

출처: 진차득, "미래 군 구조 발전방향 고찰", 「군사평론」, 제386호(2007년 4월), p. 47.

지휘통제C4I체계의 능력, 즉 적에 관한 정보를 수집하여 그것을 EBO 수행을 위한 유용한 지식으로 전환하는 능력(시간)은 걸프전에는 3일 정도 소요되었으나, 이라크전에서는 전장기능들이 네트워크로 많이 연결되어 40분 이내로 표적처리가 가능하였다. 정보자산 유통속도는 걸프전에서는 80여 분 정도가 소요되었으나, 이라크전에서는 2분 정도로 단축되었다. 이것은 ISR 자산을 통해 표적을 발견하고, C4I 자산을 통해 지휘관이 결심을 해서 타격에 이르기까지 걸리는 시간이 대단히 빨라지고 있음을 보여주는 것이다.

그리고 정밀유도무기PGMs 사용도 걸프전에서는 7~8% 정도에 불과하였는데, 이라크전에서는 68% 정도로 증대하였다. 이처럼 PGMs이 제공하는 표적파괴의 정확성은 항공체에게 '효과기반'Effects-based 표적선정을

---

30 자세한 내용에 대해서는, Michael Knights, "USA Learns Lessons in Time-Critical Targeting", *Jane's Intelligence Review*(1 July 2003)을 참조.

할 수 있게 해 주며, 이를 통해 공격으로 인한 '파괴수준'Level of destruction을 미리 결정할 수 있게 해 주는 것이다. 또한 PGMs은 항공체가 여러 개의 표적을 동시에 공격하는 것, 즉 항공력에게 필요한 다수의 지점에 힘을 동시에 집중시킬 수 있게 해 줌으로써 과거보다 훨씬 더 짧은 시간에 더 많은 표적을 파괴할 수 있게 해 주고 있다.[31] 이처럼 PGMs은 전쟁을 몇 개월 혹은 몇 년 단위가 아니라, 며칠 단위의 기간으로 계산할 정도로 작전을 비교적 신속하게 종결시킬 수 있게 하는 중요한 도구가 되고 있는 것이다. 이 때문에 걸프전 이후부터 이라크전에 이르기까지 PGMs의 사용이 꾸준히 증가하고 있는데, 걸프전 7~8%, 코소보전 35%, 아프가니스탄전 56%, 이라크전 68% 정도다. 그리고 PGMs 탄두 소형화 기술의 발전은 폭격기 내에 더 많은 PGMs 탑재를 가능케 하고 있다. 예를 들어 코소보전 이전까지 16개의 2,000 lb. JDAM을 탑재할 수 있었던 B-2 폭격기는 현재 80개의 500 lb. 폭탄을 탑재할 수 있다. 이것은 출격 당 공격할 수 있는 목표점의 숫자를 대폭 증가시킬 수 있음을 의미하는 것이다. 탑재능력 및 탄두소형화의 잠재적인 성과는 아프가니스탄에서 미공군과 해군이 20분에 걸쳐 100개의 JDAMs을 투하했을 때 충분히 입증되었다고 볼 수 있다.[32]

---

31 Merrill McPeak, *op.cit.*, pp. 20~24.

32 김종하, "현대전을 통한 무기체계의 기술발전 추세분석", 「한국방위산업학회지」(2004년 8월), 제11권, 제1호, p. 80.

# :: EBO 구현을 위한 한국군의 전력증강 우선 추진과제

## 1. EBO 구현의 한계

실제 전쟁에서 적용된 EBO의 경험적 사례들, 특히 무기체계의 기술적 효과에 관련된 사례들은, EBO가 효율적 군 운용, 사상자수 감소, 사회적 하부구조의 피해를 최소화하는 데 있어 가장 요구되는 미래전의 중요한 작전형태가 될 것임을 보여주고 있다. 그러나 EBO는 사실 복잡하고 달성하기가 대단히 어려운 작전수행방식임에 틀림이 없다.

우선 전장공간에서 군을 효율적으로 운용하기 위해서는 '상황인식'situational awareness을 전달하는 정보기술자원의 '배열'array이 요구된다. 적에 관한 지식과 결합된 그런 인식은 적의 '행동과정'courses of action을 예상하기 위한 잠재적 능력, 그리고 정확한 시간과 장소에 효과를 이끌기 위해 무력을 집중할 가능성을 부여한다. 이런 접근은 분산된 군에게 효과의 정확한 적용에 집중할 수 있는 힘을 주는 '공통네트워크 아키텍처'common network architecture, 즉 지휘 및 통제센터에 융합되고 통합되어지는 높은 질의 센서 및 신속하게 전달되는 데이터의 흐름으로 구성된 네트워크 중심구조를 창출하기 위한 기술들을 요구하는 것이다. 목표는 "수많은 정보수집센서들로부터 나온 자료를 성공적으로 결합시켜, 단 하나의 통합된 전장그림을 제시하는 데 있다.[33] 가장 앞선 기술력을 자랑하는 미국조차도 이것을 완전히 실현하기까지에는 상당히 오랜 시간이 걸릴 것으로 생각된다.

이라크 전쟁기간 동안 탐지기술의 진보에도 불구하고, 현재 정보능력은 여전히 몇 가지 중요한 기능을 수행할 수 없음을 뚜렷하게 보여주고

---

[33] David A. Fulghum, "It Takes a Network to Beat a Network", *Aviation Week & Space Technology* (11 November 2002), p. 28.

있다. 예를 들어 고가치, 잘 보호된 기동미사일발사대를 탐지, 식별하거
나, 군용트럭과 민간차량 사이를 식별할 능력이 없었던 것을 들 수 있다.
지금의 정보기술 능력으로는 복잡한 지형, 혹은 도시건물 속에 숨어 있
는 적군을 쉽게 발견하거나 식별할 수 없다.[34] 예를 들어, 이라크전 당시,
미 아파치 공격용 헬리콥터에 장착된 첨단센서에도 불구하고, 이라크군
은 숲, 혹은 건물 사이에 부대를 성공적으로 숨겼던 것을 들 수 있다.[35]
결국 '탐지'의 정확한 효과를 창출하기 위해서는 지상에서 활동하는 특
수부대의 적절한 활용이 동반되어져야만 하는 것이다. 이것은 공군 및
지상 특수군의 공지합동작전체계의 효과적인 운용을 요구하는 것이다.[36]
이런 점에서 볼 때, 센서sensors는 확실히 적에 관한 정보를 수집하지만,
수집된 정보를 EBO를 위한 유용한 지식으로 전환하는 것은 아직까지 중
대한 도전과제로 남아 있는 것이다.

　그리고 정밀유도무기PGMs의 관점에서 볼 때, 가장 중요한 것은 표적좌
표의 관리이며, 이것은 3차원에서 요구되어진다. 좌표를 제공할 체계들
은 우주 및 정찰항공기, 무인항공기, 그리고 작전적 정보를 포함한다.[37]
사실 PGMs는 표적에 관한 정밀정보, 그리고 그런 표적을 공격하는 데
추구되는 효과 없이는 무의미한 것이다. 한마디로 말해서 PGMs의 능력
은 정확한 정보에 크게 의존하는 것이다. 예를 들어 걸프전 당시 314명의
이라크 민간인 사망자를 낸 알 피르도스Al Firdos 지휘벙커의 파괴, 그리고

---

34 Alan Vick, Richard M. Moore, Bruce R. Pirnie and John Stillion, *Meeting the Challenges of Elusive Ground Targets*, Rand, Santa Monica, CA, 2001, pp. 32~36 · 40~43 · 64~65 · 110~115 · 121~133.

35 John Gordon IV & Jerry Sollinger, "The Army's Dilemma", *Parameters*, Summer 2004 (online), p. 39.

36 아프가니스탄전(2001)에서 드러난 영국군의 공지합동작전체계 운용상의 문제점에 대해서는, 월간항공 편집부, "아프간전에서의 영국 CAS 작전", 「월간항공」(2007년 4월), pp. 45~49 내용을 참조.

37 Douglas Barrie, "Russia Considers Net Impact", *Aviation Week & Space Technology* (23 December 2002), p. 54.

아프가니스탄전 당시에 미국의 순항미사일이 빈 라덴과 연계된 수단 Sudan에 위치한 화학무기 생산시설로 판단되는 표적을 파괴하도록 유도 하였지만 사실상 그것은 제약공장임이 밝혀져 미국인들에게 큰 수치심 을 안겨주었던 사례를 들 수 있다.[38] 이런 점에서 볼 때, PGMs이 EBO 능력을 크게 향상시킨 것은 사실이지만, 중대한 결함도 많이 있다는 점 을 고려해야 하며, 이 때문에 그 능력을 너무 과장하는 것은 현명한 것이 아닌 것이다.[39]

마지막으로, 걸프전, 코소보전, 아프가니스탄전, 이라크전 기간 동안 미국에 의해 사용된 군사자산의 범위와 깊이는, EBO를 수행하는 데 필요 한 군사자산을 획득하는 데 엄청나게 많은 비용이 들어간다는 사실을 보여주고 있다.

이런 기술적・비용적 제약하에서 보면, 앞으로 한국군이 EBO를 육・ 해・공 합동작전개념으로 운용하는 데는 아주 오랜 시간이 소요될 것으 로 생각된다. 앞으로 합참차원에서 EBO를 원활하게 수행하는 데 필요한 전력증강을 하기 위해서는, 전력증강을 둘러싼 각 군의 이해관계를 벗어 나 아래에서 제시되는 몇 가지 전력획득에 최우선적 순위를 두고, 그것 을 적극 추진해 나가는 것이 필요하다. 최소한 이 정도 전력은 구축돼야 효과기반작전을 추구, 그 유용성을 평가할 수 있는 기본적인 토대가 구 축될 수 있기 때문이다.

---

38 걸프전 당시의 오폭 사례들에 대해서는, Lawrence Freedman & Efraim Karsh, *The Gulf War Conflict* (Faber & Faber, 1993), pp. 326~327을 참조.

39 Greg Bagwell, "Precision Weapons: Considerations for Their Employment", *Air Power Review*, Vol. 2, No. 1(Spring 1999), pp. 1~14.

## 2. EBO 구현을 위한 한국군의 전력증강 우선 추진과제

첫째, 조기경보기와 첩보위성 및 전자전(EW) 수집체제를 빠른 시일 내에 확보해야 한다. 주한미군의 도움이 아닌 한국군 자체 정보수집 능력을 확보하는 것이 최우선적 과제라 할 수 있으며, 영상정찰뿐만 아니라, 전자정찰능력도 갖출 수 있도록 노력해야 한다. 공중, 우주전력이 적 체계로부터 방해받지 않고 접근하여 작전을 펼치는 눈에 보이지 않는 '전자전'(EW)환경하에서 EBO를 수행하기 위해서는, 전자전 무기체계를 반드시 갖추어야 한다.[40] 사실 조기경보기, 첩보위성, 전자전 수집체계 가운데 어느 하나라도 구비하지 못한다면 EBO를 수행하는 것이 어렵게 된다. 이런 점에서 우리 군이 독자 위성통신망 구축[41]과 더불어 전자전 수집자산(예: EA-6B, EA-18G Growler 등)을 빠른 시일 내에 확보하는 것은 대단히 중요한 전력증강 추진과제 가운데 하나인 것이다.

둘째, 전파체계, 특히 정보전파와 전자정보 전파, 지휘통제 수단을 조속히 구축해야 한다. 특히 수집된 전자정보의 실시간 분석과 전파체계의 구축은 대단히 중요한데, 그것의 핵심이 바로 '데이터 링크'data-link체계이다. 각 군이 정보공유를 위해 데이터 링크를 이용하면, 인공위성 자료,

40 사실 적의 레이더를 기만하고 즉각 공세적인 방법으로 전환해 적의 레이더를 무력화시킬 충분한 에너지를 가지고 적 수신기를 파괴하거나 전자적인 구성품을 파손시키는 전자전 무기체계는 다른 항공 무기체계의 생존성을 높이는 데도 대단히 유용한 자산이다. 현재 미국에서 개발되고 있는 새로운 차세대 전자전 장비를 구체적으로 논의한 글에 대해서는, 월간항공 편집부, "새로운 차세대 전자전 장비", 「월간항공」(2005년 2월), pp. 56~58을 참조

41 2007년 12월 4일, ADD는 1996년부터 시작된 군 위성통신체 개발이 최근 완료돼 음성과 문자, 영상을 전달하는 군의 무선통신 영역이 현재 100km에서 1만 2,000km로 넓어졌다고 밝혔다. 개발성공으로 인해 앞으로 우리 군은 전장정보를 실시간으로 공유하고 통합지휘 할 수 있어 군사작전을 과거보다 더 효율적으로 수행할 수 있게 되었다. 자세한 내용에 대해서는, 「동아일보」, 2007년 12월 5일(인터넷판) 참조, 그리고 선진국의 군 위성통신 발전 추세 및 한국의 위성통신 개발현황에 관해 구체적으로 논의한 글은, 한성우, "군 위성통신 발전방향", 「국방과학기술플러스」(2007년 11월 15일), Vol. 47을 참조

무인정찰기, 방공관제 등의 센서자료를 실시간으로 지휘체계에 제공하고, 지휘체계는 이를 분석하여 가용한 전력에 명령과 필요한 정보를 제공할 수 있게 된다. 또한 가용한 전력은 지휘관이 보는 전장상황을 동시에 보게 되며, 링크체계를 이용한 무장도 사용할 수 있게 된다. 이러한 데이터 링크체계를 제대로 구축하기 위해서는, 그 무엇보다도 그것이 연합작전 차원, 합동작전 차원, 각 군의 독자작전 차원에 필요한 요구사항이 무엇인지를 명확히 분석해 '운용개념'을 정립한 후, 구축을 시도해야 한다는 점이다. 예를 들어 미군 및 나토NATO와 연합작전을 고려한다면, 당연히 링크 16체계와의 호환이 우선되어야 하며, 만약 우리 군에서 데이터링크 16을 조기경보기에 채택했다면, 다른 무기체계도 링크 16으로 가야하고, 각 군의 C4I 체계, 그리고 더 나아가 육군의 보병 단말기도 링크 16으로 갈 수 있도록, 하향식top-down으로 전체적인 흐름을 연계하여 체계 구축을 시도해야 하는 것이다.[42] 그러나 우리 군의 경우에는 각 군이 제각기 C4I 사업을 추진하고 있다. 한마디로 네트워크 체계에 대한 구체적인 통일이 필요한데, 제각기 특유의 체제로 가고 있는 것이다. 이로 인해 NCW 대비 국방통합 C4I 체계의 통합성·상호운용성 강화를 위한 체계 구축이 이루어지지 않고 있다. 이 문제를 해결하기 위해서는 앞으로 국방부 차원에서 각 군간 합동 및 연합차원의 상호운용성을 고려한 '하향식'top-down C4I 계획을 수립해야 한다. 이를 위해서는 국방장관 직속 정보화사령탑을 신설할 필요가 있다. 그리고 합동주특기 제도 시행 및 합동주특기에 의한 C4I 정책을 추진해 나가고, 또 국방장관 직속 하 '합동성

---

42 국방중기계획에 따라 도입되는 E-X, F-15K, SAM-X, 해군의 KDX-3 등의 무기체계는 링크 16으로 이미 도입되었거나 조만간 도입될 예정에 있다. 이것은 현재 우리 공군의 MCRC(Master Control Reporting Center: 중앙방공관제소)체계를 링크 11이 아닌, 링크 16체계로 바꾸어야 하는 주된 이유가 되는 것이다. 효과기반작전을 제대로 수행하기 위해서는 핵심센서인 MCRC에 링크 16 체계 구축을 지연시켜서는 안 되는 것이다. 한국군 데이터링크 현대화 진행사안에 대해서는, 김상순, "'한국군 데이터링크 현대화' 어떻게 진행되고 있나", 「월간항공」(2006년 6월), pp. 56~61 내용을 참조.

검증위원회'를 구성해 C4I 정책을 실행해야 하며, 그리고 C4I 구축·완성시를 대비, 군 자체 전문인력을 지금부터 확보해 나가는 노력을 기울여 나가야 할 것이다.

셋째, 중·장거리 정밀유도무기PGMs, 즉 레이저 유도, GPS 유도, 영상유도에 의한 정밀 고효율의 타격체계를 확보해야 한다. 레이저 유도폭탄LGB은 실전에서 사용 중인 정밀유도무기로써 '핀 포인트'pin-point 공격의 대표적인 폭탄이다. 그것은 LANTIRN(Low-Altitude Navigation Targeting Infrared for Night: 적외선 이용 야간 저공항법 표적조사장치)과 같은 표적포착 레이저 조사(照射)시스템을 탑재한 전폭기, 혹은 별도의 항공기나 지상의 특수부대원에 의한 레이저 조사지시에 따라 투발가능하다. GBU(Guided Bomb Unit: 유도폭탄유닛) 계열, 즉 GBU-10, 12, 16, 24, 28이 대표적이다. 그리고 GPS 유도폭탄은 관성유도장치를 GPS로 보완하는 GPS/INS 유도방식으로 호칭되며, 레이저 유도가 필요없기 때문에 거의 모든 전폭기와 폭격기에 탑재가 가능하다. MK-83, MK-84 BLU-109(관통형)에 관성항법장치INS와 GPS 유도장치를 결합시킴으로써 24km의 원격위치에서 투발하여 50%의 확률로 표적중심에서 13미터 이내에 낙하한다. INS 유도만으로도 30m 이내에 착탄한다.[43]

넷째, 우리 군의 국방획득 및 조달체계, 그리고 방위산업 연구개발정책을 대폭 개선해야 한다. EBO에 따른 사업의 우선순위를 설정, 무기체계를 획득하고, 또 방위산업 연구개발도 소모전 위주의 하드웨어hardware에 초점을 두는 것이 아닌, 신속결정작전을 수행하는 수단으로서의 EBO를 효과적으로 지원할 수 있는 소프트웨어software를 연구개발하는 데 더 많은 가치를 두는 방향으로 정책을 수립, 집행해 나가야 한다. "현대의 무기체계는 하드웨어와 소프트웨어가 결합된 형태로 개발되지만, 사실

---

43 김형욱·김종하·김성형, "방산기술 국산화를 통한 방산물자 해외수출 활성화 방안", 「방위산업 정책연구」, 방위산업진흥회, 2004년도 정책연구보고서, p. 22.

소프트웨어가 무기체계 전체의 품질을 좌우하는 핵심요소이며, 성능의 결정적 요소이다."[44] 특히 항공무기체계의 경우, 시간이 가면 갈수록 소프트웨어 중심의 설계로 발전하고 있다(〈도표 2〉 참조). 실제로 몇 분 이내에 표적을 탐지해 파괴하는 능력의 가장 기초가 바로 자동화 소프트웨어기술인 것이다.[45] 그리고 미의회에서 네트워크중심전 구현에 필요한 최소한의 기술분야로, 네트워크 구조, 위성, 무선주파수 대역, 무인항공기, 컴퓨터처리칩, 나노기술, 소프트웨어 등을 제시하고 있는데, 현재 미군의 경우 가장 해결하기 어려운 기술적 문제 중 하나로 주파수 대역을 들고 있다. 앞으로 점점 더 많은 부대가 네트워크로 연결되어 위성을 통해 교신하고자 하기 때문에 주파수 소요가 급증할 것이지만, 현재의 기술로는 충분한 주파수를 공급하기가 쉽지 않다는 것이다. 2010년경 수요에 비하여 가용한 주파수 대역은 10분의 1에 불과하다.[46] 한국의 경우, 20분의 1, 혹은 30분의 1에 불과한 수준으로 추정되고 있다.

〈도표 2〉 무기체계 내장형 소프트웨어의 비중

| 무기체계 | 연  도 | 소프트웨어에 의해 작동되는 기능(%) |
|---|---|---|
| F-4 | 1960 | 8 |
| A-7 | 1964 | 10 |
| F-111 | 1970 | 20 |
| F-15 | 1975 | 35 |
| F-16 | 1982 | 45 |
| B-2 | 1990 | 65 |
| F-22 | 2000 | 80 |

출처: 이경재, 「획득기획의 이론과 실제」 (서울: 대한출판사, 2007), p. 157.

---

44 방위사업청, 「무기체계 내장형 소프트웨어 획득관리 어떻게 해야 하는가?」(서울: 방위사업청, 2007), p. 14.
45 월간항공 편집부, "네트워크 중심전에 중요한 자동화 소프트웨어", 「월간항공」(2004년 6월), pp. 30~33.
46 김종하, "장밋빛 자주국방 중기계획", 「세계일보」, 2006년 7월 14일.

# :: 결 론

지금까지 EBO를 실행하기 위해 제시된 위의 네 가지 우선 추진과제들은 주로 EBO 수행에 요구되는 무기체계의 기술적 차원에 초점을 둔 것이다. 그러나 사실 EBO의 성공적 수행은 세련된 소프트웨어 및 하드웨어체계의 획득 이상을 요구한다. 전쟁을 도구화하기 위한 모든 인간의 노력에도 불구하고, 클라우제비츠가 사용한 '마찰'friction과 '안개'fog라는 은유는 '불확실성'의 불가피함을 보여주는 것으로, 그것은 분쟁에서 군인들이 필연적으로 직면하게 될 수밖에 없는 문제인 것이다. "전쟁은 불확실성의 세계다. 전쟁에서 행동의 기반이 되는 요소 중 4분의 3은 불확실성의 안개 속에 있다. 그래서 직관적인 이성을 통해 진리를 감지하려면 섬세하고 날카로운 지적인 힘이 필요한 것이다."[47] 특히 전투행위와 같은 극도의 긴장하에서 시의적절한 결정을 내리는 것은 결국 지휘관의 '직관'intuition과 '추론'reasoning의 결합을 요구한다.[48]

첨단군사기술이 제공하는 EBO를 성공적으로 차질 없이 수행해 나갈 수 있는 능력을 제대로 갖추기 위해서는 실전과 다름없는 과학화된 전투훈련[49] 및 전문군사교육PME이 대단히 중요한 것이다.[50] 어찌 보면 이것은

---

47 보스턴컨설팅 서울사무소 옮김, 『전쟁과 경영』(서울: 21세기 북스, 2001), p. 70; 이 책의 원 제목은, Tiha von Ghyczy, Bolko von Oetinger, and Christopher Bassford, *Clausewitz on Strategy* (The Boston Consulting Group, Inc., 2001).

48 직관과 추론의 결합을 '전투지혜'(Battle-Wise)라는 개념으로 설명한 글에 대해서는, David C. Gompert, Irving Lachow, and Justin Perkins, *Battle-Wise: Seeking Time-Information Superiority in Networked Warfare*(NDU, 2006)을 참조.

49 현재 우리 육군 보병대대의 경우, 과학화 전투훈련장에서 훈련을 받을 수 있는 기회가 8년 6개월(대략 9년)에 1회 정도밖에 되지 않는다. 따라서 빠른 시일 내에 현재의 훈련장 규모를 연대급(16kmx14km)으로 확장해서 지휘관들이 1회 이상 실전투훈련을 경험할 수 있도록 해야 한다. 과학화 전투훈련장의 구체적인 기대효과에 대해서는 김종하, "연대급 과학화 전투훈련장의 기대효과", 『국방일보』, 2006년 11월 15일자 참조.

50 사실 EBO 모델에 사용할 데이터는 역사적 사실, 실제의 작전, 훈련 및 연습, 게임, 가상현실

위에서 언급한 EBO 관련 무기체계의 기술적 측면의 추진과제들보다 더 중요한 과제라 할 수 있을 것이다. 확실히 EBO는 효과적으로 전투의 역동성을 통제하기 위해 의사결정의 '루프'loop 속에서 교육받고 훈련받은 전사들을 요구한다.

결론적으로 EBO의 성공은 기술적 장치의 '배열'array뿐만 아니라, 전장 공간에서 혼란(동)을 잘 다스릴 능력이 있는 잘 훈련받고 지식력이 있는 전사들에 의한 다차원적인 기술을 요구하는 것이다. 이런 점에서 EBO는 'Ph.D. 수준의 전쟁수행방식'Ph.D.-level warfare과 동등한 것이라 할 수 있는 것이다.[51]

---

시뮬레이션, 실험실 및 야전에서의 전투실험 등을 통하여 수집된 자료를 분석하고 평가하여 축적하는 것이다. 서정해, "효과중심작전(EBO) 모델 소개", 「주간국방논단」(2002년 6월 14일), 제889호(02-18), p. 11.
[51] Greg Mills, "New War, Fresh Tactics ... and Old Lessons", *Strait Times*, 27 March 2003.

# 제 3 장
# 군사력의 현대화를 위한 획득전략

우리 군은 1974년부터 방위력개선사업(전 율곡사업)[1]이라 불리는 국방 획득 프로그램을 통해 무기체계를 현대화하기 위해 많은 노력을 기울여 왔다. 그럼에도 불구하고 주한미군의 도움이 없이는 북한으로부터의 단 기적 위협조차도 제대로 대처하지 못하고 있는 실정에 있다. 또한 냉전 이후 우리를 둘러싼 주변국들로부터의 새로운 안보위협이 군사기술의 혁명적인 변화와 더불어 급격하게 부상하고 있지만, 이런 변화에 탄력적 으로 대응할 수 있는 국방획득 프로그램을 수립, 집행하지 못하고 있는 실정에 있다.

우리를 둘러싼 이러한 안보환경은 앞으로 우리에게 어떤 행정부가 들 어서더라도 단기적 위협과 미래의 불확실한 위협 둘 다에 대처하기 위한 군사력을 현대화하는 데 필요한 예산의 우선순위를 설정하는 데 어려움 을 겪게 만들 것임을 암시하고 있다.

점차적으로 쇠퇴하고 있는 현세대의 무기체계들을 성능개량하는 데 예산을 투입해야 하는가, 혹은 미래의 안보위협에 대처할 수 있는 첨단 무기체계들(차세대, 차차세대 무기체계들)을 획득하는 데 예산을 투입해야 하는가, 아니면 둘 다에 예산을 투입해야 하는가? 솔직히 이러한 질문들 에 대해 명확한 답을 하기란 매우 어렵다.

그러나 한 가지 분명한 것은 점차적으로 쇠퇴하고 있는 무기체계들, 즉 현세대의 무기체계들의 성능개량을 통해 지속적으로 유지한다는 전

---

[1] 국방부, 「율곡사업의 어제와 오늘 그리고 내일」(서울: 국방부, 1994)을 참조.

략은 두 가지 중요한 결함을 가질 수 있다는 것이다. 그것은 바로 높은 유지비용과 준비태세의 결함이다. 즉, 구형의 무기체계들은 아무리 성능 개량을 한다고 하더라도 유지하는 데 많은 비용이 들게 되고, 운용하는 데 많은 인력이 소모되게 되고, 또한 빈번하게 고장이 발생하게 된다. 이것은 급기야 군의 준비태세에 치명적인 결과를 초래하게 된다.

현재 우리 군이 보유하고 있는 무기체계들, 특히 냉전시대에 설계되어 야전에 배치된 무기체계들은 끊임없이 변화하고 기술적으로 첨단화되어 가고 있는 현재 및 미래의 군사력의 소요requirements를 절대로 충족시킬 수 없다. 왜냐하면 우리를 둘러싼 잠재적인 적들은 항상 우리 군의 이러한 군사적 취약점에 초점을 맞춘 군사능력을 발전시키기 위해 노력하기 때문이다.

따라서 빠른 시일 내에 잠재적인 적들로부터의 군사적 위협에 대처하는 데 필요한 새로운 군 교리와 차세대 및 차차세대의 첨단무기체계를 개발, 획득, 발전시켜 나아가야만 하는 것이다. 그 핵심은 바로 적들의 군사적 공격으로부터 자국을 방어하고, 단기적 공격을 억제하고, 재래식 군사력의 장기적인 우위를 유지할 수 있도록 끊임없이 준비하는 데 있다. 이를 위해서는 국방예산의 안정적인 뒷받침이 절대적으로 필요하다. 하지만 문제는 현재와 미래의 군사력 소요 둘 다를 충족시킬 수 있는 무한정한 재원이 우리에게 없다는 데 있다.

결국 제한된 예산자원의 맥락에서 우리 군을 빠른 시일 내에 현대화시키기 위해서는 명확한 획득전략의 지침, 혹은 원칙이 최우선적으로 마련되어져야 하고, 이를 토대로 하여 무기체계 획득이 체계적으로 이루어져야만 하는 것이다.

## :: 군사력의 현대화를 위한 세 가지 접근

군사력의 현대화를 위한 획득전략은 일반적으로 다음의 세 가지 접근
방식으로 이루어지게 된다.

- 현세대의 무기체계(다소 성능개량된 무기체계를 포함)를 획득하는 것
- 차세대 무기체계의 기술에 투자를 하는 것
- 차차세대 무기체계의 기술(완전히 새롭고 혁명적인 무기체계의 기
  술)에 투자하는 것

군사력의 현대화를 위한 획득전략은 주어진 예산자원의 한계 내에서
이러한 세 가지 옵션들options로부터 구체적인 무기체계 획득 프로그램의
결정을 내리게 된다.

### 1. 현세대의 무기체계(다소 성능개량된 무기체계)를 획득

현세대의 무기체계들은 대부분 냉전 당시에 설계되어진 것들이며, 현
재 야전에 배치된 대부분의 무기체계들이 이에 해당된다. 성능개량된 무
기체계를 획득하는 접근방식은 단지 부분적으로 향상된 능력만을 산출
하기 위해 몇 가지 새로운 기술들만 첨부하기 때문에 원래의 무기체계가
가지고 있는 대부분의 기술적 특징들은 그대로 다 가지고 있다. 예컨대
우리 군의 K1 전차, 155㎜ 자주포, LYNX ROTOR, 그리고 기동헬기 성능개
량사업 등을 들 수 있다. 또한 미국이 미 공군의 주력기인 F-16(1970년대
개발·생산)을 A·B·C·D·E 순으로 성능개량하는 것을 예로 들 수도
있다.

현세대의 무기체계를 획득하는 접근방식은 무기체계를 야전에 실전

배치시키는 데 가장 비용이 적게 들고, 획득주기acquisition life cycle도 단축시킬 수 있는 장점이 있다.[2] 특히 이 접근은 양이 질보다 중요할 경우 최선의 획득전략이 될 수가 있다. 예컨대, 전쟁위협이 매우 높거나 혹은 실제 전쟁이 장기간 지속되는 경우(예: 소모전)에는 무기체계를 양적으로 신속하게 증강시키기 위한 필요성이 높아지게 된다. 또한 전력증강의 목표를 중급 수준의 군사력을 유지하는 데 초점을 맞출 경우 이 접근은 최상의 선택이 될 수도 있을 것이다.

그러나 이 접근은 장점보다는 오히려 단점이 더 많은 획득전략이라 말할 수 있다. 왜 그런가? 우선 첨단화되지 못한 구형의 무기체계들은 유지비용이 너무 많이 소모되어 효율성이 떨어지게 되고, 또한 잠재적인 적들로부터 새롭게 부상하는 중·장기적 위협에 적절히 대처하는 데 필요한 첨단화된 무기체계를 획득하는 데 돈을 아예 사용할 수 없다는 한계를 가지고 있다.

## 2. 차세대 무기체계의 기술에 투자

차세대 무기체계는 현재 개발이 완료되어 향후 20여 년간에 걸쳐서 군의 주력 무기체계로 사용될 수 있는 것을 말한다. 차세대 무기체계의 기술에 투자하거나, 현존하는 모델에 새로운 체계 개념과 기술을 적용하는 것은 성능개량한 무기체계보다 훨씬 더 첨단화된 능력을 산출할 것이다.

---

2 현재 우리 군이 해외로부터 도입하는 무기체계들은 대부분 현세대의 무기체계들이다. 그럼에도 불구하고 우리 군의 경우에는 이상하리만치 긴 획득주기를 가지고 있다. 평균 7~8년 정도 걸린다. 현세대의 무기체계를 획득하는 데 획득주기가 이처럼 긴 것은 우리 군의 최대 취약점 중의 하나라 말할 수 있을 것이다. 실제로 획득주기를 단축시켜 잠재적인 적들과의 획득주기 경쟁에서 승리하는 것, 바로 이것이 군사적 준비태세를 유지하고, 더 나아가 미래 전쟁에서 승리할 수 있는 가장 좋은 대안이라는 사실을 우리 군은 거의 깨닫지 못하고 있다. 사실 획득주기 단축의 본질은 군사적인 것이며 결코 재정적인 것이 아니다.

이 접근은 전쟁에서 싸워 이기기 위해 현재 사용하고 있는 무기체계 (현세대의 무기체계)의 기종보다 훨씬 앞선 능력을 가진 새로운 무기체계로 완전히 대체하는 방식이다. 예를 들어, 미국의 Joint Strike Fighter,JSF는 디자인과 설계에 있어 최첨단 기술을 이용한 항공모함에 토대를 둔 차세대 전술전투기이다.[3] 우리 군의 경우, 1998~2008년간 3,981억 원을 투자하여 HAWK의 후속 대체전력으로서 중거리 지대공 유도무기M-SAM 체계를 국내 개발하는 사업, 그리고 1999~2010년간 26,219억 원을 투자하여 군단 및 수도권 부대의 방공전력 증강을 위해 단거리 유도무기(천마) 114기를 연구개발로 확보하는 사업 등을 예로 들 수 있다.

이처럼 차세대 무기체계의 기술에 투자하는 것은 유사한 능력을 추구하는 잠재적인 적들에 대해 우리 군의 군사적 우위를 유지하는 것을 가능케 한다. 그럼에도 불구하고 차세대 무기체계 기술에 너무 심각하게 의존하는 획득전략은 다음과 같은 문제들을 발생시킬 수도 있게 된다. 첫째, 차세대 무기체계의 기술을 개발, 생산하는 데 초기투자 비용이 많이 들어가게 되고, 이로 인해 그것을 야전에 실전 배치시키는 데 시간이 다소 걸리게 된다. 둘째, 차세대 무기체계의 기술을 획득하는 데 너무 많은 재정적인 투자를 하게 되면 포괄적인 군의 전력증강, 특히 변화하는 안보전략환경에 의해 요구되는 전력증강을 위해 필요한 자금을 효율적으로 배분하기가 어렵게 될 수도 있다.

그러나 이러한 단점에도 불구하고, 차세대 무기체계의 기술에 대한 투자는 잠재적인 적들에 대한 우리의 군사적 우위를 유지하는 데 있어 가장 좋은 획득전략임에는 틀림이 없다. 하지만 현재 첨단무기체계의 기술들이 전 세계적으로 급속하게 확산되고 있다는 사실 그 자체는 우리를

---

3 John Birkler, John C. Graser, Mark V. Arena, Cynthia R. Cook, Gordon Lee, Mark Lorell, Giles Smith, Fred Timson, Obaid Younossi, *Assessing Competitive Strategies for the Joint Striker Fighter : Opportunities and Options* (CA : RAND 2001), MR-1362.O-OSD/JSF.

둘러싼 잠재적인 적들도 궁극적으로 우리가 가진 기술적 능력과 동등한, 혹은 그것을 능가하는 무기체계의 기술을 개발, 획득할 수도 있다는 것을 의미한다.

따라서 차세대 무기체계 기술에 투자하는 것은 현재의 군사능력이 여전히 요구되어지지만, 무기체계들이 극도로 낡아 그것들의 완전한 대체가 필요할 경우에 선택할 수 있는 옵션이라고 말할 수 있다. 예컨대 최근 해군이 대잠초계기 S-2 Tracker를 퇴역시키고, P-3C로 완전히 대체한 것과,[4] 공군이 도태되어가는 F-5E/F(제공호)를 완전히 새롭게 대체하는 차세대 전투기로 라팔Rafel, SU-35, EF-2000 등을 도입하는 F-X 사업도 한 예로 들 수 있을 것이다. 그러나 만약 우리 국방부가 미국의 F-15E 전투기를 도입한다면, 이것은 차세대 무기체계 기술에 투자하는 것이 아니라 현세대의 무기체계 기술을 획득하는 데 투자하는 꼴이 될 것이다.

## 3. 차차세대 무기체계의 기술에 투자

차차세대 무기체계는 말 그대로 종이 위에 미래의 전장에서 사용할 최첨단 무기체계의 개념을 구상해 놓았거나 아니면 초기개발 단계에 있는 것을 말한다. 지금부터 대략 20~30년 후쯤, 야전에 실전배치되어 군의 주력 무기체계로 사용되어지는 것들이다. 예컨대 미국에서 현재 개발 중인 무인전투기unmaned combat aircraft, 우주폭격기space bombers, 최첨단 순양미사일advanced cruise missiles, 에너지 무기energy weapons, 그리고 우주통제 자산space control assets 등을 그 예로 들 수 있다.

차차세대 무기체계들은 실제 야전에 배치하여 운용하는 데 아주 소수의 인력만을 필요로 하도록 설계되어지며, 대부분 로보틱robotics, 소형화

---

4 이에 대해서는, 「월간항공」(2001년 5월), No. 144를 참조.

miniaturization, 자동화automation에 토대를 둔 첨단기술들이다. 과히 혁명적이라 부를 수 있는 이러한 첨단기술들의 최대 강점은 적의 활동을 실시간 감시하고, 생화학 오염물의 존재를 탐지하고, 항공·항해 전술을 발전시키는 데 필요한 육상, 공중, 해상, 그리고 우주센서space sensors들의 네트워크화를 가능케 한다는 데 있다.

또한 이러한 혁명적인 무기체계 기술들은 비대칭적인 군사적 위협들에 대처하기 위해 개발되어질 수도 있다. 장기적인 시각에서 볼 때 이러한 혁명적인 무기체계 기술들은 개발하고 배치하는 데 저렴할 수도 있다. 왜냐하면 그것들은 소수의 인력만을 필요로 하고, 항상 새롭고 더 효율적인 기술들을 체계적으로 병합할 수 있게 하기 때문이다. 예를 들어, 현재 미국에서 구상되고 있는 병기함arsenal ship은 단지 50여 명 정도의 인력만 필요로 한다. 하지만 그것은 과거 1,700여 명의 병력을 요구하는 5대의 타이컨디로거Ticonderoga급 순양함의 화력을 지니고 있다.[5]

만약 어떤 국가가 현세대 무기체계, 혹은 차세대 무기체계 기술에 투자하는 접근을 취하지 않고, 차차세대 무기체계의 기술에 투자하는 전략을 취한다면 미래의 불확실한 위협에 대처하는 데 있어 가장 잘 준비되어질 수 있을 것이다.[6]

그러나 차차세대 무기체계의 기술에 투자하는 전략 또한 문제가 없는 것은 아니다. 앞에서도 지적하였지만 차차세대 무기체계 기술들의 대부분은 단지 종이 위에만 존재하거나, 아니면 초기 개발단계에 있는 것들이다. 따라서 아주 빠른 시간 내에 그것들을 급속하게 개발하려고 한다

---

5 현재 미국은 이지스 전투체계(Aegis Combat System)를 탑재한 전투함정으로 타이컨디로거(Ticonderoga)급 순양함과 알레이버크(Alreigh Burke)급 구축함을 보유하고 있다. 일본은 공고(金剛)급 이지스함을 보유하고 있다. 타이컨디로거급 순양함은 최초의 이지스함으로 1983년에 작전배치되었다.
6 중국은 현재 수동적인 공중방어체계―미국의 스텔스 폭격기의 공격에 대처하는 데 효과적인 것으로 입증될 수 있는 능력―을 개발하는 중에 있다.

면 엄청난 규모의 선행투자 비용이 들게 되고, 또한 야전에 실전배치시키는 데에도 엄청난 시간이 소모되게 된다. 이와 더불어 그러한 기술개발이 100% 성공하리란 보장도 물론 없다. 게다가 이러한 혁명적인 무기체계의 기술을 연구, 개발, 획득하는 데 들어가는 돈은 현재의 군을 신속하게 현대화시키는 데 절대적으로 필요한 무기체계를 획득하지 못하게 할 수도 있다.

사실 차차세대 무기체계의 기술은 현재나 가까운 미래의 위협에 대처하기 위한 것은 아니다. 바로 이러한 이유 때문인지는 모르겠지만 우리 군의 경우에는 차차세대 무기체계 기술에 투자를 한다는 기본개념조차도 없는 것 같다. 물론 첨단 무기체계의 기술을 독자적으로 개발할 수 있는 능력이 전무하다는 현실에서도 부분적인 이유를 찾을 수도 있겠지만 말이다.[7]

그러나 현세대의 무기체계가 잠재적인 적들의 군사적 위협에 대처하는데 너무 성능이 뒤떨어져 있거나, 혹은 적들의 비대칭적 위협들이 현재 우리가 가진 군사능력을 초과할 경우, 그리고 만약 기술적·전략적으로 변화하는 안보환경이 요구할 경우, 차차세대의 무기체계 기술에 투자하는 것은 매우 중요하고도 신중한 획득전략인 것이다.

---

7 최근에 미국의 랜드연구소에서 발표된 논문 가운데 하나는, 벤처자본을 이용한 군의 연구개발방식을 강조하고 있다. 우리 군도 엄청난 돈이 소모되는 차차세대 무기체계 기술개발에 대한 투자를, 벤처기업들이 자본을 이용하는 방식을 모방하여 한번 시도해 보는 것이 유용할 것이다. 자세한 내용에 대해서는, Bruce Held and Ike Chang, "Using Venture Capital to Improve Army Research and Development", *Issue Paper*, http://www.rand.org/publications/IP/IP199/를 참조.

## :: 군사전략의 목표

### 1. 단기적 위협의 억제

가까운 장래에 우리의 국가이익에 위협을 가할 수 있는 잠재적인 적들이 있다. 우리의 국가이익을 수호하기 위해서는 국가이익에 해를 끼칠 수 있는 어떤 국가나 단체들을 격퇴시킬 수 있는 능력이 있어야 한다. 특히 적으로부터의 대규모 전면공격에 대한 효과적인 억제를 가능케 하는 능력이 있어야만 한다. 우리가 반드시 준비해야만 하는 잠재적인 적들로부터의 단기적인 위협에 관해 예를 들어보면 다음과 같다.

- 생화학무기의 탄도장착이 가능한 단거리 미사일 및 휴전선 인근에 배치된 장사정포에 의한 북한의 기습공격
- 대만에 대한 중국의 군사적 공격으로 인해 촉발될 수 있는 동북아지역의 군사적 긴장

이러한 단기적 위협을 억제하고, 격퇴시키는 것을 가능하게 하도록 군을 현대화하는 것은 우리에게 부과된 지상명령이다. 이러한 단기적 위협은 우리 군이 현재 보유하고 있는 현세대의 무기체계(대부분 방어위주의 무기체계)가 아닌 효과적인 공격용 무기체계 − 차세대 이상의 무기체계 − 를 획득해야 함을 여실히 보여주고 있다. 이러한 측면에서 볼 때 우리 군이 지금처럼 현세대의 무기체계(성능개량한 무기체계를 포함)를 획득하기 위해 많은 비용을 투자하는 것은 결코 바람직하지 못한 것이다. 왜냐하면 현세대의 무기체계로는 단기적 위협에 적절히 대처할 수 없기 때문이다.

## 2. 장기적인 전투의 효과성을 보장

냉전기간 동안, 우리는 북한과 싸워 이기기 위해 필요한 무기체계(예: 현세대의 무기체계)를 획득하기 위해 노력했고, 현재도 이와 유사한 노력 (예: 성능개량된 무기체계 획득)은 지속되고 있다. 하지만 유감스럽게도 북한을 비롯한 우리의 잠재적인 적들은 우리의 군사능력과 작전개념의 취약점을 파괴시키는 데 목표를 둔 비대칭 전술을 개발하기 위해 노력하고 있다. 예를 들어, 우리 군은 점차적으로 미래 정보화전장에 부합되는 무기체계(예: $C^4I$ 체계)를 획득하기 위해 노력하고 있다. 하지만 $C^4I$ 체계를 획득하기 위해 우리가 노력하는 것만큼, 우리의 잠재적인 적들은 $C^4I$ 체계의 네트워크network를 파괴시키는 무기체계, 특히 모든 전자장비를 심각하게 손상시킬 수 있는 전자기파를 창출하는 그런 무기체계들을 개발하거나 획득하는 데 몰두하고 있는 것이다.

따라서 잠재적인 적들로부터의 대칭적 · 비대칭적 위협에 효과적으로 대처하기 위해서는, 우리 군이 싸우기 위한 새로운 방법(전략 · 전술)을 끊임없이 마련해야 하며, 또한 새로운 위협이 발견될 때마다 그것에 대처할 수 있는 새로운 전략옵션을 제공할 수 있는 무기체계의 기술들 − 차세대 및 차차세대 − 을 개발하거나 획득하는 데 투자해야만 하는 것이다.

이러한 관점에서 우리의 군사 및 정치지도자들은 항상 잠재적인 적들의 군사적 움직임에 대해 주의를 기울여야 하며, 절대로 방심하지 말아야 하며, 항상 적들보다 앞선 전략적 사고를 할 수 있도록 노력해야 한다. 특히 새로운 첨단기술을 무기체계, 군 구조, 그리고 전투교리에 접목시킬 수 있는 능력 − 군사혁신 − 을 가질 수 있도록 끊임없이 노력해야 한다.

## :: 획득전략의 원칙

　우리의 군사 및 정치지도자들은 우리 군을 빠른 시일 내에 현대화시키기 위해서, 우리 군이 무엇을 하기를 원하고 있는가를 최우선적으로 파악하여, 요구되는 작전임무를 군이 효과적으로 수행하는 데 필요한 군사력을 건설할 수 있도록 지원해야 한다. 특히 위에서 언급한 전략목표들을 달성하기 위해서, 우선적으로 어떤 무기체계 획득프로그램을 선택, 집행할 것인지, 그리고 어떤 부분에 예산을 증액시키고, 삭감해야 하는지를 현명하게 결정해야만 할 것이다.

　전략목표들과 제한된 예산자원을 감안해 볼 때, 우리의 군사 및 정치지도자들은 미래 우리의 국가이익을 보호할 수 있는 21세기 소수정예의 첨단과학군을 만들기 위해 다음과 같은 원칙들을 군사력의 현대화를 위한 획득전략의 지침서로 활용해야 할 것이다.

### 원칙 1: 단기적 소요와 장기적 소요의 균형을 유지하라.

　신중한 획득전략은 우리의 국가이익에 대한 현재 및 미래의 위협, 그리고 이러한 위협들에 대처하기 위한 우리 군의 준비태세에 대한 철저한 이해를 우선적으로 요구한다. 미래의 위협을 찾아내는 것은 너무나 중요하다. 하지만 현재 및 가까운 미래의 위협을 과소평가하거나 철저히 무시하는 것은 국가안보에 치명적인 결과를 초래할 수 있다. 따라서 무기체계 획득시 단기적 소요와 장기적 소요의 균형을 철저히 유지하도록 노력해야 한다.

　적으로부터의 군사적 공격을 방지하는 가장 확실한 방법은 압도적인 군사적 우위를 유지하는 데 있음은 재론의 여지가 없다. 압도적인 군사적 우위는 자연스럽게 적들이 우리의 국가이익에 반하여 행동하는 것을 못하게 하는 역할을 한다. 현재 우리 군은 현재 및 가까운 장래의 위협에 대처하는 데 필요한 새로운 무기체계에 대한 신속한 소요를 요구하고 있다. 특히 우리의 해병대는 기민하게 움직이는 데 필요한 해상·공중수송 능력이 절대적으로 부족하기 때문에 이에 대한 신속한 소요를 요구하고 있는 실정에 있다. 이처럼 절대적으로 필요한 무기체계를 획득하는 준비도 없이, 미래의 불확실한 위협에 대처하기 위한 무기체계 획득에 국방부가 만약 투자의 우선순위를 두는 전략을 취하게 된다면, 이것은 상식에도 어긋날 뿐만 아니라 우리 군의 총체적인 준비태세에도 치명적인 위해를 가하게 된다. 예컨대 우리 국방부가 해병대 병력을 신속하게 이동시키는 데 필요한 전략수송기, 대형강습상륙함(예: LHD, LHA) 및 수송용 헬리콥터(예: CH-46, CH-52)를 도입하지 않고, 정찰용 무인항공기UAV를 획득하는 데 예산을 먼저 투자한 것을 그 단적인 예로 들 수 있을 것이다.

장기적 투자는 단기적 소요를 희생하면서까지 만들어져서는 절대로 안 된다. 물론 이러한 주장은 장기적 위협에 대비할 수 있는 무인항공기와 같은 무기체계의 R&D 프로그램에 투자한 것이 전적으로 잘못되었다는 것을 의미하는 것이 아니다. 무기체계의 연구개발이란 것은 항상 앞서나가야 한다는 사실은 재론의 여지가 없다. 하지만 현재 우리 군의 군사적 취약점, 특히 단기적 위협에 대처하기 위한 준비태세의 결함을 찾아내어 그 결함을 메워 줄 수 있는 부분에 투자를 우선적으로 하는 것이, 장기적 투자보다 더 중요하다는 사실을 강조하기 위해서 그런 것이다.

### 원칙 2: 전투력의 경쟁우위를 보장하라.

모든 무기체계 획득 프로그램은 전쟁에서 싸우고 이기기 위한 군사능력을 증대시키는 데 초점을 두어야 한다. 적의 군사적 공격을 억제하는 것은 강한 전투능력을 요구한다. 따라서 잠재적인 적들의 전투력에 대한 경쟁우위를 유지할 수 있도록 획득전략을 설계해야 한다. 예컨대 북한의

MIG 전투기보다 우리의 KF-16 전투기가 우월하다는 사실은 전투기와 반전투기 기술의 확산에 의해 곧바로 위협받을 수도 있다는 것을 의미한다. 이 점을 이해하는 것은 매우 중요하다.

따라서 전략상황에 따라 차세대 무기체계의 기술에 투자하는 접근을 선택할 것인지, 아니면 차차세대 무기체계의 기술에 투자하는 접근을 선택할 것인지, 융통성 있게 대처할 수 있는 획득전략이 필요한 것이다.

## 원칙 3: 효율성과 효과성의 균형을 달성하라.

우리 군을 현대화하기 위한 무기체계 획득은 반드시 효율성과 효과성의 균형을 달성할 수 있어야 한다. 새로운 기술들은 더 효율적으로 현재 보유한 능력보다 더 치명적이고 살상력이 높은 무기체계들을 생산할 수 있어야만 한다. 그러나 무기체계의 효과성을 증대시키기 위해 단일 무기체계에 너무 많은 비용을 투자(효율성의 저하)하는 것은 매우 어리석은 짓이라 할 수 있다. 왜냐하면 시스템적 차원에서 볼 때 이러한 선택은 결국 효율성(비용목표의 달성)과 효과성(전략목표의 달성)의 저하를 동시에 초래하기 때문이다. 예컨대 과거 국내항공산업을 육성한다는 명목하에 KF-16 120대를 한꺼번에 도입한 KFP 사업을 단적인 예로 들 수 있을 것이다. 만약 그 당시 공군이 KF-16을 60여 대 도입하고, 나머지 60여 대에 소요되는 비용으로 EA-6B 프라울러 전자전기(레이더 교란기), EC-130H 콤파스콜(통신교란기),[8] F-16CJ HARM(고속 대전파원 미사일) 공격기 및 고공정찰기를 조금이라도 획득하는 데 사용하였더라면, 작전능력의 상승효과를 가져와 현재보다 공군의 전쟁수행능력이 훨씬 증가되었을 것이다.

---

8 EC-130H 콤파스콜(통신교란기)는 지리적으로 분산되어 있는 방공망(본부, 지휘센터, 레이더기지, 미사일발사대 등)의 통합된 작전을 가능케 하는 주요한 통신수단을 교란시킴으로써 적을 무력화시킬 수 있고, 특히 적항공기, 레이더기지, 전방관제소, 전반항공통제관 등과의 통신을 교란함으로써 적기의 활동을 저지시키며 적의 통합된 방공작전을 효과적으로 무력화시키는 데 필수적인 무기체계이다.

우리 군은 무기체계 획득에 있어 항상 대수유지(양적차원)에 집착하는 근시안적인 획득전략에서 탈피하여 시스템적 차원에서 무기체계 획득을 할 수 있는 능력을 발전시켜 나가야 한다. 시스템적으로 사고하지 못하게 되면, 무기체계 획득시 효과성과 효율성의 균형을 절대로 달성할 수가 없게 된다. 이러한 주장은 상식적인 수준에서 보더라도 쉽게 납득할 수 있을 것이다.

### 원칙 4: 전략환경 변화에 탄력적으로 대응하라.

잠재적인 적들이 지속적으로 우리의 군사적 취약점들을 파고 들 수 있는 첨단 무기체계 및 전술을 발전시킬 때 새로운 전략환경이 부상하게 된다. 예를 들어 탄도미사일 공격위협에 취약한 우리 군의 약점을 파고 들 수 있는 무기체계를 북한이 획득할 때 새로운 전략환경이 생겨나게 된다. 최근 북한이 러시아로부터 단거리 방공시스템, SU-27, MIG-29 전투기, 무인 프첼라PCHELLA-1 정찰기, 미군과 우리 군의 움직임을 감시할 수 있는 레이더 체계 등의 무기체계를 도입하려고 한 것은, 바로 이러한 무기체계들이 우리의 군사적 약점을 파고드는데 있어 최상의 무기체계들이기 때문이다.

전략환경 변화에 탄력적으로 대응할 수 있는 무기체계를 획득하는 데 있어 가장 핵심적인 요소는 군사 및 정치지도자들의 리더십leadership이다. 이러한 리더십은 무기체계 획득과정 및 절차에 얽매이지 않고, 전략상황에 따라 필요한 무기체계를 탄력적으로 획득할 수 있는 용기를 가진 리더십을 말하는 것이다. 예컨대 1994년 3월 판문점 회담시, 북한의 "서울 불바다 발언"에 따라 긴급 소요제기된 중거리 공대지 미사일사업을 예로 들 수 있다.

현재 북한의 탄도미사일에 대처할 수 있는 방어체계가 우리에게 없다는 사실 그 자체가 북한이 탄도미사일을 개발, 획득하는 자극제가 된다.

이러한 위협들에 대처할 수 있는 능력을 보유하는 것은 우리가 전장을 통제하고, 우리 자신이 설계한 전략하에서 싸울 수 있도록 할 것이다.

이러한 획득전략의 원칙하에서 각 군의 현대화가 이루어져야 하는 것이다. 그 핵심은 전략목표를 달성하는 데 필요한 무기체계, 즉 잠재적인 적들로부터의 단기적 위협과 장기적인 전투의 효과성을 보장할 수 있는 무기체계를 획득하는 것이다.

아래에서는 지금까지 설명한 전략목표 및 획득전략의 원칙에 토대를 두고, 우리 군의 무기체계 획득이 어떤 방향으로 이루어져야 하는지를 논의한다.

## :: 군사력의 현대화를 위한 무기체계 획득

우리의 육·해·공군이 빠른 시일 내에 현대화를 이룩하기 위해서 반드시 획득해야만 하는 무기체계들은 다음과 같다.

### 1. 해군의 무기체계 획득

분쟁이란 원래 갑작스러운 위기, 혹은 전혀 종잡을 수 없을 만큼 불확실한 상황으로 인해 촉발되는 경우가 대부분이다. 해군력은 그 본질상 바로 그런 불확실성에 대처하는 데 필요한 방어체계라 할 수 있는 일종의 유연성flexibility을 지도자들에게 제공해 주는 힘이다. 예컨대 적의 주요 지휘통제시설, 군사기지, 주요 전략목표들(미사일 발사대, 생화학·핵시설)과 같은 특별한 목표물을 함포 및 유도탄 발사로 파괴하거나, 혹은 매우 짧은 경고시간으로 영토를 빼앗기 위해 적의 지상군에 대한 공격을 수행할 때 해군력은 참으로 유용한 수단이 된다.

우리 해군이 배로부터 육상기지까지 전력을 투사할 수 있는 능력을 가지기 위해서는 세 가지 구체적인 무기체계의 소요requirements에 초점을 두는 획득전략을 우선적으로 취해야 한다.

## 소요 1: 전력투사 능력

전력투사를 극대화하기 위한 해군의 총체적인 능력은 많은 부분이 해병대의 전력에 달려 있다. 우리의 해병대를 명실상부한 공세적 전략부대로 키우기 위해서는 해병대의 핵심적인 기능인 확실한 수륙양용작전을 보장하기 위한 수평, 수직, 그리고 초수평 함안 이동수단 및 내륙 기동수단으로서 공격용 헬리콥터, 단거리 수직 이착륙기, 공기부양 상륙정LCAC, 고등수륙양용 장갑차AAAV와 같은 장비들을 빠른 시일 내에 획득하여 해병대를 무장시켜야 한다. 이렇게 했을 때만이 해병대가 아니면 안되는 독자적인 기능을 부여받을 수 있게 된다.

## 소요 2: 근접지원 및 장거리 타격능력

해군은 지상군의 작전을 지원하기 위해(간접적 역할), 그리고 연안지역에서 적으로부터의 공중과 지상위협을 격퇴하기 위해(직접적 역할) 건설되어져야 한다. 따라서 우리 해군이 이런 정도의 신뢰할 만한 대응능력을 유지하기 위해서는, 이지스 구축함(예: Alreigh Burke), 공격용 잠수함(예: SSN), 지상공격용 구축함(예 : DD-21), 지상정찰기(예: E-8), 그리고 1~2대의 경항공모함을 빠른 시일 내에 획득하여야 한다. 이러한 무기체계들은 해안지역에서 작전하고 있는 지상군을 근접지원하고, 연안지역에 장거리 타격을 가할 수 있는 항공기 및 미사일 공격을 수행하는데 있어 절대적으로 필요한 무기체계들이다.

## 소요 3: 기뢰위협에 대처하는 능력

해군은 해안지역으로의 접근을 봉쇄하는 적의 기뢰 및 다른 장애물들을 극복하기 위한 능력을 급격하게 발전시켜 나아가야 한다. 적의 기뢰는 우리 해군의 작전을 정체시키거나 멈추게 하는 힘이다. 전통적으로 해군제독들은 기뢰에 대처하는 중요한 임무를 소홀히 하는 경향을 보여왔다. 우리 해군이 연안지역에서 효과적인 작전을 수행하기 위해서는 기뢰전에 대비한 더 나은 준비를 해야만 할 것이다. 특히 기뢰전 교리와 훈련에 강조를 두어야 할 것이며, 더 중요하게는 우리의 해군제독들의 손에 적절한 기뢰제거 도구가 주어져야 한다. 이를 위해서는 서해, 동해, 그리고 남해에 걸쳐 사용할 수 있는 기뢰전배와 공격용 헬리콥터가 해군에 반드시 제공되어져야만 한다. 최근 육군에서 도입하기로 예정된 아파치 공격용 헬리콥터는 사실 육군보다는 해병대가 보유하는 것이 북한의 기습공격을 억제한다는 측면에서 효용성이 더 클 것이다.

## 2. 공군의 무기체계 획득

걸프전은 전력투사에 있어 항공력의 가치를 말이 필요 없을 정도로 설득력 있게 보여주었다. 전쟁기간 동안 미공군의 인공위성은 각 군에게 정보, 지휘·통제, 비행지원을 수행했다.

이러한 측면에서 볼 때 우리 공군은 재래식 군을 지원하는 전쟁억제와 공중통제의 본질적인 임무를 수행하는 것을 지속할 수 있어야 한다. 걸프전에서도 입증되어진 것처럼, 공중우세는 분쟁에서 승리하는 데 핵심이 된다. 그러나 현재 우리의 공군력은 잠재적인 적들과의 분쟁에서 공중우세를 유지하기 위한 능력이 부족하다. 아니 부족하기보다는 솔직히 전무하다는 표현이 더 정확할 것이다. 특히 우리 공군에는 도달거리가 긴 항공기가 단 한 대도 없다.

실제로 우리의 잠재적인 적들, 특히 주변국들의 항공전력에 대처하기 위해서는 현재보다 훨씬 큰 규모의 공군력을 우리가 가지고 있어야 한다. 우리 공군은 가까운 장래에 공대공전투와 공중우세의 역할로부터 적의 종심 깊숙한 곳의 정밀타격, 근접공중지원close air support, 그리고 공수임무를 수행할 수 있도록 변화되어야 할 것이다.

사막의 폭풍작전은 정밀유도무기precision-guided munitions : PGMs로 적의 종심 깊숙한 곳을 정밀타격하는데 F-117A 스텔스 폭격기의 가치를 극명하게 보여주었다. 하지만 이런 비싼 무기체계를 우리 공군이 가질 수 있는 가능성은 거의 없다. 하지만 이러한 작전 임무가 공군의 최우선 순위가 되어야 한다는 사실은 명심하고 있어야 한다. 예컨대 사막의 폭풍작전 첫날밤, 스텔스 폭격기들은 성공적으로 이라크 방공망의 지휘·통제 센터를 타격했다. 이것은 연합군의 공중공격을 방어하기 위한 이라크군의 대응능력을 무용지물로 만들었고, 결국 동맹국의 승리를 보장하는 기폭제가 되었다.

앞으로 우리 공군은 두가지 구체적인 무기체계의 소요에 초점을 두는 획득전략을 우선적으로 취해야 한다.

## 소요 1: 근접항공지원 능력

사담 후세인의 전차전력에 대한 A-10기의 근접항공지원 능력은 공군이 비교적 느리지만 중무장한 고정익 지상공격기가 필요하다는 개념을 소생시킨 계기가 되었다. 그 당시 포로로 붙잡힌 이라크 지상군 지휘관들은 전차킬러 A-10은 이라크 공화국수비대Republican Guard의 발목을 잡는데 있어 가장 효과적인 비행기였다고 밝혔다. 현재 우리 공군력은 완전한 근접공중지원 임무를 수행하는 데 역부족이다. 우리 공군은 전략폭격 그 자체만으로도 전쟁에서 승리하는 것이 가능하다고 주장할지도 모른다. 그러나 걸프전쟁은 결정적인 승리를 얻기 위해서는 모든 군(육·해·

공군 및 해병대)이 다 필요하다는 것을 경험적으로 보여주었고, 전장에서의 전술전투를 위한 공군의 근접공중지원 능력이 극도로 중요하다는 사실을 보여주었다. 모든 군으로부터의 지휘관들에 의해 수행되는 합동기획joint planning은 모든 전쟁기획에서 근접공중지원의 역할을 확신하는 데 도움이 되도록 설계되어져야 한다. 따라서 근접공중지원기(예: A-10, AU-8B)를 빠른 시일 내에 획득하여 우리 군의 통합전력 발휘를 극대화시킬 수 있도록 노력해야 할 것이다.

## 소요 2: 전략수송 능력

공군의 전략수송 능력은 전력투사에 있어 그 역할이 점차적으로 증대할 것이다. 전쟁에서의 승리는 제일 먼저 분쟁상태에 있는 장소에 도달하는 능력에 달려 있기 때문이다. 제일 먼저 그곳에 도달하는 최고의 방법은 공중을 통해서이다. 충분한 항공수송기를 갖추게 되면 싸움에 필요한 병력, 무기, 부속품, 중무장한 장비, 연료를 재빨리 도착시킬 수 있게 될 것이다. 물론 장기간 지속되는 전쟁에서는 적절한 해상수송 능력도 필수적일 것이다. 하지만 전략항공 수송능력만이 군대와 장비들을 전쟁의 승패를 결정지을 수 있는 시간 내에 실어나를 수 있다. 이러한 점에서 다양한 전략수송기들(예 : C-17, C-141, C-5, C-130), 특히 헬리콥터나 중장비들을 실어나를 수 있는 수송기를 많이 보유할 수 있도록 노력해야 한다. 전략수송 능력은 전쟁의 승패를 좌우할 만큼 중요한 능력이다. 걸프전 때에는 500,000명을 공중으로 수송했다. 군대의 99% 수준이다. 이것은 항공수송의 중요성을 극명히 보여주는 사례이다.

그럼에도 불구하고 우리 군의 경우에는 병력을 공중이나 해상을 통해 이동시키는 능력에 대해 별로 큰 주의를 기울이지 않는 것 같다. 전략수송 자산을 갖추는 데 필요한 투자가 많이 되지 않고 있는 것이 그것을 증명하고 있다. 이것은 필자가 생각하기에 우리 군이 전략수송자산을 전투체계로 보기보다는 단순한 지원체계로 보고 있기 때문에 그런 것이 아닌가 생각한다. 사실 현재 우리 군의 전략수송 능력은 국가의 군사전략을 수행하는 데 가장 큰 결함으로 남아 있다.

## 3. 육군의 무기체계 획득

지상군만이 결정적인 승리를 달성할 수 있다. 아무리 작은 규모의 전장에서의 승리조차도 승리, 그 자체는 오직 지상작전을 통해서만 보장받을 수 있다. 게다가 육군은 공군과 해군이 할 수 없는 방식으로 전쟁을 수행한다. 또한 군사적 이유뿐만 아니라 정치적 이유 때문에 지상군을 요구하기도 한다. 이것은 걸프전쟁에서 명백하게 드러났다. 5주 동안의 공중폭격에도 불구하고, 쿠웨이트의 해방은 거대한 지상군 작전을 통해 달성되어진 것이 그것을 명백히 입증한다.

걸프전에서는 지상군의 100시간만의 결정적인 작전으로 적의 저항의지를 소멸시켜 최종승리를 달성함으로써 전쟁을 종결한 반면, 코소보전에서는 지상군을 투입하지 않고 항공력과 미사일에 의존함으로써, 조기전쟁 종결에 실패하였다. 진정으로 유고군을 항복시킬 수 있었던 것은 NATO에 의한 지상군의 투입가능성 때문이었다. 이는 미래 전장에서도 전쟁의 승패를 결정짓는 핵심적인 요인으로서 지상군 역할의 중요성을 입증하는 것이다.[9]

육군이 비록 현대전에서 해·공군에 비해 그 역할이 줄어들기는 하였지만, 육군만이 적국의 영토를 점령할 수 있다. 타국을 점령하여 자국의

---

9 육군, "미래 안보환경과 육군의 임무와 역할", http://www.army.go.kr/saechun/sa-2/se-chun1.htm.

국기를 적국의 수도에 휘날리게 하는 궁극적인 위협은 정치지도자들에게 반드시 있어야 할 도구이다.

전력을 투사하고 사용하는 데 있어 모든 군이 중요한 역할을 수행한다. 그 가운데서 오직 육군만이 지상전투에서 결정적인 승리를 보장할 수 있는 유일한 군이다.

하지만 우리 육군은 이제 북한의 지상군에 대처하기 위해 설계된 정체된 군의 이미지에서 벗어나 고도로 훈련받고 전투준비가 잘된 인력으로 충원된 현재보다 훨씬 더 기동력이 있고, 치명적인 군으로 탈바꿈되어야 한다. 현재보다 훨씬 더 적은 규모로 더 많은 것을 할 수 있도록 설계되어져야 하는 것이다. 실제로 훨씬 작은 규모의 병력이 위기시에 더 효과적으로 재빨리 대응할 수 있다. 군사혁신Revolutuion in Military Affairs의 가능성이 실제로 실현된다면, 육군은 현재의 사단 개념으로부터 탈피할 수밖에 없을 것이다. 왜냐하면 정보기술과 정밀유도무기는 궁극적으로 수많은 관리층과 수많은 숫자의 단순 무기체계의 필요성을 자연스럽게 제거해 주기 때문이다. 우리 육군은 앞으로 기동성 및 화력을 증진시키는 데 절대적으로 필요한 무기체계의 소요에 초점을 두는 획득전략을 우선적으로 취해야 할 것이다.

## 소요: 기동성 및 화력

지상군의 신속한 배비를 위한 능력을 발전시키기 위해서는 기동성mobility과 화력firepower에 토대를 둔 전략을 발전시켜 나아가야 한다. 우리의 지상군 전투부대들은 동두천에 있는 미 제2사단 503보병부대처럼 헬리콥터를 이용하는 공중기동력을 갖추든지, 아니면 경장갑차 및 전차로 무장된 기계화부대로 재편되든지 하여야 한다. 이렇게 해야만 지상군은 신속하고 결정적인 그리고 비교적 낮은 비용의 승리를 보장할 수 있게 된다. 따라서 지상군에게 이러한 능력을 줄 수 있는 무기체계를 획득하는데 최우선 순위가 주어져야 할 것이다.


## :: 결 론

유감스럽게도, 현재 우리 군은 주한미군의 도움이 없이는 우리의 영토를 방어할 준비뿐만 아니라 미래의 국가이익을 수호할 준비 또한 제대로 되어 있지 않다. 이것은 어떤 행정부가 들어서더라도 우리 군의 현대화를 위해 상당한 투자가 이루어져야 된다는 것을 암시한다.

핵심은 차세대 무기체계를 획득함으로써 오늘날의 군을 현대화하고, 미래 전장에 대비할 수 있는 선진화된 소수정예의 과학군을 만들기 위한 혁명적인 무기체계, 즉 차차세대의 무기체계의 연구, 개발, 획득에 투자를 하는 데 있다. 차세대, 차차세대 무기체계 기술에 투자하는 전략, 특히 스텔스, 로보틱, 속도, 정밀, 그리고 정보공유 기술에 토대를 둔 첨단의 무기체계를 산출할 수 있는 군사혁신에 강조를 두는 획득전략을 취해야만 할 것이다. 물론 군사혁신에 토대를 둔 무기체계들은 앞서 지적한 것처럼 여전히 종이 위의 설계도에 불과하거나 기껏해야 초기개발단계에 있는 것들이 대부분이다. 하지만 미래 전장에 대비한 무기체계에 대한 투자는 앞으로 일어날 수 있는 안보환경의 변화를 감지하고, 이에 대응하기 위한 노력이라는 측면에서 너무나 중요한 것이다.

획득전략이란 것은 단기적 위협 및 장기적인 전투효과의 극대화를 동시에 보장할 수 있을 때 성공적이라고 말할 수 있다.

# ■ 참고문헌

## I. 영 문

### 1. Books

Adams, James (1998), *The Next World War: Computers are the Weapons and the Front Line is Everywhere*, New York: Simon and Schuster.

Air Force Manual 11-1, *Air Force Glossary of Standardized Terms*, HQ: USAF.

Avruch, Kevin, Narel, James L., Siegal, Pascale Combelles (2000), *Information Campaigns for Peace Operations*, C4ISR Cooperative Research Program, March(internet edition).

Baines, Thomas B. (2001), *Military Information Operations: A Unifying Paradigm*, Center for Defense Information.

Bateman III, Robert L. (1999), *Digital War: A View From the Front Lines*, Novato CA: Presidio Press.

Birkler, John, Graser, John C., Arena, Mark V., Cook, Cynthia R., Lee, Gordon, Lorell, Mark, Smith, Giles, Timson, Fred & Younossi, Obaid (2001), *Assessing Competitive Strategies for the Joint Striker Fighter: Opportunites and Options*, CA: Rand, MR-1362, O-OSD/JSF.

Bermudez Jr., Joseph S. (1997), *Democratic People's Republic of Korea: Chemical and Biological Warfare Capabilities: Case Studies on CBW Proliferators*, Alexandria, VA: Chemical and Biological Arms Control Institute.

Bingham, Price T. (2002), "Head Off the Vehicles", *Aviation Week & Space Technology*, 23 December.

_____ (1997), *The Battle of Al Khafji and the Future of Surveillance Precision Strike*, Arlington: Aerospace Education Foundation.

Blacker, James R. (1997), *Understanding the Revolution in Military Affairs: A Guide to America's 21st Century Defense*, Defense Working Paper, No. 3, Washington, D.C.: Progressive Policy Institute.

Bowie, Christoper J. (2002), *The Anti-Access Threat and Theater Air Bases*, Washington, D.C.: Center for Strategic & Budgetary Assessments.

Chairman of the Joint Chiefs of Staff Manual 3170.01B, *Operation of the Joint Capabilities Integration and Development System*, May 11, 2005.

Clausewitz, Carl von (1976), *On War*, ed, and trans. Peter Paret & Michael Howard, Princeton, NJ: Princeton University Press.

Cohen, William (1997), *Remarks at a Department of Defense News Briefing*, November 25.

Cordesman, Anthony H. (2003), *Instant Lessons for the Iraqi War*, Washington, D.C.: Center for Strategic and International Studies.

DAU (2005), *Introduction to the Defense Acquisition Management*, DAU Press.

Davis, Paul. K.(2002), *Analytic Architectures for Capabilities-Based Planning, Mission-System Analysis, and Transformation*, Santa Monica: Rand.

Davis, Paul K., Bigelow, James M., McEver, Jimmie (1999), *Analytical Methods for Studies and Experiments on "Transforming the Force"*, DB-278-OSD, Santa Monica: Rand.

Davis, Paul K., Gompert, David C., Hillestad, Richard J. & Johnson, Stuart (1998), *Transforming the Force: Suggestions for DoD Strategy*, IP-179, Santa Monica: Rand.

Denning, Dorothy E. (1999), *Information Warfare and Security*, Reading, Mass: Addison Wesley.

Department of Defense (2006), *2006 Quadrennial Defense Review Report*, Washington, DC: DoD, February 6.

Deptula, David A. (2001), *Effects-Based Operations: Change in the Nature of Warfare*, Arlington, VA: Aerospace Education Foundation.

Douhet, Giulio (1942), *The Command of the Air*, trans. Dino Ferrari, New York: Coward-McCann.

Directorate of Air Staff, Ministry of Defense (1999), *British Air Power Doctrine*, AP 3000, 3rd ed.

Dunnigan, James F. (1996), *Digital Soldiers: The Evolution of High-Tech Weaponry and Tomorrow's Brave New Battlefield*, New York: St. Martin Press.

Fontenot, Greg, Degen, E.J., Tomm, David (2004), *On Point: The US Army in*

*Operation IRAQI FREEDOM*, Washington, DC: Office of the Chief of the Army.

Franks, Jr., Fred & Clancy, Tom (1997), *Into the Storm: A Study in Command*, New York: G.P. Putnam's Sons.

Franks, Tommy R.(2002), Statement of General Tommy R. Franks, Combatant Commander, U.S. Central Command, to Armed Service Committee, U.S. House of Representatives, 27 February.

Freedman, Lawrence and Karsh, Efraim (1993), *The Gulf War Conflict*, Faber & Faber.

Friedman, George and Friedman, Meredith (1996), *The Future of War: Power, Technology and American World Dominance in the Twenty-first Century*, New York: St. Martin's Griffin Press.

Galdi, Theodor W.(1995), *Revolution in Military Affairs: Competing Concepts, Organizational Response, Outstanding Issues*, Washington, DC, December 11. http://www.fas/org/man/crs/95-1170.htm.

Ghyczy, Tiha von, Oetinger, Bolko von, Bassford, Christopher (2001), *Clausewitz on Strategy*, The Boston Consulting Group, Inc.

Gleeson, Dennis J., Linde, Gwen, McGrath, Kathleen, Murphy, Adrienne, Murrary, Williamson, O'Leary, Tom, Resnick, Joel B. (2001), *New Perspectives on Effects Based Operations: Annotated Briefing*, Institute for Defense Analyses, VA, June.

Gompert, David C., Lachow, Irving, Perkins, Justin (2006), *Battle-Wise: Seeking Time-Information Superiority in Networked Warfare*, NDU.

Gulf War Air Power Survey[GWAPS] (1993), *Vol. II. Part 2: Effects and Effectiveness*, Washington, D.C.: Government Printing Office.

Hanzhang, Tao (1987), Sun Tzu's Art of War, New York: Sterling Publishing.

Hosmer, Stephen T. (2002), *Effects of the Coalition Air Campaign Against Iraqi Ground Forces in the Gulf War*, Santa Monica: Rand corporation.

Human Rights Watch (2000), *Civilian Deaths in the NATO Air Campaign*, http://www/hrw.org/reports/2000/nato/index.htm.

Ingols, Cynthia & Brem, Lisa (1998), *Implementing Acquisition Reform : A Case Study on Joint Direct Attack Munitions*, Fort Belvoir : Defense System Management

College.

Joe, Leland & Feldman, Philiip M. (1998), *Fundamental Research Policy for the Digital Battlefield*, DB-245-A, Santa Monica: Rand.

Keaney, Thomas A. & Cohen, Eliot (1993), *Gulf War Air Power Survey{GWAPS} Summary Paper*, Montgomery: Air War College.

Larson, Eric V. (1996), *Casualities and Consensus: The Historical Role of Casualities in Domestic Support for U.S. Military Operations*, Santa Monica: Rand Corporation.

Libicki, Martin C. (1995), *What is Information Warfare?*, Washington, D.C.: National Defense University Press.

Malik, J. Mohan, ed. (1997), *The Future Battlefield*, Melbourne: Deakin University Press.

Metz, Steven (2000), *Armed Conflict in the 21st Century: The Information Revolution and Post-Modern Warfare* (Carlisle, PA: Strategic Studies Institutes, US Army War College.

Molauder, Rodger C., Riddle, Andrew S. & Wilson, Peter A. (1996), *Strategic Information Warfare: A New Face of War*, Santa Monica, Calif.: Rand.

Monitor Government Venture Services, LLC (2005), *Appendix D Defense Acquisition Performance Assessment Project Report: A Baseline Literature Review.*

Murray, Williamson, Scales, Robert H. (2003), *The Iraq War*, Cambridge, Mass: Harvard University Press.

North Korea Advisory Group (1992), *Report to the Speaker U.S. House of Representative*, November, http:/www.house.gov/international relations/nkag/reposrt.htm

Office of the Deputy Under Secretary of Defense(Industrial Policy) (2003), *Transforming the Defense Industrial Base: A Roadmap*, DoD.

_____ (2004), *The Vertical Lift Industrial Base: Outlook 2004-2014*, DoD.

Rayton, Peter (1995), *Network-Centric Warfare: A Place in Our Future*, Aerospace Centre Paper Number 74, Commonwealth of Australia.

Report of the Commission to Assess the Ballistic Missile Threat to the United States (1999), *Executive Summary*, 15 July.

Rosen, Stephen (1991), *Winning the Next War: Innovation and the Modern Military*, Ithaca, NY.

Schwartau, Will (1994), *Information Warfare: Chaos on the Information Superhighway*, New York: Thunder's Mouth Press.

Schwarzkopf, H. Norman (1992), *It Doesn't Take a Hero*, Bantam Press.

Senate Committee on Governmental Affairs (1998), *Proliferation Primer: A Majority Report of the Subcommittee on International Security, Proliferation, and Federal Services*, Washington: Government Printing Office, January.

Shukman, David (1996), *Tomorrow's War: The Threat of High Technology Weapons*, New York: Harcourt Brace.

Smith Jr., Edward A. (2002), *Effects-Based Operations: Applying Network Centric Warfare in Peace, Crisis, and War*, CCRP Publication Series, Washington, DC: Department of Defense, November.

Steele, Robert David (2006), Information Operations: Putting the "I" Back into Dime, February, http://www/StrategicStudiesInstitute.army.mil/.

The White House (2000), *National Plan for Information Systems Protection, Version 1.0: An Invitation to Dialogue*, Washington, D.C.: U.S. Government Printing Office, January.

Thompson, Lynne C. & Ronis, Sheila R. (2006), *The U.S. Defense Industrial Base: national Security Implications of a Globalized World*, National Defense University Press.

Toeffler, Alvin & Toeffler, Heidi (1993), *War and Anti-War*, Boston, MA: Little, Brown and Company.

USAF (1989), Air Force Manual 11-1, *Air Force Glossary of Standardized Terms*
_____ (2000), *Air War Over Serbia Fact Sheet*, 31 January.

U.S. Congress, Office of Technology Assessment (1993), *Proliferation of Weapons of Mass Destruction: Assessing the Risks*, Washington, D.C.: Government Printing Office, August.

U.S. Department of the Air Force (1993), *Gulf War Air Power Survey{GWAPS}, Vol. IV, Weapons, Tactics, and Training*, Washington, D.C.: Government Printing Office.

U.S. Department of Defense (2000), *Kosovo/Operation Allied Force After Action Report*, http://www.defenselink.mil/pubs/kaar02072000.pdf.

_____ (2001), *Quadrennial Defense Review Report*, Washington, D.C., September 30, http://www.defenselink.mil/pubsqdr2001.pdf.

_____ (2000), *Joint Vision 2020*, Washington, D.C.: US Government Printing Office.

_____ (1997), *Annual Report to the President and Congress*, Washington: U.S. Department of Defense, April.

_____ (1996), *Proliferation: Threat and Response*, April.

United States Joint Forces Command (2001), *Effects-Based Operations White Paper Version 1.0*, Norfolk VA: Concepts Department J9.

Vick, Alan, Moore, Richard M., Pirnie, Bruce R., Stillion, John (2001), *Meeting the Challenges of Elusive Ground Targets*, Rand, Santa Monica, CA.


2. Articles

Arquilla, John, Ronfeldt, David (1993), "Cyberwar is Coming", *Comparative Strategy*, Vol. 12, No. 2, April-June.

Bagwell, Greg (1999), "Precision Weapons: Considerations for Their Employment", *Air Power Review*, Vol. 2, No. 1, Spring.

Barnes, Marvin (2006), "Effects-based concepts face test in Turkey", ACT Operational Experimentation, February 14. www.act.nato.int/multimedia/articles/2006/060214mne4.html.

Barnett, Thomas, P.M. (1999), "The Seven Deadly Sins of Network-Centric Warfare", *Proceedings*, Vol. 125, January.

Barrie, Douglas, "Russia Considers New Impact", *Aviation Week & Space Technology*, 23 December.

Berkowitz, Bruce D. (2000), "Information Warfare: Time to Prepare", *Issues in Science and Technology*, Winter (internet edition). http://www.nap.edu/issues/17.2/berkowitz.htm.

_____ (2000), "War Logs on", *Foreign Affairs*, May/June (internet edition).

Bermudez Jr., Joseph S. (1999), "The Rise and Rise of North Korea's ICBMs", *Jane's International Defense Review*, Vol. 32, July.

_____ (1996), "Inside North Korea's CW Infrastructure", *Jane's Intelligence Review*,

Vol. 8, No. 8, August.

Betts, Richard (2001), "Compromised Command", *Foreign Affairs*, July/August.

Bickers, Charles (2001), "Cyberwar: Cracking the Codes to Cripple a Country", "Combat on the Web", *Far Eastern Economic Review*, August 16.

Biddle, Stephen (1998), "The Past as Prologue: Assessing Theories of Future War", *Security Studies*, Autumn (internet edition).

Biggs, Timothy J. & Stuchell, Raymond V., "Capability-Based Acquisition: Key Factor in Meeting 21st Threat", *Program Manager*, Vol. XXXII, No. 5, September-December, 2003.

Bingham, Price T. (2002), "Head Off the Vehicles", *Aviation Week & Space Technology*, 23 December.

Bowen, Wyn & Shepard, Stanley (1996), "Living under the Red Missile Threat", *Jane's Intelligence Review*, Vol. 8, No. 12, December.

Carus, Seth (1997), "The Threat of Bioterrorism", *Strategic Forum*, No. 127, September.

Casper, Lawrence E., Halter, Irving L., Powers, Earl W., Selva, Paul J., Steffers, Thomas W. & Willis, T. Lamar (1996), "Knowledge-Based Warfare: A Security Strategy for the Next Century", *Joint Force Quarterly*, No. 13, Autumn.

Caudle, Sharon L. (2005), "Homeland Security Capabilities-Based Planning: Lessons from the Defense Community", *Homeland Security Affairs*, Vol. I, Issue 2.

Cebrowski, Arthur K. & Garstka, John J. (1998), "Network-Centric Warfare-Its Origin and Future", *Proceedings*, Vol. 124, No. 1, January.

Chang, Stephen (2001), "How the US Killed Al Qaeda Leaders by Remote Control", *Sunday Times*(London), 18 November.

Chang, Kenneth (2001), "A Crafty, Deadly Predator", *The New York Times*, 23 November.

Cook, Martin (2003), "The Proving Ground for America's New Warform", *Scotland on Sunday*, 23 March.

Coughlin, Con (1996), "Iran in Secret Chemical Weapons Deal with India", *Electronic Telegraph*, June 24.

Correll, John T. (1996), "Warfare in the Information Age", *Air Force Magazine*, December (internet edition).

Crock, Stan (2000), "Sticks and Stones can Break and Army", *Businessweek*, October 27 (online). http://www.businessweek.com/bwdaily/dnflash/oct2000/.

CSBA, "Transformation Strategy", http://www.csbaonline.org/2strategic_studies/3Transformation_Strategy/T.r.

Davis, Paul. K., Gompert, David, Kugler, Richard (1996), "Adaptiveness in National Defense: The Basis of New Framework", *Issue Paper*, August.

Denning, Dorothy (2000), "Cyberterrorism", *Testimony before the Special Oversight Panel on Terrorism Committee on Armed Services U.S. House of Representatives*, May 23.

Downing, John (2000), "China Equips Itself for Power Projection", *Janes Intelligence Review*, February.

Dupont, Daniel G. (1999), "Cyberview: Out of Site", *Scientific American*, January (internet edition).

Ekens, Rolf (1996), "Beware Iraq's Biowar Legacy", *Jane's International Defense Review*, Vol. 29, No. 6, June.

Eland, Ivan (1998), "Protecting the Homeland: The Best Defense is to Give No Offense", *Cato Policy Analysis*, No. 306, May.

Farr, John v., Johnson, William R., Birmingham, Robert P.(2005), "Multitiered Approach to Army Acquisition", *Defense Acquisition Review Journal*, Vol. 12, No. 2, April-July.

Federation of American Scientists, "Pioneer Short Range(SR) UAV", http://www.fas.org/irp/program/collect/pioneer.htm

Fulghum, David A. (2002), "It Takes a Network to Beat a Network", *Aviation Week & Space Technology*, 11 November.

Garden, Timothy(2003), "Iraq: The Military Campaign", *International Affairs*, Vol. 79, No. 4.

Glasser, Susan B. (2001), "Pakistani Families Confront Toll of Forbidden Holy War: Son's Decisions to Defy Government Often Prove Fatal", *The Washington Post*, 2 December.

Center for Nonproliferation Studies, Monterey Institute of International Studies, http://cns.mil.edu./research/cbw/possess.htm.

Gentry, John A. (2000), "Complex Civil-Military Operations: A U.S. Military-Centric Perspective", *NWC Review*, Autumn(internet edition).

Gompert, DAvid C., Irving, Lachow (2001), "Transforming U.S. Forces: Lessons from the Wider Revolution", *Issue Paper*, 01-03-30, http:///www.rand.org/publications/IP/IP193/.

Gordon IV, John and Sollinger, Jerry (2004), "The Army's Dilemma", *Parameters*, Summer(online).

Gupta, Shekhar (1998), "And the War is led by the Mouse", *The Indian Express*, November 1998 (internet edition).

Gust, David R. (1999), "Hunter UAVs on Kosovo", Briefing for the Association of Unmanned Vehicle Systems International, 14 July. http://www.fas.org/irp/program/collect/docs/auvsi/sld.htm.

Grange, David L. (2000), "Asymmetric Warfare: Old Method, New Concern", *NSF Review*, Winter(internet edition).

Haffa, Robert & Watts, Barry (2000), "Brittle Swords: Low-Density, High-Demand Assets", *Strategic Review*, Fall.

Harknett, Richard J. (2000), "The Risks of a Networked Military", *Orbis*, Winter (internet edition).

Hearing before U.S. House Committee on Appropriations (1969), "Department of Defense Appropriations for 1970, part 6", 9 June, Washington, D.C.: U.S. Government Printing Office.

Heidenrich, John (1993), "The Gulf War: How Many Iraqis Died?", *Foreign Policy*, Spring.

Held, Bruce & Chang, Ike (2000), *Using Venture Capital to Improve Army Research and Development*, Rand, Issue Paper, http://www.rand.org/publications/IP/Ip199/.

Hochevar, Albert R. , Robards, James A., Schafer, John M. and Zep-ka, James M. (1995), "Deep Strike: The Evolving Faces of War", *Joint Force Quarterly*, No. 9, Autumn.

Hough, Harold (1996), "Iran Targets the Arabian Peninsula", *Jane's Intelligence*

*Review*, Vol. 8, No. 10, October.

Judge, Paul J., "Planning Convergence (2007)", *Joint Force Quarterly*, Issue 47, 4th Quarter.

Kelley, Jay W. (1996), "Brillant Warriors", *Joint Force Quarterly*, No. 11, Spring.

Mahnken, Thomas G. (2000), "War and Culture in the Information Age", *Strategic Review*, Vol. XXVIII, No. 1, Winter.

_____ (1995-96), "War in the Information Age", *Joint Force Quarterly*, No. 10, Winter.

McPeak, Merrill, "Precision Strike: The Impact on the Battlespace", *Military Technology*, May, 1999.

New Scientist Electromagnetic Weapon Article, "Weapons of Mass Destruction", http://www.newscientist.com/nl/0701/end.html

Hughes, Robin (2004), "Interview: Lieutenant General Moshe Ya'alon, Israel Defense Force Chief of Staff", *Jane's Defense Weekly*, November 17.

King, Jr., Neil & Cloud, David S. (2001), "In the Crosshairs: CIA Drones Spotted Bin Laden in Campus But Couldm't Shoot", *The Wall Street Journal*, 23 November.

Knights, Michael (2003), USA Learns Lessons in Time-Critical Targeting, *Jane's Intelligence Review*, 1 July.

Liddell Hart, Basil H. (1972), *Strategy*, New York: Praeger.

Luttwak, Edward N. (1996), "A Post-Heroic Military Policy", *Foreign Affairs*, July/August.

Macgregor, Douglas A. (2000-01), "The Joint Force: A Decade, No Progress". *Joint Force Quarterly*, Winter.

Mahnken, Thomas G. and Watts, Barry D. (1997), "What the Gulf War Can(and Cannot) Tell us About the Future of Warfare", *International Security*, Vol. 22, No. 2, Fall.

Mackenzie, Debora (1998), "Naked into Battle", *New Scientist*, Vol. 157, No. 2123, February.

McPeak, Merrill (1999), "Precision Strike: The Impact on the Battlespace", *Military Technology*, May.

McKay, J.R. (2005), "Mythology and the Air Campaign in the Liberation of Iraq", *Journal of Military and Strategic Studies*, Vol. 7, Issue 3, Spring.

McPeak, Merrill (1999), "Precision Strike: The Impact on the Battlespace", *Military Technology*, May.

Meigs, Montgomery (2001), "Operational Art in the New Century", *Parameters*, Spring. http://www.carlisle-www.army.mil/usaws/Parameters/01spring/meigs.htm.

Mills, Greg (2003), "New War, Fresh Tactics ... and Old Lessons", *Strait Times*, 27 March.

Mullen, Mike (2002), "Capture Vision," *Proceedings*, April.

O'Hanlon, Michael (1998), "Stopping a North Korean Invasion: Why Defending South Korea is Easier than the Pentagon Thinks", *International Security*, Vol. 22, No. 4, Spring.

Owens, William A. (1999), "Making the Joint Journey", *Joint Force Quarterly*, Spring.

_____ (1995), "The Emerging System of Systems", *Military Review*, Vol. 75, No. 3, May-June.

_____ (1995), "The Emerging System of Systems", *Proceedings*, Vol. 121, No. 5, May.

Payton, Sue C. (2006), "Nine Technology Insertion Programs That Can Speed Acquisition", *Defense AT&L*, Vol. XXXV, No. 1, January-February.

Preston, Richard (1998), "Annals of Warfare: The Bioweaponeers", *New Yorker*, March 9.

Richter, Andrew (2005), "Lessons from the Revolution: What Recent US Military Operations Reveal About the Revolution in Military Affairs and Future Combat", *Journal of Military & Strategic Studies*, Vol. 7, Issue 3, Spring.

Rinaldo, Richard J. (1996-97), "Warfighting and Peacxe Ops: Do Real Soldiers do MOOTW?", *Joint Force Quarterly*, No. 14, Winter.

Richburg, Keith B. & Branigin, William (2001), "Attacks from Out of the Blue: US Airstrikes Hit Taliban Military Targets and Morale", *The Washington Post*, 18 November.

Ripley, Tim (1999), "UAVs Over Kosovo-Did the Earth Move?", *Defense Systems*

*Daily*, 1 December. http://defense-data/com/features/fpages34.htm.

Rostow, Eugene V. (1994), "Is UN Peacekeeping a Growth Industry?", *Joint Force Quarterly*, No. 4, Spring.

Roxborough, Ian (2002), "From Revolution to Transformation: The State of the Field", *Joint Force Quarterly*, Autumn.

Rubel, Robert C. (2000-2001), "Principles of Jointness", *Joint Force Quarterly*, No. 27, Winter.

U.S. House of Representatives (2002), "Statement of General Tommy R. Franks, Combatant Commander, U.S. Central Command to Armed Service Committee", 27 February.

Sapolsky, Harvey M. (1997), "Interservice Competition: The Solution, Not the Problem", *Joint Force Quarterly*, No. 15, Spring.

Smith, George (1998), "An Electronic Pearl Harbor? Not Likely", *Issues in Science and Technology*, Fall (internet edition).

Smith, Jr., Edward A. (2001), "Network-Centric Warfare: What's the Point?", *NWC Review*, Winter (internet edition).

Spring, Baker (1997), "India's Admission on Chemical Weapons Casts Doubts on Treaty", *Backgrounder*, July 31.

Streetly, Martin, "Airborne Surveillance Assets Hit the Spot in Iraq", *Jane's Intelligence Review*, 1 July.

Steele, Robert David (1998-99), "The Asymmetric Threat: Listening to the Debate", *Joint Force Quarterly*, No. 20, Autumn/Winter.

Stephens, Hampton (2002), "Prowler Praised for Tactical jamming Role in Afghanistan", *Inside the Air Force*, 1 November.

Summers Jr., Harry G. (1997), "Are U.S, Forces Overstretched?: Operations, Procurement, and Industrial Base", *Orbis*, Vol. 41, No. 2, Spring.

Szafranski, Richard (1995), "Parallel War: Promise and Problems", *Proceedings*, Vol. 121, No. 8, August.

The Joint Warfighting Center (2007), "An Effects-based Approach: Refining How We Think about Joint Operations", *Joint Force Quarterly*, Issue 4, 1st quarter(online).

Thomas, Tomothy L. (2000), "Kosovo and the Current Myth of Information Superiority", *Parameters*, Spring (internet edition).

U.S. National Intelligence Council (1999), "Foreign Missile Developments and the Ballistic Missile Threat to the United States through 2015", September.

Van Riper, Paul K. (1997), "Information Superiority", *Marine Corps Association*, June. http://www.comw.org/ma/fulltext/infosup.html.

Van Riper, Paul K. & Hoffman, F.G. (1998), "Pursuing the Real Revolution in Military Affairs: Exploiting Knowledge-Based Warfare", *NSSQ*, Summer (internet edition).

Vego, Milan N. (2006), "Effects-Based Operations: A Critique", *Joint Force Quarterly*, Issue 41, 2nd quarter(online).

Wilkerson, Lawrence B. (1997), "What Exactly is Jointness?", *Joint Force Quarterly*, Summer.

Wilson, J.R. (2000), "Network-Centric Warfare 21st Century", *Military and Aerospace Electronics Magazine*, January (Internet edition).

## II. 국문

### 1. 단행본

김종하 (2006), 「획득전략: 이론과 실제」, 서울: 북코리아.

_____ (2001), 「무기획득 의사결정: 원칙, 문제 그리고 대안」, 서울: 책이된 나무.

김재엽 (2004), 「한국형 자력방위: 전략과 제언」, 서울: 북코리아.

김철환 (2003), 「국방획득 전문인력 관리방안」, 서울: 국방대학교.

국방부 (2004), 「국방조직관계법령집」, 서울: 국방부.

_____ (1994), 「율곡사업의 어제와 오늘 그리고 내일」, 서울: 국방부.

로버트 케이건/홍수원 옮김(2003), 미국 vs 유럽 갈등에 관한 보고서, 서울: 세종연구원.

방위사업청 (2007), 「무기체계 내장형 소프트웨어 획득관리 어떻게 해야 하는가?」, 서울: 방위사업청.

_____ (2005), 방위사업청, 「방위사업청 백서」, 서울: 방위사업청.

보스턴컨설팅 서울 사무소 옮김(2001), 「전쟁과 경영」, 서울: 21세기 북스.

이경재 (2007), 「획득기획의 이론과 실제」, 서울: 대한출판사.

윤주학 (2000), 「디지털 전쟁: 야전으로부터의 의견」, 대전: 문경출판사.

육군본부 (2007), 「지상전개념서: 네트워크 기반 동시·통합전」, 대전: 육군본부.

진차득 (2007), "미래 군 구조 발전방향 고찰", 「군사평론」, 제386호, 4월.


2. 논문

김상순 (2006), "한국군 데이터링크 현대화, 어떻게 진행되고 있나", 「월간항공」, 6월.

김종하(2001), "미래전쟁을 둘러싼 논쟁: 어떻게 준비해야 하는가", 「군사논단」, 통권 제29호, 겨울호.

_____ (2004), "현대전을 통한 무기체계의 기술발전 추세분석", 「한국방위산업학회지」, 제11권, 제1호.

_____ (2001), "생화학무기의 적대적 사용: 우리는 어떻게 대처해야 하는가?", 「공군평론」, 제109호.

_____ (2006), "미래전장 환경에 대비한 국방조직 발전방향", 김기정·이성훈·김순태 편, 「세계적 국방개혁 추세와 한국의 선택」, 서울: 오름.

_____ (2003), "무기체계 획득전략, 과정 그리고 조직구조의 개혁", 「군사논단」, 통권 제36호, 가을호.

_____ (2002), "미래 우리 군의 비전과 군사전략은 어떠해야 하는가?: 그것은 바로 합동군과합동작전이다", 「해병대」, 제20호.

_____ (2006), "획득접근의 진화에 대한 경험적 사례: 미국의 MD 체계", 방위사업청 사업관리본부 초청강연, 4월 17일.

김진우 (2001), "비대칭 위협의 양상과 전망", 「주간국방논단」, 제835호(01-5).

국방부 (2005), "국방개혁 추진방향", 국방개혁 추진방향간담회자료, 7월 7일.

고든 R. 설리번, 마이클 하퍼 공저 (1998), 장군의 경영학, 서울: 창작시대.

노훈·이재욱 (2001), "사이버전의 출현과 영향 그리고 대응방향", 「국방정책연구」, 가을호.

박상서 (2001), "미군은 지금 디지털 군대로 변신중", 「주간동아」, 8월 2일, 제295호.

민병돈 (2001), "장관, 그건 절약이 아니라 파괴요", 「월간조선」, 3월호.

박정우 (2005), "전쟁양상의 새로운 패러다임: 이라크 전쟁을 중심으로", 「군사논단」 통권 35호, 여름호.

배기수 (2003), "이라크전에 적용된 새로운 군사작전 이론", 「군사논단」 통권 35호, 여름호.

이선호 (2000), "국방조직의 성장과정과 조직발전의 당면과제", 한국군사학회 주최 제8회 국방·군사세미나, 「한국의 국방조직 발전방향」, 자운대 충무관 소강당, 4월 14일.

육군, "미래 안보환경과 육군의 임무와 역할", http://www.army.go.kr/saechun/sa2/sechun1.htm.

윤광웅 (2000), "국방조직 현황과 발전방향", 한국군사학회 주최 제8회 국방·군사세미나.

서정해 (2002), "효과중심작전(EBO) 모델 소개", 「주간국방논단」, 제889호(02-18), 6월.

_____ (2003), "우리 군의 소요제기·결정체계 혁신방안", 「주간국방논단」, 제951호(03-28).

이선호, 「한국의 국방조직 발전방향」, 자운대 충무관 소강당, 4월 14일.

한성우(2007), "군 위성통신 발전방향", 「국방과학기술플러스」, 11월, Vol. 47.

## III. 정부 보도자료

국방부 (2001), "변화에 대처하고 미래를 준비하는 「21세기 新국방」", 「국방소식」, 통권 제127호, 5월호.

국방부 보도자료, 「국방부본부 현역 편제조정(문민화)계획」, 2005년 1월 20일.

_____ , 「21세기 선진 정예 국방을 위한 국방개혁 2020(안)」, 2005.

_____ , 「국민과 함께하는 국방, 튼튼한 국방 구현을 위한 새로운 국방패러다임과 추진과제」, 2004.

국회사무처, 「2000년도 국정감사 국방위원회 회의록」, 10월 20일.

국회 국방위원회 국정감사 요구자료(2005.8)

국방대학교 인터넷 홈페이지, http://www.kndu.ac.kr.

## IV. 신문칼럼

시몬 페레스 (2001), "테러, 전세계가 대응을", 「조선일보」, 10월 12일.

김종하 (2004), "한미동맹과 자이툰부대", 「국방일보」. 12월 14일.

＿＿＿＿ (2004), "국방개혁의 최우선 과제", 「조선일보」, 2004년 7월 30일.

＿＿＿＿ (2004), "국방부 문민화를 위한 전제조건", 「국방일보」, 9월 4일.

＿＿＿＿ (2004), "국방개혁의 핵심과제", 「한겨레신문」, 8월 25일.

＿＿＿＿ (2004), "변형전략과 안보의 핵심", 「국방일보」, 2005년 3월 9일.

＿＿＿＿ (2006), "장밋빛 자주국방 중기계획", 「세계일보」, 7월 14일.

＿＿＿＿ (2006), "연대급 과학화 전투훈련장의 기대효과", 「국방일보」, 11월 15일.

＿＿＿＿ (2005), "국방획득 개혁과 인력양성", 「조선일보」, 1월 18일.

＿＿＿＿ (2005), "방위사업청을 '지식조직'으로", 「매일경제신문」, 12월 21일.

## V. 잡지 · 신문보도

월간항공 편집부 (2007), 「월간항공」, 4월호.

＿＿＿＿ (2004), "네트워크 중심전에 중요한 자동화 소프트웨어", 「월간항공」, 6월호.

＿＿＿＿ (2005), "새로운 차세대 전자전 장비", 「월간항공」, 2월호.

＿＿＿＿ (2004), "미국의 공중 스파이들(2)", 「월간항공」, 10월호.

＿＿＿＿ (2006), "고고도 장거리 무인기! Global Hawk", 「월간항공」, 11월호.

「월간항공」, 2004년 8월호, 2001년 5월호.

「시사저널」, 2001년 8월 2일.

「주간동아」, 2005년 5월 10일, 2001년, 제295호. http://www.donga.com/docs/magazine/weekly-donga/news295/wd295aa0.

「국방일보」, 2000년 7월 7일, 2001년 2월 6일, 2001년 6월 26일, 2001년 6월 29일, 2001년 6월 26일, 2005년 2월 5일, 2005년 6월 29일.

「경향신문」, 2005년 9월 13일(인터넷판).

「대한매일」, 2001년 2월 26일.

「문화일보」, 2000년 12월 28일, 2001년 2월 7일, 2001년 8월 11일, 2001년 10월 11일, 2001년 10월 25일, 2001년 11월 8일, 2003년 11월 1일.

「서울신문」, 2004년 8월 11일(인터넷판).

「세계일보」, 2005년 1월 20일(인터넷판).

「동아일보」, 1993년 1월 29일, 1996년 4월 13일, 2005년 3월 2일(인터넷판), 2007년 12월 5일(인터넷판).

「조선일보」, 1994년 6월 13일, 1997년 5월 22일, 2001년 5월 2일, 2001년 5월
　　3일, 2001년 8월 10일, 2001년 9월 6일, 2001년 11월 6일.
「중앙일보」, 1992년 10월 23일, 1999년 11월 19일.
「한겨레신문」, 2001년 4월 30일, 2004년 5월 5일(인터넷판), 2005년 7월 21일(인
　　터넷판).
「한국일보」, 1997년 5월 7일, 1997년 8월 18일, 2000년 7월 11일, 2005년 9월
　　13일(인터넷판).
*The Korea Herald*, March 26, 1999.
*The New York Times*, 21 December 2002.
*The Mew York Times*, 1 May 2003.
*The Economist*, June 16, 2001.
「연합뉴스」, 2005년 6월 29일.

# ADD 설립 이후 연도별 총예산 현황

## ▣ ADD 설립 이후 총예산 현황

| 연 도 | 전력투자비(억원) | 경상비(억원) | 출연금계(억원) |
|---|---|---|---|
| 70 | 0.3 | | 0.3 |
| 71 | 4 | | 4 |
| 72 | 21 | | 21 |
| 73 | 23 | | 23 |
| 74 | 16 | 30 | 46 |
| 75 | 273 | 8 | 281 |
| 76 | 318 | 17 | 335 |
| 77 | 338 | 36 | 374 |
| 78 | 285 | 67 | 352 |
| 79 | 390 | 56 | 446 |
| 80 | 576 | 66 | 642 |
| 81 | 323 | 71 | 394 |
| 82 | 630 | 88 | 718 |
| 83 | 323 | 96 | 419 |
| 84 | 423 | 223 | 646 |
| 85 | 505 | 229 | 734 |
| 86 | 669 | 239 | 908 |
| 87 | 724 | 255 | 979 |
| 88 | 534 | 276 | 810 |
| 89 | 879 | 267 | 1,146 |
| 90 | 1,110 | 309 | 1,419 |
| 91 | 1,568 | 336 | 1,904 |
| 92 | 1,880 | 412 | 2,292 |
| 93 | 2,294 | 502 | 2,796 |

| 연 도 | 전력투자비(억원) | 경상비(억원) | 출연금계(억원) |
|---|---|---|---|
| 94 | 2,733 | 559 | 3,292 |
| 95 | 2,540 | 669 | 3,209 |
| 96 | 2,830 | 688 | 3,518 |
| 97 | 3,193 | 747 | 3,940 |
| 98 | 3,075 | 679 | 3,754 |
| 99 | 3,075 | 675 | 3,750 |
| 00 | 3,138 | 587 | 3,725 |
| 01 | 3,236 | 650 | 3,886 |
| 02 | 3,929 | 879 | 4,808 |
| 03 | 4,386 | 942 | 5,328 |
| 04 | 5,091 | 1,073 | 6,164 |
| 05 | 5,412 | 1,202 | 6,614 |
| 계 | 56,744.3 | 12,933 | 69,677.3 |

▣ 2000년 이후 분야별 예산 현황 (편성액)

(단위: 억원)

| 연 도 | 전력 투자비 | | | | 경상비 | 출연금계 |
|---|---|---|---|---|---|---|
| | 체계개발 | 기술개발 | 기술지원/기타 | 소계 | | |
| 00 | 1,210.7 | 1,132.1 | 795.4 | 3,138.2 | 587.2 | 3,725.3 |
| 01 | 1,262.8 | 1,152.2 | 821.0 | 3,236.0 | 649.8 | 3,885.8 |
| 02 | 1.389.9 | 1,640.6 | 898.7 | 3,929.2 | 878.9 | 4,808.1 |
| 03 | 1,251.1 | 2,129.5 | 1,005.4 | 4,386.0 | 942.1 | 5,328.1 |
| 04 | 2,315.1 | 1,709.4 | 1,066.5 | 5,091.0 | 1,072.6 | 6,163.6 |
| 05 | 2,448.6 | 1,844.7 | 1,118.5 | 5,411.8 | 1,202.3 | 6,614.2 |
| 계 | 9,878.2 | 9,608.5 | 5,705.5 | 25,192.2 | 5,332.9 | 30,525.1 |

# ADD 설립 이후 체계개발/핵심기술 과제 현황

## ▣ 1971~1989 기간 연구 개발 과제 종결 현황

| 종료<br>연도 | 과 제 명 | 기 간 | 예산<br>(백만원) | 주도형태 | 비 고 |
|---|---|---|---|---|---|
| 71 | 군용차량정비유지를 위한 부품시<br>제개발 | 71-71 | 2.0 | 정부주도 | |
| 71 | 무선유도조종장치 | 71-71 | 0.5 | 정부주도 | |
| 71 | 벼락(지뢰) | 71-71 | 0.9 | 정부주도 | |
| 71 | 소총자동화 | 71-71 | 0.4 | 정부주도 | |
| 71 | 야전공구의 생산개발 | 71-71 | 0.4 | 정부주도 | |
| 71 | 이동식취사장비시제개발 | 71-71 | 0.3 | 정부주도 | |
| 71 | 조기경보용 뷰비츄렙 및 페탄을 이<br>용한 지뢰제작 연구 | 71-71 | 0.9 | 정부주도 | |
| 71 | 중거리용 지휘통신망 시제 설계 | 71-71 | 1.7 | 정부주도 | |
| 71 | 프라스틱총 대부분 개발 | 71-71 | 0.9 | 정부주도 | |
| 72 | MK2수류탄(구름) | 71-72 | 0.7 | 정부주도 | |
| 72 | M1소총개조 | 72-72 | 1.7 | 정부주도 | |
| 73 | 60미리 박격포 | 71-73 | 86.6 | 정부주도 | |
| 73 | 81미리 박격포 | 71-73 | 123.2 | 정부주도 | |
| 73 | 기관총(폭우) | 71-73 | 24.9 | 정부주도 | |
| 73 | 소총(칼빈M2)(우박) | 71-73 | 10.7 | 정부주도 | |
| 73 | 함정 기관용 수리부품생산개발 | 71-73 | 11.0 | 정부주도 | |
| 73 | (로켓트)압전식신관 | 72-73 | 4.3 | 정부주도 | |
| 73 | 140미리 로켓트포 및 포탄연구 개발 | 72-73 | 16.0 | 정부주도 | |
| 73 | 2.5파운드 훈련용 폭탄 | 72-73 | 3.3 | 정부주도 | |
| 73 | 3.5인치 로켓트포 | 72-73 | 14.0 | 정부주도 | |
| 73 | 60미리 박격포탄 | 72-73 | 19.3 | 정부주도 | |
| 73 | 66미리 로켓트발사기 | 72-73 | 3.3 | 정부주도 | |
| 73 | 81미리 박격포탄 | 72-73 | 27.1 | 정부주도 | |
| 73 | M15대전차지뢰(1, 2단계) | 72-73 | 2.5 | 정부주도 | |

| 종료<br>연도 | 과 제 명 | 기 간 | 예산<br>(백만원) | 주도형태 | 비 고 |
|---|---|---|---|---|---|
| 73 | M18A1대인지뢰 | 72-73 | 23.7 | 정부주도 | |
| 73 | M19대전차지뢰 | 72-73 | 31.1 | 정부주도 | |
| 73 | M26A1세열수류탄 | 72-73 | 3.9 | 정부주도 | |
| 73 | M33수류탄시제 | 72-73 | 2.9 | 정부주도 | |
| 73 | M404A2신관 | 72-73 | 3.7 | 정부주도 | |
| 73 | M525신관시제 | 72-73 | 10.9 | 정부주도 | |
| 73 | M61수류탄(개발생산) | 72-73 | 5.2 | 정부주도 | |
| 73 | M67수류탄(개발생산) | 72-73 | 5.1 | 정부주도 | |
| 73 | M79유탄발사기 | 72-73 | 24.8 | 정부주도 | |
| 73 | 구명대시제(1, 2단계) | 72-73 | 1.0 | 정부주도 | |
| 73 | 대인레이다 시험개발(SSD-3) | 72-73 | 5.0 | 정부주도 | |
| 73 | 민수차량 군용화(연구개발) | 72-73 | 10.3 | 업체주도 | |
| 73 | 방탄피복(조끼) | 72-73 | 2.0 | 정부주도 | |
| 73 | 분대용 초단파 무전기(KPRC-6) | 72-73 | 8.5 | 정부주도 | |
| 73 | 비상식량 | 72-73 | 11.9 | 정부주도 | |
| 73 | 신관연구개발 | 72-73 | 23.1 | 정부주도 | |
| 73 | 야전전화기시제(KTA-1/DT,KTA-3D) | 72-73 | 0.9 | 정부주도 | |
| 73 | 예비군(피복, 배낭, 수통) | 72-73 | 4.9 | 정부주도 | |
| 73 | 지뢰의 개량연구 | 72-73 | 5.0 | 정부주도 | |
| 73 | 타임휴즈 | 72-73 | 5.3 | 정부주도 | |
| 73 | 탄두신관 M551 | 72-73 | 9.1 | 정부주도 | |
| 73 | 항공조준기시제 | 72-73 | 3.8 | 업체주도 | |
| 73 | 화이바모시제 | 72-73 | 1.5 | 정부주도 | |
| 73 | 박격포탄개량(연구개발) | 73-73 | 2.4 | 정부주도 | |
| 73 | 전차궤도용 고무재료 | 73-73 | 0.1 | 정부주도 | |
| 73 | 행사용차량제작 | 73-73 | 23.0 | 업체주도 | |
| 74 | 5인치 조명 로켓트 발사기 및 탄 | 72-74 | 12.0 | 정부주도 | |
| 74 | B2형 소총 | 72-74 | 11.0 | 정부주도 | |
| 74 | 로켓트 연구개발 | 72-74 | 22.3 | 정부주도 | |
| 74 | 방탄 화이바모(헬멧) | 72-74 | 9.7 | 정부주도 | |
| 74 | 소형쌍안경 | 72-74 | 7.1 | 정부주도 | |

| 종료<br>연도 | 과 제 명 | 기 간 | 예산<br>(백만원) | 주도형태 | 비 고 |
|---|---|---|---|---|---|
| 74 | 크레모아 발사장치<br>(발사식크레모아탄) | 72-74 | 10.7 | 정부주도 | |
| 74 | 함포용 스테빌라이저 | 72-74 | 15.4 | 정부주도 | |
| 74 | 105미리곡사포탄(시제개발) | 73-74 | 26.5 | 정부주도 | |
| 74 | 4.2인치박격포탄(시제개발) | 73-74 | 17.3 | 정부주도 | |
| 74 | KPRC-6 채널조정기 | 73-74 | 7.3 | 정부주도 | |
| 74 | M412PIBD 신관 | 73-74 | 8.3 | 정부주도 | |
| 74 | M557PD 신관 | 73-74 | 24.1 | 정부주도 | |
| 74 | M60기관총 | 73-74 | 13.9 | 정부주도 | |
| 74 | 다중채널 FM무전기 품질관리 및<br>VRC-1 연구 | 73-74 | 11.2 | 정부주도 | |
| 74 | 자기축전기 및 RC회로소자 | 73-74 | 5.2 | 정부주도 | |
| 74 | 지역방어용 감시체계 | 73-74 | 2.1 | 정부주도 | |
| 74 | 초소용탐지기시제 | 73-74 | 6.5 | 정부주도 | |
| 74 | 콘크리트파괴폭탄 | 73-74 | 1.5 | 정부주도 | |
| 74 | 특수광학장비시제(연구) | 73-74 | 3.5 | 정부주도 | |
| 74 | ANPRC-77 부품국산화 | 74-74 | 0.4 | 정부주도 | |
| 74 | 방탄연단 및 탁자제조 | 74-74 | 6.1 | 정부주도 | |
| 74 | 한국형 저격소총(B형) | 74-74 | 3.8 | 정부주도 | |
| 74 | 함정 수열기보완시제 | 74-74 | 6.4 | 정부주도 | |
| 75 | 3.5인치 로켓트포/탄 | 71-75 | 74.0 | 정부주도 | |
| 75 | 철모 시제(1,2단계) | 72-75 | 14.0 | 정부주도 | |
| 75 | 250파운드 투하탄 | 73-75 | 13.4 | 정부주도 | |
| 75 | E.C.M(연구) | 73-75 | 13.5 | 정부주도 | |
| 75 | 극초단파기기(AN/TRC-24) | 73-75 | 30.7 | 정부주도 | |
| 75 | 구명식량 | 73-75 | 7.8 | 정부주도 | |
| 75 | 로켓트 추진제(D.B) | 73-75 | 25.7 | 정부주도 | |
| 75 | 스폿트라이플시제 | 73-75 | 11.7 | 정부주도 | |
| 75 | 지뢰탐지기 | 73-75 | 10.8 | 정부주도 | |
| 75 | 105미리 연막탄 | 74-75 | 9.9 | 정부주도 | |
| 75 | 40미리쌍열기관포및 탄 | 74-75 | 13.6 | 정부주도 | |
| 75 | AN/PCC-1(단말장치) | 74-75 | 6.0 | 정부주도 | |

| 종료<br>연도 | 과 제 명 | 기 간 | 예산<br>(백만원) | 주도형태 | 비 고 |
|---|---|---|---|---|---|
| 75 | AN/PSM-6(멀티메타) | 74-75 | 2.0 | 정부주도 | |
| 75 | M524신관(81미리용) | 74-75 | 11.7 | 정부주도 | |
| 75 | M551신관 | 74-75 | 5.0 | 정부주도 | |
| 75 | 군용 2.5톤트럭디젤화 | 74-75 | 9.5 | 정부주도 | |
| 75 | 단체전투부식 | 74-75 | 7.4 | 정부주도 | |
| 75 | 무인초소시스템 | 74-75 | 3.8 | 정부주도 | |
| 75 | 워터젯트펌프개발 | 74-75 | 5.7 | 정부주도 | |
| 75 | 5인치 및 3인치공용신관 | 75-75 | 1.1 | 정부주도 | |
| 75 | SSB장비 | 75-75 | 0.6 | 정부주도 | |
| 75 | 레이더 | 75-75 | 0.5 | 정부주도 | |
| 75 | 자동암호기 | 75-75 | 0.1 | 정부주도 | |
| 75 | 전신타자기 | 75-75 | 0.9 | 정부주도 | |
| 75 | 질코늄탄표적제작 | 75-75 | 0.9 | 정부주도 | |
| 75 | 항공헬멧 | 75-75 | 0.3 | 정부주도 | |
| 76 | 4.2인치박격포시제 | 72-76 | 38.0 | 정부주도 | |
| 76 | 30인치카본탐조등 | 74-76 | 12.3 | 정부주도 | |
| 76 | 조명장치 | 74-76 | 8.5 | 정부주도 | |
| 76 | 지르코늄탄(철갑소이탄, 20미리Zr탄) | 74-76 | 11.2 | 정부주도 | |
| 76 | 155미리 곡사포탄 | 75-76 | 29.4 | 정부주도 | |
| 76 | 대인지뢰개량(M18A1개량) | 75-76 | 4.6 | 정부주도 | |
| 76 | 부교용부선 | 75-76 | 13.2 | 정부주도 | |
| 76 | 착륙용낙하산 | 75-76 | 3.4 | 정부주도 | |
| 76 | 투하탄용신관 | 75-76 | 2.0 | 정부주도 | |
| 76 | 특수작전식량 | 75-76 | 12.0 | 정부주도 | |
| 76 | 포대경 | 75-76 | 0.4 | 정부주도 | |
| 76 | 휴대용화염방사기 | 75-76 | 12.7 | 정부주도 | |
| 76 | 개미사업 | 76-76 | 4.2 | 정부주도 | |
| 76 | 영국형신형포(L118.L119) | 76-76 | 252.5 | 정부주도 | |
| 76 | 전자특수장치제작 | 76-76 | 5.0 | 정부주도 | |
| 76 | 전자부품생산경제성분석 | 76-76 | 0.2 | 정부주도 | |
| 76 | 정수기셋 | 76-76 | 0.5 | 정부주도 | |
| 76 | 한국형 수류탄 | 76-76 | 0.9 | 정부주도 | |

| 종료<br>연도 | 과 제 명 | 기 간 | 예산<br>(백만원) | 주도형태 | 비 고 |
|---|---|---|---|---|---|
| 77 | 군용 사이드카시제개발 | 71-77 | 16.9 | 업체주도 | |
| 77 | 105미리견인곡사포(KM101A1) | 72-77 | 168.1 | 정부주도 | |
| 77 | 106미리무반동총 및 탄시제 | 72-77 | 115.6 | 정부주도 | |
| 77 | 155미리견인곡사포(KM114A2) | 73-77 | 230.7 | 정부주도 | |
| 77 | 레이저조사기 | 73-77 | 50.6 | 정부주도 | |
| 77 | 야포포경 및 장치대 | 73-77 | 50.7 | 정부주도 | |
| 77 | 90미리 해안포 | 74-77 | 142.0 | 정부주도 | |
| 77 | 화포 사격통제기재 | 74-77 | 23.1 | 정부주도 | |
| 77 | 1/4톤 국산엔진 탑재 | 75-77 | 8.9 | 업체주도 | |
| 77 | 500파운드 폭탄 | 75-77 | 54.8 | 정부주도 | |
| 77 | M203 유탄발사기 | 75-77 | 38.7 | 정부주도 | |
| 77 | 공중표적 및 케이블 | 75-77 | 10.6 | 정부주도 | |
| 77 | 비금속 및 프라스틱탄피 | 75-77 | 16.6 | 정부주도 | |
| 77 | 전차부품개발 | 75-77 | 41.6 | 정부주도 | |
| 77 | M2콤파스 | 76-77 | 0.5 | 정부주도 | |
| 77 | 갈매기 | 76-77 | 6.6 | 정부주도 | |
| 77 | 전신전화 단말장비(K-TCC-29) | 76-77 | 18.4 | 정부주도 | |
| 77 | 한국형 지뢰 | 76-77 | 0.3 | 업체주도 | |
| 77 | 90미리 전차축경포 | 77-77 | 0.3 | 정부주도 | |
| 77 | GUN PORT SEAL 개량(5″) | 77-77 | 1.8 | 정부주도 | |
| 77 | M69연습용 수류탄 | 77-77 | 1.3 | 정부주도 | |
| 77 | 공격판 | 77-77 | 0.9 | 정부주도 | |
| 77 | 유압BILG+B203E, PUMP | 77-77 | 1.6 | 정부주도 | |
| 78 | 40미리유탄 및 신관(M386) | 72-78 | 51.1 | 정부주도 | |
| 78 | 20미리 발칸포 | 73-78 | 477.5 | 정부주도 | |
| 78 | 40미리 함포사격지휘장치 | 74-78 | 82.9 | 정부주도 | |
| 78 | 90미리해안포 거리 측정기 및<br>장치대 | 74-78 | 20.0 | 정부주도 | |
| 78 | 105미리 조명탄 | 75-78 | 46.6 | 정부주도 | |
| 78 | 20미리 발칸포탄 | 75-78 | 76.8 | 업체주도 | |
| 78 | 불침투성 보호의 | 75-78 | 11.7 | 정부주도 | |
| 78 | 포신 소재개발 | 75-78 | 8.0 | 정부주도 | |

| 종료연도 | 과 제 명 | 기 간 | 예산(백만원) | 주도형태 | 비 고 |
|---|---|---|---|---|---|
| 78 | 한국형 전차 | 75-78 | 47.3 | 정부주도 | |
| 78 | 화학장용제 탐지킷 | 75-78 | 30.2 | 정부주도 | |
| 78 | 90미리 RR사격기재 | 76-78 | 26.9 | 정부주도 | |
| 78 | 90미리 무반동총 | 76-78 | 101.9 | 정부주도 | |
| 78 | 90미리 전차포탄(HEAT-T탄) | 76-78 | 55.1 | 정부주도 | |
| 78 | 포장 한국화 | 76-78 | 1.1 | 정부주도 | |
| 78 | 피아식별장치(IFF) | 76-78 | 19.0 | 정부주도 | |
| 78 | 고속정 지휘통신 | 77-78 | 18.3 | 정부주도 | |
| 78 | 조종사용 전투식량 | 77-78 | 14.2 | 정부주도 | |
| 78 | 통신기수밀장치 | 77-78 | 0.7 | 정부주도 | |
| 78 | 휴대용무전기(K-PRC-6A) | 77-78 | 25.2 | 정부주도 | |
| 78 | ASWEPS | 78-78 | 15.9 | 정부주도 | |
| 79 | 화약연구개발(1단계) | 72-79 | 123.3 | 정부주도 | |
| 79 | 5인치/38CAL AAC탄 | 74-79 | 62.9 | 정부주도 | |
| 79 | 야간관측장비(NOD)(TVS-4,5) | 74-79 | 138.8 | 정부주도 | |
| 79 | 휴대용 레이저거리 측정기 | 74-79 | 421.1 | 정부주도 | |
| 79 | 105미리 신형곡사포(서독형) | 75-79 | 552.4 | 정부주도 | |
| 79 | KSB-86교환기 | 75-79 | 5.7 | 업체주도 | |
| 79 | 비행장 피해복구교착제(BDR) | 75-79 | 37.1 | 정부주도 | |
| 79 | 방공기구시제 | 76-79 | 59.0 | 정부주도 | |
| 79 | 방한피복개발 | 76-79 | 17.3 | 정부주도 | |
| 79 | 105미리 전차포탄 | 77-79 | 62.4 | 정부주도 | |
| 79 | 8인치 곡사포탄 | 77-79 | 20.7 | 정부주도 | |
| 79 | CS작용제 | 77-79 | 28.7 | 정부주도 | |
| 79 | M16 야관투광기(조준경) | 77-79 | 13.6 | 정부주도 | |
| 79 | SONOBUOY | 77-79 | 69.5 | 정부주도 | |
| 79 | TRIRUX조준경 | 77-79 | 23.3 | 정부주도 | |
| 79 | 기본형 지대지유도탄 | 77-79 | 10,925.7 | 정부주도 | |
| 79 | 20미리 함포탄(MK4) | 78-79 | 14.4 | 정부주도 | |
| 79 | ANTI-G-SUIT | 78-79 | 7.5 | 업체주도 | |
| 79 | MK24조명탄 | 78-79 | 15.1 | 정부주도 | |
| 79 | 연막통(M5) | 78-79 | 1.0 | 정부주도 | |

| 종료<br>연도 | 과 제 명 | 기 간 | 예산<br>(백만원) | 주도형태 | 비 고 |
|---|---|---|---|---|---|
| 79 | 전차개조킷 | 78-79 | 66.8 | 업체주도 | |
| 79 | 전차 야간사격장비 | 78-79 | 9.1 | 정부주도 | |
| 79 | 훈련용 수중탈출장비 | 79-79 | 22.4 | 정부주도 | |
| 80 | CHAFF탄 연구 | 73-80 | 91.8 | 업체주도 | |
| 80 | 소형함정용 ECM | 76-80 | 1,010.6 | 정부주도 | |
| 80 | 개인화기 야간조준경 | 77-80 | 94.4 | 정부주도 | |
| 80 | 중거리 로켓트 | 77-80 | 1,933.4 | 정부주도 | |
| 80 | N.H.재충진 | 78-80 | 164.0 | 정부주도 | |
| 80 | 경보용 수신기 | 78-80 | 1.9 | 정부주도 | |
| 80 | 측심기 | 78-80 | 36.6 | 정부주도 | |
| 80 | 한국형 전신 타자기(K-UGC-X) | 78-80 | 49.8 | 정부주도 | |
| 80 | BDR-KIT | 79-80 | 99.9 | 정부주도 | |
| 80 | 전파 방해제거장비 | 79-80 | 91.0 | 정부주도 | |
| 80 | M113 장갑차화기탑재 | 80-80 | 2.6 | 정부주도 | |
| 80 | 레이저 유도탄 | 80-80 | 349.3 | 정부주도 | |
| 80 | 박격포 사거리연장탄 | 80-80 | 71.1 | 정부주도 | |
| 80 | 산야지차량 | 80-80 | 0.0 | 정부주도 | |
| 80 | 암코빈 | 80-80 | 45.6 | 정부주도 | |
| 81 | 방독면 연구개발(전차,항공) | 72-81 | 80.4 | 정부주도 | |
| 81 | 105미리 ICM탄 | 73-81 | 324.4 | 정부주도 | |
| 81 | M564신관(기계식시한신관) | 74-81 | 143.8 | 정부주도 | |
| 81 | 한국형 기관총 (A형) | 74-81 | 822.2 | 정부주도 | |
| 81 | 2.75인치 RKT탄 및 신관 | 75-81 | 217.9 | 정부주도 | |
| 81 | 90미리 RR.HEAT탄 및 신관 | 75-81 | 159.2 | 정부주도 | |
| 81 | 한국형 40미리 유탄신관(KM777) | 75-81 | 141.3 | 정부주도 | |
| 81 | 부교 | 76-81 | 56.2 | 정부주도 | |
| 81 | 장갑판재개발 | 76-81 | 95.8 | 정부주도 | |
| 81 | 한국형 경대전차무기<br>(A.LAW, K.LAW) | 77-81 | 761.4 | 정부주도 | |
| 81 | 2.75인치 발사기 | 78-81 | 291.0 | 정부주도 | |
| 81 | 30/35미리 탄 | 78-81 | 48.3 | 업체주도 | |
| 81 | I.R. 조명탄(INFLARE) | 78-81 | 105.3 | 정부주도 | |

| 종료<br>연도 | 과 제 명 | 기 간 | 예산<br>(백만원) | 주도형태 | 비 고 |
|---|---|---|---|---|---|
| 81 | M65 포대경 | 79-81 | 69.4 | 정부주도 | |
| 81 | 땅굴 탐지기 | 79-81 | 556.6 | 정부주도 | |
| 81 | 스턴 수류탄 | 79-81 | 24.5 | 정부주도 | |
| 81 | 전자파 간섭(EMI/EMC) | 79-81 | 191.3 | 정부주도 | |
| 81 | 탑재 지휘통신기(KAN/ARC-164) | 79-81 | 59.2 | 업체주도 | |
| 81 | 한국형 전투함용- EMC(KFX-용-) | 79-81 | 1,619.4 | 정부주도 | |
| 81 | 항공기 연료탱크 | 79-81 | 81.0 | 업체주도 | |
| 81 | 전술통신 보호장비(SNAP) | 80-81 | 166.0 | 업체주도 | |
| 81 | 전술항법 보조장비(AN/ARN-118) | 80-81 | 106.4 | 업체주도 | |
| 81 | 4.2인치 박격포견인장치 | 81-81 | 4.0 | 정부주도 | |
| 81 | 4.2인치 박격포탄사거리 연장 | 81-81 | 18.9 | 정부주도 | |
| 81 | 5인치/38 함포탄(BL&P) | 81-81 | 7.9 | 정부주도 | |
| 81 | 근접전투 무전기(K-PRC-X) | 81-81 | 96.7 | 정부주도 | |
| 81 | 원거리 야간관측기 | 81-81 | 56.9 | 정부주도 | |
| 81 | 전술통신 보호장비 | 81-81 | 3.8 | 정부주도 | |
| 81 | 크레모아 자동폭파장치 | 81-81 | 1.6 | 정부주도 | |
| 81 | 하천용 기뢰 | 81-81 | 8.0 | 정부주도 | |
| 81 | 화학탄(화학무기 공격시 보호방책<br>연구) | 81-81 | 5.7 | 정부주도 | |
| 82 | 탱크용 레이저거리측정기(LRF) | 74-82 | 1,201.4 | 정부주도 | |
| 82 | 한국형 소총(XB-5형) | 74-82 | 231.1 | 정부주도 | |
| 82 | VT 신관(KM728) | 76-82 | 427.3 | 정부주도 | |
| 82 | 군용차량 표준화 | 77-82 | 323.8 | 업체주도 | |
| 82 | 발칸포 함정화 | 77-82 | 256.1 | 정부주도 | |
| 82 | 무인 경보기(UGS) | 78-82 | 281.8 | 정부주도 | |
| 82 | 사격 제원 계산기 | 78-82 | 153.5 | 정부주도 | |
| 82 | 원료 합성 | 78-82 | 978.3 | 정부주도 | |
| 82 | 화생방어 | 78-82 | 1,271.8 | 정부주도 | |
| 82 | CBU-58 확산탄 | 79-82 | 320.6 | 정부주도 | |
| 82 | 20미리 기관포(M39A3) | 80-82 | 148.2 | 정부주도 | |
| 82 | MK-20 확산탄 | 80-82 | 236.7 | 정부주도 | |
| 82 | 살포시 지뢰 | 80-82 | 98.3 | 정부주도 | |

| 종료<br>연도 | 과 제 명 | 기 간 | 예산<br>(백만원) | 주도형태 | 비 고 |
|---|---|---|---|---|---|
| 82 | 전장감시/조기경보 | 80-82 | 258.3 | 정부주도 | |
| 82 | 2.5톤 개조 | 81-82 | 87.4 | 업체주도 | |
| 82 | E-8발사기 및 35미리 CS탄 | 81-82 | 60.8 | 정부주도 | |
| 83 | 기본형 다연장로켓 | 75-83 | 2,727.1 | 정부주도 | |
| 83 | 60인치 카본탐조등 | 77-83 | 260.3 | 업체주도 | |
| 83 | 155미리 RAP탄 | 78-83 | 313.4 | 정부주도 | |
| 83 | 155미리 곡사포(견인)(KH179) | 79-83 | 1,084.0 | 업체주도 | |
| 83 | LUU-2조명탄 | 79-83 | 128.2 | 정부주도 | |
| 83 | 개량형 지대지유도탄 | 79-83 | 18,203.2 | 정부주도 | |
| 83 | 대형 함정용ECM(KDJ-25) | 79-83 | 2,876.6 | 정부주도 | |
| 83 | 살포용 유탄 | 79-83 | 214.0 | 정부주도 | |
| 83 | 세열 총류탄 | 79-83 | 120.7 | 정부주도 | |
| 83 | 휴대용 레이저거리측정기(쌍안경형) | 80-83 | 279.3 | 정부주도 | |
| 83 | 10톤 포차 | 81-83 | 271.8 | 정부주도 | |
| 83 | 105미리 곡사포용 WP탄 | 82-83 | 59.5 | 업체주도 | |
| 83 | 함정장비 정확도 시험장 | 82-83 | 48.5 | 정부주도 | |
| 83 | 항공탑재 개량형 2.75로켓트 | 82-83 | 154.2 | 정부주도 | |
| 83 | 화생방 훈련장비 | 82-83 | 67.4 | 정부주도 | |
| 84 | 어뢰(MK-44)(경어뢰K744) | 74-83 | 3,354.1 | 정부주도 | |
| 84 | 무인항공기(R.P.V.) | 77-84 | 5,154.5 | 정부주도 | |
| 84 | 잠수정 | 77-84 | 9,746.7 | 정부주도 | |
| 84 | 105미리 곡사포 개량(KH178) | 78-84 | 614.3 | 업체주도 | |
| 84 | 155미리/8인치 자주곡사포 | 78-84 | 2,256.3 | 업체주도 | |
| 84 | 대전차 철갑탄(APFSDS) | 78-84 | 1,697.6 | 정부주도 | |
| 84 | M202A1 로켓트킷(60미리 소이로케트) | 81-84 | 1,145.4 | 정부주도 | |
| 84 | 신형 60미리 박격포 | 81-84 | 575.6 | 정부주도 | |
| 84 | 76미리 함포탄 | 82-84 | 446.2 | 정부주도 | |
| 84 | 생물(화)학작용 제독제(GABD) | 82-84 | 38.3 | 정부주도 | |
| 84 | 어뢰 발사기 | 83-84 | 314.0 | 정부주도 | |
| 84 | 화생방 표본수집킷(M34) | 83-84 | 12.7 | 정부주도 | |
| 84 | 잠수함 기술개발 | 84-84 | 47.0 | 정부주도 | |
| 84 | 항공훈련탄 신호제 | 84-84 | 31.4 | 정부주도 | |

| 종료<br>연도 | 과 제 명 | 기 간 | 예산<br>(백만원) | 주도형태 | 비 고 |
|---|---|---|---|---|---|
| 85 | 기뢰 | 75-85 | 1,934.0 | 정부주도 | |
| 85 | 전투용 장갑차(K-200) | 79-85 | 5,421.0 | 정부주도 | |
| 85 | 105미리 전차포용 HEAT-MP탄 | 82-85 | 272.4 | 정부주도 | |
| 85 | 155미리 조명탄 | 83-85 | 103.4 | 정부주도 | |
| 85 | 90미리 RR.HE탄 | 83-85 | 180.0 | 정부주도 | |
| 85 | 76미리 함포양탄기 | 84-85 | 251.2 | 정부주도 | |
| 86 | 휴대용 열상관측장비 | 82-86 | 888.6 | 정부주도 | |
| 86 | PRC-6AK 경량화 | 83-86 | 356.4 | 정부주도 | |
| 86 | 155미리 사거리 연장 고폭탄(M795) | 84-86 | 51.0 | 정부주도 | |
| 86 | 5톤 확장식 유개차량 | 84-86 | 326.5 | 업체주도 | |
| 86 | 광섬유 자동경계장치 | 84-86 | 102.9 | 정부주도 | |
| 86 | 구난 장갑차 | 85-86 | 640.2 | 업체주도 | |
| 86 | 급조도로 대화구 폭파킷 | 85-86 | 285.5 | 업체주도 | |
| 86 | 박격포 탑재장갑차 | 85-86 | 831.2 | 업체주도 | |
| 87 | 함대함 유도탄 | 78-87 | 20,901.7 | 정부주도 | |
| 87 | 개량형 다연장 로켓트 | 83-87 | 1,494.6 | 정부주도 | |
| 87 | 고속 전문처리기 | 84-87 | 71.4 | 정부주도 | |
| 87 | 전자식 탄도계산기 | 84-87 | 452.0 | 정부주도 | |
| 87 | 이동식 화생방 대피호 | 85-87 | 40.1 | 정부주도 | |
| 87 | 40미리 HEDP탄 | 86-87 | 65.4 | 업체주도 | |
| 87 | TOW탑재 장갑차(단열) | 86-87 | 184.8 | 업체주도 | |
| 87 | 경어뢰 부품개발 | 86-87 | 193.9 | 정부주도 | |
| 87 | 분대급 경기관총탄(K-3) | 86-87 | 90.1 | 정부주도 | |
| 88 | 2.75인치 로켓트 백린탄 | 86-88 | 24.0 | 업체주도 | |
| 88 | 40미리 함포구동장치개량 | 86-88 | 581.1 | 정부주도 | |
| 88 | 호형장약 대전차지뢰 | 86-88 | 189.1 | 정부주도 | |
| 89 | 차기 FM무전기 | 85-89 | 1,081.1 | 정부주도 | |
| 89 | 76미리 PFF/VT탄 | 86-89 | 322.3 | 정부주도 | |
| 89 | 소형 함정용 사통장비 | 87-89 | 1,015.2 | 정부주도 | |
| 89 | 전술용 전자식교환기(SB-X) | 86-89 | 381.0 | 업체주도 | |

# ▣ '90 이후 연구개발 과제 종결 현황

## ○ 체계개발

| 종료<br>연도 | 사 업 명 | 주도<br>형태 | 사업기간 | 총사업비<br>(억원) | 업체명(대표) |
|---|---|---|---|---|---|
| 90 | 155미리 지하침투탄 | 정부 | '86-'90 | 20.32 | 한화 |
| | 40미리고속 유탄기관총/탄 | 업/정 | '86-'90 | 8.62 | 대우정밀 |
| 91 | 30미리 자주대공포(비호) | 정부 | '82-'91 | 151.50 | 대우종합기계 |
| | 지뢰지대 통로 개척장비 | 업체 | '87-'91 | 7.08 | 한화 |
| | 탄양운반장갑차 | 업체 | '88-'91 | 8.54 | 대우종합기계 |
| | 다목적제독장비 | 업체 | '89-'91 | 1.25 | 만도기계 |
| 92 | 교량전차 | 업체 | '88-'92 | 87.11 | 로템 |
| | 구난전차 | 업체 | '89-'92 | 92.42 | 로템 |
| | 수상함 부설용 자기감응 기뢰 | 정부 | '90-'92 | 3.84 | 넥스원퓨처 |
| | 항공기 탑재형 ECM 장비(LBNJ 보완) | 업체 | '87-'92 | 66.68 | 넥스원퓨처 |
| | 전차도자킷 | 업체 | '86-'92 | 0.47 | 로템 |
| | 화생방작전용계산기 | 정부 | '87-'92 | 1.96 | 휴니드테크놀러지스 |
| | 전술지대지 유도무기 | 정부 | '91-'92 | 10.16 | 한화 |
| | 광섬유 경계장치 | 정부 | '90-'92 | 3.21 | - |
| | 다중채널 무선안테나 광인입셋 | 정부 | '85-'92 | 11.03 | 삼성탈레스 |
| 93 | 포병사격지휘체계 현대화 | 정부 | '83-'93 | 47.63 | 넥스원퓨처 |
| | 한국형 살포지뢰/살포기 | 업체 | '87-'93 | 7.25 | 한화 |
| | 포병사격지휘소용 장갑차 | 업체 | '90-'93 | 17.23 | KAI |
| | 40미리 L/70 중구경 함포 | 정부 | '88-'93 | 100.79 | 대우종합기계 |
| | 다목적 굴착기 | 업체 | '90-'93 | 8.49 | 삼성테크윈 |
| 94 | 신형 81미리 박격포 | 정부 | '87-'94 | 14.74 | 위아 |
| | 교량전차 ILS 요소 개발 | 업체 | '92-'94 | 10.66 | 로템 |
| | 구난전차 ILS 요소 개발 | 업체 | '92-'94 | 23.46 | 로템 |
| | 한국형장갑차 성능개량 | 업체 | '93-'94 | 13.38 | 대우종합기계 |
| | 지뢰제거로라 | 업체 | '91-'94 | 8.66 | 로템 |
| | 잠수함 탑재기뢰 | 정부 | '89-'94 | 24.37 | 넥스원퓨처 |

| 종료 연도 | 사 업 명 | 주도 형태 | 사업기간 | 총사업비 (억원) | 업체명(대표) |
|---|---|---|---|---|---|
| 94 | 차기 AM 무전기 | 정부 | '87-'94 | 16.17 | 휴니드테크놀러지스 |
| | 현무 2차 생산 | 정부 | '88-'94 | 787.26 | 넥스원퓨처 |
| | 전술용전자식교환기 | 업체 | '88-'94 | 31.79 | 삼성탈레스 |
| | F-4E 성능개량 | 업체 | '92-'94 | 60.87 | KAI |
| | 전술용 전송장비 | 업체 | '87-'94 | 8.84 | 삼성탈레스 |
| 95 | 화생방 정찰차 | 업체 | '87-'95 | 25.46 | 대우종합기계 |
| | ALQ-88AK S/W 운용지원장비 | 정부 | '93-'95 | 14.06 | 넥스원퓨처 |
| | 사탄관측 모의 훈련장비 | 업체 | '93-'95 | 10.09 | 넥스원퓨처 |
| | 비호 야전군수지원요소 개발 | 정부 | '92-'95 | 0.20 | 삼성탈레스 |
| 96 | 고등훈련기(단계전환포함) | 정부 | '92-'96 | 386.18 | - |
| 97 | 전투지휘용 장갑차 | 업체 | '95-'97 | 17.87 | 대우종합기계 |
| | 신형105미리 날개안정 철갑탄 | 정부 | '92-'97 | 28.82 | 풍산 |
| | 차기전술통신체계 | 업체 | '89-'97 | 303.02 | 삼성탈레스 |
| | 항공기용 차기 FM무전기 | 업체 | '93-'97 | 27.73 | 넥스원퓨처 |
| 98 | 신형 155미리 자주포 | 정부 | '89-'98 | 858.48 | 삼성테크윈 |
| | K1전차 성능개량 | 업체 | '91-'98 | 304.23 | 로템 |
| | 잠수함/정 탑재용 중어뢰 | 정부 | '90-'98 | 302.79 | 넥스원퓨처 |
| | 훈련지원기 | 정부 | '88-'98 | 936.88 | KAI |
| | 휴대용 주야간 관측장비 | 업체 | '96-'98 | 7.38 | 이오시스템 |
| 99 | C31지휘소자동화체계 | 업체 | '90-'99 | 1,278.88 | LG소프트 |
| | 예인 음탐기체계 | 정부 | '93-'99 | 261.56 | STX레이다시스 |
| | 어뢰 음향대항체계 | 정부 | '93-'99 | 322.58 | 넥스원퓨처 |
| | 단거리 지대공 유도무기 | 정부 | '87-'99 | 2,305.84 | 대우종합기계 |
| 00 | 정찰용 무인항공기 | 업체 | '91-'00 | 417.12 | KAI |
| | 신형 개인 제독킷 | 정부 | '97-'00 | 4.85 | 삼양화학공업 |
| | 휴대용 화학작용제 탐지장비 | 업체 | '96-'00 | 8.12 | 한국통신기산업 |
| 01 | 함정용 전자전 장비 | 정부 | '94-'01 | 408.58 | 넥스원퓨처 |
| | 전차 포술모의훈련장비 | 업체 | '99-'01 | 56.93 | 로템 |
| 02 | 휴대용 방사능 측정기 | 업체 | '99-'02 | 5.69 | 한국통신기산업 |

| 종료<br>연도 | 사 업 명 | 주도<br>형태 | 사업기간 | 총사업비<br>(억원) | 업체명(대표) |
|---|---|---|---|---|---|
| 03 | 신형 제독차량 | 업체 | '98-'03 | 17.87 | 기아자동차 |
| | 적외선 차폐겸용 발연기 | 업체 | '00-'03 | 46.14 | 대우종합기계 |
| | KT-1 저속통제기 | 정부 | '99-'03 | 318.95 | KAI |
| | 함대함 유도무기 | 정부 | '96-'03 | 1,039.18 | 넥스원퓨처 |
| | 전방관측 적외선 장비 | 정부 | '00-'03 | 126.80 | 삼성탈레스 |
| 04 | 비호 EOTS 야전정비요소 개발 | 정부 | '01-'04 | 15.86 | 대우종합기계 |
| | 신형 경어뢰 | 정부 | '91-'04 | 623.78 | 대우종합기계 |
| | 휴대용 대공 유도무기 | 정부 | '95-'04 | 782.49 | 넥스원퓨처 |
| | 전투기 외장형 전자방해장비 | 정부 | '00-'04 | 626.66 | 넥스원퓨처 |
| | 항만 감시체계 | 정부 | '00-'04 | 396.05 | 넥스원퓨처 |

## O 핵심기술

| 종료<br>연도 | 사 업 명 | 주도<br>형태 | 사업<br>기간 | 총사업비<br>(억원) | 업체명(대표) |
|---|---|---|---|---|---|
| 90<br>(13개) | 견고표적 파괴기술 | 정부 | '89-'90 | 3.12 | |
| | 수상전투함정 기본성능 최적화기법 | 정부 | '87-'90 | 1.26 | |
| | 자유표면(수면)에서의유도제어기법 | 정부 | '87-'90 | 5.12 | |
| | 대전자전기법 | 정부 | '88-'90 | 2.80 | |
| | 리튬전기 설계 | 정부 | '88-'90 | 2.63 | |
| | 열상장비 | 정부 | '88-'90 | 2.64 | |
| | 컴퓨터 구조 및 통신프로토콜 | 정부 | '90 | 1.13 | |
| | 폴리이미드 복합재료 | 정부 | '87-'90 | 2.78 | |
| | 마레이징강 | 정부 | '87-'90 | 2.02 | |
| | 전자기성형기술 | 정부 | '87-'90 | 1.71 | |
| | 철강계열 신장갑재료 | 정부 | '86-'90 | 2.00 | |
| | 텅스텐 관통자 소재 개발 | 정부 | '85-'90 | 5.06 | |
| | 섬유강화복합금속재료 | 정부 | '86-'90 | 1.96 | |
| 91<br>(24개) | 고폭화약연구 | 정부 | '86-'91 | 11.35 | |
| | 전자신관 | 정부 | '88-'91 | 4.73 | |

| 종료<br>연도 | 사 업 명 | 주도<br>형태 | 사업<br>기간 | 총사업비<br>(억원) | 업체명(대표) |
|---|---|---|---|---|---|
| | 잠수함센서 유기소음 감소기법 | 정부 | '91-'91 | 0.67 | |
| | 복합재응용 항공구조경량화 | 정부 | '91-'91 | 0.94 | |
| | 관성항법장치 국산화연구 | 정부 | '91-'91 | 0.19 | |
| | 스트랩다운 관성항법장치 | 정부 | '85-'91 | 13.08 | |
| | 원격측정안테나 및 Beacon개발 | 정부 | '91-'91 | 0.76 | |
| | 적외선 탐색기 | 정부 | '88-'91 | 8.81 | |
| | 추진제원료 국산화 | 정부 | '91-'91 | 0.19 | |
| | 광섬유의 전술적 응용기술 | 정부 | '87-'91 | 8.43 | |
| | 전자광학 핵심기술 | 정부 | '91-'91 | 2.02 | |
| | 다표적 정밀광학 추적기법 | 정부 | '86-'91' | 11.05 | |
| | 전술용 대공탐색레이다 | 정부 | '89-'91 | 25.39 | |
| | 개인장구 및 피복의 전투효율연구 | 정부 | '91-'91 | 0.04 | |
| | 원료합성 | 정부 | '82-'91 | 19.38 | |
| | 개인 및 집단보호 | 정부 | '82-'91 | 6.42 | |
| | 해독 및 생물학 작용제 탐지 | 정부 | '89-'91 | 4.52 | |
| | 제독제 연구 | 정부 | '89-'91 | 0.74 | |
| | 화생방호 식량연구(화생방 보호식량) | 정부 | '88-'91 | 1.28 | |
| | 소재 기반구축 | 정부 | '87-'91 | 72.31 | |
| | 시험기법연구 | 정부 | '91-'91 | 0.11 | |
| | 특수기능 전자재료 | 정부 | '88-'91 | 3.37 | |
| | 소재응용산업화 | 정부 | '89-'91 | 5.22 | |
| | 선각재용 고장력강 | 정부 | '87-'91 | 6.00 | |
| | 강내외 탄도연구 | 정부 | '87-'92 | 3.95 | |
| | 전자신관용 자기센서연구 | 정부 | '90-'92 | 1.22 | |
| | 대함유도탄 방어기법연구 | 정부 | '90-'92 | 2.39 | |
| | 수중음향센서기술연구 | 정부 | '89-'92 | 4.83 | |
| 92<br>(20개) | 음향대항기법연구 | 정부 | '90-'92 | 5.18 | |
| | 수중음향탐지부 개발 | 정부 | '82-'92 | 16.73 | |
| | 복합재응용 Rotor Blade 개발 | 정부 | '92-'92 | 0.97 | |
| | 휴대용 대전차로켓 추진기관 | 정부 | '91-'92 | 1.58 | |
| | 데이터 교환기법연구 | 정부 | '90-'92 | 2.38 | |
| | 분산데이타 구축 및 분산처리 S/W | 정부 | '90-'92 | 1.19 | |

| 종료<br>연도 | 사 업 명 | 주도<br>형태 | 사업<br>기간 | 총사업비<br>(억원) | 업체명(대표) |
|---|---|---|---|---|---|
| | 위성통신단말기 연구 | 정부 | '92-'92 | 3.37 | |
| | 방독면 부착식량 | 정부 | '92-'92 | 0.42 | |
| | 항우독소탐지부 연구 | 정부 | '92-'92 | 0.44 | |
| | 흡탈착식 순환여과기 연구 | 정부 | '92-'92 | 0.37 | |
| | 경량/방탄복합재료 개발 | 정부 | '88-'92 | 5.87 | |
| | K-1 전차용 특수장갑 | 정부 | '89-'92 | 44.78 | |
| | 세라믹 경량장갑재료 | 정부 | '88-'92 | 4.72 | |
| | 신관폭발고도 계측기법 | 정부 | '91-'92 | 0.65 | |
| | 장갑판재(AP-92)개발 | 정부 | '90-'92 | 8.26 | |
| | 적외선 탐지소자 | 정부 | '86-'92 | 34.30 | |
| 93<br>(7개) | 수중음향감시체계 | 정부 | '90-'93 | 4.24 | |
| | 고속 Set-On 수신장치<br>(대레이다/미사일 방탐 및 재밍) | 정부 | '90-'93 | 16.55 | |
| | 인공지능 핵심기술연구(인공지능<br>응용기술/C3I인공지능기술) | 정부 | '89-'93 | 6.10 | |
| | 인체샤워용 제독제연구 | 정부 | '92-'93 | 1.14 | |
| | 알미늄계열 신합금재료연구 | 정부 | '88-'93 | 4.91 | |
| | 120미리 운동에너지탄 관통자<br>소재 개발 | 정부 | '90-'93 | 3.71 | |
| | 화학(가스)센서 재료개발 | 정부 | '88-'93 | 4.23 | |
| '94<br>(12개) | 수중 폭발 내충격 설계기법 | 정부 | '88-'94 | 3.44 | |
| | 해양환경 예측모델기법 | 정부 | '90-'94 | 5.31 | |
| | 유도탄 수중발사장치 개발 | 정부 | '90-'94 | 40.60 | |
| | 레이다용 세라믹 변위기 재료개발 | 정부 | '90-'94 | 11.01 | |
| | 원격측정 탑재용 안테나 | 정부 | '92-'94 | 0.64 | 하이게인안테나 |
| | 전기식 기폭탄 | 정부 | '88-'94 | 2.57 | |
| 94<br>(12개) | 필름 영상개선/인식 S/W 개발 | 정부 | '92-'94 | 2.35 | |
| | 레이저 발진기 | 정부 | '92-'94 | 4.67 | |
| | 용접구조용 저합금 고장력강(PFS강) | 정부 | '92-'94 | 3.32 | |
| | 현무단조소재 국산화 | 정부 | '92-'94 | 2.99 | 삼미금속 |
| | 신보호의 연구 | 정부 | '92-'94 | 2.29 | |
| | 고출력 수중음향센서 | 정부 | '93-'94 | 2.51 | |

| 종료<br>연도 | 사 업 명 | 주도<br>형태 | 사업<br>기간 | 총사업비<br>(억원) | 업체명(대표) |
|---|---|---|---|---|---|
| 95<br>(13개) | 폭발파 변조기술 | 정부 | '86-'95 | 16.35 | |
| | 방사능탐지소자 | 정부 | '91-'95 | 4.24 | 태산정밀 |
| | 정밀교류 자장센서 | 정부 | '86-'95 | 6.36 | |
| | 무기체계 EMI/EMC 연구 | 정부 | '87-'95 | 4.85 | |
| | 무연 추진제연구 | 정부 | '90-'95 | 9.80 | 한화 |
| | 조기경보/전장감시체계 연구 | 정부 | '91-'95 | 2.20 | |
| | 천음속 항공기 복합재 응용 미익부 개발 | 정부 | '91-'95 | 9.02 | |
| | 장갑표적 감지신관센서 | 정부 | '92-'95 | 8.31 | |
| | 장거리 추적용 Beacon 개발 | 정부 | '92-'95 | 8.22 | 넥스원퓨처 |
| | 3차원 위상배열 레이다 | 정부 | '92-'95 | 51.06 | |
| | 대반응 장갑탄두 설계기술 | 정부 | '84-'95 | 8.82 | |
| | 이온이동도관연구 | 정부 | '90-'95 | 5.69 | 유니모테크놀러지 |
| | 침투형 해독제 | 정부 | '93-'95 | 5.16 | |
| 96<br>(14개) | 지하탄약저장기법연구 | 정부 | '91-'96 | 23.32 | |
| | 작전식량군 설계연구 | 정부 | '94-'96 | 1.22 | |
| | 차기세대 복합화약연구 | 정부 | '92-'96 | 7.26 | |
| | 압축형 복합화약연구 | 정부 | '92-'96 | 6.41 | |
| | 피부용 제/해독제 개발 | 정부 | '92-'96 | 2.74 | 삼양화학공업 |
| | 다영역 차장연막제 연구 | 정부 | '92-'96 | 3.50 | 삼양화학공업 |
| | 전차포수조준경 | 정부 | '92-'96 | 52.65 | 삼성탈레스 |
| | 항공기 시뮬레이타개발 | 업체 | '92-'96 | 30.43 | 한국항공우주산업 |
| | Hybrid 경방탄복합재료 | 정부 | '93-'96 | 14.13 | 한국화이바 |
| | 전술유도무기용 고성능 복합재<br>연소관 모타 개발 | 정부 | '93-'96 | 21.06 | 한화 |
| 96<br>(14개) | 천마 탐지/추적장치 운용 S/W 국산<br>화 | 업체 | '93-'96 | 19.50 | |
| | 무인항공기용 광학 추적기 | 정부 | '93-'96 | 36.02 | 삼성탈레스 |
| | 영상정보 획득센서 | 정부 | '90-'96 | 40.09 | 삼성탈레스 |
| | 유도무기비행시험통제기법 | 정부 | '91-'96 | 7.50 | |
| 97<br>(12개) | 이중 안정화 사격통제기술 | 정부 | '94-'97 | 5.32 | |
| | 특수장갑 성능개선 | 정부 | '92-'97 | 50.83 | |
| | 자탄 정밀방출/분리장치 | 정부 | '95-'97 | 3.88 | |

| 종료<br>연도 | 사 업 명 | 주도<br>형태 | 사업<br>기간 | 총사업비<br>(억원) | 업체명(대표) |
|---|---|---|---|---|---|
| | 원격화학 탐지기법 | 정부 | '95-'97 | 13.81 | |
| | 항공기용 FBW시스템 최적제어<br>회로 설계 | 정부 | '93-'97 | 11.03 | |
| | 고인성 파인세라믹스 재료 | 정부 | '95-'97 | 7.24 | |
| | 특수표면코팅기술 | 정부 | '95-'97 | 5.88 | |
| | 전파형 대공유도탄신관센서 | 정부 | '92-'97 | 6.95 | 넥스원퓨처 |
| | 적외선 영상탐색기 | 정부 | '92-'97 | 31.89 | 넥스원퓨처 |
| | 첨단 지대공 종말 유도조종 기술 | 정부 | '89-'97 | 5.07 | |
| | 초고온 탄소 복합재료 | 응:정부<br>시:업체 | '91-'97 | 48.84 | 데크 |
| | 군용비동기 전송방식 스위치 핵심부 | 정부 | '93-'97 | 21.15 | |
| 98<br>(10개) | 충격센서 설계 | 정부 | '94-'98 | 2.26 | 한화 |
| | 펌프 제트 개발 | 정부 | '89-'98 | 37.10 | 두산중공업 |
| | 폐회로 추진기관 개발 | 정부 | '89-'98 | 144.17 | |
| | NH용 점화기 개발 | 정부 | '96-'98 | 9.14 | 한화 |
| | 적외선 탐지용 선형 다소자 | 정부 | '93-'98 | 46.28 | 한국전자 |
| | 정밀센서 구동장치 | 정부 | '93-'98 | 56.03 | 대우종합기계 |
| | 천마용 탐지레이다 연동체계 국산화 | 업체 | '97-'98 | 46.25 | 삼성탈레스 |
| | 폭발에너지 집속기술 | 정부 | '96-'98 | 3.96 | |
| | 외부장착물 분리운동 해석 S/W | 정부 | '95-'98 | 2.09 | |
| | 능동형 마이크로파 탐색기 | 정부 | '96-'98 | 71.45 | 넥스원퓨처 |
| 99.<br>(8개) | 화생겸용 질량분석기술 | 정부 | '96-'99 | 14.03 | |
| | 침투형 탄두개발 | 정부 | '97-'99 | 5.22 | |
| | 극소자기센서 | 정부 | '96-'99 | 19.19 | |
| | 고속/저소음 선형해석 | 정부 | '96-'99 | 23.26 | |
| | 탑재체(EO/SAR) 개발 | 정부 | '96-'99 | 188.88 | |
| | 보호성능 시험기법 | 정부 | '97-'99 | 6.76 | |
| | 대전차탄용 복합소재 | 정부 | '95-'99 | 7.71 | 풍산 |
| | 3세대 레이저 거리측정기 | 정부 | '95-'99 | 35.10 | 삼성탈레스 |
| | 정밀 초고주파 방탐장치 | 정부 | '95-'99 | 24.61 | 빅텍 |
| 00<br>(7개) | ER 유체응용 능동형 현수장치 개발 | 정부 | '93-'00 | 24.64 | 동명중공업 |
| | 천마 지령수신기 국산화 개발 | 업체 | '97-'00 | 48.86 | 넥스원퓨처 |

| 종료<br>연도 | 사 업 명 | 주도<br>형태 | 사업<br>기간 | 총사업비<br>(억원) | 업체명(대표) |
|---|---|---|---|---|---|
| | 장갑용 초고장력강 개발 | 정부 | '96-'00 | 12.63 | 포항제철 |
| | T-80U 전차 방호력 분석 | 정부 | '99-'00 | 20.66 | |
| | 사격통제 지능화 연구 | 정부 | '99-'00 | 22.94 | 삼성탈레스 |
| | 기능성 반응물질 연구 | 정부 | '95-'00 | 18.38 | |
| | 포구에너지 증대기술 연구 | 정부 | '97-'00 | 54.29 | 위아 |
| 01<br>(9개) | 알루미늄 산화은 전지 | 업체 | '94-'01 | 92.48 | 세방하이테크 |
| | 전파고도계 설계기술 | 업체 | '97-'01 | 28.40 | 넥스원퓨처 |
| | 고에너지 추진제 | 정부 | '97-'01 | 34.41 | 동원특수화학 |
| | 위성영상정보 | 정부 | '96-'01 | 114.79 | 중앙항업 |
| | 용접 구조용 저합금 고장력강 | 정부 | '92-'94/<br>'99-'01 | 20.02 | 포항제철 |
| | 초고주파 집적회로 | 업체 | '94-'01 | 44.71 | LG종합기술원 |
| | 항공전자/무장제어 | 정부 | '98-'01 | 32.98 | 넥스원퓨처 |
| | 디지털 비행조종컴퓨터 설계 | 정부 | '98-'01 | 24.44 | 넥스원퓨처 |
| | 정보융합체계 | 정부 | '96-'01 | 19.50 | 넥스원퓨처 |
| 02<br>(15개) | 차세대 방호체계 | 정부 | '98-'02 | 43.95 | 오리엔탈 |
| | 수중음향 토모그라피 | 정부 | '99-'02 | 23.89 | |
| | 잠수체 구조 취약성 분석 | 정부 | '98-'02 | 5.83 | |
| | 신형 펌프제트 | 정부 | '99-'02 | 15.59 | 천지산업 |
| | 잠수함 시뮬레이션 기술 | 정부 | '99-'02 | 10.11 | |
| | 전자파 펄스 대책 | 정부 | '99-'02 | 2.12 | |
| | 무선망을 이용한 광대역 데이터<br>전송 기술 | 정부 | '00-'02 | 14.41 | |
| | 관통형 탄두설계 | 정부 | '00-'02 | 17.08 | |
| | 전자정보 탐지기술 | 정부 | '99-'02 | 44.86 | |
| | 고에너지 레이저 발진기술 | 정부 | '99-'02 | 38.57 | 대우종합기계 |
| | 차분 위성항법 방식의 측지기법 | 정부 | '01-'02 | 13.19 | |
| | 방호력 증대시스템 | 정부 | '97-'02 | 85.24 | 넥스원퓨처 |
| | 고속 기동체계 | 정부 | '97-'02 | 18.81 | 로템 |
| | 표적정보처리 자동화장치 | 정부 | '98-'02 | 15.98 | |
| | 광섬유 하이드로폰 | 정부 | '96-'02 | 38.30 | 한화 |
| 03 | 플라즈마 여과기 | 정부 | '00-'03 | 8.48 | |

| 종료<br>연도 | 사 업 명 | 주도<br>형태 | 사업<br>기간 | 총사업비<br>(억원) | 업체명(대표) |
|---|---|---|---|---|---|
| (12개) | 근접 고정밀 추적레이더 자동착륙<br>장치 | 정부 | '01-'03 | 24.78 | STX레이다시스 |
| | 국방분야의 객체 웹기술 | 정부 | '02-'03 | 6.38 | |
| | 고에너지/둔감 추진제 | 정부 | '01-'03 | 15.76 | |
| | 고기동 다표적 유도조종 기술 | 정부 | '96-'03 | 87.55 | 넥스원퓨처 |
| | 수직발사 안정화 연구 | 정부 | '00-'03 | 25.46 | 대우종합기계 |
| | 무기체계 통합 DB설계 | 정부 | '97-'03 | 45.81 | |
| | 표적 지향성 탄두/신관 설계 | 정부 | '98-'03 | 26.54 | 넥스원퓨처 |
| | 고기동 센서기술 | 정부 | '98-'03 | 182.04 | 넥스원퓨처 |
| | 고기동 추진기관 제어기술 | 정부 | '00-'03 | 77.76 | 한화 |
| | 초점면 배열 열상기술 | 정부 | '96-'03 | 66.03 | 삼성탈레스 |
| | 고성능 둔감화약 | 정부 | '97-'03 | 28.85 | |
| 04<br>(7개) | 고정밀 조준경 안정화기술 | 정부 | '01-'04 | 13.00 | 삼성탈레스 |
| | 다중반송파 능동신호 처리 기법 | 정부 | '02-'04 | 15.03 | |
| | 신호처리 기술 | 정부 | '02-'04 | 16.65 | |
| | 피부 부착형 해독제 | 정부 | '97-'04 | 14.31 | 삼양화학공업 |
| | 지상수신 정보 처리체 | 정부 | '00-'04 | 154.01 | 중앙항업 |
| | 금속박막 폭발형 기폭장치 | 정부 | '01-'04 | 9.14 | 한화 |
| | 초경량 고강도 이탈피 복합재 | 정부 | '02-'04 | 10.42 | 데크 |

■ '05 현재 진행 중인 과제 현황

○ 체계개발

| 사 업 명 | 주도형태 | 단계기간 | 단계예산<br>(억원) | 업체명(대표) |
|---|---|---|---|---|
| 다목적실용위성 3호 | 정부 | '04-'05 | 5.6 | |
| 군 위성통신체계 | 정부 | '02-'07 | 2,749.6 | 삼성탈레스 |
| LPX용 전투체계 | 정부 | '02-'07 | 577.4 | 삼성탈레스 |
| PKX 전투체계 | 정부 | '03-'07 | 679.9 | 삼성탈레스 |
| 중거리 지대공 유도무기 | 정부 | '01-'05 | 875.9 | 넥스원퓨처 |

| 사 업 명 | 주도형태 | 단계기간 | 단계예산 (억원) | 업체명(대표) |
|---|---|---|---|---|
| 장거리 대잠어뢰 | 정부 | '03-'07 | 853.7 | 넥스원퓨처 |
| 차기 서부지역 전자전장비 | 정부 | '05-'09 | 317.5 | 넥스원퓨처 |
| LYNX ESM 체계 | 정부 | '03-'07 | 196.4 | 넥스원퓨처 |
| 군 전술종합 정보통신체계 | 정부 | '03-'05 | 10.8 | - |
| 화생겸용 자동탐색기 | 정부 | '02-'05 | 19.5 | 한국통신기산업 |
| 생물독소 분석식별기 | 정부 | '05-'07 | 23.2 | 삼양화학공업 |
| 차기 복합형 소총 | 정부 | '04-'08 | 138.9 | 대우정밀 |
| 차기 보병전투장갑차 | 정부 | '03-'06 | 747.1 | 두산인프라코어 |
| 차기 전차 | 정부 | '03-'08 | 2,189.4 | 로템 |

O 핵 심 기 술

| 사 업 명 | 주도형태 | 단계기간 | 단계예산 (억원) | 업체명(대표) |
|---|---|---|---|---|
| 대인지뢰 대체용 원격통제기술 | 정부 | '03-'05 | 8.04 | 한화 |
| 초강력 전자기펄스 발생 고폭화약장치 연구 | 정부 | '03-'07 | 72.26 | |
| 전열 추진기술 | 정부 | '03-'06 | 29.35 | 위아 |
| 다중센서융합 장갑표적 감지/인식기술 | 정부 | '02-'05 | 22.09 | |
| 지능자탄 비행탄도 수정기술 | 정부 | '02-'05 | 14.94 | |
| 장사정탄용 복합 추진 기술 | 정부 | '02-'05 | 10.29 | |
| 신에너지 물질 적용 고폭화약 조성설계 | 정부 | '04-'07 | 24.77 | |
| 고성능 폭풍형 탄두설계기술 | 정부 | '05-'08 | 12.58 | |
| 수동 선배열 정합장 처리기술 개발 | 정부 | '03-'06 | 28.41 | |
| 잠수함 설계 검증기술 | 정부 | '03-'07 | 36.02 | |
| SSX 개념설계 | 정부 | '04-'05 | 15.91 | |
| 다중상태 능동 음향 신호탐지기술 | 정부 | '04-'06 | 38.00 | |
| 수중무기용 고출력 전지연구 | 정부 | '04-'06 | 25.53 | |

| 사 업 명 | 주도형태 | 단계기간 | 단계예산<br>(억원) | 업체명(대표) |
|---|---|---|---|---|
| 해양 무기체계 시뮬레이션 기반설계기술 구축연구 | 정부 | '04-'07 | 34.10 | |
| 전투기 설계기술연구 | 정부 | '04-'06 | 44.96 | |
| 항공기 탑재 정밀 유도폭탄 개발기술 | 정부 | '04-'06 | 47.98 | 넥스원퓨처 |
| 전자식 비행제어 기술 시범기 | 정부 | '04-'09 | 229.54 | KAI |
| 링레이저 자이로/관성항법장치 | 정부 | '01-'05 | 143.02 | 두산인프라코어 |
| 탄도탄 취약성 해석 | 정부 | '01-'05 | 36.01 | |
| 광섬유 자이로/복합 지상항법장치 개발 | 정부 | '04-'09 | 164.13 | 두산인프라코어 |
| 액체 램제트 추진기관 개발 | 정부 | '04-'07 | 72.32 | 로템 |
| 유도무기 비행시험 체계개선 | 정부 | '04-'06 | 5.97 | |
| 열전지 | 정부 | '03-'05 | 9.53 | 비츠로셀 |
| 레이더망 재밍 기술 | 정부 | '04-'06 | 26.93 | |
| 표적획득/추적기술 | 정부 | '03-'06 | 59.29 | 삼성탈레스 |
| 대탄도탄용 M/W 탐색기 | 정부 | '04-'07 | 67.26 | 넥스원퓨처 |
| 고감도 디지털 수신기술 | 정부 | '03-'05 | 59.37 | |
| 고에너지 레이저 발사장치 | 정부 | '03-'06 | 211.65 | 두산인프라코어 |
| 고출력 M/W 발생기술 | 정부 | '05-'08 | 44.53 | 포항가속기연구소 |
| 분산모의훈련 전장환경기법 | 정부 | '04-'07 | 31.07 | |
| 상호 운용성 및 표준 연구 개발 | 정부 | '03-'05 | 14.97 | |
| 통합 DB 기반의 LSA 기법 | 정부 | '05-'06 | 16.82 | |
| 통합데이터 모델 | 정부 | '04-'05 | 9.21 | |
| 사이버 침입탐지 및 대응 기술개발 | 정부 | '04-'05 | 5.53 | |
| 통합 화생방 방호기술 | 정부 | '03-'05 | 28.55 | |
| 화학작용제 검증/폐기기술 | 정부 | '03-'06 | 34.60 | |
| 스텔스 재료개발 및 체계적용기술 | 정부 | '03-'08 | 60.75 | DPI |
| 고밀도 라이너 재료 | 정부 | '03-'05 | 6.15 | 풍산 |
| 티타늄합금 정밀성형 기술 | 정부 | '04-'06 | 25.07 | |
| 1500마력 디젤엔진 개발 | 산연 | '05-'10 | 372.58 | 두산인프라코어 |
| 1500마력 변속기 개발 | 산연 | '05-'10 | 345.69 | S&T중공업 |